LA FILIÈRE BOIS AU GABON

Collection « Études africaines »
dirigée par Denis Pryen et son équipe

Forte de plus de mille titres publiés à ce jour, la collection « Études africaines » fait peau neuve. Elle présentera toujours les essais généraux qui ont fait son succès, mais se déclinera désormais également par séries thématiques : droit, économie, politique, sociologie, etc.

Dernières parutions

Sous la direction de MOUSSA II et Christian Théophile OBAMA BELINGA, *Voies de communication et espaces culturels en Afrique noire: hommage à Philippe Blaise Essomba*, 2022.

Gilbert NGUEMA ENDAMNE et Céline BILOGHE EKOUACHE, *La désillusion de l'école en milieu populaire au Gabon. Uniformisation ou diversification représentationnelle ?*, 2022.

Patrick KABOU, *Le droit de la guerre dans les religions et traditions d'Afrique noire,* 2021.

Mgr Léonard KASANDA LUMEMBU, *La sorcellerie chez les Baluba du Kasayi (RDC),* 2021.

Boubacar NIANG, *Le gouverneur Faidherbe à Saint-Louis et au Sénégal (1854-1861/1863-1865). Mythes et réalités dans l'œuvre du précurseur de la colonisation française en Afrique occidentale*, 2021.

Debeau MUNAYENO MUVOVA et Didier PIDIKA MUKAWA, *Covid-19 au Congo-Kinshasa, Représentations sociales et gestion publique au cœur d'une crise sanitaire*, 2021.

Safiatou DIALLO, *Politiques de santé en Guinée, de la colonisation au début du XXIe siècle*, 2021.

Gaptia LAWAN KATIELLOU, Vieri TARCHIANI et Maurizio TIEPOLO (dir.), *Risque et adaptation climatique dans la région de Dosso au Niger*, 2021.

Joël IPARA MOTEMA, *Maladie et quête de sante en République démocratique du Congo,* 2021.

Julien IRUMU AGOZIA-KARIO, *Spiritualité logo au contact de la colonisation*, 2021.

Aubin Gildas Kombila-Mouloungui

La filière bois au Gabon

Exporter avec de la valeur ajoutée

Préface de Serge Loungou

L'Harmattan

5-7, rue de l'École-Polytechnique ; 75005 Paris

http://www.editions-harmattan.fr/

ISBN : 978-2-343-23722-0
EAN : 9782343237220

Préface

Le livre commis par Aubin Gildas KOMBILA-MOULOUNGUI est tiré d'une thèse de doctorat soutenue en 2019. Si la qualité remarquable de l'œuvre académique initiale a certainement facilité cette transmutation éditoriale, celle-ci est aussi à mettre en lien avec une noble et légitime ambition de l'auteur : rendre accessible à un plus large lectorat le fruit de sa recherche afin d'apporter à l'opinion publique nationale et internationale un éclairage pertinent sur les enjeux qui ont entouré la décision du gouvernement gabonais d'interdire l'exportation des grumes à partir de 2010, ainsi que sur les perspectives que cette décision inédite dessine pour la filière du bois dans ce pays.

Cet ouvrage présente au moins deux grands mérites. D'une part, en choisissant de débattre d'une question aussi politiquement sensible que l'exploitation forestière en terre gabonaise, l'auteur manifeste un réel courage intellectuel qu'il convient de saluer à la mesure des risques courus. Le témoignage qu'il a apporté dans sa thèse sur le « mutisme » observé par certaines personnes-ressources – par « peur des représailles » – est la preuve que l'univers de l'exploitation forestière demeure, au Gabon, relativement hermétique aux investigations. D'autre part, l'ouvrage se distingue nettement du point de vue de son orientation méthodologique et théorique. En situant le champ de sa réflexion à la confluence de la géographie (notamment sa dimension appliquée qu'est l'aménagement du territoire), de l'économie et des géosciences politiques (géopolitique, géoéconomie, géostratégie), l'auteur confère à son œuvre une originale et pertinente pluridisciplinarité, ce qui tranche avec le caractère monodimensionnel des quelques travaux locaux l'ayant précédée sur le thème de l'exploitation forestière ou des sujets connexes.

En publiant son ouvrage une décennie après la promulgation de l'ordonnance interdisant l'exportation des grumes au Gabon, Aubin G. KOMBILA-MOULOUNGUI a pu disposer du recul nécessaire pour apprécier avec objectivité les effets de cette décision longtemps différée à cause de l'influence écrasante du lobby forestier. Certes, en dix ans, relève-t-il, des progrès ont été enregistrés en ce qui concerne la création d'emplois, la contribution de la filière forestière au produit intérieur brut ainsi que le nombre d'unités et le taux de transformation du bois. Des avancées significatives sont également observées dans le cadre de la gestion environnementale de la filière, avec une application plus rigoureuse du code forestier axé sur les aspects de traçabilité et de certification du bois. Autant de points positifs qui expliquent sans doute l'intérêt que suscite, ici et là, dans la sous-région et à l'international, l'expérience gabonaise. Cependant, parallèlement à ces progrès, l'ouvrage pointe un certain nombre de manquements, donnant ainsi la mesure réelle de la distance qu'il reste à parcourir sur le chemin de l'industrialisation de la filière bois au Gabon. Au nombre des insuffisances, on peut citer pêle-mêle la faible capacité énergétique du pays ainsi que de la production du bois, le niveau encore trop bas des recettes fiscales générées par l'activité forestière, la qualité moindre des équipements et infrastructures ainsi que des emplois créés. Loin d'être un simple catalogue décrivant les forces et les faiblesses de l'économie forestière gabonaise, le présent ouvrage se veut être un outil d'aide à la décision, ainsi qu'en témoignent les propositions pertinentes qu'il contient.

Libreville, le 06 juin 2021

Serge LOUNGOU
Maître de conférences en géographie politique
Université Omar Bongo

Je dédie cet ouvrage :

À

***GFS**, pour l'amour et le soutien sans cesse renouvelés depuis mes premiers pas. Tu as toujours su trouver le « mode opératoire » pour me recadrer et m'aider à garder les yeux rivés sur mes objectifs.*

À

***MOUGOULA Gilberte**, Puisse-t-elle trouver ici toute ma gratitude.*

REMERCIEMENTS

Cet ouvrage est le fruit d'un long processus qui, bien qu'étant motivé par un profond désir d'aboutissement et une passion pour la recherche, a été parsemé d'incertitudes, de doutes, mais aussi de joie et de rencontres enrichissantes. Ce parcours de longue haleine n'aurait pu aboutir sans le soutien indéfectible de personnes et d'institutions auxquelles j'aimerais témoigner toute ma gratitude ainsi que leur adresser mes sincères remerciements sincères.

Mes remerciements vont tout d'abord à l'endroit de Monsieur Jean-Yves Puyo, Professeur des Universités, pour ses précieux conseils, sa disponibilité et sa rigueur dans le travail. Il a su me guider dans mes choix et mes recherches tout en me laissant l'autonomie dont j'avais besoin. Pour l'accompagnement et les nombreux échanges aussi bien scientifiques qu'humains, je vous en suis très reconnaissant.

Je voudrais remercier les membres des laboratoires Passages et ITEM (UPPA). Toute l'équipe pédagogique de Géographie et Géosciences Politiques du Monde Contemporain de l'université Omar Bongo ainsi que tous mes compagnons de recherche : « *au-delà de sa dimension académique, la thèse permet des rencontres et amitiés multiscalaires* ».

Mes remerciements vont également à cette foule innombrable qui d'une manière ou d'une autre, a contribué à l'élaboration de ce travail : l'État gabonais qui m'a accordé une bourse pendant 4 ans, les responsables des unités de transformations, les différents ministères et directions (Eaux & Forêts, Économie et Politique Fiscale, Douanes, ZES Nkok.), les populations environnantes, etc.

Une mention spéciale à Alain Karsenty, Jean-Jacques Landrot, Nicolas Emery, Epiphane Mouvondo, Amour Nziengui, Raicka Moungala, Poliny N.B. II, le Commerce du Bois (France)… Ils ont pris le temps de répondre à mes interrogations, et ce, malgré les multiples obligations qui sont les leurs. Ces mots sont aussi, dans une certaine mesure les vôtres.

À l'ensemble des acteurs de la filière bois au Gabon ;

Je ne saurais clore cette page de remerciements sans dire ma reconnaissance à ceux qui m'ont permis de tenir au plus fort de la tempête. Merci :

- Aux familles Mougoula, Idiata et Lendoye. Malgré des « positions géographiques » différentes (éloignées), elles m'ont accompagné tout au long de mes années doctorales. Comme dit l'adage : « *rien ne vaut la famille* » ;
- À mes frères, sœurs, cousins, neveux, nièces et amis de longue date ;
- À Olivia Brocq, pour sa patience, sa bienveillance et son soutien sans faille.
- À la famille Brocq et à Eyden Carter
- À la MRS, la Maison du Bâtisseur, Providence…
- À Rivel M., Diane Gleizes, Becko, Willo, Idrissa Mané, Mohamed Diatta, Elie Ndong, pour leur présence et leur soutien.

Enfin, à tous ceux qui se reconnaitront à travers ce modeste travail et qui ont été le « bon samaritain » sur mon chemin.

SIGLES ET ABRÉVIATIONS

AAC : Assiette Annuelle de Coupe
AFD : Agence Française de Développement
APE : Agence de Promotion des Exportations
APV : Accords de Partenariat Volontaires
CEMAC : Communauté Économique et Monétaire de l'Afrique Centrale
CFAD : Concessions Forestières sous Aménagement Durable
CIFOR : Centre de Recherche Forestière Internationale
DGDDI : Direction Générale des Douanes et des Droits Indirects
DGEPF : Direction Générale de l'Économie et de la Politique Fiscale
DGF : Direction Générale des Forêts
DGI : Direction Générale des Impôts,
DGICBVPF : Direction Générale des Industries, du Commerce du Bois et de la Valorisation des Produits Forestiers.
DGS : Direction Générale de la Statistique
DIARF : Direction des Inventaires, de l'Aménagement et de la Régénération des Forêts
DPHO : Direction Provinciale du Haut-Ogooué
FAO : Organisation des Nations Unies pour l'Alimentation et l'Agriculture
FLEGT : Programme pour l'application des règlementations forestières, la gouvernance et les échanges commerciaux
FOB : Free on Board (sans frais)
FSC : Conseil de soutien de la forêt
GSEZ : Gabon Special Economic Zone
IPN : Institut Pédagogique National
ISO : Organisation Internationale de Normalisation
MEF : ministère des Eaux et Forêts.
MEP : ministère de l'Économie et de la Prospective
MERH : ministère de l'Energie et des Ressources Hydrauliques
ONG : Organisation Non Gouvernementale
OPRAG : Office des Ports et Rades du Gabon
PAF : Plan d'Aménagement Forestier
PAFC : Pan African Forest Certification
PIB : Produit intérieur brut
PME : Petite et Moyenne Entreprise
PSGE : Plan Stratégique Gabon Emergent

REDD : Réduction des émissions provenant du déboisement et de la dégradation des forêts
RGPL : Recensement Général de la Population et des Logements
SEEG : Société d'Eau et d'Énergie du Gabon
SEPBG : Société d'Exploitation des Parcs à Bois du Gabon
SETRAG : Société d'Exploitation du Transgabonais
SNBG : Société Nationale des Bois du Gabon
TVA : Taxe sur la Valeur Ajoutée
UNCTAD : Conférence des Nations unies sur le Commerce et le Développement
UPTDEA : Union des Producteurs, Transporteurs et Distributeurs d'Énergie Électrique d'Afrique
ZES : Zone économique spéciale
ZFE : Zone Franche d'Exportation

SOMMAIRE

INTRODUCTION GÉNÉRALE

I. Justification du domaine d'étude

Le Gabon, pays de 267 667 km2 pour seulement 1 811 079 habitants[1], est un État riche en ressources naturelles (pétrole, manganèse, uranium, or, etc.)[2]. Comme beaucoup de ses voisins du bassin du Congo, il dépend d'une économie de rente reposant essentiellement sur l'exportation du pétrole (76% en 2017)[3], du bois (60% hors pétrole) et de minerais, faisant de lui un pays entièrement dépendant des importations de produits manufacturés. Cet état de fait a conduit de nombreux auteurs, à l'exemple de Magrin, à parler de « malédiction des ressources naturelles »[4]. Cette expression est utilisée pour qualifier le paradoxe entre l'abondance des ressources naturelles (notamment minières et pétrolières) et la pauvreté persistante dans les États producteurs[5]. En dépit des multiples ressources naturelles dont dispose le pays, la rente ne permet pas la transformation de son économie et encore moins l'amélioration des conditions de vie des populations. Tout au contraire, l'économie gabonaise a continué de dépendre des recettes pétrolières dont la

---

[1] Direction Générale de la Statistique, *Résultats globaux du Recensement Général de la Population et des Logements de 2013 du Gabon (RGPL2013)*, Libreville, 2015, p. 30.

[2] Le gisement de manganèse est l'un des plus beaux au monde. Ses réserves se placent au second rang mondial derrière l'Australie. 203 000 tonnes en 1962, 1 856 000 tonnes en 2002, 1 million de tonnes au premier trimestre 2018, d'après la direction générale de l'Économie et de la Politique Fiscale (DGEPF, 2018). Uranium : le Gabon est le 3e producteur mondial en 1970 avec une production annuelle plafonnée à environ 1 000 tonnes. Le site de Mounana (Haut-Ogooué) ferme officiellement ses portes en 1999 en raison de la chute des prix de l'uranium et de l'épuisement du gisement (Pourtier, 2004).

[3] Le Nouveau Gabon, « Le pétrole a représenté plus de 76% des exportations totales du Gabon », Le Nouveau Gabon, http://www.lenouveaugabon.com/hydrocarbures/0211-14179-le-petrole-a-represente-plus-de-76-des-exportations-totales-du-gabon [consulté le 24 mai 2019].

[4] L'expression « malédiction des ressources naturelles » est une traduction de l'anglais « resource curse » initialement employée par Auty (1993). Ce dernier a mis en lumière la relation entre l'abondance des ressources naturelles et le développement économique des pays dotés des richesses naturelles.

[5] Géraud Magrin, « L'Afrique entre « malédiction des ressources » et « émergence » : une bifurcation ? », in *Revue Française de Socio-Economie*, Hors-série, 2015, p. 106.

logique productive est essentiellement extractive. Concernant la filière bois, l'exploitation forestière est restée fondamentalement une activité de type « minier » (la production est exportée à 80% sous forme de grumes et donc à l'état brut) qui continue à enrichir davantage des industriels étrangers.

La situation d'extrême richesse en ressources naturelles et de sous-développement économique couplée à la dépendance grandissante vis-à-vis de l'extérieur a conduit depuis quelques années certains pays du bassin du Congo à de nombreux bouleversements quant à la politique dédiée au secteur forestier. La transformation locale du bois par arrêt total ou partiel des exportations de grumes est devenue l'un des objectifs majeurs du développement forestier de la plupart de ces pays. C'est notamment le cas au Gabon où les pouvoirs publics ont opté, en 2010, pour l'interdiction totale des exportations de bois brut afin de mieux « cadrer » avec la nouvelle politique économique du « Gabon industriel »[6]. Loin de négliger l'apport des autres ressources, le bois, de par ses multiples enjeux aussi bien socio-économiques que géostratégiques, occuperait une place importante dans les décisions d'investissement des entreprises. La valorisation de cette richesse, de l'exploitation en amont jusqu'à sa distribution en aval, est sujette à la création d'entreprises relevant aussi bien du secteur primaire, secondaire que tertiaire.

Ainsi, le choix de notre sujet est justifié par deux raisons principales. D'une part, situé au cœur du bassin du Congo, deuxième bassin forestier au monde après l'Amazonie. Le pays présente ainsi de nombreux atouts relevant du domaine forestier peu ou pas encore exploité (près de 85%[7] de la superficie de son territoire est couverte

---

[6] Le « Gabon industriel » est un des piliers de croissance du Gabon émergent mis en place par les autorités gabonaises en 2009, dans le but de promouvoir la valorisation locale des matières premières et l'exportation de produits à haute valeur ajoutée. L'un des chantiers emblématiques de cette ambition est de doter le Gabon d'usines modernes et performantes pour transformer localement les richesses du pays et espérer ainsi développer les ressorts d'une croissance économique semblable à celle des dragons asiatiques. C'est tout le sens du « Gabon industriel » dont le secteur bois constitue l'épine dorsale. [Schéma national directeur d'infrastructure du Gabon, 2012].

[7] Jean Bernard Mombo, « La ressource forestière au Gabon : une économie de rente en quête d'industrialisation et de gestion durable », in *Enjeux Géopolitiques en Afrique Centrale*, Paris, l'Harmattan, 2009, p. 127. (Nous discuterons ce chiffre

par la forêt, soit environ 22 millions d'hectares). D'autre part, le pays fait partie des premiers pays du bassin du Congo à aspirer à la diversification de son économie par le truchement des initiatives privées investissant dans l'industrie du bois. De même, il désire peser sur le cours du commerce régional et international via le contrôle de sa filière bois, de la production à la transformation, pour s'inscrire au mieux dans une préoccupation relevant de la gestion durable de ses ressources naturelles (la gestion des forêts reste une question en débat)[8]. Raymond Aaron ne rappelle-t-il pas « [que] *la puissance, entendue comme volonté est tributaire des ressources qu'elle peut mobiliser* ? » [9]. Il ajoute « [que] *c'est dans le maintien de l'économie de la finance que la puissance étatique trouve les ressources nécessaires pour se déployer* »[10]. En effet, d'un point de vue matériel, les ressources constituent un enjeu des relations internationales, entre États, blocs macrorégionaux, ou par l'immixtion d'acteurs transnationaux (institutions internationales, organisations non gouvernementales, grandes entreprises, banques de développement)[11]. Comme l'affirment Magrin (*et al.*), nous vivons dans un monde mondialisé où les relations de pouvoir se nouent autour de ces dernières. Dans un tel contexte de pénurie voire de rareté, des tensions croissantes s'observent pour le contrôle des ressources renouvelables (eau, terres, forêts et biodiversité) ou non renouvelables (ressources minérales, eaux fossiles). Une telle situation conduit à s'interroger sur l'intérêt du sujet de recherche.

---

dans le premier chapitre qui traite de l'évolution de la forêt gabonaise depuis son exploitation).

[8] S'intéresser à cette question du rapport entre le développement économique et le développement durable nous apparaît d'autant plus pertinent que l'inquiétude des scientifiques quant à la préservation des ressources forestières mondiales est toujours très vive.

[9] Raymond Aaron, *Paix et guerre entre les nations*, Paris, Calmann-Levy, 1962, p. 58.

[10] *Ibid.*, p. 59.

[11] Géraud Magrin et al, « Les ressources, enjeux géographiques d'un objet pluriel », in *Ressources mondialisées, Essais de géographie politique*, Paris, Collection Territoires en mouvements, 2015, p. 7.

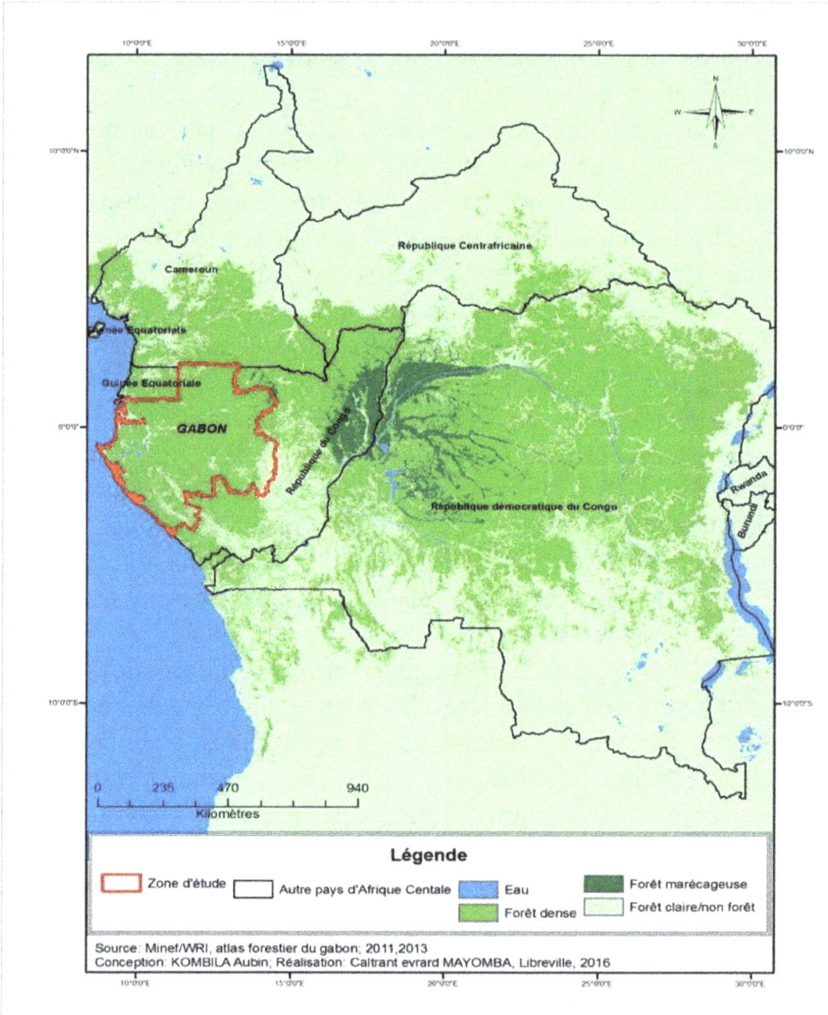

Figure 1 : localisation de la zone d'étude[12]
Source : Minef/WRI, atlas forestier du Gabon, 2013

[12] Le Gabon appartient au Bassin du Congo (Afrique centrale), deuxième massif forestier tropical après la forêt amazonienne (5,5 millions de km²). La forêt couvre 2,1 millions de km² soit 26% des forêts tropicales humides de la planète. Elle est partagée entre 6 pays : le Cameroun, la Centrafrique, le Congo-Brazzaville, le Congo-Kinshasa, le Gabon et la Guinée équatoriale (Rapport Banque Mondiale, Projet régional de l'information sur l'environnement, Région Afrique centrale, Washington, 1997).

1. Choix du sujet

Il s'explique par l'importance de cette ressource dans l'économie nationale gabonaise. Premier employeur privé du pays, second après la fonction publique, le secteur de la filière bois reste une source essentielle pour l'économie, au même titre que le pétrole ou le manganèse[13]. En outre, le secteur bois requiert un intérêt particulier du fait que son apport le place à ce jour comme l'une des alternatives « crédibles » au secteur pétrolier en perte de vitesse. En effet, la question de l'après-pétrole se pose avec d'autant plus d'acuité qu'aucune découverte significative n'a été faite depuis celle du gisement terrestre de Rabi-Kounga en 1985. Certes, les prospections actuelles en mer profonde donneront peut-être un nouveau souffle à l'économie pétrolière. Néanmoins, cet adossement du pays au secteur des hydrocarbures le rend vulnérable en l'exposant aux éventuelles fluctuations des cours du baril de pétrole à l'échelle mondiale, à tel point que certains experts (à l'exemple d'Ondo Ossa, Tamba *et al.*, la Banque mondiale ou encore le FMI) alertaient déjà les États de la sous-région sur les risques de la dépendance pétrolière de leurs économies[14].

Même s'il ne compense pas la perte des recettes fiscales pétrolières, le secteur bois présente l'avantage d'être basé sur l'exploitation de ressources naturelles considérées comme renouvelables qui, contrairement au pétrole et aux minerais, sont susceptibles de s'inscrire dans une logique de durabilité. Abondante

---

[13] Le secteur bois offre près de 20 000 emplois directs et indirects, soit environ 15% des emplois du pays (28 % des emplois hors secteur public) en 2008. Il génère 4,5 % du produit intérieur brut pour une valeur qui était estimée à 194 milliards de francs CFA en 2008 (296 millions d'euros environ). Les exportations de grumes constituent la deuxième source de devises de l'économie nationale, avec 12 % de la valeur totale des ventes à l'extérieur qui ont généré 165 milliards de francs en 2008 (252 millions €). La filière bois comporte autant une importance budgétaire en ceci qu'elle est le deuxième contributeur aux recettes fiscales, pour environ 76 milliards de francs par an (116 millions €) tandis que, du point de vue bancaire, elle représente 6% du crédit à l'économie, soit un encours de 35 milliards de francs (53 millions €) et des investissements cumulés de 200 milliards de francs (305 millions €) sur la période 2000-2008.

[14] Depuis juin 2014, le secteur pétrolier connait des bouleversements au plan mondial suite à l'instabilité chronique du prix du baril du pétrole. Après avoir oscillé plusieurs années entre 80 et 110 USD/baril, le prix du pétrole brut a commencé à fortement baisser au second semestre 2014. En mai 2019, il s'établissait aux alentours des 60 dollars.

et diversifiée, la forêt gabonaise offre une variété d'essences qui permet de satisfaire les exigences de différents usages. En effet, le Gabon dispose d'une superficie forestière d'environ 22 millions d'hectares avec près de 20 en forêts productives (75%), 1, 8 classés en réserves forestières (7%) et 30 000 hectares en forêts dites artificielles (1%)[15]. En outre, la forêt gabonaise renferme plus de 400 essences de bois connues, dont soixante présentant un potentiel exploitable. Bien que l'okoumé domine la production nationale de bois, le pourcentage des bois divers est en hausse depuis quelques années[16].

Le présent thème revêt de même un intérêt multiple, tant sur le plan national qu'international. Il intègre de nombreux enjeux notamment sociaux, économiques et politiques, qui seront mis en évidence dans le cadre de ce travail. Nous aborderons également la dimension environnementale dans la mesure où l'industrialisation impacte directement la gestion durable des ressources.

Au plan économique, la transformation locale du bois constitue une réelle source d'emplois et partant, de profits pour l'État et les opérateurs économiques. Sur le plan social, l'industrialisation de la filière bois contribue à la satisfaction des besoins sociaux des populations locales (habitat, écoles, dispensaires, routes, etc.) et donc à l'amélioration de leurs conditions de vie. La forêt s'avère de même nourricière pour un grand nombre de populations ; et dans certains pays, toute l'activité économique ou presque dépend de près ou de loin de celle-ci.

Sur le plan stratégique, l'industrialisation du secteur forestier offrirait au Gabon une place de choix en devenant un site de transformation majeur du bois dans la sous-région. Elle permettrait également un bouleversement du rapport de force entre le Gabon et ses partenaires actuels.

Et en parallèle, la filière forêt-bois doit gérer des tensions de plus en plus fortes pour mettre sur le marché une ressource en quantité et qualité optimales, issue de forêts et d'arbres multifonctionnels. Cette multifonctionnalité concerne non seulement l'approvisionnement des multiples branches de la filière (papier, construction, énergie, ameublement, menuiserie…), mais aussi l'ensemble des services

[15] Jean Bernard Mombo, *La ressource forestière au Gabon : une économie de rente en quête d'industrialisation et de gestion durable, op. cit.,* p. 126.
[16] Direction générale des Forêts, direction générale des Industries, 2012.

rendus par les forêts (soit les services écosystémiques concernant la protection de la biodiversité ou des sols, le stockage de carbone, mais aussi les enjeux sociaux concernant l'accueil du public, etc.).

Du point de vue de la recherche scientifique, cette thèse vient compléter un corpus à ce jour encore restreint de productions scientifiques et rapports dédiés au sujet, tels les travaux de Mabika J (2014) sur « *Les enjeux et défis de l'industrialisation de la filière bois* », de Mombo J. B. (2009) sur « *La ressource forestière au Gabon : une économie de rente en quête d'industrialisation et de gestion durable* », ou encore de Mouloungui A. (2014) qui traite de la *Gouvernance des ressources forestières au Gabon : acteurs et enjeux*. Outre les références précitées, on relève le rapport de la Banque mondiale (2015) de même que les nombreux articles de Karsenty A. (1996, 2006, 2004, 2018, etc.) qui, pour ces derniers, traitent particulièrement de la gestion durable de la filière (aménagement forestier, certification, etc.). De manière générale, ces différents textes ont le mérite de souligner le retard accusé par l'industrie gabonaise du bois, mais aussi les dimensions socio-économique et environnementale de la filière bois dans son ensemble.

Toutefois, à la différence des écrits que nous venons de mentionner, notre étude se veut beaucoup plus globalisante et portée de manière plus détaillée sur l'impact socio-économique de l'arrêt de l'exportation des grumes au Gabon. De plus, elle a la particularité de traiter un aspect qui jusque-là, à notre connaissance, n'a pas encore fait l'objet de plusieurs études scientifiques : la dimension géostratégique de la mesure. Il s'agit en d'autres termes, de ses répercussions au niveau régional et international.

Au niveau régional et international, la thématique de l'industrie du bois a fait l'objet de nombreuses publications scientifiques. De manière non exhaustive, nous avons eu recours dans le cadre de cette thèse aux travaux de Karsenty A. sur les cas de l'Indonésie (1996) et du Cameroun (1999) ; ces derniers mettent l'accent sur les stratégies mis en place par les autorités des différents pays pour faciliter le développement de l'industrie du bois et ainsi tenter de sortir de la stricte logique d'exportateur de grumes. Les travaux de Kialo p. et *al.* (2011), Regnier P. (2007) et Aron R. (1962) ont quant à eux permis de comprendre la portée que peut avoir l'industrie, notamment celle basée sur l'exploitation des ressources naturelles, sur les rapports entre les divers acteurs sur la scène internationale.

Il apparaît que si cette industrie s'accompagne d'effets positifs, elle peut aussi avoir des limites qu'il s'agit d'éviter, tels les problèmes institutionnels ou encore la contradiction entre la nécessité du développement et la durabilité de l'exploitation de la ressource. Nous aborderons cette dimension en soulignant la particularité des problèmes liés aux déchets industriels.

En outre, au-delà de sa modeste contribution aux écrits consacrés à la filière bois gabonaise, cette thèse se veut un outil d'aide à la décision pour les autorités et acteurs économiques dans l'élaboration d'une stratégie d'industrialisation et de gestion du secteur bois local. Nous espérons aussi qu'elle puisse servir aux organismes d'appui technique et d'encadrement qui évoluent dans le secteur gabonais du commerce extérieur.

Après avoir décliné l'intérêt que pourrait avoir cette thèse, il nous sied maintenant de présenter l'objet et le champ d'étude.

2. Objet et champ d'étude

Dans ce travail de thèse, nous plaçons la question de l'industrialisation au centre de la réflexion sur la filière bois et l'interdiction de l'exportation de la grume par les autorités gabonaises. Selon Hermet *et al.*, « [...] *une société industrielle est un type de société dominé par une forte division du travail menant à un rapide développement économique suscitant une élévation de la consommation. Elle implique la formation de grandes concentrations rendues possibles par l'accumulation du capital, l'usage sans limites des technologies les plus novatrices tournées vers la croissance sans fin accentuant sans cesse la division des tâches* »[17]. Si pour Hermet (*et al.*), l'industrialisation est vectrice de développement économique, le Gabon, à l'exemple de nombreux pays africains au sud du Sahara, est resté relativement à l'écart de ce processus, comparé au pays de l'Asie du Sud-est[18]. À l'heure où le spectre de « l'après-pétrole »[19] hante l'économie gabonaise, les

---

[17] Guy Hermet et al, *Dictionnaire de la science politique et des institutions politiques*, Paris, Armand Colin, 2010, p. 205.

[18] Michaël Goujon, Christian Kafando, *Caractéristiques structurelles et industrialisation en Afrique : Une première exploration*, *op. cit.*, p. 4.

[19] La contribution du pétrole a commencé son déclin depuis 1997, pour se situer autour de 13 millions de tonnes en 2005. La menace de l'épuisement du pétrole se fait donc de plus en plus pressante, entrainant ainsi une baisse régulière de 5 % par an (Ango, 2011).

gouvernants ont songé à s'ouvrir vers de nouvelles perspectives. Dès lors, le développement du secteur secondaire apparaît comme un moyen pour répondre à la nécessité de diversification de l'économie avec d'autres secteurs. L'objet de cette étude consiste alors à interroger la logique de développement et de puissance du Gabon par le contrôle des ressources naturelles et la gestion durable des forêts. Dans le cadre de ce travail de recherche, nous verrons comment ce contrôle se matérialise par la transformation locale du bois. En d'autres termes, il s'agit pour nous de montrer l'impact de l'industrie de la filière bois sur l'économie du Gabon, mais aussi, sur la gestion durable des forêts.

Pour ce faire, nous aborderons la question de l'arrêt de l'exploitation de grumes au Gabon sous l'angle de la géographie. Dollfus disait, à ce propos, « [que] *l'étude géographique intègre les apports de l'ensemble des disciplines dont le champ d'action concerne l'épiderme de la terre et ses habitants et elle s'efforce de dégager les conséquences de ces flux et mouvements sur l'espace* »[20]. Ainsi, ce présent travail s'inscrit dans le cadre de la géopolitique et géostratégique dans la mesure où elle met en exergue l'exploitation des ressources naturelles et les enjeux de pouvoir qui se nouent autour de leur contrôle[21]. Ici l'enjeu est le bois (grume), notamment le contrôle pour sa gestion qui suscite des convoitises et des rivalités entre les différents acteurs que sont l'État, les populations, les organisations non gouvernementales, les compagnies forestières, etc. En effet, « [...] *lorsque l'espace est envisagé en tant qu'enjeu, il devient l'objet de la géopolitique* »[22]. Ainsi, à l'instar des gisements pétroliers, uranifères et le manganèse, les ressources en bois font du Gabon, malgré son faible niveau de peuplement, un territoire à haute valeur stratégique et de grande importance pour de multiples pays, notamment la France dont la présence est matérialisée, à partir des indépendances, par sa base militaire de Libreville.

---

[20] Olivier Dollfus, *L'analyse géographique*, Paris, PUF, 1971, p. 59.

[21] Roland Pourtier, « Ressources naturelles et fragilités de l'État : quelques réflexions à propos de l'Afrique centrale », in *États et sociétés fragiles : entre conflits, reconstruction et développement*, Paris, Karthala, 2007, p .91.

[22] Stéphane Rosière, *Géographie politique et géopolitique : une grammaire de l'espace politique*, Paris, Ellipses, Coll. Universités-Géographie, 2e édition revue et augmentée, 2007, p. 37.

Dans le cadre de ce travail, nous traiterons également la question de l'arrêt de l'exportation des grumes et de la transformation locale du bois, sous l'angle de l'aménagement du territoire. La nouvelle politique gabonaise sur l'exploitation des grumes entend réduire les inégalités de développement entre les différentes régions du pays et entre le Gabon et les pays ayant longtemps importé son bois sous forme de grume. Elle semble aussi conduire vers une meilleure politique de gestion des ressources. Enfin, nous n'occulterons pas également les approches d'autres disciplines telles que la sociologie, l'économie, etc.

- **Choix et intérêt de l'approche géographique dans le cadre de cette thèse**

Selon Maby, l'objet géographique est « *spatial*, *construit* et *systémique* »[23]. Au regard de cette définition, on peut donc dire que l'approche géographique repose fondamentalement sur les trois dimensions que sont la dimension temporelle, la dimension organisationnelle et la dimension spatiale (scalaire). Autrement dit, la variable géographique englobe l'espace, les processus de prise de décision et le temps.

Le temps représente un élément essentiel dans la « matérialisation » de construits sociaux. L'étude d'un phénomène dans le temps historique permet une lecture simple du territoire, des héritages, des dynamiques actuelles et des trajectoires (composition et recomposition sociospatiales) comme on peut le percevoir dans le travail d'Alexandre Moine, « [...] *le temps est composé d'un avant, d'un après et d'une durée :*

- *la prise en compte des évènements passés explique l'état actuel du système et sa dynamique. Ce passé constitue en quelque sorte le réservoir d'information par rapport auquel les acteurs vont se référer afin de mener à bien leurs politiques ;*
- *la prise en compte de l'avenir en projetant ce que les acteurs souhaitent que le territoire devienne, sur la base de scénarii prospectifs qui guident les décisions. Cette démarche est productrice de nouvelles informations ;*

[23] Jacques Maby (dir.), *Objets et indicateurs géographiques*, Avignon, éditions A. Barthélémy, 2003, p. 115.

- *la prise en compte de la durée des évènements est importante puisqu'elle permet finalement d'en nuancer les influences* »[24].

Ainsi, dans le cadre de cette thèse, une analyse des réalités antérieures (historiques) nous permettra de faire émerger les effets des récentes modifications survenues dans la filière bois depuis la décision du conseil des ministres du 5 novembre 2009 qui interdit l'exportation des grumes (ordonnance n°8/2010 du 25 février 2010). Une perspective historique nous semble indispensable pour saisir la situation passée (de la période coloniale à 2009) et actuelle de l'ensemble du secteur de la transformation du bois au Gabon. À travers l'analyse de ses trois niveaux de transformation (1er, 2e et 3e), nous nous donnons pour objectif de montrer les caractéristiques de l'évolution du secteur depuis la mise en place de ladite mesure.

Le système d'organisation constitue aussi une caractéristique centrale de l'approche géographique. Il met en évidence les interactions entre le « *système d'acteurs* » et les « *stratégies d'acteurs* » sous l'angle territorial. En fonction des aspects (représentation, idéologie, etc.), divers enjeux émergent en « éprouvant » le système politique. Pour Alexandre Moine, « *la dimension organisationnelle est composée de trois sphères : celle des individus, celle de la politique ; celle des relations économiques, culturelles et sociales* »[25]. Dans le cas de notre étude, traiter du système d'organisation consistera à décrire les différentes stratégies mises en place par les différents acteurs pour s'assurer le contrôle de la ressource bois (transformation locale ou sortie sous forme de grume).

L'approche géographique permet enfin une mise en évidence de la question scalaire. Selon Gérard Salem, « [...] *dans une perspective géographique, on cherche à définir l'échelle spatiale à laquelle les variables retenues pour caractériser l'espace et un système social ont une valeur heuristique. Il s'agit donc d'identifier ce qui peut être*

[24] Alexandre Moine, « Le territoire comme un système complexe. Des outils pour l'aménagement et la géographie », in *Septièmes Rencontres de Théo Quant* (Besançon, France, 2005), http://thema.univ-fcomte.fr/theoq/pdf/2005/TQ2005%20ARTICLE%2017.pdf, https://hal.archives-ouvertes.fr/hal-00867363 [consulté le 23 février 2019].
[25] *Ibid.*

étudié, classé et mesuré à chacune des échelles »[26]. La prise en compte de la question scalaire permet d'apprécier les caractéristiques liées à la potentialité d'interaction entre opérateurs (ou actants) dans un cadre déterminé, indifférent à son environnement, mais aussi, par rapport à d'autres espaces, eux-mêmes, dotés d'une ou plusieurs échelles. Ainsi, la dimension scalaire de cette étude tient notamment au fait que nous devons mesurer à diverses échelles (locale, régionale, voire internationale), l'impact à court, moyen et long terme de l'interdiction d'exporter les grumes au Gabon.

Une lecture en trois dimensions, suivant les échelles spatiales, temporelles et en fonction des positions institutionnelles, permet de saisir, d'une part, la nature et la complexité du territoire, et d'autre part, d'interroger « *l'altérité* »[27] des territoires, c'est-à-dire la capacité qu'ont les territoires d'interagir afin d'émerger économiquement, d'évoluer, de se transformer, de disparaître et même de renaitre. Selon Denise Jodelet, « [...] *la réflexion sur l'altérité débouche sur tout un champ à défricher : les déchirures et les béances qu'ouvre dans l'expérience humaine le travail de construction sociale de la réalité, les destructions qu'entraine la négativité performative des représentations sociales* »[28]. Cela nous amène à dire que le caractère dynamique des territoires est le produit de l'action des acteurs ; ces derniers agissent suivant des mobiles différenciés souvent articulés ou non aux aspirations des communautés.

Après avoir décliné l'objet et le champ d'étude du présent travail, nous allons dans les lignes qui suivent décliner la problématique et les hypothèses qui en découlent.

---

[26] Gérard Salem, *La santé dans la ville. Géographie d'un petit espace dense*, Pikine (Sénégal), Paris, Karthala et Orstom (coll. Hommes et sociétés), 1998, p. 64.

[27] Pour Jodelet, parler d'altérité concerne une caractéristique affectée à un personnage social (individu ou groupe) et permet donc de centrer l'attention sur une étude des processus de cette affectation et du produit qui en résulte, en prenant en considération les contextes de son déploiement, les acteurs et les types d'interaction ou d'interdépendance mis en jeu (Jodelet, 2005).

[28] Denise Jodelet, *Formes et figures de l'altérité* (Chicoutimi : J.-M. Tremblay, 2008), https://doi.org/10.1522/030135397 [consulté le 25 février 2019].

3. Problématique et énonciation des hypothèses

Tout travail de recherche doit porter sur un objet clairement délimité et associé à une question de départ. Gaston Bachelard nous rappelle à ce propos que « [...] *toute connaissance est la réponse à une question* »[29]. S'il n'y a pas eu de question, il ne peut y avoir connaissance scientifique. Partant de ce postulat, il est question dans cette partie de formuler la problématique et de déployer nos hypothèses de recherche.

3.1 formulation de la problématique

Le Gabon dispose de conditions relativement favorables au développement de l'industrie du bois (ressources abondantes, réglementation adaptée, stabilité politique « relative », etc.). Malgré ces avantages, le pays est resté pendant longtemps un grand importateur des produits manufacturés (portes isoplanes, mobiliers, etc.) provenant des pays européens importateurs de son bois, soit à l'état brut, soit après une première transformation (produits divers allant du simple sciage au contreplaqué).

Aussi, depuis que l'okoumé est apparu dans les statistiques commerciales, la filière bois gabonaise n'a-t-elle pas connu de changement structurel fondamental malgré les différentes réformes instaurées. De l'entre-deux-guerres à la Seconde Guerre mondiale, en effet, l'économie gabonaise est caractérisée par une exploitation systématique de ses richesses sans investissements importants de la part de l'administration coloniale, soit une situation que certains auteurs ont appelée « *économie de pillage* » ou « *économie de ponction* ». Dans le domaine bois, cela se manifeste notamment par ce qu'Arnaud Labrousse et François-Xavier Verschave, dans « *Les pillards de la forêt* »[30], qualifient de « *permissive accrue* », c'est-à-dire, une destruction sans frein des forêts dites primaires du fait notamment que certaines entreprises étrangères préfèrent ignorer la partie aménagement (même si celle-ci a connu une certaine avancée

---

[29] « Bachelard, L'esprit scientifique : La science s'oppose à l'opinion-Commentaire corrigé », https://www.20aubac.fr/philo/commentaire-5795-bachelard-esprit-scientifique-science-oppose-a-opinion-r32102.html.[consulté le 31 janvier 2019].

[30] Arnaud Labrousse, Francois-Xavier Verschave, « Les pillards de la forêt (Exploitations criminelles en Afrique) », in *Dossiers Noirs*, n°17, 2002, p. 23.

au fil des années : cas de Rougier)[31] au profit de l'exploitation. La filière bois ou l'activité pratiquée au Gabon n'était pas, à l'évidence, inscrite dans le cadre d'une gestion durable de la forêt. Comme le souligne Alain Karsenty dans le cadre d'une étude plus globalisante portant sur l'Afrique centrale, il s'agit d'une exploitation minière et intensive du bois d'œuvre pratiquée sans aucun plan d'aménagement. Le puissant groupe de pression des exploitants forestiers a toujours été pour le moins réservé vis-à-vis d'aménagements sylvicoles nécessitant des investissements à long terme dont la rentabilité reste à démontrer. Comme le souligne A. Genissieux, « *si l'exploitation de la forêt gabonaise a été particulièrement intense jusqu'à la Première Guerre mondiale, elle s'est accélérée à partir de 1945* »[32], avec une matière ligneuse tropicale considérée par le colonisateur comme pouvant être un utile complément à la production européenne dans un contexte de reconstruction de la France. Et l'auteur de renvoyer au cas de *Océan*, la compagnie nantaise des bois déroulés et contreplaqués, qui assura alors l'approvisionnement direct de son usine avec le bois en provenance du Gabon.

Bien que les conditions techniques et sociales de la production aient beaucoup changé, et ce, notamment, depuis les premières mentions de l'okoumé dans les statistiques commerciales en 1982, les fondements de l'économie forestière, quant à eux, s'avèrent en revanche les mêmes aujourd'hui qu'hier : ceux de l'économie extractive entièrement dépendante de l'exportation et qui s'inscrit dans le droit fil de la cueillette[33]. On observe toujours l'utilisation de méthodes d'exploitation qui, durant longtemps, ne se démarquèrent pas d'un pur et simple « pillage » des richesses naturelles, coupable selon les critiques d'empêcher le développement du pays. Toutefois, le seul rôle joué par les industriels étrangers ne suffit pas pour justifier ces pratiques et retards ; cette situation découle aussi de la passivité et du choix de la politique économique voulue par le pays

---

[31] Des pratiques entrepreneuriales qui tournent autour des discours portant sur l'idée d'aménagement durable se sont développées. En 2000, Rougier Gabon reçu 190 000 euros de l'AFD pour un appui à l'aménagement forestier durable (Labrousse, Verschave, 2002).

[32] A. Genissieux, « L'héritage colonial dans la forêt gabonaise », Communication présentée au séminaire *La participation introuvable ? La conservation des ressources naturelles en Afrique*, Pau, Crepao, 1998.

[33] Roland Pourtier, *Le Gabon : État et Développement*, *op.cit.*, p. 145.

une fois l'indépendance venue : focaliser son développement sur les ressources minières, notamment le pétrole (en 1998 par exemple, les hydrocarbures représentaient 58% des recettes de l'État). Ainsi, encouragées par la faiblesse des autorités locales[34], les entreprises n'eurent alors pas d'autres objectifs que d'exporter le bois sous forme de grumes, en d'autres termes, de sortir le bois brut du pays.

En outre, le secteur bois du Gabon représente une filière encore sous-rentabilisée par rapport au potentiel existant. Jusqu'en 2009 « [...] *seulement 25% à 35%*[35] *du bois étaient transformés localement alors que les objectifs initiaux (fixés de commun accord entre l'État gabonais et les entreprises) étaient d'atteindre 75% de transformation locale des grumes en 2012* »[36]. Le retard pris dans la réalisation de cet objectif était criard et ne s'explique que par la difficulté à faire réellement appliquer la loi. En effet, comme nous l'exposerons plus en avant, le mode d'exploitation du bois des forêts gabonaises a peu évolué depuis l'exportation des premières billes d'okoumé en 1908.

Au regard du diagnostic fait et des attentes de la communauté internationale[37], il convient de s'interroger sur le sens et la portée du projet d'industrialisation (transformation locale du bois) prôné par les autorités gabonaises. Précisément**, quel est l'impact réel de la transformation locale du bois au Gabon sur les plans socio-économique, environnemental et géostratégique ?**

---

[34] Nous reviendrons sur la faiblesse de l'action de l'État (passivité, corruption, etc.) dans le chapitre II de ce travail.

[35] Sylvain Nze nguema, *Forum sur la gestion forestière « Gestion forestière et industrie du bois au Gabon : fondements de la mesure d'interdiction d'exportation des grumes et mesures d'accompagnement »*, Libreville, 2010, p. 9.

[36] L'article 227 de la loi n°16/2001 du 31 décembre 2001 stipule que « la production nationale des grumes doit couvrir en priorité la demande des unités locales de transformation. À cet effet, le taux de transformation de la production locale doit évoluer pour atteindre 75% au cours de la décennie qui suit la date de promulgation de la présente loi ». (Code forestier gabonais, 2001).

[37] Le discours forestier a évolué : du principe forestier traditionnel de rendement soutenu, on est passé à un nouveau paradigme, celui de la « gestion durable des forêts » (Barthod, 1995 ; Buttler et al, 2004). Selon la FAO, les forêts du monde devront répondre aux besoins et aux demandes de trois ou quatre milliards de personnes de plus d'ici la fin de ce siècle (Lutz *et al.*, 2001).

De cette problématique centrale, il se dégage un certain nombre d'interrogations dont les réponses pourraient permettre de mieux cerner le problème.

- ✓ Au vu des enjeux environnementaux (attentes de la communauté internationale) et l'aspiration du Gabon à amorcer son développement économique, comment concilier développement économique avec les objectifs du développement durable ?
- ✓ Et quels sont les défis et contraintes à relever pour atteindre les objectifs fixés par l'État ?

Le questionnement décliné donne suite à des hypothèses, qui seront infirmées ou confirmées après analyse des documents et confrontation à la réalité du terrain.

3.2 énonciation des hypothèses

Une hypothèse de recherche est définie par Roger Brunet (et *al.*) comme « *une proposition ou au moins une supposition faite en vue d'avancer vers la solution d'un problème* »[38]. Autrement dit, il s'agit d'une réponse présumée à la question qui oriente une recherche. L'hypothèse se vérifie ou se réfute par des procédures expérimentales, par des raisonnements, par des mesures ou encore, par des simulations convaincantes. La question de l'industrie de la filière bois, comme rappelée précédemment, a fait l'objet d'un certain nombre d'études à différentes échelles. Partant de la problématique posée, les résultats des travaux de Kialo P. (2011), Mombo J-B. (2009), Mabika J. (2014), Aron R. (1962), Puyo J-Y. (2001), entre autres, nous ont permis de décliner trois principales hypothèses :

(H1) : la première hypothèse s'appuie sur l'article de Mombo J-B (2009), et « Industrialisation et développement en Asie du Sud et de l'Est depuis les années 1950 »[39]. Nous défendons l'idée selon laquelle la politique souhaitée par l'État (l'industrialisation de la filière bois) permettra, à l'exemple de certains pays d'Asie orientale, de participer à la diversification de l'économie nationale et au

---

[38] Roger Bruner et al, *Les mots de la Géographie, dictionnaire critique*, Paris, Reclus-La Documentation Française, 1993, p. 263.

[39] Anonyme, *Industrialisation et développement en Asie du Sud et de l'Est depuis les années 1950*, *op.cit.*, p. 2-3.

développement des secteurs susceptibles de créer de la valeur ajoutée et des emplois, de préserver le capital national et d'attirer les investisseurs privés ;

(H2) : la deuxième hypothèse soutient que les capacités forcément limitées d'une base industrielle locale tendent à ajuster la récolte sur le niveau maximum de transformation. *À contrario*, un raisonnement différent est aussi envisageable. En ce sens que les surcapacités de transformation engendrées par l'interdiction d'exporter du bois brut peuvent occasionner un appauvrissement ou épuisement des ressources naturelles de la forêt primaire et défavoriser l'équilibre écologique de la planète. Et en parallèle, nos recherches participent à la réfutation du mythe de l'« inépuisabilité » des ressources forestières africaines, forgé au début du XXe siècle et dénoncé jadis par Jean-Yves Puyo (2001).

(H3) : enfin, partant des idées de R. Aron (1962) et de P. Régnier (2007), notre troisième hypothèse part du postulat selon lequel, l'industrialisation plus poussée de la filière bois, offrirait au Gabon une place de choix dans les relations commerciales tant régionales qu'internationales en devenant le site de transformation majeur du bois dans la sous-région (Afrique centrale). Toutefois, le désir de contrôle et de développement, basé sur le bois voulu par le Gabon, pourra réveiller le potentiel conflictogène associé aux ressources renouvelables dans un contexte de course aux ressources stimulé par l'accélération de la mondialisation.

Notre étude s'articule en trois parties. Structurées en trois chapitres chacune, nous aborderons de manière distincte les aspects qui relèvent soit des effets multiplicateurs tributaires dc l'activité de l'industrie de la filière bois, soit des conditions favorables à la pérennisation de cette dernière. Ainsi, la première partie sera dédiée à une présentation des fondements géographiques de la forêt gabonaise et de son potentiel forestier **(chapitre I).** Puis, nous ferons un état des lieux du secteur de la transformation du bois jusqu'en 2009[40] **(chapitre II)** avant de conclure avec la méthodologie de recherche, fil conducteur de ce travail **(chapitre III).**

Dans la deuxième partie, nous aborderons la question de l'impact de la mesure visant l'arrêt de l'exportation des grumes au Gabon six à huit ans après, avec une évocation des dimensions socio-économiques **(chapitre IV)**, environnementales **(chapitre V)**, et géostratégiques de la transformation locale des grumes **(chapitre VI)**.

Pour sa part, la troisième partie de notre recherche s'attachera à proposer un certain nombre de perspectives, tels les préalables à une industrialisation durable de la filière bois **(chapitre VII),** puis les conditions souhaitables d'une industrie compétitive **(chapitre VIII)**. Enfin, nous évoquerons les différents types d'industries possibles au Gabon **(chapitre IX)**.

---

[40] La mesure de l'arrêt de l'exportation des grumes a été annoncée par les autorités gabonaises en novembre 2009, mais elle rentrera en vigueur en Janvier 2010.

Ière PARTIE :

FONDEMENTS GÉOGRAPHIQUES DE LA FORÊT GABONAISE, ÉTAT DES LIEUX DE L'INDUSTRIE DU BOIS ET MÉTHODOLOGIE DE RECHERCHE

Introduction partielle

L'industrie est définie par Nonjon « [comme] *les activités qui transforment des matières premières dans des usines* » [41]. Nous lisons dans *De la géopolitique aux paysages* de Yves Lacoste qu'elle a pour objet « [...] *la production d'énergie et la transformation des matières premières en produits fabriqués (produits semi-finis ou biens de consommation)* »[42]. L'industrie du bois serait alors l'ensemble des activités tournées vers la production en série de biens grâce à la transformation du bois ou des matières issues du bois ayant subi une ou plusieurs transformations. Celle-ci requiert pour son bon fonctionnement un certain nombre d'éléments dont le plus important reste la disponibilité en grumes. Ainsi, dans un premier temps nous réaliserons une étude de la richesse, de la diversité et du potentiel de la forêt gabonaise ; puis nous discuterons des chiffres avancés sur celle-ci (évolution) afin de déterminer sa capacité à répondre aux besoins de son industrie du bois (**chapitre I**). Dans le **chapitre II**, nous ferons un état des lieux de l'industrie du bois au Gabon pour comprendre les raisons qui ont amené les autorités gabonaises à adopter, en 2010, la mesure prônant l'arrêt de l'exportation des grumes et donc leur transformation locale. Le **chapitre III**, quant à lui, sera consacré à une présentation de notre méthodologie d'enquête et de collecte de données ; il s'agira pour nous d'exposer les choix opérés et les expériences vécues qui ont conduit à l'élaboration de ce travail.

---

[41] Alain Nonjon, *Comprendre l'économie mondiale*, Paris, Ellipses, 1995, p. 92.

[42] Yves Lacoste, *De la géopolitique aux paysages : Dictionnaire de la géographie*, Paris, Armand Colin, 2003, p. 217.

CHAPITRE I

LES FONDEMENTS GÉOGRAPHIQUES DE LA FORÊT GABONAISE ET LE POTENTIEL FORESTIER

La richesse et la diversité de la forêt gabonaise résulteraient de la combinaison de plusieurs facteurs, notamment l'action conjointe de facteurs climatiques et édaphiques qui sont fonction de la situation géographique particulière du pays. Ceux-ci déterminent en très grande partie la nature du massif forestier et son importance spatiale.

Mais comment les facteurs édaphiques et climatiques impactent-ils l'aspect des forêts ? Et quels sont les grands types de forêts rencontrés au Gabon et son potentiel forestier ?

Ainsi, dans ce chapitre, montrerons-nous premièrement l'impact des facteurs climatiques et édaphiques sur la diversité et la richesse de la forêt gabonaise. Ensuite, nous procéderons à la description des grands types de forêts dites primaires qui découlent de ce processus, avant de présenter le potentiel forestier et de discuter de son évolution potentielle.

1. Les fondements géographiques de la forêt gabonaise et les grands types de forêts

Dans ce point seront abordés les facteurs qui jouent sur l'aspect des forêts gabonaises et sur les grands types en découlant.

1.1 les fondements géographiques de la forêt du Gabon

De nombreux facteurs influencent considérablement l'aspect des forêts, c'est notamment le cas des climats, des sols ou encore du relief dans le cadre du Gabon. Ces facteurs et les forêts qu'ils déterminent entretiennent des relations assez complexes, elles prennent la forme de complète dépendance ou de totale indépendance selon le milieu et le temps.

1.1.1 les facteurs climatiques

Le climat représente l'ensemble des caractéristiques et des phénomènes atmosphériques ayant une incidence sur les activités terrestres, qu'elles soient animales, végétales ou minérales. Selon Jacques Lévy et Michel Lussault, « *le climat serait l'ensemble des conditions de la très basse atmosphère en un lieu donné et dans le moyen terme* »[43]. En ce qui concerne le domaine forestier, son impact émane de l'incidence qu'il peut avoir sur le potentiel de croissance, le développement pédologique de sols et les risques d'érosion à travers la fréquence des précipitations.

Le Gabon est compris dans la zone tropicale humide ou équatoriale, fortement marquée par les précipitations. À l'échelle du pays ou mésoclimat, et quant à la question de ces dernières, on relève néanmoins des différences importantes. Ces distinctions ont fait l'objet d'une publication en 1997 par Saint-Vil. Ce dernier, en se basant sur la distribution et le rythme des précipitations à travers le pays, distingue huit régions qui peuvent être rangées dans trois types principaux de climats : le climat équatorial pur (toute la zone nord d'une ligne de Mitzic-Okondja), et deux types de climats de transition : le climat équatorial de transition de la zone centrale - qui concerne la région allant de la baie du cap Lopez en passant par Mandji pour rejoindre Lébamba - et le climat équatorial de transition du sud-ouest et de la zone littorale centre-atlantique.

---

[43] Jacques Lévy, Michel Lussault, *Dictionnaire de la Géographie et de l'espace des sociétés*, *op.cit.*, p. 167.

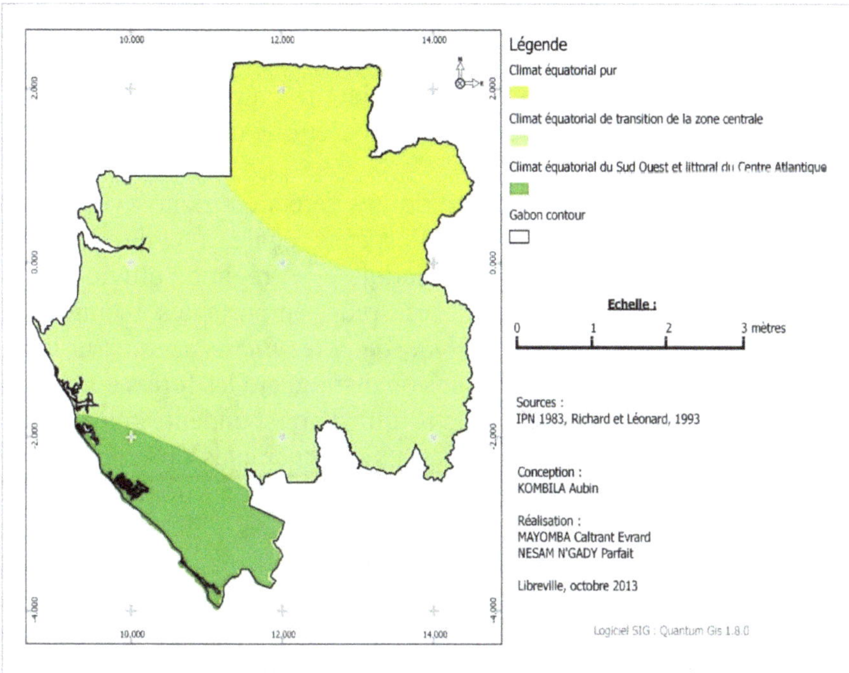

Figure 2 : les régions climatiques du Gabon
Source : IPN, 1983 ; Richard et Léonard, 1993

Les traits climatiques précédemment décrits ont une influence sur le maintien de la forêt équatoriale qui, en dehors des massifs plus élevés et généralement bien arrosés, se trouve parfois en marge de zones où des conditions écologiques « normales » exigeraient, pour de nombreuses d'entre-elles, un supplément d'au moins 200 mm de pluies annuelles. En effet, le Gabon possède des températures moyennes mensuelles variant entre 23 et 29°C, des précipitations comprises entre 1400 et plus de 3000 mm annuels et une humidité relative se situant entre 79% à Tchibanga et 86%[44] à Cocobeach ; autant d'éléments favorables à une forte activité de photosynthèse propice au développement de la forêt et à son maintien.

La diversité climatique du Gabon fait apparaître des types de forêts bien différents. Ainsi, d'après les études phytogéographiques, la forêt dense humide sempervirente de basse et moyenne altitude

[44] Jean Damien Maloba, « le Climat » in *Atlas du Gabon*, Paris, éditions J.A, 2004, p. 12 & 13.

domine[45]. Mais le Gabon présente aussi des forêts denses humides semi-décidues[46] ainsi que des savanes. Cette diversité des types forestiers montre bien que la relation entre les climats et la végétation est nette, avec une liaison d'étroite dépendance des forêts vis-à-vis des climats.

La composition floristique de ces forêts est riche avec un taux d'endémie et une diversité d'espèces égale à celle des forêts néotropicales du Sud-Est asiatique, à régime pluviométrique comparable. Les familles les plus importantes seraient les *Caesalpiniaceae,* les *Euphorbiaceae* et les *Burseraceae.* Sur la base d'autres critères physiologiques on distinguera les forêts « mâtures » ou « forêts-climax achevées » qui correspondent aux forêts à *Caesalpiniaceae,* des forêts jeunes conquérantes de repousse dont les forêts à *Marantacées* et bien sûr, en façade littorale, des forêts inondées ou marécageuses et des mangroves. Signalons toutefois que d'autres critères de classification sont proposés dans l'ouvrage collectif de Christy *et al, La forêt et la filière bois au Gabon : la forêt du Gabon au début du troisième millénaire* (2003), où trois subdivisions sont établies ; il existe d'abord les forêts des terres humides, puis les forêts secondaires de terre ferme, jeunes, secondaires matures et enfin, les vieilles forêts. Globalement, ces caractères ne diffèrent guère de ceux de l'aire forestière d'Afrique centrale.

[45] Armel Mouloungui, *Gouvernance des ressources forestières au Gabon : acteurs et enjeux*, Thèse de doctorat, Géographie-Aménagement Environnement, Université d'Orléans, 2014, p. 88.

[46] Selon la classification UNESCO, la forêt gabonaise appartient au domaine guinéo-congolais humide, pour la région côtière et au domaine camerouno-guinéo-congolais des forêts semi-décidues, pour les régions nord-orientales (Christy *et al*, 2003).

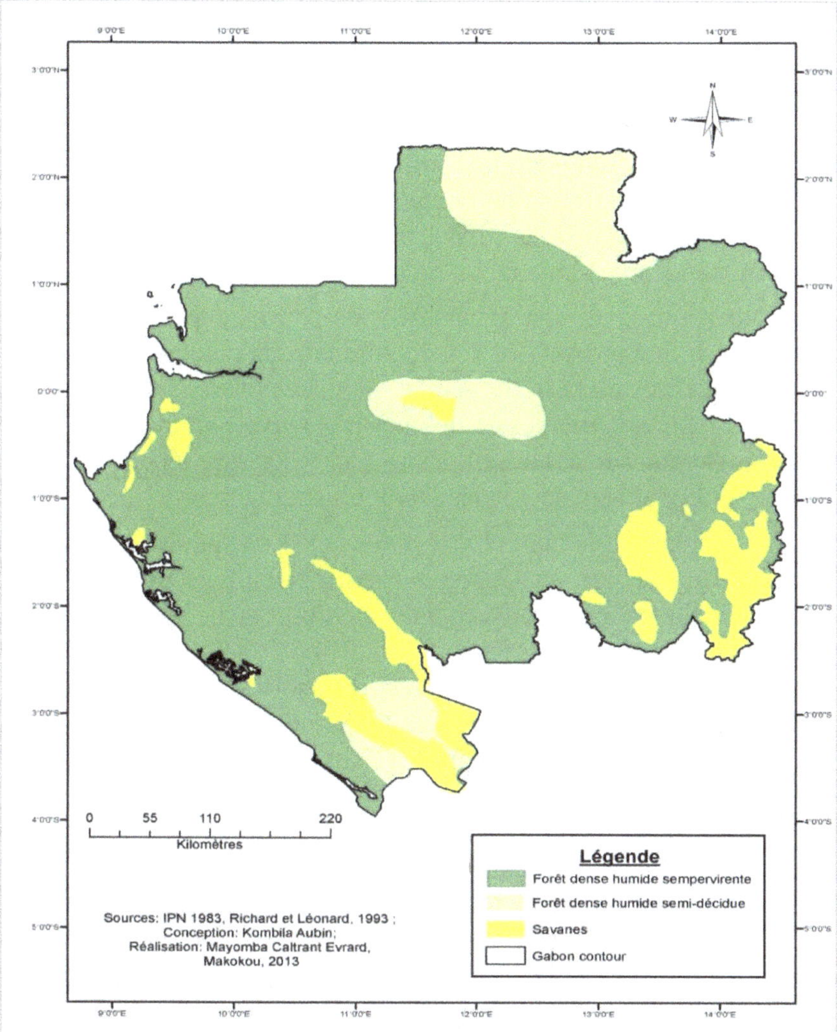

Figure 3 : les types climatiques des forêts
Source : IPN, 1983 ; Richard et Léonard, 1993

S'il est admis que les facteurs climatiques ont un impact considérable sur la forêt, il n'en demeure pas moins que les facteurs édaphiques jouent aussi un rôle non négligeable dans la détermination des types de forêts.

1.1.2 les facteurs édaphiques

Les facteurs édaphiques peuvent être définis comme étant des facteurs liés aux caractéristiques géologiques et physico-chimiques du substrat dans un milieu terrestre. Les propriétés physico-chimiques du sol et du sous-sol (roches sous-jacentes), la pente et l'exposition (relief), les particularités du drainage modifient les conditions de vie des végétaux dans un même milieu climatique. La nature du sol a une certaine influence sur les caractères de la forêt, et ce notamment dans les secteurs de transition. Ainsi, le long des rivages et des rivières, il existe une végétation particulière de même qu'aux endroits marécageux ou périodiquement inondés.

Nous pouvons distinguer au Gabon trois types édaphiques de forêts : la mangrove (forêt halophile ou des palétuviers), les forêts marécageuses ou périodiquement inondées (celles où la submersion dure quelques semaines à quelques mois, avec écoulement de l'eau) et les forêts sur sables littoraux (sur sols sablonneux, elles sont fragiles et peuvent se « savaniser » plus facilement).

Au regard de ce qui précède, nous pouvons déduire que la relation entre forêt et sols au Gabon est assez complexe puisque la forêt, comme toute formation végétale, participe à la création du sol (il existe en effet une sorte de réciprocité entre sol et forêt). Il est bien connu que la fertilité apparente des sols de la forêt dense est inséparable de la présence de la forêt, dans la mesure où c'est elle qui l'entretient en fournissant aux horizons superficiels les composants organiques - qui formeront, après le cycle de l'humification, l'humus stable des sols - ainsi que les minéraux puisés en profondeur par les racines. Sans ce couvert forestier, ces éléments sont rapidement lixiviés sous l'effet des pluies abondantes dans une ambiance chaude et le sol s'appauvrit en quelques saisons. La luxuriance forestière est donc entretenue par elle-même, le climat aidant. Toutefois, si comme l'affirme Leroy-Deval les facteurs édaphiques ont une importance toute relative sur la végétation par rapport aux facteurs climatiques, il existe néanmoins une étroite dépendance des végétaux vis-à-vis de certains sols minéraux.

1.2 les grands types de forêts dites primaires

La forêt, qui couvre au Gabon une superficie de 230 000 kilomètres carrés soit 85% du territoire, donne au pays une certaine uniformité. Mais derrière cette apparente uniformité d'ensemble, la composition floristique majeure de la forêt dense gabonaise, telle qu'elle ressort en particulier de l'exploitation des inventaires forestiers (de la plupart des investigations forestières), révèle dans le détail, d'importantes variations quantitatives, à savoir de véritables gradients phytogéographiques[47]. Sur la base de ces variations, des types floristiques régionaux, regroupés en trois zones géographiques (littoral, centrale et orientale), ont été définis, puis décrits et commentés en 1978 par Caballé puis par l'Institut pédagogique national (IPN) en 1983. En allant d'ouest en est du pays, l'auteur distingue trois types de forêts primaires : la forêt dense humide sempervirente du bassin sédimentaire côtier, la forêt dense humide sempervirente des reliefs et plateaux de l'intérieur, et la forêt dense des plateaux de l'intérieur.

1.2.1 La forêt dense humide sempervirente du bassin sédimentaire côtier (zone littorale)

Forêt la plus arrosée, elle couvre en totalité la façade maritime du pays et épouse assez étroitement le contour du bassin sédimentaire côtier. Sa limite continentale suit la ligne des premières pentes des Monts de cristal et du massif du Chaillu. Au Sud, elle prend la Nyanga en écharpe jusqu'à la côte. Historiquement, c'est la première forêt à avoir été exploitée du fait de l'abondance de l'okoumé (*Aucoumea klaineana)* et de la facilité d'extraction des bois[48]. Cette forêt est aujourd'hui largement dégradée dans bien des endroits à cause essentiellement de la concentration urbaine sur la côte (Libreville capitale politique et Port-Gentil capitale économique). Dans ce basin côtier, nous avons parmi les essences représentatives de l'étage dominant l'okoumé, l'ozuga (*Sacoglottisgabonensis*), l'angoa (*Erismadelphusexsul*), et le tali (*Erythrophleumsuaveolens*). Il existe aussi des forêts dites secondaires qui sont pour la plupart des peuplements quasiment monospécifiques d'okoumé issus de la colonisation de zones de cultures traditionnelles. Quant aux zones marécageuses et inondables, elles sont couvertes par une forêt similaire à la forêt mature (arbres pionniers) à laquelle viennent

---

[47] La phytogéographie ou géographie botanique ou encore géobotanique, est une science, au croisement de la botanique et de la géographie, qui étudie la répartition des végétaux à la surface du globe et les causes de cette répartition ainsi que les relations existantes entre les espèces ou communautés végétales d'une part, les caractéristiques géographiques, mésologiques (climat, sol) et biologiques (ensemble des organismes vivants) d'autre part. « Phytogéographie: définition et explications », https://www.aquaportail.com/definition-9156-phytogeographie.html [consulté le 14 février 2019].

[48] Il faut préciser que la pénétration des anciens colonisateurs vers l'intérieur était alors rendue difficile du fait des résistances autochtones et de l'absence d'infrastructures routières, entre autres, etc.

s'ajouter des peuplements de bahia (*Halleaciliata*) et de raphia, dans les parties les plus humides.

1.2.2 la forêt dense humide sempervirente des reliefs et plateaux de l'intérieur (zone centrale)

Cette forêt « primaire » constitue un ensemble homogène, quoique couvrant des territoires assez variés, tant au niveau climatique que physique. Elle se distingue des deux autres grands ensembles floristiques par l'apparition d'espèces nouvelles (*Calpocalyxheitzii*, *Paraberliniabifoliata,...*)[49]. Elle est aussi marquée par une plus grande abondance d'autres espèces végétales supérieures dont l'ozigo et l'okoumé. De fines nuances liées à des différences locales peuvent quand même être distinguées à l'intérieur de cet ensemble. Il s'agit :

- des forêts de type intermédiaire, avec la forêt du bassin sédimentaire ;
- de la forêt de la bordure montagneuse cristalline (Monts de Cristal et Massif du Chaillu) ;
- de la forêt intermédiaire entre la forêt du rebord montagneux et la forêt du nord-est.

Le déplacement du front d'exploitation forestière vers l'Est soumet cette forêt centrale de l'intérieur à une plus grande pression d'exploitation que par le passé, laquelle est rendue possible par un certain nombre d'infrastructures mis en place (tel le chemin de fer le Transgabonais, en particulier). L'essentiel des grandes concessions forestières en activité est localisé dans ce type de forêt. Deuxième zone forestière du Gabon, elle constitue l'actuel front pionnier, c'est-à-dire, la forme forestière la plus sujette à l'exploitation.

1.2.3 la forêt dense des plateaux de l'intérieur (zone orientale)

C'est la forêt des plateaux du Nord-Est (Boka-Boka, Bélinga). La particularité de cette dernière comparée aux précédentes est la disparition de l'okoumé de même qu'un certain nombre d'autres espèces (tels l'odzikouna, l'owui, et le sorro). C'est la forêt des plateaux du Nord-Est (Boka-Boka, Bélinga). Si l'aspect général de la forêt reste celui d'une forêt sempervirente, on trouve en mélange

[49] Font partie de la famille des Fabaceae, une des plus importantes familles de plantes à fleurs (herbacées).

certaines espèces de la forêt semi-décidue[50]. Pour cette raison, la forêt du nord-est constitue un type intermédiaire entre la forêt sempervirente et la forêt semi-décidue, proche de la forêt congolaise. Ce changement de composition floristique observé peut être relié au changement de climat, avec l'apparition d'une deuxième véritable saison sèche dans cette région du pays. Pour l'Okoumé en particulier, cette saison sèche, correspondant à la période de fructification, compromet la germination de la graine, à faible potentiel de survie ; ceci pourrait être un élément d'explication de son absence dans le quart nord-est du pays[51].

La composition de cette forêt est, comme dans le cas de la forêt côtière, caractérisée par la juxtaposition d'espèces aux exigences biologiques différentes ; ainsi, les essences à bois lourd, fréquemment issues de la famille des Césalpiniacées, se concentrent dans les bas-fonds humides alors que les espèces à bois tendres, et à la diaspore de type anémochore, sont visiblement issues de la forêt semi-décidue[52].

L'absence de l'okoumé dans cette partie du pays fait que cette forêt orientale présente, dans les conditions actuelles du marché, un intérêt moindre pour l'exploitation forestière. Cette zone présente de plus, dans sa grande majorité, des problèmes d'accès et de desserte (telle l'absence d'infrastructures routières). Il est important de noter que l'essentiel de la forêt non encore exploitée du pays se trouve dans cette région. Elle fait partie de la deuxième zone forestière du Gabon, hors du front pionnier, que nous dénommons la forêt de l'Est ou du Nord-Est.

La carte ci-dessous illustre les grands ensembles de forêts « primaires » rencontrées de nos jours au Gabon.

---

[50] Tels *Terminaliasuperba* et *Triplochitonscleroxylon*, qui peuvent tous deux former des peuplements purs, ou encore *Chrysophyllumsp.*, *Gambeya subnuda*, *Sterculariasubviolacea*, etc.

[51] Armel Mouloungui, *Gouvernance des ressources forestières au Gabon : acteurs et enjeux*, *op. cit.*, p. 89-90.

[52] *Nicolas, 1977, cité par Ibid.*, p. 90.

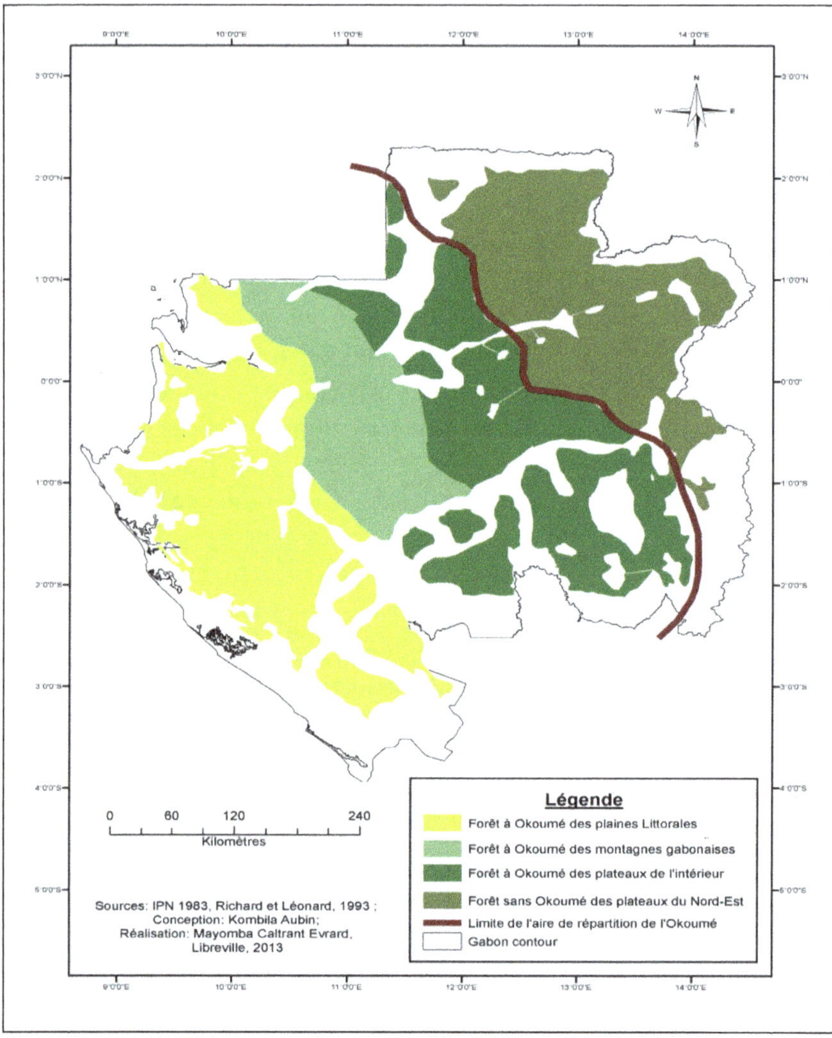

Figure 4 : les types de forêts primaires
Source : IPN, 1983 ; Richard et Léonard, 1993

Outre le système avancé par Caballé et l'IPN, d'autres types de classifications de la forêt gabonaise existent. Sur la base d'autres critères physiologiques, on distinguera les forêts « mâtures » qui correspondent aux forêts à *Caesalpiniaceae*, les forêts jeunes conquérantes de repousse dont les forêts à Marantacées, et bien sûr, en façade littorale avec les forêts inondées ou marécageuses et les mangroves. Enfin, d'autres critères sont proposés dans l'ouvrage collectif de Christy *et al.* (2003), *La forêt et la filière bois au Gabon :*

la forêt gabonaise au début du troisième millénaire, où trois subdivisions sont établies entre les forêts des terres humides, les forêts secondaires de terre ferme, jeunes, secondaires matures, et les vieilles forêts[53]. Dans l'ensemble, ces caractères ne diffèrent guère de ceux de l'aire forestière d'Afrique centrale.

2. Le potentiel forestier du Gabon et évolution de la forêt du Gabon

La forêt gabonaise fait partie du très vaste bassin du Congo et représente le deuxième potentiel d'Afrique centrale après celui de la République démocratique du Congo. Le pays constitue un réservoir d'une diversité exceptionnelle dont la richesse est l'une des plus importantes de toutes les forêts tropicales africaines[54]. Abritant la plupart des écosystèmes forestiers guinéo-congolais, la forêt représente selon Olsoon, un héritage national, à savoir un gigantesque réservoir de carbone fixant entre 0.94 et 5.24 gigatonnes de celui-ci[55] (stock fixé). Cette richesse ou ce potentiel, qui fait aujourd'hui l'objet de nombreux débats, est sujet à diverses études, dont celle de Peyrot (1989, 2001) et Reitsma (1989, 1991). Dès lors, la description et l'estimation du potentiel forestier afin de montrer ces différentes caractéristiques ainsi que l'évolution de la forêt gabonaise, constituent les points saillants de cette sous partie.

2.1 le potentiel forestier gabonais

La forêt Gabonaise, telle que décrite précédemment, renferme de très importantes potentialités forestières dont les estimations varient selon les sources d'information. Selon le premier rapport de l'observatoire mondial des forêts (OMF-Global Forest Watch en anglais), lancé par le World Ressources Institute (WRI) en collaboration avec des organisations non gouvernementales et des responsables locaux qui s'occupent de forêts-frontières dans le monde entier, le Gabon dispose de vastes ressources forestières ; si elles étaient gérées convenablement, elles pourraient apporter des

[53] Patrice Christy et al., *La foret et la filière bois au Gabon : la forêt gabonaise au début du troisième millénaire*, *op. cit.*, p. 43-50 (il existe également la classification de Saint Aubin, 1963 ; Schenell, 1976 ; White, 1983).

[54] Jérôme Mabika, *Exploitation et gestion durable de la forêt gabonaise : analyse géographique et problèmes de gestion et d'aménagement forestier*, Thèse de doctorat, Géographie et Aménagement, Université de Montpellier III, 2003, p. 52.

[55] Olsoon et al., *Carbonin Live vegetation of Major World Ecosystems*, Report ORNL-5862, Oak Ridge, Oak Ridge National Laboratory, 1993.

revenus à long terme, sans compromettre les fonctions naturelles des écosystèmes. Mais, déjà, de nos jours, il est difficile de connaitre avec exactitude la superficie forestière du Gabon, car aucun inventaire forestier complet n'a été effectué et les différences entre les estimations peuvent varier de plus de quatre millions d'hectares[56]. En outre, ce type d'information est rarement rendu public.

Néanmoins, les inventaires partiels réalisés par le centre Technique Forester Tropical (CTFT), l'Organisation des Nations Unies pour l'agriculture et l'alimentation (FAO), le projet TREES (Tropical Ecosystem Environment Observations by Satellites), le gouvernement gabonais (ministère des Eaux et Forêts) et le GSE Forest Monitoring[57], pour ne citer que ces quelques références, nous permettent de tracer un tableau relativement « fiable » des essences et des volumes de bois sur pied des différents massifs forestiers du pays. Toutefois, ces estimations varient pour ce qui est de leur date, de leur méthodologie, mais aussi de leur terminologie. La figure ci-dessous donne l'estimation de la forêt gabonaise selon les différentes sources précitées.

---

[56] Charles Tchoba, *Culture, Développement durable et démocratie participative : l'exemple des ONG environnementales gabonaises,* Thèse de doctorat, UPPA, 2005, p. 80.

[57] « Home | gmes-forest.info », consulté le 16 mai 2019, https://www.gmes-forest.info/. GSE Forest Monitoring est un projet financé par l'Agence spatiale européenne (ESA). Il fait partie de l'Élément de surveillance mondiale pour les services d'environnement et de sécurité (GSE). La surveillance mondiale de l'environnement et de la sécurité (GMES) est une initiative conjointe de la Commission européenne et de l'ESA. GSE est le premier programme ESA dédié à cette initiative conjointe.

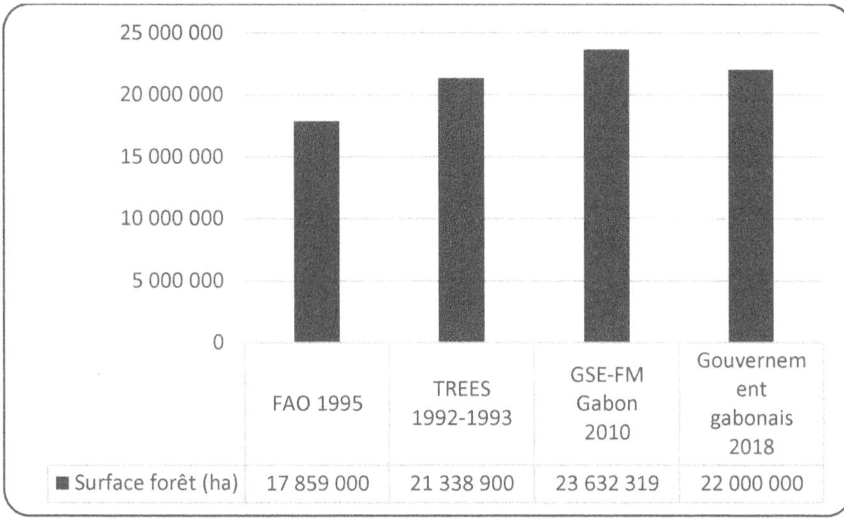

Figure 5 : la surface forestière au Gabon selon les différentes sources

Source : FAO, State of the World's Forest, Rome, 1995 ; JRC, TREES, 1993 ; MEF, 2018

2.1.1 les essences forestières

La forêt gabonaise est une forêt comparable aux forêts tropicales d'Amérique du Sud, considérées comme les plus riches en diversité biologique. Elle a le couvert végétal le plus ancien de la sous-région. Ceci est l'une des raisons du taux très élevé d'endémisme[58]. D'ailleurs, il est affirmé que le Gabon représente un précieux sanctuaire pour la biodiversité tant pour les espèces végétales qu'animales de la forêt sempervirente guinéo-congolais[59]. Pour des raisons tenant à la fois à l'histoire naturelle, à la répartition des précipitations, à la topographie et aux sols, la forêt gabonaise rassemble une mosaïque d'habitats uniques qui représentent toutes les structures de la forêt tropicale. « *L'étonnante diversité de la flore et de la faune gabonaises tiendrait au fait que la région aurait été un des « refuges » de la forêt dense au quaternaire, période à laquelle l'Afrique a connu un climat sec et froid. Avec le retour à des conditions de précipitations et de températures plus propices à la*

[58] Le taux d'endémisme est la proportion des espèces qui sont purement gabonaises et n'existent pas ailleurs.

[59] Nicole Rabenkongo, « Patrimoine naturel », in *Atlas de l'Afrique-Gabon*, Paris, les éditions J.A, p. 14.

dispersion des espèces forestières, la flore et la faune auraient progressivement repeuplé le reste de la région »[60].

Au Gabon, entre 20 et 22% des espèces enregistrées de la flore nationale sont endémiques et les estimations du total des espèces végétales varient de 6 000 à près de 8 000 dont 400 seulement sont connues[61]. On estime que la forêt gabonaise abrite de 30 à 40% de la flore du bassin hydrographique du fleuve Congo sur seulement 10% du territoire de cette sous-région.

En outre, elle recèle de nombreuses essences classées en fonction de leur demande sur le marché local et extérieur. Environ une soixantaine est exploitée sur les 400 essences inventoriées. Ces essences actuellement commercialisables sont divisées en deux catégories : l'okoumé d'une part et l'ensemble des autres essences désignées couramment sous le vocable de « bois divers »[62], d'autre part. Le *Tableau* 1 suivant présente ces principales essences forestières d'intérêt sylvicole.

---

[60] Plan national d'action pour l'environnement (PNAE), *Les trois piliers de la durabilité. Restaurer l'efficacité écologique, libérer le capital de croissance économique et réduire les vulnérabilités sociales*, Paris, L'harmattan, 2002, p. 68.

[61] Direction générale de l'Économie et de la Politique Fiscale, *Évaluation de la réforme sur l'arrêt de l'exportation des grumes*, Rapport du ministère, Libreville, 2014, p. 5.

[62] Les bois divers sont toutes les espèces autres que l'okoumé et l'ozigo. L'ozigo, qui est l'essence « voisine » de l'okoumé, représentait autrefois un volume d'exportation des grumes relativement important (deuxième essence exportée derrière l'okoumé). Sa part a diminué au fil des années avant d'être de nos jours interdite à l'exportation.

Noms commerciaux	Noms latins
Okoumé	*Aucoumea klaineana*
Andoung	*Monopetalanthus*
Ilomba	*Pucnanthus angolensis*
Tali	*Erythrophleum ivorense*
Azobe	*Lophira alata*
Limba	*Terminalia superb*
Padouk	*Pterocrpus soyauxii*
Bahia	*Mitragyna ssp.*
Niové	*Staudia gabonensis*
Moabi *	*Baillonella toxisperma*
Douka *	*Tieghemella Africana*
Kevazingo *	*Guibourtia tessmannii*
Olon	*Fagara heitzii*
Tchitola	*Oxystigma oxyphyllum*
Ozigo *[63]	*Dacryodres buettneri*
Kosipo	*Entandrophragma angolense*

Tableau 1 : les principales essences commerciales du Gabon
Source : Comett, 1992 et DIARF, 1995

La première essence commercialisée est donc l'Okoumé, fer de lance de l'exploitation forestière au Gabon. L'arbre mesure environ 40 mètres de haut pour une bille utilisable de 20 à 25 mètres de long. Elle a la particularité d'être d'un déroulage aisé, donnant des feuilles souples et homogènes qui permettent de fabriquer un contreplaqué d'une qualité inégalée. Cette qualité avait été relevée par l'industrie allemande dès 1889, avec l'expertise d'une bille d'okoumé expédiée à Hambourg ; de larges possibilités d'utilisation s'offrirent alors à cette essence : fabrication de meubles, de boites de cigares, et plus part de structures pour l'aviation, etc. De même en France, son

[63] Essences actuellement interdites à l'exploitation. La forte exploitation de ces dernières années a fait que ces essences à croissance très lente soient retirées de la liste des espèces exploitables. C'est le cas du Moabi où il faut un minimum de 400 ans pour avoir un diamètre autorisé à la coupe (Enquête de terrain Aubin Gildas Kombila, 2016).

exploitation fut à l'origine du développement de l'industrie du contreplaqué[64].

La faible densité de l'okoumé (0,6 à 0,65) la rend aisément flottable, ce qui représente un atout considérable pour la sortie des bois. Toutes ces particularités faisaient d'elle une essence recherchée dès l'époque coloniale, notamment à l'échelle européenne où les marchés s'intéressent prioritairement à ce bois tendre destiné à des placages économiques[65]. Jusque-là, cette essence était utilisée principalement par les populations pour la fabrication des pirogues, de charbon de bois, mais aussi de torches via sa résine ; de même, son écorce était sollicitée en médecine traditionnelle pour ses qualités astringentes et son action antidiarrhéique. Le bois d'okoumé remplit encore plusieurs de ces fonctions dans le quotidien des populations locales, faisant de la forêt gabonaise à la fois un élément important du cadre de vie local.

L'industrie du placage et du contreplacage allait faire la renommée mondiale de l'okoumé et des forêts gabonaises, ce d'autant plus que cette essence se trouve dans un espace géographique restreint : au Gabon, en Guinée équatoriale (sous embargo de l'Union européenne aujourd'hui, *cf. chapitre 6*), dans le Sud-Congo ainsi qu'en faible proportion et très marginalement au Cameroun. L'extrême spécialisation de son aire de développement répond en fait à des conditions climatiques précises ; c'est un arbre exigeant, supportant mal une saison sèche supérieure à trois mois. Lorsque la saison sèche, même courte, est trop marquée, la germination de cette essence s'avère contrariée. Il faut souligner que les forêts secondaires constituent un milieu propice au développement de cette espèce qui croit à la faveur des trouées dans le manteau forestier occasionnées par les activités humaines[66]. Le texte ci-dessous (*cf. Encadré 1*) résume assez bien notre propos.

---

[64] Jérôme Mabika, *Exploitation et gestion durable de la forêt gabonaise : analyse géographique et problèmes de gestion et d'aménagement forestier*, *op. cit.*, p. 72.

[65] Jean-Yves Puyo, *Sur le mythe colonial de l'inépuisabilité des ressources forestières (Afrique occidentale française/Afrique équatoriale française, 1900-1940), op. cit.*, p. 488.

[66] Charles Tchoba, *Culture, Développement durable et Démocratie participative : l'exemple des ONG environnementales gabonaises, op. cit.*, p. 92-93.

L'okoumé, *Aucouméa Kleineana*, ne se trouve qu'au Gabon, dans certaines parties de la Guinée équatoriale et en certains endroits du Congo. C'est l'essence la plus commune au Gabon et elle est largement utilisée par les populations locales, essentiellement pour la fabrication de meubles et dans la construction. Charles de Chavanne a été le premier Européen à attirer l'attention sur les grumes d'okoumé à des fins commerciales. Ce bois a été utilisé par exemple pour la Bibliothèque nationale de France et à l'intérieur des wagons de l'Eurostar. Aujourd'hui, c'est la principale essence exploitée pour les marchés d'exploitation, car elle donne un excellent contreplaqué. L'okoumé est un arbre à croissance rapide et qui se régénère bien aux endroits où la forêt a été éclaircie, ce qui suggérait qu'il puisse supporter des coupes répétées et fréquentes. Toutefois, selon de nouvelles indications, les taux de croissance pourraient être plus lents qu'on ne le pensait précédemment (surtout pour les arbres les plus jeunes). En outre, les taux de régénération après exploitation peuvent être bien inférieurs aux attentes. Il a été suggéré que l'enlèvement des arbres les plus hauts et les plus droits par des coupes successives pourrait ultérieurement conduire à du bois de qualité inférieure dans les endroits où l'okoumé est exploité. Des études plus poussées seraient nécessaires pour répondre à ces questions et pour veiller à ce que les exploitants forestiers fixent des niveaux de récolte réalistes qui assureraient le maintien à long terme de cette essence commercialement importante.

Encadré 1 : l'okoumé, principale ressource du Gabon
Source : Rapport de l'observatoire mondial des forêts du Gabon, Washington, DC, 2000

La deuxième catégorie quant à elle, regroupe toutes les autres essences appelées bois divers. Ainsi, on distingue des bois divers classés comme « nobles »[67] et d'autres, « non nobles »[68]. Ces bois

[67] Bois divers nobles : cette catégorie d'essence regroupe les bois à forte valeur ajoutée présentant de nombreuses qualités esthétiques et des caractéristiques intéressantes. Ces bois en provenance du Gabon sont surtout exportés en grumes ou sous forme de sciages et de débités. Les produits finis de ces bois servent essentiellement aux applications intérieures de décoration, de menuiserie, et des meubles, etc. (Direction Générale des Forêts, 2012).

[68] Bois divers non nobles : Les essences répertoriées dans cette catégorie ont un prix sur le marché international moins intéressant que ceux de la catégorie

dits divers constituent une bonne partie des réserves forestières gabonaises, formant avant la mesure d'interdiction de vente en grumes, 20 à 25% des exportations de ces dernières. Leur production n'est que complémentaire, car exclusivement destinée à un marché de niche : la menuiserie haut de gamme. La dichotomie dans l'utilisation des termes (okoumé/bois divers), héritée de l'économie coloniale et se référant à la classification des bois, rend bien compte de la place et du rôle moteur joué par l'okoumé dans l'économie du pays, mais aussi à l'échelle internationale.

2.1.2 les volumes de bois

Le volume de bois sur pied représente le capital bois de forêt, généralement mesuré en mètres cubes[69]. Dans le cas du Gabon, la direction des Inventaires, des Aménagements et de la Régénération des Forêts (DIARF), distingue trois types de volume : le volume global sur pied, le volume potentiellement commercialisable et le volume actuellement commercialisé. Le volume global sur pied renvoie au volume brut sur l'écorce qui est celui du fût[70] des arbres vivants, de diamètre de référence supérieur à dix (10) centimètres (mesuré à 1,30 mètre de hauteur ou au-dessus des contreforts ou racines aériennes – l'empâtement). Ce volume est estimé à 2,6 milliards de m^3 pour un potentiel théorique exploitable évalué à 1,5 milliard.

Le volume potentiellement commercialisable (VPC) quant à lui renvoie à la partie du volume global sur pied appartenant aux espèces de qualité technologique reconnue, qu'elles soient ou non actuellement commercialisées. Ce potentiel commercial, qui tient compte du marché international pour une soixantaine d'essences, est estimé à 400 millions de m^3, s'accroissant annuellement de trois à

---

précédente. Au niveau de leurs propriétés techniques, ils sont particulièrement adaptés pour des usages de construction et pour des applications extérieures.

[69] IF, "volumes de bois sur pied dans les forêts françaises : 65 millions de mètres cubes supplémentaires en un quart de siècle", en ligne, https://inventaire-forestier.ign.fr/IMG/pdf/web_IF_evol-vol.pdf [consulté le 06 mars 2019].

[70] Dans le cas des essences tropicales, le fort empâtement des troncs est « purgé », la future bille ou grume de bois s'entendant de la partie supérieure faisant suite à cet empâtement jusqu'à la première branche secondaire de l'arbre, à la naissance donc du houppier.

cinq millions (rythme 1995-1997)[71]. Cependant, chez certaines espèces très prisées à l'exemple de l'okoumé, celui-ci (le potentiel) peut voir sa qualité diminuer.

Enfin, le volume actuellement commercialisé (VAC) représente la part du VPC concernant les espèces actuellement commercialisées. Ce volume oscille annuellement autour de 2,5 millions de m^3 (volume grume). Le faible volume actuellement commercialisé s'explique essentiellement par des motivations commerciales. Certaines espèces bien connues des utilisateurs et très recherchées atteignent des prix d'achat au mètre cube qui permettent de les exploiter même dans des conditions difficiles et donc coûteuses (telles des difficultés de terrain dues au relief et à l'éloignement des ports de débarquement, par exemple). De même, d'autres espèces moins connues ou moins appréciées des utilisateurs ne deviennent exploitables que lorsque les conditions d'exploitation s'avèrent favorables et donc moins coûteuses (grâce au développement du réseau routier et ferré, et la création de nouvelles installations portuaires ou industrielles). La troisième partie de notre travail, dédiée aux préalables et contraintes d'une industrie compétitive (*cf. chapitre 8*), nous en dira un peu plus sur ces questions d'infrastructure.

Le potentiel forestier gabonais précédemment décrit fait aujourd'hui l'objet de certains débats. Les chiffres avancés sur le couvert forestier (85% du territoire) sont souvent remis en question du fait notamment de l'intensification de l'activité dans la filière. Pour une meilleure compréhension, nous allons dans le corpus qui suit discuter de l'évolution de la forêt gabonaise.

2.2 étude géographique de l'évolution de la forêt gabonaise

En Afrique, avec 85 %[72] de sa superficie (276 000 km^2) occupée par la forêt, le Gabon, comme l'affirme le géographe Roland Pourtier, présente la caractéristique d'un pays forestier où l'omniprésence de la grande forêt « [...] *domine jusqu'à l'obsession*

---

[71] Patrice Christy et al., *La foret et la filière bois au Gabon : la forêt gabonaise au début du troisième millénaire*, *op. cit.*, p. 11. (les réserves en bois commerciaux sont estimées à 500 millions m^3 en 2003).

[72] Ce chiffre peut différer selon les auteurs et organismes. Toutefois, on s'accorde à reconnaitre comme le mentionne le géographe Roland Pourtier que le Gabon présente la caractéristique d'un pays où la forêt sur le plan géographique occupe une place importante (Pourtier, 1989).

les paysages »[73]. Cette image longtemps conservée est sujette aujourd'hui à de nombreux débats. Si diverses études à l'exemple de celle de Pourtier font la part belle à la forêt gabonaise en montrant sa capacité de reconstitution naturelle, de nombreux autres auteurs, notamment des sylviculteurs et environnementalistes tels que Leroy Deval, remettent en question la physionomie actuelle de cette dernière. Sa superficie boisée serait sujette à une emprise humaine importante qui favoriserait son appauvrissement (l'épuisement du massif forestier) ; d'où l'expression « évolution de la forêt » employée. Deux arguments sont particulièrement pertinents pour expliquer l'appauvrissement de ladite forêt : la dimension diachronique[74] des dynamiques forestières aux échelles du temps, qui intègreraient les dynamiques écologiques présentes et paléoenvironnementales, ainsi que les formes d'interventions humaines qui s'y exercent depuis des siècles[75].

Parler d'évolution suppose une identification préalable des menaces qui pèsent sur le couvert forestier. Ainsi, dans les lignes qui suivent, nous tenterons d'apporter des éléments de réponses à la question controversée de l'appauvrissement de la forêt, à l'heure où la notion de durabilité est au centre de nombreux débats. Pour cela, nous allons identifier préalablement les processus qui ont façonné la forêt gabonaise au cours de l'histoire et conduit à son organisation actuelle.

2.2.1 les discours alarmistes sur la forêt gabonaise

Suivant l'origine des estimations, la forêt gabonaise, jadis estimée à 85% du territoire national, couvre actuellement entre 17 millions et 23 millions d'hectares, soit 60 à 88%[76]. Le Gabon aurait donc perdu entre 20 et 31% de sa surface forestière originelle[77]. Selon les sources et en fonction des différents groupes d'intérêt, la tendance parait alarmiste ; pour l'Organisation des Nations Unies pour

---

[73] Roland Pourtier, *Le Gabon : État et Développement*, *op. cit.*, p. 148.

[74] Du grec *dia*, à travers et de *chronos*, temps, diachronie est un terme savant lancé au début du XXe siècle pour dénommer l'évolution des phénomènes dans le temps.

[75] Bernard Peyrot, « Incidences écologiques, anthropiques, et paléoécologiques sur l'évolution des forêts du Gabon », *Les Cahiers d'Outre-Mer*, n° 241-242, 2008, p. 111-112.

[76] FAO, State of the World's Forest, Rome, 1997 ; Joint Research Center Tropical Ecosytem Environment Observations by Satellites (JRC, TREES), 1995

[77] La surface forestière originelle est une estimation dépourvue de toutes activités majeures humaines (Bryant et *al.*, 1997).

l'Alimentation et l'Agriculture (FAO), en 1995, la surface forestière du Gabon était estimée à près de 18 millions d'hectares, ce qui indiquerait qu'environ 31% de la surface originelle aurait été convertie à l'agriculture ou à d'autres utilisations. Traditionnellement considérée comme la première référence mondiale en ce qui concerne l'estimation des forêts[78], la FAO évalue à 0,5% le taux de déforestation net annuel au Gabon entre 1990 et 1995. L'organisation prévoit au regard de la tendance alarmiste que le pays perdra la moitié de ses forêts au cours des cent prochaines années. Le projet TREES[79] quant à lui, en se basant sur des données satellitaires radiométriques à haute résolution d'un mètre (AVHRR), acquise entre 1992 et 1993, estimait à la même date le couvert forestier du Gabon à environ 21 millions d'hectares, ce qui laisse penser que le Gabon connaissait alors une certaine déforestation nette.

	Originelle	1980	1990	1995
Surface forestière (km²)	257 670	194 110	183 140	178 590
% surface originelle (SO)	100	75	71	69
Déforestation annuelle estimée (km²)	SO		1 160	910
Taux de déforestation annuel (%)	SO		0.6	0.5

Tableau 2 : l'évolution de la superficie forestière au Gabon[80]

[78] Par « forêt », la FAO entend une couverture végétale d'une superficie de plus de 0,5 hectare (5 000m²) avec des arbres atteignant une hauteur supérieure à 5 mètres et un couvert forestier de plus de 10%. « Glossaire : Forêt », https://www.greenfacts.org/fr/glossaire/def/foret.htm [consulté le 27 mars 2018].

[79] Le projet TREES définit les forêts comme des zones dont la surface de la canopée est d'au moins 68% (Mayaux & TREES, 1999).

[80] Sources: Institut Ressources Mondiales, en collaboration avec le programme des Nations Unies pour l'environnement, le Programme des Nations pour le développement et la Banque Mondiale, *World Ressources 1998-99*, New York, Oxford University Press, 1998 ; Organisation des Nations Unies pour l'Alimentation et l'Agriculture (FAO), *Food and Agriculture organization 1990 Assessment,* Rome, 1990 ; BRYANT D. et al., *Les dernières forêts-frontières : écosystèmes ety économies à la limite,* Washington, DC, Institut des Ressources Mondiales, 1997 ; FAO, *State of the World's Forest*,. 1997.

Il faudrait toutefois avoir un regard critique sur les données avancées, car celles-ci ne cadrent pas toujours avec la réalité. En effet, pour Tchoba[81], les estimations de la FAO reposent sur un inventaire de 1970 auquel un taux de déforestation annuel de 0,6% a été appliqué. Les experts considèrent, en s'appuyant sur des données satellitaires accumulées sur une dizaine d'années, que ce taux est trop élevé pour le Gabon et que les modèles sur lesquels il se base sont biaisés. De plus, il faut relever que bien que ces images satellitaires à haute définition aient été disponibles pour les années 1970, 1980 et 1990 par l'intermédiaire du programme LANDSAT Pathfinder, l'épaisse couverture nuageuse observée sur l'Afrique centrale au cours de la même période n'a pas permis d'avoir des données complètes. En outre, les estimations de la FAO pour la surface forestière des tropiques sont normalisées en fonction d'une année commune en utilisant un modèle basé sur le taux de croissance de la population. Étant donné que la déforestation est associée à divers facteurs (tels entre autres le droit foncier - impact mineur étant donné que la population est confinée dans les villes-, ou encore les conditions économiques et les politiques de développement), l'exactitude de ce modèle axé sur la population est sujette à caution[82]. L'estimation de TREES, quant à elle, a été calculée par pays au moyen de la télédétection (analyse d'images LANDSAT à haute définition prises durant la saison sèche) pour identifier les zones dont la canopée est d'au moins 68%. Pour les experts, cette évaluation surestimerait la surface forestière réelle, en particulier le long du littoral en raison de la couverture nuageuse.

Bien que les données de la FAO soient une source importante permettant de mesurer le rythme d'évolution de la surface forestière ces dernières années, celles-ci, en plus des raisons précédemment évoquées, sont anciennes. De nouvelles sources ont ainsi vu le jour, c'est le cas de la GSE Forest Monitoring ou encore l'Agence gabonaise d'études et d'observation spatiales (AGEOS)[83]. Pour

---

[81] Charles Tchoba, *Culture, Développement durable et démocratie participative : l'exemple des ONG environnementales gabonaises, op.cit.*, p. 88.

[82] La population du Gabon est faible et relativement stable (nous en discuterons dans les lignes qui suivent), ce qui fait que la population n'est pas un facteur déterminant. En se basant sur celle-ci, les données de la FAO risquent d'être faussées.

[83] « La forêt gabonaise désormais sous couvert forestier avec AGEOS », *ATIBT* (blog), 27 octobre 2016, https://www.atibt.org/fr/foret-gabonaise-desormais-

GSE-FM Gabon[84], le taux de déforestation nette entre 1990 et 2000 est de 0,34% soit une diminution du couvert forestier d'environ 800 km^2. Entre 2000 et 2010, on observe un ralentissement très net de la déforestation, puisque le taux de déforestation observé est de 0,09%, valeur qui n'est pas significativement différente de zéro. Ceci peut s'expliquer par la faible densité de la population rurale, une moindre dynamique agricole et par les mesures institutionnelles prises par le Gabon pour les parcs nationaux et le code forestier. Nous y reviendrons dans les lignes qui suivent.

	Unités	**1990**	**2000**	**2010**	**1990-2000**	**2000-2010**
Gabon	Km^2	2667 667			Déforestation nette	
Couvert forestier	Km^2	237 380	236 570	236 335	810	235
	%	**88,68**	**88,38**	**88,29**	**0,34**	**0,09**
Incertitude (95% IC)	Km^2	664	711	698	293	259
	%	0,24	0,27	0,26	0,13	0,11

Tableau 3 : estimation du couvert forestier du Gabon entre 2000 et 2010

Source : GSE-FM Gabon

couvert-forestier-ageos/. AGEOS est un établissement public à caractère scientifique, technologique et environnemental. L'agence a pour mission de contribuer à la collecte, l'analyse et la mise à disposition des données issues de l'observation spatiale du territoire national pour la gestion durable de l'environnement, des ressources naturelles, de l'occupation des sols, de l'aménagement du territoire. L'AGEOS permet la gestion de métadonnées conformément à la norme ISO 19115-2 et à la directive européenne INSPIRE, à partir des données SPOT, LANDSAT, CBERS.

[84] Le Gabon dispose d'une cartographie complète de son couvert forestier pour les années 1990, 2000 et 2010. Cette cartographie a été réalisée dans cadre du projet GSE-FM Gabon grâce au traitement d'images satellites Landsat pour les années 1990 et 2000, et d'une combinaison des images Landsat et Aster[84] pour 2010. Pour couvrir le territoire gabonais, 300 images satellites ont dû être utilisées à cause du couvert nuageux permanent, alors qu'une quinzaine d'images Landsat auraient suffi par temps clair. La précision des cartes N/NF (forêt, non-forêt) produite a été évaluée à près de 98% pour les 3 périodes. La méthodologie employée est décrite en détail par Fichet et al. (2012 et 2013).

2.2.2 les principales causes anthropiques à l'origine de la déforestation au Gabon

L'action de l'homme est le premier argument avancé pour parler de déforestation au Gabon et ce, notamment à cause de la durée de l'exploitation de cette dernière et de la multiplicité des acteurs. Deux causes principales sont énoncées pour justifier son impact sur la forêt : l'exploitation forestière et les défrichements agricoles auxquels il conviendrait d'ajouter dans une moindre mesure la production de charbon de bois pour les besoins de la métallurgie traditionnelle, et de bois de chauffe. Cependant, qu'en est-il réellement ? Quelles ont été les conséquences d'un prélèvement de bois sur le couvert forestier du Gabon ? A-t-il « pompé » le Gabon, pour reprendre les mots de Félix Eboué ?

a) l'exploitation forestière : un impact réduit ?

Selon le dictionnaire Larousse, l'exploitation peut être définie comme l'action d'assurer la production d'une matière, d'un produit. L'exploitation forestière serait donc un processus de production s'appliquant à un ensemble d'arbres, en vue de leur acheminement vers un site de valorisation. Elle est souvent réalisée dans le cadre de l'application d'un aménagement. Chaque forêt se caractérise par de nombreux éléments qui en déterminent la valeur et les modalités d'exploitation, comme la composition du peuplement, la densité en arbres « récoltables », son âge, etc. De manière générale, une exploitation s'envisage sur le long terme : chaque génération vit du travail de la précédente et travaille pour la suivante, dans le meilleur des cas. En ce qui concerne le Gabon, elle est perçue comme étant la raison principale de la catastrophe annoncée qui entraine l'appauvrissement de la biodiversité. Aussi, quel est véritablement l'impact de l'exploitation forestière en terre gabonaise ?

- **exploitation forestière et déforestation : ce qui est avancé**

L'appauvrissement de la forêt tropicale et gabonaise en particulier a toujours été au cœur des discussions, notamment chez les sylviculteurs à l'exemple de Jean Leroy Deval ; ce dernier affirme « [que] *l'on en a conclu que l'ensemencement naturel des trouées, créées volontairement ou involontairement par l'homme, ne devrait pas poser de problème, et que les peuplements naturels d'okoumé se reconstitueraient sans difficulté. Malheureusement, il n'en est rien, et c'est un mythe qu'il faut détruire* »[85]. Il y a encore peu, le Gabon était perçu comme un « enfer vert », vide d'hommes, dont le seul intérêt résidait dans sa forêt. Dès l'arrivée des Européens, à la fin du XIXe siècle, la forêt constitua la principale ressource économique du pays, au point qu'il fut un temps « [où] *tout était subordonné à l'exploitation de la forêt, les hommes et les choses* »[86]. Les opérations d'exploitation industrielle, fussent-elles sélectives[87], peuvent avoir des effets néfastes sur la biodiversité et la conservation du sol. Cette possibilité d'un risque bien réel d'épuisement des massifs forestiers tropicaux qu'avançait Aubreville au début des années 1950 n'a pas disparu : « *Nous assistons à l'agonie d'une flore et à des stades du dessèchement et de la dégradation de l'Afrique tropicale* »[88]. Le rôle quasi légendaire joué par l'okoumé a largement contribué à forger cette image d'un empire forestier connaissant une dégradation au fil des années[89]. Depuis bientôt un siècle, elle a été l'essence motrice d'une exploitation qui a profondément marqué l'espace et les hommes et fortement contribué à spécification de l'entité Gabon.

Avant que les pétroliers n'accèdent aux premiers rôles, les forestiers ont été les acteurs centraux sur la scène économique, sociale, politique gabonaise. C'est d'ailleurs ce rôle central couplé à l'arrivée de nouveaux acteurs (notamment asiatiques) qui sont souvent évoqués pour remettre en cause le qualificatif « primaire » au sujet de la forêt du Gabon. La forêt gabonaise est particulièrement exposée à un appauvrissement lorsque les techniques d'enlèvement s'avèrent spécialement prédatrices. C'est le cas dans la première

---

[85] Jean Leroy-Deval, *La sylviculture de l'okoumé* (Aucoumea klaineana Pierre), Nogent-sur-Marne, CTFT, 1976, p. 52.

[86] Roland Pourtier, *Le Gabon : État et Développement, op. cit.*, p. 146.

[87] À la différence de la plupart des forêts tropicales, la forêt gabonaise est exploitée selon un principe de prospection : il ne s'agit pas de couper tous les arbres d'une parcelle, mais de rechercher de manière sélective, là où se trouvent les espèces d'intérêt commercial dans la forêt (Loi 16/01 portant code forestier, 2001).

[88] Alphonse Aubreville, « La mort des forêts de l'Afrique tropicale », in *Unasylva, Revue internationale des forêts et des industries forestières,* n° 148, 1985, p. 20.

[89] Bernard Peyrot, *Incidences écologiques, anthropiques, et paléoécologiques sur l'évolution des forêts du Gabon, op. cit.*, p. 112 [L'okoumé a fourni en moyenne 95% de la production forestière jusqu'en 1960. Cette proportion s'est abaissée à 75-80% par suite de la proportion des bois divers, des bois divers].

zone[90] (sur la partie ouest) parcourue sans trêve depuis le début du XXe siècle, exploitée de façon anarchique et répétée. Mais si l'on exploite encore l'okoumé dans cette zone aujourd'hui, n'est-ce pas le signe d'une espèce résiliente ? Il est admis qu'en prélevant les okoumés au fur et à mesure qu'ils atteignent le diamètre autorisé pour la coupe (70-80 cm), les exploitants détruisent un grand nombre de jeunes arbres au cours de passages trop fréquents[91]. Cette dégradation par les détenteurs de permis ou droit de coupe serait motivée par une quête incessante de profit et d'intérêts personnels à court terme. De plus, pour de nombreux scientifiques, l'extension des exploitations a une grande incidence sur la forêt. Celle-ci serait fortement dégradée dans la mesure où cette extension s'accompagnerait d'un accroissement du braconnage et de traumatismes sur la faune en particulier sur les éléphants, grands vecteurs de dissémination[92] et de régénération de certaines essences, dont en particulier l'ozouga (*Sacoglottis gabonensis*). Pour la même raison, le longhi (*Gambey africana*), le moabi (*Baillonella toxisperma*), l'andok (*Irvinga gabonensis*), le paorosa (*Swartzia fistuloides*) sont également concernés comme le sont 70 % des espèces de plantes des forêts du Gabon, qui dépendent des animaux pour la dispersion de leurs graines[93]. L'*Encadré 2* qui suit, en se basant sur l'exemple du moabi, nous donne un aperçu des idées émises sur l'évolution de la forêt gabonaise.

[90] Le Gabon est divisé en deux zones forestières. La première zone forestière (forêt côtière/ouest) est la première à avoir été exploitée à cause de l'abondance d'Okoumé et de la facilité d'extraction des bois. La deuxième zone forestière (centre et Est) est l'actuel front pionnier, c'est-à-dire la plus sujette à l'exploitation. L'essentiel des grandes concessions forestières en activité est localisé dans ce type de forêt (Direction générale des Forêts, 2012)

[91] Roland Pourtier, *Le Gabon : État et Développement*, *op. cit.*, p. 148

[92] « Écologie, les différents modes de dispersion des graines », http://www.conservation-nature.fr/article1.php?id=306 [consulté le 02.03.2016].

[93] Bernard Peyrot, *Incidences écologiques, anthropiques, et paléoécologiques sur l'évolution des forêts du Gabon, op. cit.*, p. 119.

Une menace pèse en particulier sur le moabi et sa régénération, car cet arbre, l'un des géants de la forêt, ne fleurit qu'à partir de 70 ans et les individus recherchés, avec des hauteurs de 50 m et des diamètres de près de 3 m, ont un âge qui peut atteindre 500 à 700 ans. On notera également que seuls les 10 m3/ha concernés par les essences commercialisées sont pris en compte dans les calculs d'impact des abattages sur les milieux. Ce chiffre pourrait être à nuancer par les emprises co-latérales incontournables, dont la destruction de la canopée (estimée de l'ordre de 10 % pour une densité d'extraction de 1,5 pied à l'hectare), l'ouverture des pistes, des aires de stockage, etc.

Encadré 2 : l'exploitation du moabi
Source : Bernard Peyrot, 2008

De ce qui précède, il convient de noter que certaines idées émises, à l'exemple de celles de Rolane Pourtier (1989), sont antérieures à la politique d'aménagement du Gabon et que l'argument était principalement évoqué pour une espèce (le moabi) aujourd'hui interdite d'exploitation, ce qui nécessite un « réajustement ». En effet, le Gabon a mis en place depuis quelques années des plans d'aménagement qui, basés sur un système de rotation entre autres, entrainent deux fois moins de pertes pour le couvert forestier et assurent le renouvellement de la ressource ligneuse ainsi que la préservation de la biodiversité[94]. Aujourd'hui, avec ces plans d'aménagement (CFAD et CPAET)[95] et encore plus avec la certification FSC (ou PAFC)[96] à laquelle a ratifié le Gabon, il existe des mesures strictes de contrôle du braconnage, de la protection de la faune et de la flore. Contrairement aux idées alarmistes avancées, et comme le souligne Guillaume Lescuyert, « *Le grand public s'imagine facilement que le critère de distinction, entre une gestion de la forêt tropicale qui serait "durable" et une qui ne le serait pas, réside dans la déforestation provoquée par l'exploitation* »[97], ce qui

[94] A Karsenty et al., « L'aménagement forestier au Congo engendre-t-il plus de déforestation ? », s. d., 17.

[95] CPAET : Convention Provisoire d'Aménagement d'Exportation et de Transformation/ CFAD : Concession forestière sous aménagement durable. Le chapitre 5 nous donne plus de détails sur celles-ci et sur la certification au Gabon.

[96] Nous en parlons dans le chapitre 5 de cette thèse.

[97] Guillaume Lescuyer, « Des critères de bonne gestion forestière à la certification des concessions : le bassin du Congo au centre des débats », *in Exploitation*

ne serait pas toujours le cas. D'après l'opinion des acteurs de terrain, à l'exemple de Reitsma, l'exploitation forestière ne ferait « qu'égratigner » le massif forestier gabonais, sans le mettre en péril, l'exploitation ne prélevant pas plus à la forêt « [...] *que les abattages nécessités par les défrichements des agriculteurs* »[98]. Karsenty *et al* soulignent d'ailleurs « [que] *les plans d'aménagement forestier favorisent un renouvellement de la ressource* »[99], ce qui limiterait l'appauvrissement de la forêt gabonaise.

Force est de constater que de nombreux auteurs s'appuient sur les pratiques exercées jadis (jusqu'au début des années 1990) pour justifier leurs thèses. Or, passé 1990 apparaît une prise en compte de la complexité écologique des forêts ; l'accent est désormais mis sur l'articulation entre la valeur productive d'une part, et la préservation des services écosystémiques d'autre part. À titre d'exemple, le taux annuel de déforestation imputable aux activités industrielles était au Gabon de 0,1% dans les années 1990, un chiffre nettement inférieur à ceux de l'Asie du Sud-Est. Cette estimation est d'ailleurs en baisse vu que la déforestation nette totale du pays, est actuellement est de 0,1%.

Les forêts tropicales comptent parmi les milieux naturels les plus emblématiques de ce délicat arbitrage et la transition des économies forestières vers la gestion durable mobilise depuis le milieu des années 1990, d'importants efforts de la part de la communauté internationale et des États concernés. Selon Emeric Billard, « [...] *certains effets de cet infléchissement (assouplissement/fléchissement) sont déjà visibles et tranchent incontestablement avec les modes de gestion auparavant en vigueur* »[100]. C'est l'exemple de la création des parcs nationaux en 2002 au Gabon, le code forestier provoquant la mise en protection et la sanctuarisation de près de 3,6 millions d'hectares. On relèvera

---

et gestion durable des forêts en Afrique centrale, D.Ezzine de Blas, R.Nasi, J.C.Nguinguiri (Eds.), Paris, L'Harmattan, 2006, p. 371.

[98] Guy Caballé, « Essai phytogéographique sur les forêts denses du Gabon », *Annales de l'Université Omar Bongo*, Libreville, n° 2, 1978, p. 91.

[99] « Alain Karsenty: «Non, les plans d'aménagement forestiers n'aggravent pas la déforestation» - CIRAD », https://www.cirad.fr/actualites/toutes-les-actualites/articles/2016/questions-a/plans-d-amenagement-forestiers-et-deforestation, consulté le 22 mars 2018, https://www.cirad.fr/actualites/toutes-les-actualites/articles/2016/questions-a/plans-d-amenagement-forestiers-et-deforestation.

[100] *Ibid.,*

également quelques améliorations dans la gestion forestière de la part de certains exploitants, qui en recourant à des inventaires préliminaires comme à des plans d'aménagement, manifestent une volonté d'assurer une gestion durable des stocks de leurs permis.

Concernant l'exploitation forestière, il s'avère important de mentionner qu'au Gabon, l'enjeu se situe plutôt au niveau des effets secondaires de l'exploitation. Autrement dit, ce n'est pas l'exploitation en elle-même qui poserait problème, mais plutôt ces effets « annexes » *: « Les techniques d'abattage et d'extraction, les déchets non commercialisables ainsi que le percement des voies d'accès sont des éléments déterminants. Mal agencés, ils contribuent, en perturbant les modes de dispersion et de régénération de certaines espèces animales et végétales, au fractionnement du couvert forestier et à l'érosion de la biodiversité* »[101]. Des études montrent d'ailleurs que l'exploitation forestière provoque la perte, en moyenne, de 10% de la canopée ; cette valeur peut même atteindre les 50% lorsque plusieurs arbres sont endommagés ou détruits lors des travaux d'approche nécessités parfois pour l'abattage d'un seul arbre. Cet argumentaire n'est pas partagé par Karsenty *et al* pour qui « [...] *l'ouverture de la canopée est favorable à la reproduction d'espèces héliophiles, cas de l'okoumé* »[102]. Elle ne serait donc pas synonyme de perte, car la canopée se referme s'il y a un respect des règles d'aménagement. En outre, le système de rotation proposé par l'aménagement forestier permettrait la régénération des espèces. Ainsi, malgré les effets liés à l'exploitation et à ses activités annexes, ceux-ci n'auraient qu'un impact réduit sur la forêt.

Prise « globalement », l'exploitation forestière au Gabon ne ferait ainsi « qu'égratigner » la forêt. Mais dans le pire des cas et comme le souligne Roland Pourtier, il faudrait multiplier la production par six (plus couramment par trois ou quatre) pour qu'il ait un réel impact sur le couvert forestier du pays.

---

[101] Emeric Billard, « Gestion durable et multifonctionnalité des forêts : le difficile itinéraire du Gabon », in *À l'ombre des forêts, Usages, images et imaginaires de la forêt*, Claire Harpet, Philippe Billet et Jean-Philippe Pierron (dirs), Paris, l'Harmattan, 2014, p. 73.

[102] Alain Karsenty et al., « L'aménagement forestier au Congo engendre-t-il plus de déforestation ? », https://www.cirad.fr/actualites/toutes-les-actualites/articles/2016/questions-a/plans-d-amenagement-forestiers-et-deforestation [consulté le mars 2018].

- **le faible nombre des essences commercialisées**

Aborder la question de la commercialisation des essences est important pour mesurer l'impact de l'exploitation forestière au Gabon. Contrairement à ce qui est observé en Amazonie et en Asie du Sud-Est, où il n'est pas rare que l'exploitation forestière procède à des coupes à blanc qui précèdent une éventuelle conversion des terres en surfaces agricoles, les forêts du bassin du Congo sont habituellement mises en valeur de façon « sélective », avec des prélèvements de l'ordre de 10 m^3/ha. Ce trait tient au fait que seule une petite partie des espèces en présence offre un réel intérêt commercial. En effet, et comme déjà signalé, sur près de 400 espèces que contient la forêt du Gabon, seules vingt sont commercialisables[103] ; et parmi elles, une est très prisée (le moabi), de nombreuses autres (cas du kevazingo) venant d'être retirées du marché[104]. En nous appuyant sur les idées de Roland Pourtier, nous nous rendons compte que « ce n'est pas la totalité de la forêt qui est exploitée, mais seulement quelques essences, « [...] *donc une infime partie de celle-ci* »[105].

De nombreux facteurs expliquent ceci, tels les conditions « physique » (relief), l'accessibilité (état de la route) et le fait que cette essence soit très prisée ou non (intérêt international). En effet, certaines espèces bien connues des utilisateurs et très recherchées, atteignent des prix d'achat au mètre cube qui permettent de les exploiter même dans des conditions difficiles (difficultés de terrain dues au relief et à l'éloignement des ports de débarquement) donc coûteuses. C'est le cas du kevazingo dont le prix du mètre cube varie (en fonction de sa qualité) entre 400 000 FCFA (610 euros) et 1,2 million de FCFA (1 800 euros)[106], du bubinga 580 euros/m^3, et

---

[103] Ministères des Eaux et Forêts, 2008.

[104] « Kevazingo : Exploitation interdite au Gabon| Actualité du Gabon | », *Gabonreview.com | Actualité du Gabon |* (blog), http://gabonreview.com/blog/kevazingo-exploitation-interdite-gabon/ [consulté le 25 février 2018].

[105] Roland Pourtier, *Le Gabon : État et Développement, op. cit.,* p. 148.

[106] « Gabon : menaces sur le kevazingo, un bois précieux », Franceinfo, 19 octobre 2018, https://www.francetvinfo.fr/monde/afrique/gabon/gabon-menaces-sur-le-kevazingo-un-bois-precieux_3056029.html.

dans une moindre mesure le padouk à 230 milles FCFA le mètre cube soit 350 euros[107].

D'autres espèces moins connues ou moins appréciées des utilisateurs ne peuvent s'exploiter que lorsque les conditions d'exploitation sont jugées « faciles » et donc moins coûteuses (proximité de voies de communications et/ou d'installations portuaires). L'intérêt international pour les espèces du Gabon est dans les faits relatif. Sur les vingt essences commercialisées, seul l'okoumé requiert un intérêt particulier (et encore, seulement sur une partie du massif boisé) et dans une moindre mesure, quelques bois divers à l'exemple de l'ozigo qui comme le moabi est aujourd'hui interdite d'exploitation (suite à la « fameuse » nouvelle disposition du code forestier de 2010). Une essence « le kevazingo », suscite actuellement l'intérêt de nombreux acteurs notamment asiatiques. La disparition « mystérieuse » en avril 2019 de 353 conteneurs[108] de cette dernière au port d'Owendo illustre son importance au sein de la filière bois.

Les débouchés précocement assurés à l'okoumé n'ont pas stimulé la recherche d'une valorisation commerciale des autres essences. Les efforts de promotion de ce que l'on continue à appeler de manière significative « bois divers » sont relativement récents ; ils se heurtent autant à une certaine rigidité du marché des bois qu'à la concurrence internationale, celle de l'Asie du Sud-Est en particulier. S'il est vrai que les coûts de transport ont jusqu'à présent pénalisé les bois non flottables, leur avenir reste toutefois dépendant de la création de débouchés.

En parcourant les différents corpus, nous remarquons que l'impact du secteur forestier au Gabon est assimilé au rôle joué par l'okoumé dans le secteur (l'okoumé représentait à lui seul 80 % des exportations, il a fourni en moyenne 95% de la production forestière jusqu'en 1960) ; d'où les théories alarmistes évoquées par certains auteurs. Néanmoins, il convient de mentionner que l'okoumé se

---

107 « InfosPlus Gabon - Gabon : Les prix des bois tropicaux ont augmenté de 20 % depuis janvier », consulté le 21 mars 2019, http://www1.infosplusgabon.com/article.php3?id_article=5005.

108 « Disparition des 353 containers : La présidence de la République exige «la plus grande sévérité» », *Gabonreview.com | Actualité du Gabon |* (blog), https://www.gabonreview.com/blog/disparition-des-353-containers-la-presidence-de-la-republique-exige-la-plus-grande-severite/ [consulté 13 mai 2019].

régénère mal en dehors de certaines zones côtières et qu'il présente une répartition sous forme de « courbes en cloche » dans les forêts les plus denses (du fait de l'absence de lumière). Ceci peut poser sur le long terme, des problèmes d'approvisionnement à une filière bois qui dépend beaucoup de cette essence. Si jusque-là l'exploitation forestière n'est pas véritablement perçue comme source de déforestation au Gabon, l'argument suivant, portant sur les concessions forestières, nous permettra de mieux cerner l'impact de celles-ci sur le couvert forestier.

- **le mirage des concessions forestières**

La forêt constitue au Gabon la propriété exclusive de l'État qui réglemente son exploitation par attribution d'un certain nombre de permis. Si en 1957, seulement moins de 10% des forêts gabonaises - soit 1,6 million d'hectares - étaient attribuées à des concessions forestières, en 2014, la surface allouée a été multipliée par neuf, pour atteindre 14,7 millions d'hectares[109]. L'évolution de la forêt gabonaise est souvent assimilée à cette progression des concessions forestières. Il est certain qu'à la vue des cartes (*cf. Planche 1*) de l'évolution du couvert des concessions forestières depuis 1961, réalisées par Global Forest Watch, la progression des exploitations ne laisse que peu de place aux zones encore intactes. Les deux tiers des forêts ont été exploités, ou sont en passe d'être exploités ou encore, sont appelés à l'être.

---

[109] Suite à l'arrêt des exportations de grumes, une amélioration significative de l'ensemble des forêts domaniales productives a été enregistrée. Elle a augmenté de 32,4% à 14,4 millions d'ha en 2013 contre 10,5 millions d'ha en 2009 (Buttoud, 1998 ; DGF, 2013).

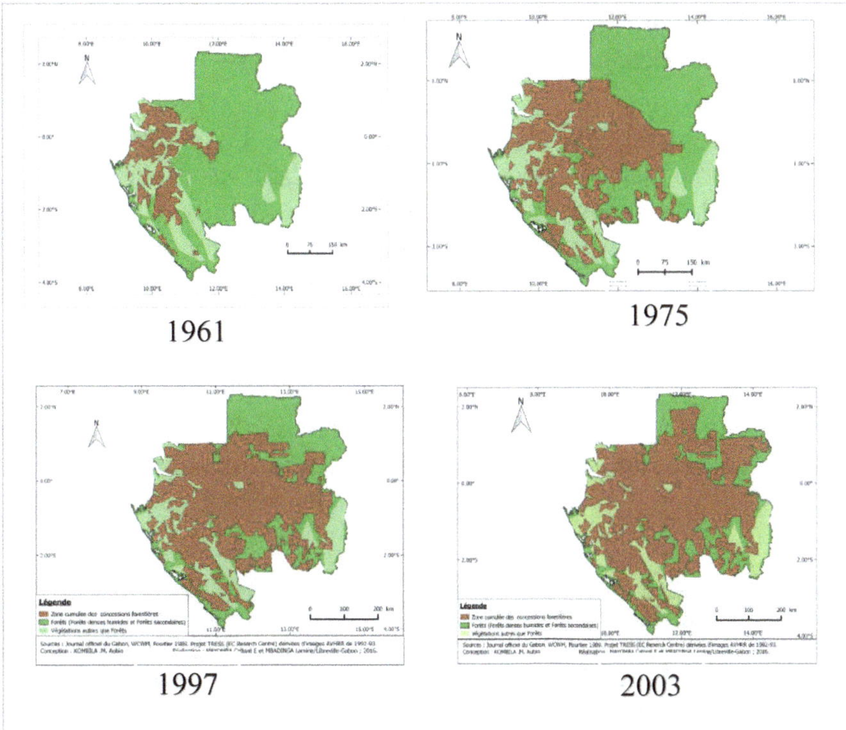

Planche 1 : évolution des concessions forestières au Gabon de 1961 à 2003

Source : Pourtier 1989, Projet TRESS, 1993, *Atlas forestier du Gabon*, 2003

Si l'on se limite à la carte de 1997 ou mieux encore à celle de 2003, où seul le Nord-Est du pays est épargné, on pourrait parler comme le mentionne Bernard Peyrot de « *déboisement catastrophique* », c'est-à-dire d'une emprise quasi totale et d'une dégradation massive dues aux exploitants sur le massif forestier gabonais. L'exploitation forestière, qui se concentrait initialement le long du littoral où l'accès et les transports étaient plus faciles et moins chers (*cf. carte* de 1961), a au fil du temps progressé vers l'intérieur, tandis que s'intensifiaient les pressions sur ces mêmes zones côtières. La construction du Transgabonais, qui traverse le pays d'est en ouest, a ouvert l'accès à d'importantes étendues de forêts auparavant inaccessibles. Aussi, les régions où les transports routiers, ferroviaires ou par flottage (principalement, sur le fleuve Ogooué) seraient exploitées de manière plus intensive. Ceci a conduit les sylviculteurs et environnementalistes à affirmer « [que]

l'exploitation forestière à des fins industrielles constitue la principale menace pesant sur la forêt gabonaise »[110].

Or, dans les faits, la situation est tout autre. D'une part, il s'agit d'une projection par accumulation et bien des concessions anciennes ont en fait disparu ; et d'autre part, il s'agit de concessions « sur plan », dont toutes les superficies sont très loin d'être entièrement exploitées. Enfin et surtout, le mode d'exploitation sélectif pratiqué (en tenant compte des espèces commercialisables) n'apparaît nullement dans les réflexions. Aussi est-il important de noter que certaines parties des concessions forestières n'ont pas encore été exploitées (système de rotation) et que certaines régions ne le seront peut-être pas, en raison du coût d'exploitation ou de la physionomie du terrain, notamment du fait de leur difficulté d'accès et d'évacuation. La situation observée est la même en 2010 et 2013.

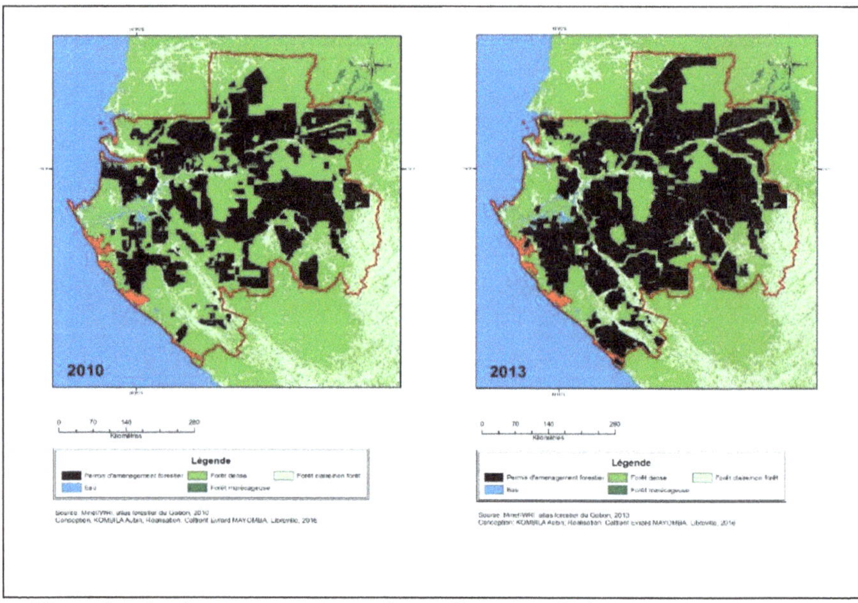

Planche 2 : les concessions forestières au Gabon en 2010 et 2013
Source : Atlas forestier du Gabon, 2010 & 2013

Si effectivement l'exploitation forestière est relativement récente et a surtout porté sur les forêts du bassin côtier à peuplements monospécifiques d'okoumé et tend aujourd'hui à se déporter

[110] Jean Leroy-Deval, *La sylviculture de l'okoumé (Aucoumea klaineana Pierre), op. cit.*, p. 52.

davantage vers l'intérieur du pays, l'ensemble du massif forestier porte presque partout des indices d'une emprise humaine plus ancienne[111]. Celle-ci ne pouvant être attribuée à la foresterie, il convient d'examiner l'emprise humaine traditionnelle sur cette forêt.

b) l'emprise des populations sur la forêt

Il est impossible de parler de forêt sans la prise en compte des populations autochtones. Celles-ci pour diverses raisons (agriculture, habitations, etc.) ont une influence non négligeable sur la forêt poussant de nombreux acteurs à parler d'incidence des populations sur le couvert forestier. Dès lors, quelle serait la part de l'action humaine traditionnelle sur la forêt du Gabon ?

- **faible peuplement, inégale répartition et linéarité de la population gabonaise**

L'analyse de cartes de répartition de la population du Gabon appelle deux observations principales : la population est faible et les plus fortes concentrations se localisent à la périphérie de l'espace gabonais (inégalité et linéarité). La question du nombre de la population et de sa densité constitue le premier élément évoqué pour essayer de quantifier l'action anthropique « traditionnelle » sur les peuplements forestiers gabonais.

En 2013, date du dernier recensement, la population gabonaise s'élevait à 1 811 079 habitants, ce qui fait du Gabon un pays relevant de l'aire dite de sous-peuplement de l'Afrique centrale forestière. Ce n'est pas un hasard si la thèse de Gilles Sautter, *De l'Atlantique au fleuve Congo*, est présentée comme « *une géographie du sous-peuplement* ». À la faiblesse numérique de la population s'ajoute celle de sa densité, proche de 5 hab./km^{2}, couplée à un taux de croissance qui compte parmi les moins élevés d'Afrique subsaharienne[112]. Compte tenu de sa faible population par rapport à la superficie forestière du pays, le Gabon se place en tête des pays

[111] Les faciès de « secondarisation » et la présence de plantes pionnières cicatricielles et invasives, rencontrés en agrégats conséquents tant à proximité des axes de communication que dans des secteurs reculés ; la présence fréquente de fosses dépotoirs d'anciens habitats, de niveaux peu profonds de charbons de bois, témoins de brulis. La surprise est venue surtout de la découverte d'artefacts lithiques, de poteries anciennes, et de sites archéologiques préhistoriques qui reculait considérablement la dimension anthropique dans ce pays (Peyrot, 2008).

[112] Charles Mboutsou, « Population et démographie », in *Atlas du Gabon*, Paris, éditions J.A, 2004, p. 24.

d'Afrique en termes de surface de forêt par habitant, soit 20,5 ha/ hab. Comparativement aux pays voisins, la pression des activités humaines sur les ressources forestières est moins importante, que ce soit pour se nourrir, se loger ou même pour des raisons médicinales ; et ce constat découle de la faible densité de population par unité de surface susmentionnée. Cela peut d'ailleurs expliquer le fait que le taux de déboisement net soit de l'ordre de moins de 1%. Cependant, avec l'arrivée de nouveaux acteurs que sont les entreprises asiatiques, notamment malaisiennes et chinoises, ce taux pourrait bien dans les faits s'accroître.

Outre le faible peuplement, la linéarité et le vide des zones rurales peuvent expliquer l'impact réduit des populations locales sur la forêt gabonaise. En effet, la distribution géographique de cette population révèle des disparités considérables. Elle répond, selon C. Mboutsou, « [à] *un contraste majeur opposant le littoral, qui regroupe dans ses villes près de 60% de la population gabonaise, à un intérieur déserté suite à l'attrait du mode de vie urbain et à la concentration des activités économiques et administratives dans ces zones* »[113]. On parle d'ailleurs de « macrocéphalie » pour montrer le fossé démographique existant entre la capitale Libreville et les autres villes[114]. Près de 80% de la population, soit quatre habitants sur cinq qui résident en ville, record absolu pour l'Afrique subsaharienne[115]. Une population urbaine estimée à 87,83% en 2018[116]. Ce mouvement de concentration dans les villes, favorise une déprise spatiale qui réduit les effectifs de ruraux à environ 300 000 personnes et donc, par conséquent, l'action de ces mêmes populations sur la forêt[117].

---

[113] *Ibid,* p. 24.

[114] Au recensement de 1993, Libreville comptait 420 000 habitants, soit 40 % de la population totale du pays. Les estimations pour 2003 attribuent quelque 600 000 habitants à l'agglomération Libreville-Owendo (Ondamba Ombanda, 2004).

[115] Roland Pourtier, *Introduction, op. cit.,* p. 7.

[116] « Gabon - Population urbaine (% de la population totale) | Statistiques », http://perspective.usherbrooke.ca/bilan/tend/GAB/fr/SP.URB.TOTL.IN.ZS.html [consulté le 7 mars 2019].

[117] La déprise humaine consécutive de la création de « l'espace linaire » des années 1950 a rendu la forêt à la nature de telle sorte que si l'espace forestier n'est pas « vierge », il s'est reconstitué une « virginité » dans des conditions climatiques particulièrement favorables, par conséquent, le traumatisme humain n'a été que passager.

Contrairement à une idée communément répandue, l'extrême extension urbaine ne joue qu'un rôle négligeable dans le processus de déforestation au Gabon. Pour Patrice Christy *et al*, le cas gabonais est exceptionnel par le fait que « [...] *de nombreuses zones à faible densité humaine (loin des centres urbains) couvrent encore une grande partie du pays. On y retrouve des mosaïques plantations-forêt traditionnelles, qui sont encore vigoureuses* »[118]. Nous retrouvons d'ailleurs cet argument chez Roland Pourtier pour qui la sauvegarde de la forêt gabonaise serait assurée plus par l'exode vers les villes principalement Libreville et Port-Gentil que par une « véritable » gestion forestière. En effet, les jeunes attirés par le mode de vie urbain assurent de moins en moins la relève de leurs ainés sur des chantiers isolés ; d'où une emprise moindre sur les superficies forestières.

De plus, le principe de rotation dans l'aménagement basé sur la mise en repos momentanée de la forêt assurerait sa reconstitution. Les cartes ci-dessous (*cf. Figure 6 & Figure 7*) nous permettent de mieux comprendre l'évolution de la répartition de ces populations gabonaises depuis 1940.

[118] Patrice Christy et al., *La forêt et la filière bois au Gabon : la forêt gabonaise au début du troisième millénaire, op. cit.*, p. 25.

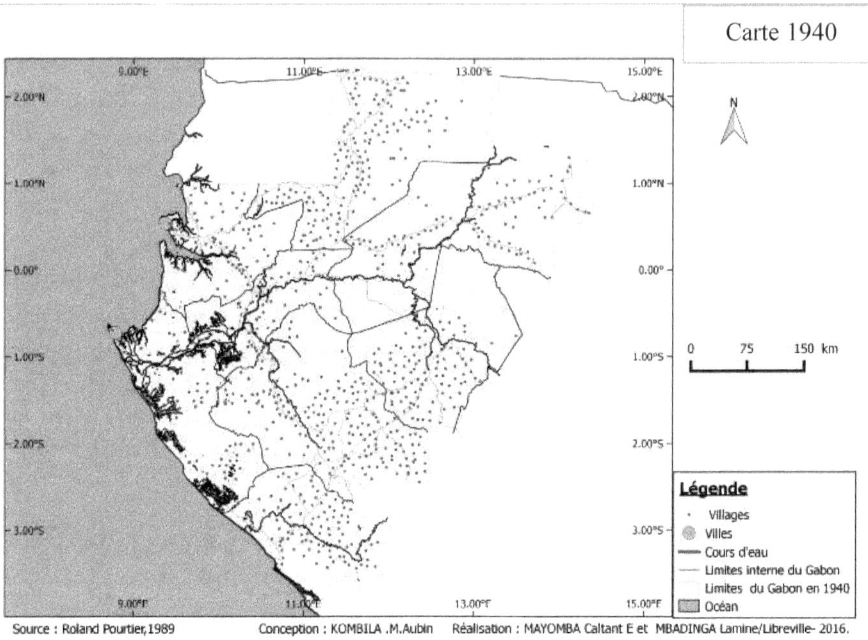

Cette carte montre le reflet de la répartition originelle des foyers de populations au sein de l'espace gabonais. Dans ce contexte de large dispersion, les incidences anthropiques sur le milieu forestier sont évidentes.

Figure 6 : distribution de la population gabonaise en 1940
Source : Pourtier 1989

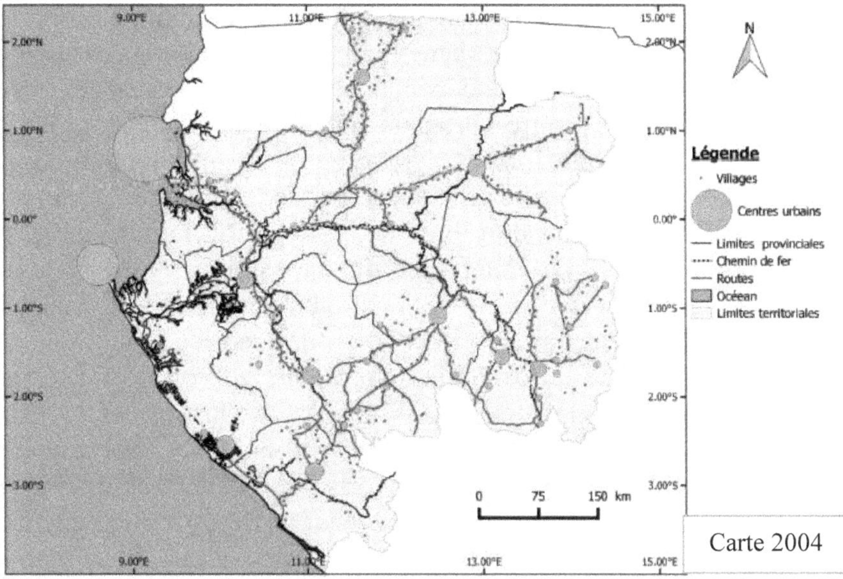

Sources : Atlan du Gabon 2004. Conception : KOMBILA .M. Aubin. Réalisation : MAYOMBA Caltant E et MBADINGA Lamine/Libreville-Gabon : 2016.

On note sur cette carte, une linéarité et une concentration de la population au sein des grands centres urbains (exode massif), ce qui a pour conséquence un faible impact de nature anthropique sur la forêt.

Figure 7 : distribution de la population gabonaise en 2004
Source : *Atlas du Gabon* 2004

L'examen comparatif de la carte de 1940 avec celle de 2004 est révélateur des mutations spatiales qu'a connues le Gabon. Le changement dans la répartition des populations y est en effet spectaculaire : à la dispersion dans l'espace a succédé une organisation linéaire reliée aux pôles urbains, un autre phénomène responsable de ce vide humain. Ces regroupements de la population le long des axes de circulation (routes, pistes, fleuves) ont réduit le nombre et l'éparpillement des villages, supprimant de même l'emprise humaine sur les milieux abandonnés. L'activité des hommes se limitant désormais aux zones habitées, la déprise spatiale au sein des zones forestières est très nette. Ainsi, la répartition spatiale des mosaïques plantations-forêt se trouve modifiée ; celles-ci sont maintenant concentrées le long des routes, en suivant une répartition de type « linéaire ».

Cette linéarité de l'habitat résulte en fait d'une politique de regroupement des villages (provoquée ou spontanée) le long donc des axes de communication, inaugurée par l'administration coloniale française afin d'assurer un meilleur « encadrement » des populations et poursuivie après l'indépendance. Ainsi, au cours des dernières décennies, les centres urbains ont attiré un nombre croissant de populations rurales. L'accélération de l'urbanisation, en amplifiant les déséquilibres entre ville et campagne, a renforcé l'émigration en direction des villes de Libreville, Port-Gentil, Franceville et même Oyem. Le taux de population urbaine est ainsi passé de moins de 30% en 1960 à 73% en 1993, contre 88% aujourd'hui. La déprise[119] humaine consécutive de la création de l'espace linaire des années 1950 a « rendu la forêt à la nature » de telle sorte que si l'espace forestier n'est pas « vierge », il s'est reconstitué une certaine « virginité » dans des conditions climatiques particulièrement favorables. Par conséquent, les forts impacts anthropiques n'ont été que passagers, du moins en zones rurales. Ces caractéristiques démographiques (faible population et disposition « linéaire ») sont à l'origine de la conception selon laquelle le Gabon serait synonyme d'espace figé à la sylve inviolée, où la luxuriance végétale issue du tréfonds des âges est antinomique d'un passé humain[120].

Cependant, bien qu'on ne puisse nier l'existence d'une déprise humaine, dans les régions à densité humaine élevée et dans les zones situées autour des villes, les mosaïques agroforestières se sont appauvries et s'autorégénèrent peu. Les poches de « vieilles forêts » n'y existent plus et les jachères forestières ne sont plus suffisamment longues pour reconstituer les éléments nutritifs du sol. Dans ces cas extrêmes, comme autour de Libreville, les mosaïques existantes se sont vues transformées en formations à buissons et savanes, à faible diversité[121]. De même, la faible fertilité du sol s'accompagne d'une érosion grandissante et d'un abaissement de la nappe phréatique, ce qui accélère la dégradation des conditions « stationnelles ».

---

[119] Diminution de l'intensité ou de l'extension d'une activité socio-économique dont les effets sont perceptibles dans l'occupation humaine de l'espace : déclin démographique et ses conséquences, paysages d'abandon, équipements obsolètes, etc. Dans le monde agricole, rural, il se traduit par l'abandon des terres, la sous-utilisation de certaines parcelles. « Déprise — Géoconfluences », Terme, http://geoconfluences.ens-lyon.fr/glossaire/deprise [consulté le 7 mars 2019].

[120] Bernard Peyrot, *Incidences écologiques, anthropiques, et paléoécologiques sur l'évolution des forêts du Gabon, op. cit.*, p. 129.

[121] Patrice Christy et al., *La forêt et la filière bois au Gabon : la forêt gabonaise au début du troisième millénaire, op. cit.*, p. 25.

Si aujourd'hui la population gabonaise se concentre dans les villes de Libreville, Port-Gentil, Franceville, Moanda, etc., avec pour conséquence une « déprise humaine » sur tout le reste du pays, la forêt a formé le milieu de vie pour une grande partie de la population jusqu'à une époque récente. Ce fut le cas notamment dans le domaine de l'agriculture.

- **les besoins liés à l'agriculture**

La forêt gabonaise reflète depuis des temps anciens, à cause de ses nombreuses interfaces, l'imbrication des milieux et des activités humaines, car elle recouvre ce qui peut être considéré comme la plus grande richesse qui soit, à savoir des terres fertiles. De ce point de vue, l'accès et l'utilisation de ces terres pour des besoins de subsistance par le biais de l'agriculture sur brûlis constituent la préoccupation majeure des populations qui y vivent.

L'agriculture désigne selon Jacques Lévy et Michel Lussault « [...] *l'ensemble des activités de production de matières premières et de biens de consommation végétaux et animaux, directement ou indirectement obtenus à partir du sol* »[122]. Elle marque très concrètement les espaces géographiques, ce qui lui vaut d'ailleurs d'être évoquée pour justifier l'emprise de l'homme sur l'environnement forestier gabonais et ce, d'autant plus que les stigmates d'une emprise humaine ancienne large soient bien réels[123]. En effet, les forêts sont brulées pour faciliter l'accès et l'utilisation des terres ; il s'agit d'une pratique traditionnelle assez répandue parce que la perception des besoins de subsistance à long terme est éclipsée par des besoins de subsistance à court terme.

Les traces d'une activité agricole ancienne au Gabon sont certes présentes, mais son impact sur la forêt peut-être « relativement » apprécié. En effet, de tous les pays de la sous-région Afrique centrale, le Gabon est selon Noël Ovono Edzang, celui qui consacre le moins de surface de son territoire aux activités agricoles : 9%,

---

[122] Jacques Lévy, Michel Lussault, *Dictionnaire de la géographie et de l'espace des sociétés*, *op.cit.*, p. 52.

[123] L'emprunte historique relève des groupes démographiquement actifs depuis jadis avec des pratiques agraires anciennes ; c'est le cas des Kota, les Ossyéba, les Bakwélé et les Fang, dont les mouvements migratoires affectent le Gabon depuis le Haut-Ivindo. Au XIXe siècle par exemple, de nombreux villages reliés par des voies de commerce très actives maillaient le Woleu-Ntem et le Chaillu (Merlet, 1990).

contre 23 % pour la Guinée équatoriale ou encore 11 % pour le Congo-Brazzaville. L'enquête de 1960 montrait déjà que pour 73 620 ha cultivés, seuls 27 500 avaient été défrichés dans l'année, ce qui situait le besoin potentiel annuel en terres cultivables à 1,55 %[124] de la surface du pays, chiffre dérisoire. De plus, le choix opéré en 1977 en faveur de l'agro-industrie a accéléré la crise du monde rural, qui s'est manifestée par l'exode des jeunes et la stagnation de la production agricole vivrière. Au Gabon, l'agriculture industrielle est moins dépendante de la forêt du fait que, premièrement, c'est la savane qui a été convertie en terre agricole, tel le cas des plantations de canne à sucre de la Sosuho, dans le Haut-Ogooué, au sud-est du pays. : il n'y a donc pas eu de déforestation. Deuxièmement, au contraire de l'agriculture traditionnelle, la forêt « originelle » n'est pas la principale source de substances nutritives l'agro-industrie. Un apport régulier de fertilisants chimiques assure la fertilité du sol ; de cette manière, les plantations restent productives pendant de longues périodes et les périodes de jachère s'avèrent moins nécessaires[125].

Un exemple qui justifie la place accordée à l'agriculture est celui de l'agriculture traditionnelle dont la demande en produits de consommation dépasse l'offre ; ceci explique la persistance des importations venant des pays voisins, principalement du Cameroun. Plusieurs facteurs constituent encore aujourd'hui d'importantes entraves au développement de l'agriculture gabonaise. On peut citer entre autres l'absence de véritable tradition paysanne, le peu d'intérêt des hommes pour les cultures vivrières traditionnelles dont la production est laissée aux femmes ou encore l'orientation économique portée sur le tout pétrole qui a précipité l'exode rural et le départ des forces vives des campagnes. Comme le souligne Noël Ovono Edzang, « *Pays pétrolier et minier, le Gabon a négligé le développement de l'agriculture*[126] *qui ne contribue que pour 9% à*

---

[124] Noel Ovono Edzang, « Agriculture », in *Atlas du Gabon*, Paris, éditions J.A., 2004, p. 30.

[125] Patrice Christy et *al.*, *La foret et la filière bois au Gabon : la forêt gabonaise au début du troisième millénaire, op. cit.*, p. 27.

[126] Noel Ovono Edzang, *Agriculture*, *op. cit.*, p. 30. [L'agriculture gabonaise se subdivise en quatre composantes : l'agriculture traditionnelle ; l'agriculture urbaine et péri-urbaine (caractérisée par le maraîchage et les autres cultures vivrières marchandes) ; les cultures paysannes d'exportation (cacao et café) ; l'agro-industrie (palmier à huile, sucre et hévéa)].

la composition du produit intérieur brut »[127]. Outre ces éléments, il y a aussi les coûts de production élevés (infrastructures et salaires) qui compromettent sa compétitivité sur le marché de l'exportation, de même que les contraintes « physiques » dues à la fragilité des sols.

Toutefois, même si la faiblesse de l'emprise humaine laisse présager que le Gabon d'aujourd'hui ne connait pas de problèmes majeurs d'environnement liés à l'activité agricole[128], afin de protéger et de valoriser son patrimoine naturel, le Gabon a néanmoins créé en 2002 treize parcs nationaux, « [...] *en systématisant une politique de conservation des espaces naturels et des espèces animales et végétales progressivement mise en œuvre depuis les années 1940* »[129]. Ainsi, la nature n'est plus seulement conçue comme réservoir de matières premières à extraire pour les exporter, mais comme aussi un patrimoine de biodiversité et un support potentiel d'une activité touristique.

Bien qu'étant ancien, l'impact de l'activité humaine au Gabon sur la forêt s'avère donc mineur. L'anthropisation, bien que réelle et s'enracinant profondément dans le temps avec d'évidentes signatures, n'a eu, jusqu'à une époque récente, que peu d'emprise sur l'évolution générale du massif forestier. Sa menace aujourd'hui semble réduite par le regroupement dans les villes d'une société salariée à 80 % et le déclin des activités agricoles, ceci en grande partie du fait des revenus pétroliers et miniers. En l'absence d'agression par l'agriculture, seuls donc la foresterie et localement les défrichements des isolats ainsi que leurs impacts collatéraux, dont le braconnage, peuvent constituer une menace relative. Des politiques de gestion rationnelle (objet du *chapitre 5*) sont indispensables dans la perspective d'un développement durable.

2.2.3 la physionomie actuelle du massif forestier gabonais : capacité de régénération et dynamique climatique

Si certains auteurs évoquent l'argument selon lequel la forêt du Gabon serait un espace figé d'une sylve inviolée du fait notamment

[127] *Ibid.*, p. 30.

[128] Selon les valeurs données par la Direction générale de la statistique en 1989, environ 5% seulement des terres étaient cultivées, et près de 50% de la population active se consacraient à cette activité, soit 200 000 à 250 000 paysans (pour une densité tout à fait théorique inférieure à un paysan par km^2).

[129] Roland Pourtier, *Introduction, op. cit.*, p. 7.

de la faible emprise de l'homme, d'autres remettent en cause cette image statique et la virginité (le fait qu'elle soit « primaire ») de cette dernière. Ainsi nous allons dans les lignes qui suivent, évoquer rapidement deux marqueurs de la physionomie actuelle de la forêt gabonaise : les dynamiques paléoenvironnementales (climatiques) et les capacités de régénération de ses forêts.

a) les dynamiques paléoenvironnementales (climatiques)

Le concept « paléoenvironnemental » est la juxtaposition de paléo, tiré du mot grec *palaios*, ancien et du terme environnement, qui pour les écologistes américains depuis la fin des années 1960 désigne de façon générale le milieu naturel (eau, air, végétation, sol, paysage). Les changements paléoenvironnementaux renverraient alors à l'ensemble de bouleversements anciens connus par le milieu naturel qui, dans le cadre du Gabon, ont une incidence sur son couvert forestier. Selon Christy (et *al.*)., l'histoire des forêts d'Afrique centrale pourrait remonter jusqu'à 136 millions d'années environ, lors de la séparation des plaques continentales africaine et sud-américaine. Si l'histoire détaillée des forêts du Gabon reste encore à découvrir, certaines études, dont celles de Maley, montrent que les forêts gabonaises sont loin d'être immuables. Pour Christy (et *al.*), « [...] *cette image statique ne correspond pas à la réalité, car les forêts tropicales sont dynamiques* »[130]. En effet, au cours des périodes glaciaires, la végétation a évolué. Durant les séries de glaciation des deux derniers millions d'années, les forêts gabonaises se sont déplacées périodiquement. Pendant les périodes froides, les savanes d'Afrique centrale s'étendaient au détriment des forêts[131]. Sous l'influence d'un climat sec, les forêts étaient confinées aux zones de refuge particulièrement le Mont de Cristal, le massif du Chaillu, et la chaîne de monts Doudou et du Mayombe. Inversement, les phases intermédiaires de réchauffement, comme actuellement, furent favorables au développement des forêts par recolonisation des savanes ; d'où l'existence de la mosaïque forêt-savane dans le centre (Lopé) et le sud (Nyanga) du Gabon[132].

---

[130] Patrice Christy et *al.*, *La forêt et la filière bois au Gabon : la forêt gabonaise au début du troisième millénaire, op.cit.*, p. 20

[131] *Ibid.*, p. 20.

[132] *Ibid.*, p. 20.

La compilation des connaissances sur l'évolution des forêts offre une dynamique de colonisation progressive des paysages selon les conjonctures du climat. Ainsi, il y a 6 000 ans, le climat devient plus chaud et plus humide, soit des facteurs très favorables à l'expression sylvatique du climax. Au cours de cette période, la forêt semble recouvrir la totalité de la surface du pays, soit une distribution à peu près équivalente à celle d'aujourd'hui, probablement un peu plus grande. L'okoumé, par exemple, devait se trouver à 170 km plus au nord de son aire de distribution actuelle, entre 7 500 et 3 000 ans av. J.-C.[133] Les savanes de la Lopé, résistèrent cependant à cette invasion de la forêt durant cette période. La colonisation des savanes par la forêt allait connaitre un retournement de situation un peu plus de 3 000 ans plus tard. Cette situation conduira plus tard à une situation semblable à la précédente, à savoir l'ouverture d'un grand corridor de savane le long de la frontière orientale du Gabon, reliant les savanes du Nord à celles du Sud[134]. Par la suite, entre 1300 et 800 ans, la forêt a progressivement regagné du terrain, continuant de nos jours à recoloniser la savane[135]. La planche ci-dessous montre quelques évolutions connues par la végétation du Gabon à différentes périodes.

---

[133] Reynaud-Farrera et al, *végétation et climat dans les forêts du Sud-ouest du Cameroun depuis 4770 ans BP : analyse pollinique des sédiments du lac Ossa*, 1996, cité par Patrice Christy et al, *La foret et la filière bois au Gabon, op. cit.*, p. 20.

[134] On a suggéré que cette expansion des savanes aurait été due à des perturbations du climat (Maley, 2000), mais l'influence de l'homme peut aussi avoir été importante (White, 1998).

[135] Patrice Christy et al, *La foret et la filière bois au Gabon, op. cit.*, p. 21 (Dans le futur, l'extension des forêts du Gabon sera déterminée par l'homme aussi bien que par le climat).

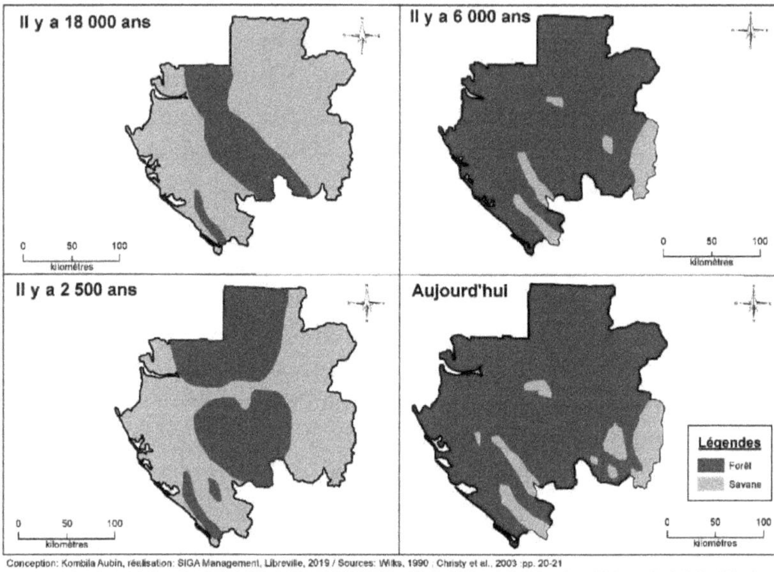

Planche 3 : quelques étapes de l'évolution de la forêt gabonaise
Source : Wilks, 1990 ; Christy et al, 2003

Cette dernière phase de l'évolution des forêts gabonaises est plus proche de la réalité présente, tant au niveau des caractéristiques de la forêt que des conditions climatiques. Aujourd'hui encore, le climat offre en effet des conditions idéales à l'expansion de la couverture forestière[136].

Outre les éléments précités, les grands changements paléoenvironnementaux survenus semblent s'être opérés sous l'effet de variations dans les conditions pluviométriques engendrées par les fluctuations de l'hydroclimatologie océaniques de l'Atlantique. L'analyse des séries pluviométriques chronologiques de 1951 à 1991 (*cf. Figure 8*) révèle une augmentation de la variabilité pluviométrique pour la décennie 1980-1990, succédant à des séries statistiques plus homogènes enregistrées avant 1960.

En parallèle, les débits des grands cours d'eau du Gabon comme ceux de l'ensemble de l'Afrique humide accusent une baisse

[136] Sur l'ensemble du pays, on peut constater une opposition entre une saison sèche très marquée (précipitations inférieures à 100 mm/mois et des températures inférieures à 25°C)[136] en juin, juillet, août et une longue saison humide de neuf mois environ. On distingue souvent une petite saison sèche autour de janvier/février (Jean-Damien Maloba, *Climat*, *op. cit.*, p. 12).

continue depuis 1960 ; entre 1970 et 1980, les totaux saisonniers des pluies ont nettement diminué, traduisant en particulier une diminution « d'efficacité » de la saison des pluies australes dont la différence avec la saison d'automne a été multipliée par 3 entre les années 1960 et 1980. Pour la décennie 1980, le déficit des apports a été de 16 % contre 7 % pour la décennie 1970[137], traduisant une réduction des réserves hydriques due aux effets cumulés des déficits pluviométriques.

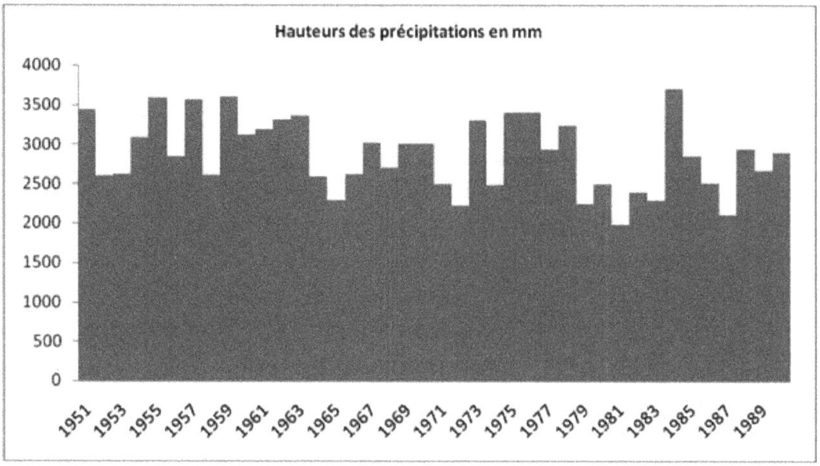

Figure 8 : hauteurs pluviométriques annuelles de Libreville de 1951 à 1991
Source : Le Gabon. Institut Pédagogique National (IPN)

Cette réduction des réserves hydriques des sols joue un rôle fondamental dans le « conditionnement végétal », en intervenant sur les zonations biologiques et les comportements phénologiques. Lors de perturbations dans ces régimes (cas des années 1972, 1982-1984, 1990), il peut arriver que certaines espèces voient leurs phénologies[138] saisonnières perturbées ; ainsi, la floraison comme la défoliation, qui se manifeste lors de la baisse des réserves utiles, constituent un bon indicateur de l'activité végétale. Si dans les forêts de type « congolais » cette défoliation est de l'ordre de 10 %, dans le massif du Chaillu et le Mayombe (au sud du pays), où les

[137] Bricquet 1997, cité par Armel Mouloungui, *Gouvernance des ressources forestières au Gabon : acteurs et enjeux*, *op. cit.*, p. 85.

[138] La phénologie est l'étude de l'apparition d'événements périodiques (annuels le plus souvent) chez une espèce ou un biotope, déterminée par les variations saisonnières du climat (leur évolution selon les saisons et climats).

formations semi-caducifoliées sont plus nombreuses, cette défoliation qui n'est cependant pas systématique, variant de 30 à 40 % au niveau de la strate arborescente supérieure[139].

Dans les régions méridionales du Gabon où une période de déficit hydrique se manifeste chaque année, il a été constaté que lorsque la saison des pluies est médiocrement arrosée et la saison sèche anormalement durable (comme en 1976 et 1983), la diminution des réserves hydriques entraine une défoliation partielle ou entière d'espèces très hygrophiles ; ce phénomène affecte toute la strate supérieure des arbres, parfois même la seconde strate comme ce fut le cas dans le Chaillu et le Mayombe[140]. Ces dérèglements constituent des indices de changements sensibles des conditions des milieux ; aussi, une instabilité croissante des saisons pluviométriques pourrait-elle significativement modifier les équilibres hydriques, perturbant les saisons végétatives et à terme la composition du massif forestier. De même, certaines espèces telles que l'Andok ou arbre à chocolat (*Irvingia gabonensis*), ont des floraisons tributaires d'une diminution des températures au cours de la saison sèche, à savoir au-dessous du seuil de 20°C. Or, sur la base d'accidents déjà observés, on estime qu'une élévation de ces températures de l'ordre de 1 à 2°C entrainerait l'absence de fructification avec de nombreuses incidences en cascades notamment sur les espèces animales frugivores.

Les éléments mentionnés conduisent donc à considérer que les écosystèmes forestiers du Gabon, comme ceux du Congo ou du Sud-Cameroun, sont sensibles aux variations hydriques et sont donc potentiellement vulnérables à des aléas climatiques, particulièrement à des changements majeurs. Dans leur physionomie actuelle, les forêts sont relativement récentes à l'échelle géologique puisque façonnées par les changements paléoécologiques de l'Holocène, mais aussi du Pléistocène dont elles portent les « stigmates ». Cependant, cette physionomie associée aux réactivités très rapides des forêts tropicales humides aux fluctuations pluviométriques et hydriques des aléas climatiques peuvent être de même le signe d'une régénération des forêts gabonaises.

---

[139] Armel Mouloungui, *Gouvernance des ressources forestières au Gabon : acteurs et enjeux*, *op. cit.*, p. 85.

[140] Samba Kimbata, 1994, cité par *Ibid.*, p. 87.

b) les capacités de régénération de la forêt gabonaise

Définie comme la faculté d'un écosystème à se reconstituer spontanément après enlèvement de tout ou partie du couvert forestier, que ce soit par coupes rases, coupes partielles, création de taches de lumière ou de clairières, la régénération est l'argument avancé par diverses études pour expliquer la physionomie actuelle de la forêt gabonaise. Pour Bernard Peyrot, le climax est indubitablement de type sylvatique (forestier), soulignant que, d'une manière générale, les forêts manifestent une tendance naturelle à se développer et à se régénérer d'autant qu'elles sont à l'abri des agressions humaines. Le pays bénéficie de conditions climatiques particulièrement humides favorables à l'omniprésence de la forêt ombrophile. Aucune station ne reçoit moins de 1 400 mm[141] de précipitations pour une évapotranspiration réelle (ETR) de 1 300 mm en année moyenne, valeur constituant la limite écologique de la forêt pluviale (de 1 100 à 1 400 mm). Ces conditions climatiques particulières, conjuguées à des précipitations annuelles encore supérieures à la demande évaporatoire et à l'importance des réserves hydriques des sols, permettent aux forêts de se maintenir en équilibre.

Qu'elles aient été essartées, exploitées pour leurs bois, incendiées, les forêts se régénèrent rapidement selon une évolution spontanée allant des forêts secondaires vers des forêts « primaires » ou matures, dès lors que le bioclimat le permet et qu'elles se trouvent protégées de toute dégradation pendant 30 à 50 ans. Cet argument de Peyrot est aisément partagé par les théoriciens de la déprise humaine sur les espaces ruraux. Reitsma estime ainsi que la régénération des forêts peut s'effectuer en 60 à 70 ans, « gommant » ainsi toute blessure. À titre d'exemple, les parasoleraies à *Musanga,* espèce héliophile monodominante cicatricielle, croissent en 3 ou 4 ans en reconstituant rapidement un

[141] Les totaux annuels sont importants, ils varient de 1400 à plus de 3 000 mm. On constate dans les régions côtières une décroissance pluviométrique du nord au sud : 3 170 mm à Cocobeach, 1 800 mm à Mayumba. De même on observe une diminution des précipitations du littoral vers l'intérieur : 2 870 mm à Libreville contre 1 770 mm à Lastourville et 1 620 mm à Mékambo. Ce gradient de précipitations « littoral-intérieur » n'est pas linéaire du fait, notamment, du relief qui provoque un regain de pluviosité : cela explique que certaines stations de l'intérieur soient plus arrosées que celles du littoral, situées à la même latitude (Maloba, 2004).

couvert à l'abri duquel se développent des espèces plus proprement de nature forestière. Après 25 ou 30 ans, ces parasoleraies meurent, cédant la place à des forêts à Marantacées qui sont considérées comme des formes de reconquête. Ces dernières succèdent aux essences pionnières héliophiles telles que l'okoumé, *le bidou (Saccoglotis),* l'azobé (*Lophira alata),* grands colonisateurs d'espaces ouverts[142].

L'okoumé est de même connu pour sa capacité, reconnue à former des peuplements quasiment purs dans les milieux perturbés. En effet, il s'agit d'une espèce pionnière qui colonise facilement et rapidement les espaces ouverts telles les terres agricoles en jachère, les trouées de chablis ou d'exploitation ou encore les savanes protégées du feu[143]. Bernard Peyrot constate ainsi près de Bakoudou, dans le Haut-Ogooué, la rapide colonisation d'anciennes savanes de crête à la périphérie du massif du Chaillu, avec des peuplements presque purs d'okoumés.

À la quasi-unanimité, les exploitants forestiers considèrent que la forêt ne court aucun risque et qu'en particulier l'okoumé se régénère spontanément (mais seulement si l'ouverture du couvert forestier est suffisante)[144]. Roland Pourtier affirme d'ailleurs dans l'*Atlas du Gabon* « [que] *la forêt, qui couvre 85% du territoire, est exploitée depuis plus d'un siècle sans avoir perdu de son potentiel de production. L'essence reine, l'okoumé, se réinstalle naturellement dans les clairières ouvertes par l'agriculture sur brulis ou par l'exploitation forestière* »[145]. Il faut toutefois rappeler comme mentionné précédemment qu'à l'exception de la côte, il n'y a pas assez de trouées dans la forêt.

La *Planche 4* illustre en détail ce processus de régénération des forêts gabonaises.

---

142 Caballé 1978 ; DeForesta 1990 ; Maley 1990 ; White 1996.

143 Pour une bonne régénération naturelle, il faut des portes-graines (semenciers) en nombre suffisant, une fructification et un ensemencement abondant, qui suivent de peu l'ouverture du couvert, un sol propre et bien drainé. Ces conditions sont réunies dans les cultures de bananes et de manioc et dans les zones habitées autrefois (Delphin Mapaga et al, 2002).

144 Pour Alain Karsenty, à l'exception de l'estuaire où la régénération se fait bien, ce n'est pas le cas dans la plus grande partie de la forêt avec les pratiques actuelles. L'exploitation forestière serait une solution.

145 Roland Pourtier, *Introduction, op.cit.*, p. 6-7.

Ces images montrent le passage d'une forêt primaire (R) à une forêt secondaire mature (P= arbre secondaire pionnier ; S= arbre secondaire à croissance plus lente). La plupart des forêts gabonaises sont maintenant riches en grands arbres comme l'okoumé, l'ilomba et le movingui qui ont nécessité de la lumière pendant les premières années de leur croissance (forêt secondaire). Selon Christy (et al.), une grande partie de vieille forêt (ce qu'on appelait auparavant « forêt primaire ») pourrait en réalité être constituée de très vieilles forêts secondaires où la forêt a été défrichée dans un passé lointain.

Planche 4 : de la forêt primaire à la forêt secondaire
Source : Christy et al, 1991

Pour Leroy-Deval, la forêt secondaire issue de la régénération ne retrouve certes pas la composition floristique initiale, mais contrairement à une croyance, elle voit sa biodiversité non pas s'appauvrir, mais au contraire, s'accroître, et ce, bien qu'il faille plusieurs siècles aux forêts à Marantacées pour se transformer en forêt « mature ». Pour Caballé, les défrichements forment des couloirs de migration pour des espèces allogènes. Et sur ceux-ci, des espèces à croissance rapide, dont des espèces non forestières ou de lisières forestières, se développent[146]. Dans le Bassin côtier, il estimait que l'aspect juvénile de la forêt d'interfluve sur sols argileux pouvait correspondre à d'anciens défrichements tandis que les forêts

[146] C'est le cas du *Barteria fisulosa, Erythroxylum manni, Porterandia cladantha, Naucléa Didderichii* ou encore le bilinga.

de bas-fonds seraient restées intactes. Des groupements localisés d'essences locales constituent des indicateurs de présence humaine[147]. Souvent, ces bosquets anthropiques très reconnaissables jouent le rôle de pôles de reforestation en particulier dans des milieux de savanes tels que ceux de la moyenne et la haute vallée de l'Ogooué, dans les savanes côtières ainsi que dans les dépressions karstiques de la Ngounié, de la Nyanga et du Niari.

Un autre exemple permet aisément d'illustrer les capacités de régénération de la forêt au Gabon : il s'agit de celui de la vitalité de la reprise forestière à la suite des travaux de construction du chemin de fer du Transgabonais. En effet, débuté en 1973 et achevé en 1986, ce chantier qualifié de « titanesque » a entrainé une emprise sur le milieu naturel de l'ordre de 8 à dix hectares par kilomètre de voie posée, avec des terrassements de l'ordre de 60 000 à 100 000 mètres cubes au kilomètre selon le relief. 1 500 hectares ont ainsi été déboisés sur les seuls 165 kilomètres du tronçon Booué-Lastoursville. Vingt ans après, ces ouvertures ont été occultées ou sont en voie d'occultation. Cet exemple montre bien que malgré les trouées faites dans la forêt, celle-ci, au bout de quelques années à la capacité de retrouver un état relativement initial sinon encore plus riche. Toutefois, cette perception d'une régénération spontanée et rapide ne doit pas favoriser une exploitation intensive de la ressource bois. Elle ne doit pas de même retarder l'action des pouvoirs publics dans la mise en place de politiques de préservation, convaincus dans l'ensemble que l'exploitation ne ferait pas courir de risque majeur à la forêt. Néanmoins, il faut souligner que cet argument de la régénération « express » du couvert forestier gabonais n'est pas partagé de tous. Il est en effet perçu par les sylviculteurs, à l'exemple de Leroy-Deval, comme étant un mythe qu'il faut détruire, les taux de régénération après exploitation pouvant s'avérer bien inférieurs aux attentes... L'observatoire mondial des forêts du Gabon a quant à lui suggéré que l'enlèvement des arbres les plus hauts et les plus droits par des coupes successives pourrait ultérieurement conduire à du bois de qualité inférieure dans les endroits où l'okoumé est

[147] Végétaux sopntannés comme *Lophira alata* (azobe) *Baillonella toxisperma* (moabi) *Canarium schweinfurthii* (aiélé) *Irvingia gabonensi* (andok), *Dracaena arborea* - sélectionnés ou introduits comme *Elaeis guineensis* (palmier) *Mangifera indica* (manguier), *Dacryodes edulis* (atangatier) *Coula edulis*, *Harunga madagascariensis* etc.

exploité ; en d'autres termes, à une « sélection inverse » qui participerait de la dégradation des forêts.

In fine, nous dirons que le Gabon renferme de nombreux facteurs qui ont une incidence sur sa forêt et font que celle-ci soit l'objet de nombreux débats, notamment en ce qui concerne sa déforestation. Cependant, l'anthropisation, bien que réelle et s'enracinant profondément dans le temps avec d'évidentes signatures, n'a eu jusqu'à une époque récente que peu d'impacts sur l'évolution générale du massif forestier, du moins sur sa superficie. Au regard de tous les éléments avancés et bien que connaissant un certain déboisement, ce n'est pas la superficie de la forêt gabonaise qui doit être remise en cause, mais plutôt la physionomie et composition de celle-ci. En effet, l'exploitation de cette dernière fait qu'elle ne présente sa composition floristique initiale (la forêt dite « primaire ») qu'à certains endroits.

Alain Karsenty[148] va dans le même sens lorsqu'il affirme que le mode d'exploitation gabonais conduit à une surexploitation de certaines essences, mais en revanche, qu'il ne débouche pas sur des processus de déforestation ou de forte dégradation des massifs. Toutefois, l'arrivée de nouveaux acteurs, notamment asiatiques (*cf. chapitre 5 & 6*), ou la hausse de leurs parts dans la filière bois gabonaise couplée à la passivité de l'État (possibilité de corruption et difficulté à faire appliquer la loi) laissent penser à une nouvelle forme d'utilisation de la forêt gabonaise. Cette situation pourrait au fil des années entrainer une perte importante de la surface forestière du pays.

La *figure 9* ci-dessous fait un récapitulatif de l'action anthropique sur le couvert forestier gabonais.

---

[148] Alain Karsenty, « Enjeux méconnus de l'économie du bois », Le Monde diplomatique, 1 juillet 2006, https://www.monde-diplomatique.fr/2006/07/KARSENTY/13658. [consulté le 14 février 2018].

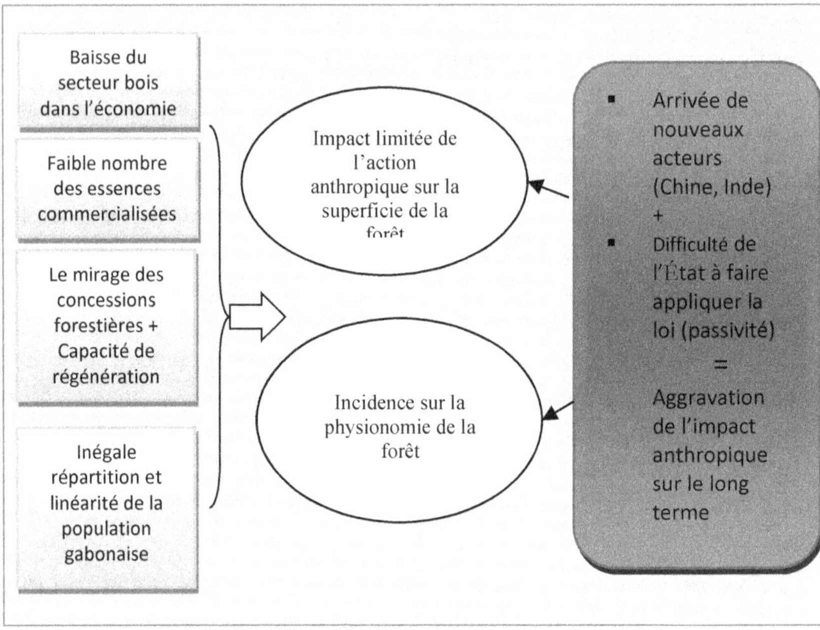

Figure 9 : récapitulatif de l'incidence de l'action anthropique sur la forêt gabonaise
Conception et réalisation : Aubin Gildas Kombila, 2018

Dans le continuum de ce qui vient être dit, le Gabon renferme des conditions géographiques idéales (facteurs climatiques et édaphiques) favorables au développement de la forêt. Avec un potentiel forestier estimé aujourd'hui à 400 millions de m^3 (VPC) et une diversification couplée à la qualité de ses essences, le pays dispose de très importantes potentialités qui pourraient lui permettre de jouer les premiers[149] rôles dans l'industrie du bois au monde (tant au niveau régional qu'international). Ainsi, pour mieux apprécier la place qu'occupait la transformation du bois au Gabon jusqu'en 2009, nous allons dans le chapitre qui suit, faire un état des lieux de ce secteur d'activité.

[149] Le Gabon pourrait à l'exemple de l'Indonésie, peut jouer les premiers rôles dans le domaine du contreplaqué, grâce notamment à l'okoumé qui se prête aisément au déroulage, donnant des feuilles souples et homogènes.

CHAPITRE II

LA POLITIQUE (INDUSTRIELLE) DU BOIS AU GABON : DE L'ÉPOQUE COLONIALE À L'ARRÊT DE L'EXPORTATION DES GRUMES

Avec un couvert végétal représentant 85% du territoire, le Gabon dispose de certains atouts indéniables qu'il conviendrait de mettre à profit pour asseoir une industrie du bois nationale encore « balbutiante ». Certes, le pays est notamment en position de monopole mondial en ce qui concerne l'Okoumé[150] et bénéficie de la présence d'un corps d'exploitants forestiers et d'industriels expérimentés, à l'exemple de *Rougier Gabon.* Pour essayer d'y arriver, les autorités ont mis en place au fil des années des politiques visant à favoriser la filière bois nationale. En adoptant (en 1982 et 2001) un nouveau code forestier ainsi qu'un code de l'environnement, le pays s'est doté d'un outil de gestion forestière moderne, plus adapté aux nouveaux enjeux internationaux. De nombreuses actions vont ainsi voir le jour, à l'exemple de la dernière en date de 2010 actant l'arrêt de l'exportation des bois sous forme de grumes. Comme déjà signalée, cette mesure visait d'une part à redynamiser la filière bois, notamment son industrie, pour donner à la forêt une place de choix dans l'économie nationale. Et d'autre part, elle avait pour but de faire respecter la loi (en l'occurrence, le code forestier) en incitant les opérateurs à respecter leurs engagements d'aménagement et d'industrialisation, avec un passage de la première à la deuxième et troisième transformation).

L'analyse du contexte historique (période coloniale et post-indépendance) nous permettra de mieux appréhender le choix d'une telle décision, car si la réflexion autour de l'industrialisation de la filière bois au Gabon est importante de nos jours, dans les faits, nous verrons qu'elle a un passé néanmoins ancien. Pour mieux comprendre cette mesure, nous nous proposons de réaliser une étude

---

[150] L'okoumé est une essence bien connue au niveau de sa technologie de transformation. Elle est appelée à jouer pleinement un rôle de « locomotive » pour le développement de l'ensemble du secteur industriel de transformation, du bois gabonais, résolument orienté vers l'exportation de ses produits. (N'sitou Mabiala, *l'Évolution du processus d'industrialisation de la filière-bois au Gabon : atouts, contraintes et perspectives*, Mémoire, école nationale du Génie Rural des Eaux et des Forêts (ENGREF), 1999, p. 45).

chronologique et comparative, autour de la place qu'occupait et occupe toujours la transformation du bois au Gabon.

1. La période coloniale

Depuis l'époque coloniale, la forêt riche et diversifiée du Gabon constitue un véritable enjeu économique. En effet, dès le début de la mainmise coloniale, celle-ci s'est orientée vers l'exploitation des ressources forestières. Dans ce contexte, la forêt est alors devenue le lieu d'enjeux décisifs, notamment en termes de gains en devises aussi bien pour les exploitants que pour l'État français[151]. La réflexion autour de l'industrialisation de la filière bois au Gabon durant la période coloniale présente deux grands moments, à savoir 1889-1940, puis 1940-1960.

1.1 de 1889[152] à 1940

Durant toute la période coloniale, aucun texte juridique ou arrêté n'a été pris pour favoriser la transformation locale du bois. Tout était orienté vers l'exploitation forestière et l'exportation des bois bruts, et la réglementation qui existait à cette époque ne concernait que le volet exploitation (okoumé) comme le montre l'arrêté du 19 septembre 1924[153]. Dès le début de l'exploitation forestière, une partie importante des grumes s'avéra impropre à l'exportation ; aussi des volumes considérables de bois s'accumulaient-ils sur les lieux de coupe et sur les parcs à bois (près de 50 000 tonnes de grumes perdues sur les chantiers entre 1890 et 1900)[154]. Et ce n'est qu'à partir de 1904 qu'on relève l'implantation d'une première scierie (à

---

[151] Anonyme, *Le secteur forestier, les différents acteurs et leurs implications spatiales*, 2010, p. 10.

[152] Date de la découverte de l'okoumé comme essence utile (capable d'être exploitée) par les Allemands et exploitée dès la fin du XIXe siècle (Ndombi Boundzanga, 2011). C'est en effet au gouverneur Charles de Chavannes que l'on doit son lancement en 1889 lorsqu'il contacta un « *vieux chef pahouin* » du fond de l'Estuaire pour la livraison d'une bille de bois d'okoumé. Prise en charge par le consul allemand à Libreville, cette bille aboutit à Hambourg et, de proche en proche, déclencha, en Allemagne d'abord, puis en Angleterre, enfin en France, une demande qui n'allait pas cesser de croître.

[153] Un arrêté qui précisa les conditions juridiques de l'exploitation forestière. Après la guerre, la reprise de l'exploitation à des rythmes élevés (année où l'on assista à *« une véritable ruée sur la forêt »)* nécessitait de mettre en place une véritable réglementation (Anonyme, *Le secteur forestier, les différents acteurs et leurs implications spatiales, op. cit.*, p. 10).

[154] Patrice Christy et al, *La forêt et la filière bois au Gabon : la forêt gabonaise au début du troisième millénaire*, *op. cit.*, p. 314.

vapeur) au cap Lopez, près de Port-Gentil, suivie d'une unité équivalente à Libreville sous l'impulsion du Service des travaux publics. Il fallut ensuite attendre 1910 pour voir s'installer une troisième unité de sciage (toujours au cap Lopez) par la *Société gabonaise d'entreprise et de transport* (SGET). À cette époque, unc seule entreprise tranchait véritablement avec sa finalité industrielle ; il s'agissait du *Consortium des Grands Réseaux ferroviaires français* qui fut, jusqu'à la Seconde Guerre mondiale, la seule entreprise à ne pas se contenter d'exporter du bois brut[155]. Avec 1 500 travailleurs africains et une quarantaine d'Européens, le Consortium fut la plus grande entreprise industrielle du Gabon d'avant-guerre[156]. La mise en chantier de la voie ferrée voisine dite du Congo-Océan (actuelle République du Congo-Brazzaville) et la reconstruction du réseau métropolitain créèrent d'importants besoins en traverses, ce qui justifia l'implantation de cette usine. L'abondance de bois durs sur la rive sud de l'estuaire du Gabon ainsi que des conditions favorables à son exportation décidèrent de sa localisation[157]. De manière globale, ces entreprises de taille modeste et de caractère artisanal pour la plupart n'ont pas véritablement impulsé un réel développement industriel du pays à cette époque.

L'effet combiné de la surproduction de 1928 à 1930, qui avait entrainé une faible absorption de l'okoumé exporté par le marché international (stocks invendus) et le contexte de la crise mondiale sur l'industrie du bois et sur l'ensemble de l'activité économique qualifiée par Ombigath de « *désastreuse* »[158], accélérèrent l'industrialisation du secteur bois en terre gabonaise au cours des deux décennies qui suivirent (avec l'implantation notamment d'unités étrangères).

[155] Roland Pourtier, *Le Gabon, État et Développement*, *op.cit.*, p.157.

[156] Le Consortium installa en 1920 son usine à Nfoulenzem. Celle-ci se spécialisa dans la fabrication des traverses destinées au Chemin de fer Congo-Océan et au réseau ferroviaire métropolitain.

[157] Le Consortium se fit attribuer en 1920 deux concessions de 75 000 ha chacune. Sa scierie de Nfoulenzem n'a cessé ses activités qu'en 1972, après un demi-siècle d'exportation continue.

[158] Pierre Ombigath, « La crise économique de 1930 et ses répercussions sur l'industrie forestière du Gabon, 1930-1939 », in *Le Gabon : approche pluridisciplinaire*, Paris, L'Harmattan, 2006, p. 147.

1.2 le tournant des années 1940-1960 : l'émergence de l'industrie de transformation

La transformation du bois au Gabon s'est développée surtout après la Seconde Guerre mondiale. Elle a notamment été le fait d'usines de taille modeste que l'on qualifierait aujourd'hui de petites et moyennes entreprises, par des menuiseries des missions chrétiennes et de l'administration coloniale. Au sortir de la guerre, les industries de transformation telles que la CFG, *Leroy-Gabon* ou encore *Rougier-Gabon*, se sont rapidement implantées au Gabon entre 1940 et 1960 pour partie en raison de la très forte demande en bois de construction marquant l'après-guerre (liée aux besoins de reconstruction en Europe). Nombre de ces infrastructures, comme la *Compagnie Française du Gabon* (CFG) surtout, auraient directement bénéficié, au titre des investissements publics dans les territoires sous domination française, d'une sorte de capitalisation découlant du Plan Marshal, avec l'épisode de l'usine américaine *Plywood et Compagnie*[159] ; créée en 1947 et implantée à Port-Gentil, elle fut alors la plus grande usine de contreplaqués du monde[160], produisant jusqu'à 80 000 m^3 de contreplaqués par an dans les années 1978 à 1982, complétés par la suite avec d'autres produits (sciages, panneaux lattés et portes isoplanes).

L'okoumé entrait enfin dans un cycle industriel ; toutefois, la transformation locale du bois ne concerna qu'un pourcentage assez faible d'une production continuant à être massivement exportée à l'état brut (à 90%, dont 80 % du total des exportations pour l'okoumé)[161]. Durant la décennie 1950-1960, on assista à la création de quelques unités de transformation locale du bois, à l'exemple de la *Librevilloise de Construction* (Libeco), à savoir la première scierie installée en 1952 à Libreville, ou encore la société *Bois Tropicaux*

---

[159] La métropole, pressée par les États-Unis selon l'esprit du plan Marshall, entreprit une politique de réforme et d'équipement de son empire colonial. C'était pour le Gabon l'occasion de mettre fin à l'exploitation stérile de la forêt en s'engageant sur la voie de la mise en valeur « véritable » grâce à la valorisation des ressources locales. Le but visé était de créer à Port-Gentil un ensemble industriel pouvant transformer sur place l'okoumé.

[160] Roland Pourtier, *Le Gabon : État et Développement*, *op. cit.*, p. 183 (Le 31 décembre 1952, le capital de la CFG se situait à 355 millions de francs CFA et se composait de cinq groupes. Le groupe Seligman, l'Union européenne industrielle et financière, le port de Rosario, la caisse centrale de la France d'Outre-Mer).

[161] Direction Générale des Eaux et Forêt, Rapport 2008.

Industriels (BTI), créée en 1960. Cette dernière, spécialisée dans la fabrication de traverses de chemin de fer, disposait en annexe d'une menuiserie qui produisait des maisons préfabriquées.

En somme, c'est dans cette période qu'apparurent les plus grandes entreprises d'exploitation et de transformation du bois qui, sous des appellations différentes pour certaines d'entre-elles, dominent encore le secteur par leur longévité et l'ampleur de leurs activités et ce malgré, l'entrée en jeu de nouveaux acteurs internationaux à capitaux asiatiques, européens, voire africains. Nous pouvons citer *le Consortium des Grands Réseaux Français*, les Établissements *Rougier et Fils*, les Établissements *Leroy* et la *Société des Bois du Gabon.*

La mise en place de ces quelques unités de transformation du bois semblait annoncer le début d'une phase d'industrialisation importante. Or, on s'aperçut très vite qu'il s'agissait, en réalité, d'activités connexes aux opérations forestières initiées surtout dans le but de rentabiliser l'exploitation des plus belles grumes d'Okoumé, en transformant sur place les grumes de qualité non acceptable par les marchés d'exportation[162]. Cela résume bien les propos tenus jadis par Jules Ferry selon lesquels « [...] *la colonisation est la fille de la politique industrielle* »[163]. Durant la période coloniale, le Gabon a retiré peu de bénéfices d'une exploitation forestière qui a enrichi une poignée de colons et alimenté le budget de l'Afrique-Équatoriale française (AEF), les activités des entreprises[164] se concentrant massivement sur

---

[162] Jérôme Mabika, « Enjeux et défis de l'industrialisation de la filière bois », in *Les enjeux et défis du Gabon au XXIe siècle, Réflexions critiques et prospectives des géographes*, Serge Loungou (dir.), Paris, Connaissances et Savoir, 2014, p. 332.

[163] « Jules Ferry (28 juillet 1885) - Histoire - Grands moments d'éloquence - Assemblée nationale », http://www2.assemblee-nationale.fr/decouvrir-l-assemblee/histoire/grands-moments-d-eloquence/jules-ferry-28-juillet-1885 [consulté le 15 février 2019].

[164] Nous citerons en exemple les industriels français, Rougier, Leroy (filiale des établissements Leroy et du groupe Isoroy), Luterma, qui transformaient depuis 1923 l'Okoumé du Gabon en métropole pour Rougier et Leroy (approvisionnement des usines de contreplaqués de la métropole). De la même façon, la société espagnole Alena a racheté des permis Louvet-Jardin en 1962, puis auprès de la Société d'okoumé de la Ngounié (SONG - groupe Madre) en 1966 pour approvisionner directement leur usine de contreplaqué de Tarragone (Roland Pourtier, 1989).

l'exploitation forestière et l'exportation des bois bruts. Le jugement porté par Henri Ziéglé et le gouverneur général Reste, cités par Roland Pourtier, résume bien la situation telle qu'elle prévalait à cette époque : « *jusqu'à la date récente où les exploitants ont commencé à investir sur place, l'okoumé n'a pas, en réalité, enrichi le Gabon ; il y a fait vivre quelques centaines d'industriels, de commerçants et fonctionnaires et quelques dizaines de milliers d'indigènes qui n'auraient guère vécu moins bien sans cela ; c'est très différent* »[165]. Il est évident que la métropole a surtout orienté la mise en valeur des colonies au mieux de ses intérêts, exploitant à moindre coût les richesses naturelles en l'occurrence le bois, nécessaire pour certaines qualités recherchées à son industrie[166]. Autrement dit, cette exploitation ne fut pendant longtemps qu'un simple pillage indifférent à la mise en valeur du pays. L'absence de toute structure industrielle importante sur place constitua un handicap considérable pour le développement économique des colonies une fois venues les indépendances.

2. La période post-indépendance (de 1960 à 2010)

Le secteur bois au Gabon, plus particulièrement son industrie, a connu un certain nombre de mutations depuis l'indépendance. La nouvelle administration mise en place a exprimé la volonté de se doter d'un texte juridique dont l'ambition était la gestion rationnelle et la conservation du patrimoine forestier national, en passant par l'industrialisation du secteur bois. Pour mieux comprendre son évolution, nous nous proposons de l'étudier en trois phases : la période allant de 1960 à 2000, puis 2000 à 2010, et enfin, de 2010 à nos jours.

2.1 état des lieux de l'industrie gabonaise du bois, de 1960 à 2000

Depuis l'indépendance en 1960, la filière bois constitue l'un des secteurs stratégiques sur lesquels le pays peut s'appuyer. Au Gabon, les activités forestières ont toujours été orientées vers l'exportation

---

[165] Henri Ziegle, « L'Afrique-Équatoriale Française », in *Cahiers d'outre-mer*, N° 22, 1953, p. 196.

[166] Si l'exploitation économique des métropoles s'est mise en place avant 1914, elle s'est surtout développée au cours de l'entre-deux-guerres : les années 1920, période de reconstruction et de croissance, entrainèrent un besoin important de matières premières pour satisfaire les besoins de l'industrie française, tandis que la crise des années 1930 conduisit à un repli de la France sur son empire colonial.

des bois bruts. Les fondements de l'économie forestière y sont restés les mêmes : ceux d'une économie extractive entièrement dépendante de l'exportation. C'est dans ce contexte, qu'au sortir de la période coloniale le gouvernement avait entrepris d'encourager, en 1968, la transformation locale du bois en créant le permis industriel (PI)[167]. Les détenteurs de celui-ci avaient obligation de transformer localement une partie de leur production, ce qui demandait aux détenteurs des PI d'avoir des usines déjà en place, usines qu'ils s'engageaient à développer. Plus tard, une loi 1/82[168] vint clarifier cette disposition en stipulant que 75% des volumes de bois produits par les PI devaient être transformés localement, le reste (25%) pouvant être exporté[169]. En effet, en 1980, au cours d'un séminaire tenu à Oyem (nord du Gabon) dédié à la réalisation du bilan des vingt ans de gestion forestière assurée par l'administration postcoloniale, de vives critiques ont été adressées à l'encontre d'une gestion jugée « anarchique » du patrimoine forestier. Le diagnostic alors dégagé permit de jeter les bases d'une nouvelle loi forestière promulguée deux ans plus tard (loi 1/82 du 22 juillet 1982). Cette loi unique, dite « *loi d'orientation en matière des eaux et forêts* », remplaçait alors le code forestier hérité de la colonisation. Bien que parfois modifié, ce texte de référence, toujours en vigueur, régit l'ensemble des domaines où s'exerce l'activité du secteur forestier. Cette dernière a pour objectif principal de promouvoir une gestion rationnelle des ressources du domaine forestier, de la faune sauvage, du domaine fluvial, lacustre et maritime, en vue d'accroître la contribution du secteur des Eaux et Forêts au développement économique, social, culturel et scientifique du pays. Le domaine industriel (de la filière bois) qui nous concerne dans cette loi se vérifie principalement par les différents permis qu'elle met en place, notamment les permis industriels déjà évoqués ci-dessus.

Dans la pratique, l'objectif de 75 % de taux de transformation locale fixé par la loi n'a jamais été atteint, car le taux de transformation, jusqu'en 1995, était au plus bas : 7 %, soit 200 000 m^3 de grumes[170]. L'échec de cette disposition obligea, cette année-

[167] Ordonnance 21/68 de 1968.
[168] Loi 1/82 de 1982.
[169] Article 18
[170] Certains permis industriels ont été purement et simplement exploités au même titre que les permis temporaires d'exploitation axés sur l'exportation des grumes.

là, l'État gabonais à prendre de nouvelles mesures[171], visant à réduire les exportations de grumes et à augmenter le taux de transformation locale à 50 % à l'horizon 2000[172]. Cette nouvelle politique visait donc à redynamiser la filière bois, notamment son industrie, pour donner à la forêt une place de choix dans l'économie nationale. Elle faisait suite aux engagements pris par les autorités publiques, mais aussi au constat fait par le conseil des ministres sur le secteur bois lors de sa séance du 24 févier 1995[173].

L'État, par cette mesure, semblait avoir pris les choses en main en fixant un cadre et un échéancier pour la transformation du bois, mais sans l'assortir de réelles mesures incitatives ou contraignantes. Ce déficit a conduit au non-respect de l'échéancier des taux de transformation proposés : en 2000, le taux de transformation n'était que de 15 %, soit 450 000m^3 de grumes[174]. La

Figure 10 illustre bien ce premier échec.

Les permis industriels ont servi à approvisionner les marchés des grumes pour l'exportation, et non les industries locales (Mabika, 2003).

[171] Arrêté n°1383/PM/MEFPTE du 6 juin 1995.

[172] L'échéancier des taux de transformation proposé était le suivant : 7 % en 1996, 10 % en 1997, 27 % en 1998, 35 % en 1999 et 50 % en 2000. Le niveau de production de grumes devrait osciller entre 2 et 3,5 millions de mètres cube, en fonction des besoins du marché (Mabika, 2003).

[173] Il ressortait du conseil des ministres sur le secteur bois (séance du 24/02/95) que la transformation locale de cette matière première (le bois) était très réduite au Gabon, contrairement à ce que l'on observait alors dans les autres pays africains (cas du Cameroun ou du Ghana) ; que le Gabon était quasi absent sur le marché international des produits issus de la transformation du bois et qu'il devenait d'année en année le premier fournisseur africain de grumes, notamment sur le marché traditionnel de l'Europe (N'sitou Mabiala, 1999).

[174] Patrice Christy et *al., La foret et la filière bois au Gabon : la forêt gabonaise au début du troisième millénaire, op.cit.,* p. 322.

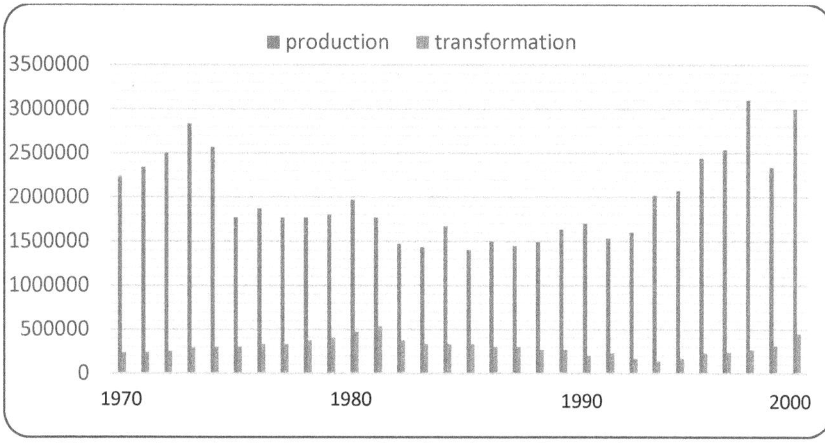

Figure 10 : évolution production/transformation sur 31ans
Source : Christy et *al.*, 2003

La figure ci-dessus montre l'évolution sur une trentaine d'années (1970-2000) des volumes transformés, au regard des volumes exploités. De cet histogramme, nous pouvons dégager plusieurs observations ; en premier lieu, le Gabon, bien qu'ayant opté pour une transformation locale de la majeure partie de son bois, n'a atteint qu'une seule fois sur une trentaine d'années la pointe de 500 000m^3 par an de grumes transformées. En second lieu, la période la plus favorable à l'augmentation de la transformation apparaît comme celle allant de 1975 et 1980 ; ceci coïncide avec une période de forte récession de la production forestière réduisant les exportations des grumes, couplée avec un effort de commercialisation des bois notamment sous forme de sciages, pour le marché local. Mais cette tendance a progressivement cessé depuis 1981, pour atteindre en 1993 un point très bas correspondant à un peu plus de 200 000 m^3 de grumes transformées. Enfin, depuis 1994, le taux de transformation augmente à nouveau, les orientations nouvelles de l'État gabonais expliquant en partie cet état de fait. Ce nouvel état d'esprit, lié à la réflexion portant sur une nouvelle politique en matière de fiscalité et de droit des affaires, a en effet permis l'installation de nouvelles unités de transformation.

Ainsi, ce nouveau contexte a favorisé l'évolution de la situation des industries de transformation du bois au Gabon. Depuis 1996, sept usines de déroulage de l'Okoumé ont été construites et plus de 33,5 milliards de FCFA, investis. Parallèlement, une dizaine de scieries a été construite pour un investissement initial évalué à 12 milliards de FCFA. Du coup, le taux de transformation est passé de 7% en 1996 à 15% en 2000, soit 450 000 m^3 de grumes transformées localement. Notons que cette évolution, réelle, demeure encore largement en dessous des 50% prévus par l'arrêté n°1383/PM/MEFPTE du 6 juin 1995.

Enjeu de taille, l'industrialisation de la transformation du bois gabonais est alors en cours malgré les pesanteurs institutionnelles et juridiques. Un cadre et un échéancier furent fixés par l'État gabonais depuis 1995-96, mais avec cependant une application se faisant « à très petits pas ». Ainsi, entre 1996 et 1998, seuls environ 7% de la production forestière furent transformés localement, alors que ce taux s'élevait à 40% au Cameroun voisin, 60% au Ghana et près de 90% en Asie (*Marchés tropicaux et méditerranées*, 1998). La ressource forestière était encore ici l'objet d'une économie de rente.

2.2. situation de l'industrie gabonaise du bois, de 2000 à 2010

Malgré les différentes réformes, le paysage structurel de l'industrie de transformation du bois n'a pas fondamentalement changé durant ce pas de temps. Au cours de la décennie 2000, le Gabon a procédé à une réforme de son secteur forestier ; elle visait à mettre en œuvre une politique nationale volontariste d'aménagement-industrialisation et de protection-valorisation de la biodiversité soutenue par des textes législatifs et réglementaires adaptés[175]. S'agissant du volet transformation locale des grumes, le nouveau code forestier[176] stipule notamment « [que] *la production nationale des grumes doit couvrir en priorité la demande des unités locales de transformation. À cet effet, le taux de transformation de la production locale doit évoluer pour atteindre 75 % au cours de la décennie qui suit la date de promulgation de la présente loi* »[177]. Cette loi (n° 016/01 du 31 décembre 2001 dédiée au code forestier de la République gabonaise) abrogeant la loi n° 01/82 du 22 juillet

---

[175] Cf. la loi 16/2001 du 31 décembre 2001 concernant le nouveau code forestier et la loi 3/2007 du 27 août 2007 relative aux parcs nationaux.

[176] Code forestier 2001, chapitre 111, article 227, dont le principe fondateur est l'incitation au développement de structures de transformation locale du produit d'exploitation et la gestion encadrée des ressources au nom de l'idéologie du « développement durable »

[177] Ministère des Eaux et Forêts, *Recueil des textes législatifs et règlementaires en matière des Eaux et Forêts*, Libreville, 2011, p. 34.

1982 fixe les nouvelles modalités de gestion durable (du secteur des Eaux et Forêts) en vue d'accroître sa contribution au développement économique, social, culturel et scientifique du pays. Ce nouvel état d'esprit a permis comme le montre le tableau 4, l'installation de nombreuses unités de transformation, passant de 30 à 81 entre 2000 et 2009.

Segment d'activité	**Année**									
	2000	2001	2002	2003	2004	2005	2006	2007	2008	2009
Sciage	20	30	42	41	46	37	53	57	64	67
Déroulage/Placage	6	8	13	9	10	7	7	9	10	10
Contreplaqué	4	3	4	4	4	4	3	3	4	4
Tranchage	0	1	1	2	1	1	1	1	1	0
Total	**30**	**42**	**60**	**56**	**61**	**49**	**64**	**70**	**79**	**81**

Tableau 4 : évolution des unités de transformation du bois, entre 2000 et 2009

Source : DGF, DDICB, 2010

La multiplication des industries du bois a eu une incidence sur le taux de transformation. Celui-ci a connu alors un essor remarquable. En l'espace de dix ans, ce taux a plus que doublé, passant de 15% en 2000 à 35%, en 2009 (*cf. Figure 11*). Les capacités industrielles du secteur, quant à elles, passaient de 1 050 000 mètres cubes en 2009 à 450 000 mètres cubes, en 2000[178].

[178]Direction Générale des Forêts / Direction du Développement des Industries et du Commerce du Bois, 2010.

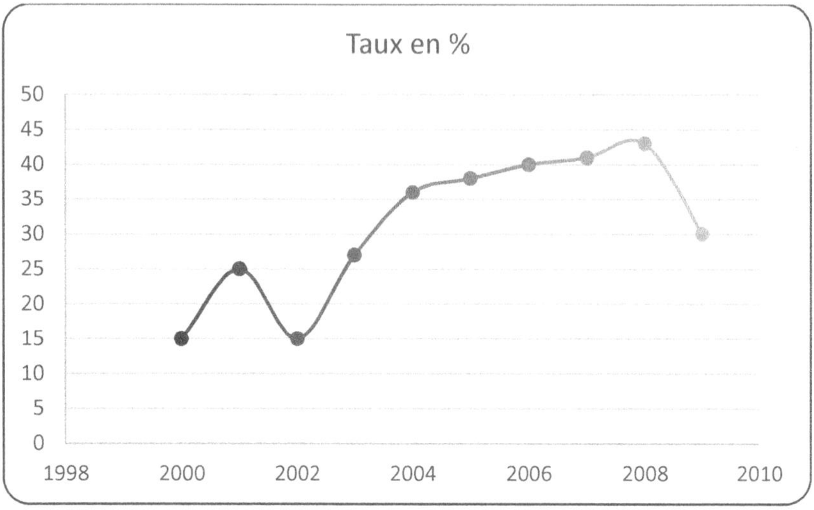

Figure 11 : évolution du taux de transformation du bois
Source : DGF/DDICB, 2010

Il est à noter que la multiplication des acteurs de la transformation a favorisé une augmentation sensible des capacités productives en produits sciés, déroulés et plaqués depuis l'an 2000. Depuis lors, l'exportation des grumes a connu une diminution en raison de l'augmentation des unités de transformation, de la réduction de la demande internationale de bois rond due à la crise économique mondiale de 2008, et surtout, suite aux quotas[179] d'exportation imposés par l'administration ; cette dernière souhaitait par ce biais inciter les opérateurs à investir localement.

Les volumes de bois transformés puis exportés sont également en progression dans le volet commerce extérieur du pays, passant de 106 318 m^3 en 2001 à 450 337 m^3 en 2008, soit un quadruplement des volumes. Contrairement au marché des grumes dominé par les pays asiatiques, l'Europe absorbe le gros de la production de bois transformé (59,49% en 2008). Toutefois, bien que les volumes destinés à la transformation soient en nette progression (de 15% en 2000, ils atteignent les 40,85% en 2008), ceux-ci sont encore en dessous de la capacité de transformation par rapport à la production totale des grumes : la capacité de transformation théorique est en effet estimée à 2,128 millions de m^3 pour une capacité réelle se

[179] En 2009, le volume des quotas autorisés par l'administration est de 1,998 millions de m^3, répartis entre 34 opérateurs. La politique des quotas a été respectée par tous les ayant droits (loi 16/2001).

situant autour de 1,6 million de m^3). Ces données sont à comparer avec le taux de transformation souhaité par les autorités gabonaises (50% en 2000 contre 75% en 2012).

De 2008 à 2009, le taux de transformation accusa une baisse en raison donc de la crise économique mondiale et de la baisse de la commande internationale ; toutes deux impactèrent directement la filière, entrainant une forte chute de son chiffre d'affaires. À ces raisons, s'ajoute une période de trouble politique qu'a connu le pays, avec la mort du président de la République, Omar Bongo, le 8 juin 2009. Les chiffres disponibles permettent de voir que le nombre de sciages est devenu, depuis plus de dix ans, l'activité industrielle du bois la plus importante au Gabon. À son inverse, le segment lié à la production de contreplaqué reste marqué par une fluctuation proche de la stagnation.

La première explication à cet état de fait est que le segment des fabriques de contreplaqué n'a pas connu le même mouvement d'investissements nouveaux comme celui du sciage. Cela serait lié au coût moyen d'investissement dans une unité de transformation vouée à ce dernier. Deuxième raison évoquée, les unités existantes connaitraient pour certaines un essoufflement technique au regard de l'obsolescence de l'outil de production. C'est le cas de la *Compagnie Forestière du Gabon* (CFG)[180] devenue *Cora Wood*, dont l'usine avait jusqu'alors constitué le moteur de la production nationale des bois d'œuvre, notamment de contreplaqué. Il convient de mentionner que les acteurs de l'industrie forestière à proprement parler durant la période 2000-2009 sont les mêmes que ceux des décennies précédentes, avec la domination effective de trois grands groupes : *Rougier* par sa filiale gabonaise *Rougier-Océan* (Rougier-Gabon), *Isoroy* (devenu *Plysorol*) par sa filiale gabonaise POGAB (*Leroy-Gabon*), et la CFG (*Cora wood*).

[180] Très en difficulté financière, dans la décennie 1990 et 2000, la CFG privatisée est devenue CFG/COTRAB, et maintenant, Cora Wood Gabon (CWG).

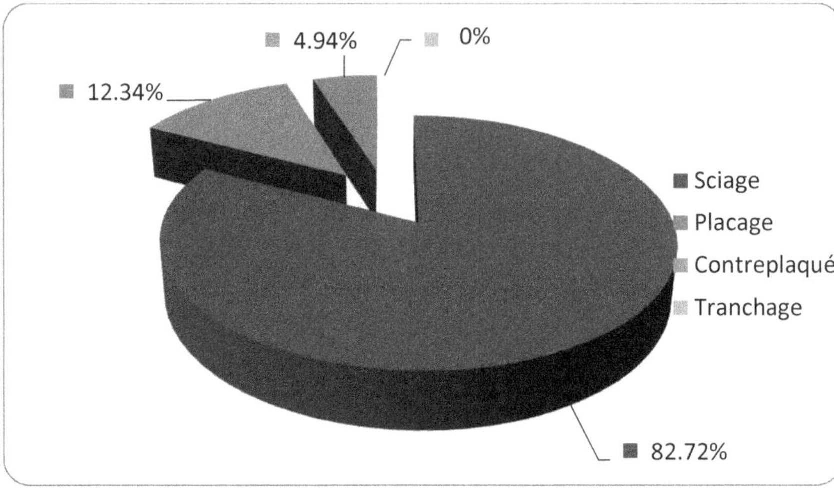

Figure 12 : répartition des unités gabonaises de transformation du bois par segment d'activité
Source : DGF, 2009

L'industrie du bois au Gabon comprend trois niveaux de transformation : la première transformation (sciage, déroulage et tranchage), la deuxième transformation (contreplaqués), enfin, la troisième transformation (menuiserie et ébénisterie). Non seulement la majorité des usines installées concerne le premier segment de transformation[181], le sciage, mais ces usines appartiennent aussi pour la plupart aux « expatriés ». Les grandes entreprises forestières du Gabon sont surtout considérées comme étrangères, avec une prédominance de capitaux européens et asiatiques. Leur filiale mère est souvent basée à l'étranger pour faciliter les débouchés de commercialisation de leurs produits.

Cependant, les intérêts français sont historiquement importants au Gabon dans l'exploitation forestière, la transformation et la commercialisation, les entreprises françaises prédominant dans le secteur. Parmi celles-ci, on note la présence de groupes importants impliqués dans la transformation et la commercialisation en Europe, tels *Rougier-Gabon*, *CEB-Thanry* ou encore *Leroy-Gabon* (filiale de

---

[181] Les opérateurs économiques se limitaient à la 1ère transformation. Cette dernière est agressive vis-à-vis de la forêt, car elle nécessite un passage continu en forêt pour le ravitaillement des unités de transformation. Or, elle ne peut produire que des produits semi-finis. Cette 1ère transformation était composée du sciage, du déroulage avec le cas de la CFG (Cora Wood) à l'époque et du tranchage qui commence à prendre place au Gabon.

Plysorol). À ces grands groupes viennent s'ajouter les entreprises de taille moindre, parfois familiales comme Lutexfo, la Société des Bois de Lastourville (SBL), *Société de Développement du Bois du Gabon* (SDBG), la *Société des Bois de Mounana* (SBM), la scierie de la *Compagnie des Bois du Gabon* (CBG), etc.

On relève une faible implication des nationaux dans le secteur industrie (*cf. Figure 13*), les PME/PMI (troisième transformation) évoluant dans ce domaine étant caractérisées par une petite taille, une faible capacité de production, l'obsolescence de leur équipement, une basse qualité du bois utilisé et un personnel insuffisamment formé. Les plus dynamiques sont les sociétés IFK (récemment rachetée par le groupe *Rimbunan*) et la SEEF-SED.

Toutefois, les intérêts asiatiques, notamment malaisiens, sont de plus en plus présents dans le secteur bois gabonais. Plusieurs entreprises telles que SFM (groupe *Winnerpac*), BSG, *Sunry*, *Timber sud* et *Bordamur*, entre autres, concourent à l'exploitation des ressources forestières du Gabon.

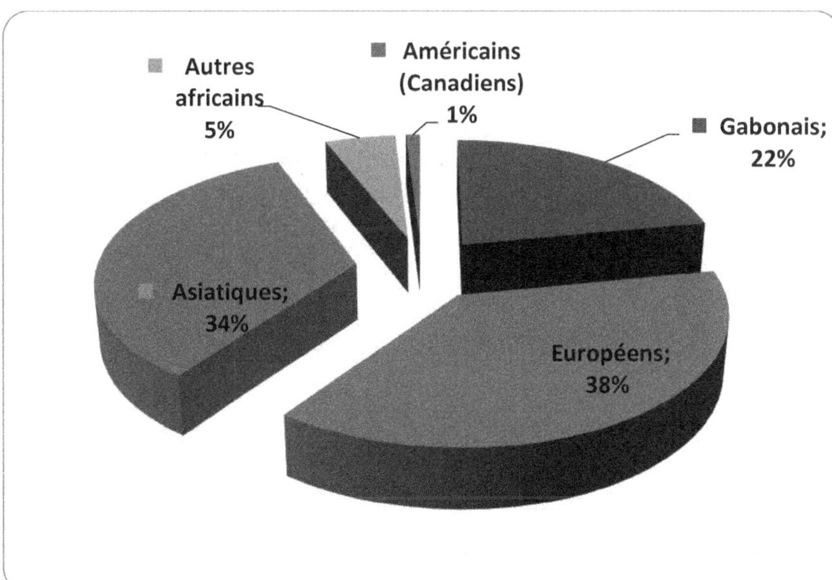

Figure 13 : répartition des unités de transformation par intérêt
Source : DGF, 2009

De façon générale, l'industrie de transformation du bois au Gabon se caractérise par les trois niveaux de transformation avec une prédominance de la première transformation. Cette dernière, marquée par un faible rendement matière (sciage : 40-50% - déroulage : 55-60%), constitue un secteur où les nationaux sont faiblement impliqués. Il faut dire qu'en dehors de la transformation primaire (sciage, placage, mais aussi le contreplaqué qui s'apparente à la seconde transformation), le Gabon n'a pas développé, jusqu'en 2010, de nombreuses industries, notamment celles versées dans l'élaboration des produits à forte valeur ajoutée[182]. Néanmoins, quelques expériences peuvent être citées, à savoir :

- Le projet du CFG, qui inaugure en 1975 une production de panneaux lattés (unité de 10 000 m^3/an) qui sera stoppée vers 1984 pour des questions de rentabilité. Elle lance à cette même période, la production d'une unité de portes isoplanes (10 000 unités/an) qui connaitra elle aussi un échec ;
- Au cours des années 1975, on note également l'échec d'un grand projet de pâte à papier (la *Sogace*l) qui fait sombrer les espoirs de construction d'une usine de ce type au Gabon. Après des débuts prometteurs avec l'implantation d'importantes infrastructures à Kango dans la province de l'Estuaire, il sera pour des raisons techniques et économiques[183] abandonné au début des années 1980 ;

En 1997-1998, la *Somivab* monte à Essassa (à 27 km de Libreville), une unité de transformation de lamellés collés dédiée à la production de produits dits industriels faits de bois massifs reconstitués en trois plis par collage haute fréquence. Après des débuts difficiles, cette unité qui est la première tentative de recherche de poursuite du processus de transformation vers des produits finis à haute valeur ajoutée est l'un des fleurons de l'industrie du sciage au Gabon.

---

[182] Patrice Christy et *al.*, *La forêt et la filière bois au Gabon : la forêt gabonaise au début du troisième millénaire, op.cit.*, p. 319.

[183] Il a été démontré que la production de pâte à papier à partir de bois tropicaux mélangés posait de nombreux problèmes techniques (difficulté d'exploitation et de réduction de gros bois, manque d'homogénéité du mélange de fibres) et que la rentabilité de ce genre d'industrie restait largement à l'avantage des bois de plantation. Le projet plus avancé du Cameroun a échoué pour les mêmes raisons (Christy et al, 2003).

3. L'industrie du bois de 2010 à nos jours : l'arrêt de l'exportation des grumes

Malgré les différentes réformes, la filière bois gabonaise n'a pas connu de changement structurel fondamental. C'est encore une filière sous rentabilisée par rapport au potentiel existant. Ainsi, selon la Direction Générale des Industries seulement 25% à 35%[184] du bois étaient transformés localement jusqu'en 2009, alors que les objectifs initiaux (fixés de commun accord entre l'État gabonais et les entreprises) étaient censés atteindre 75%[185] de transformation locale des grumes en 2012… Le retard pris dans la réalisation de cet objectif était criant et ne s'expliquait que par la difficulté à faire réellement appliquer la loi. En effet, pour paraphraser Bangui, Pourtier ou encore Magrin, en se basant sur le cas du pétrole, il existait à cette époque au Gabon un problème de gouvernance, de corruption dans la filière bois. Ces relations (souvent personnalisées) entre responsables des institutions/politiques et les responsables des compagnies forestières seraient marquées par l'opacité, le clientélisme voire la corruption concernant l'attribution des contrats et le respect des engagements contenus dans le code forestier. Comme mentionné dans le chapitre 5 avec l'existence de coupes illicites, il prévalait un problème de transparence dans certains pans de la filière, phénomène qui occasionnait un retard « criant » dans la réalisation des différents objectifs.

Le mode d'exploitation du bois des forêts gabonaises a donc peu évolué en 102 ans, dans la mesure où les premières billes d'okoumé sont parties du Gabon en 1908. Comme souligné dans l'introduction, le Gabon a mis en place en 2010 une mesure visant à interdire l'exportation du bois brut, afin de permettre au pays par le contrôle de la ressource forestière d'atteindre ses objectifs de développement économique et social. Ainsi, plus une seule grume n'est censée sortir du port d'Owendo : tout le bois coupé doit être désormais transformé sur place avant d'être vendu sur le marché extérieur. Les industriels sont donc invités à remplir leur part du contrat en transformant davantage le bois sur place au Gabon pour accroître la valeur ajoutée

---

[184] Sylvain Nze Nguema, *Forum sur la gestion forestière « Gestion forestière et industrie du bois au Gabon : fondements de la mesure d'interdiction d'exportation des grumes et mesures d'accompagnement »,* Libreville, DGI, 2010, p. 19.
[185] Article 227 de la loi n°16/2001 du 31 décembre 2001 : « le souhait des autorités gabonaises était d'atteindre 50% de transformation en 2000 et 75% en 2012 ».

des produits exportés (la modification 2010 de l'article 227 de la loi n°16/2001)[186]. Mais pour ne pas sanctionner les entreprises en place, l'État leur accorda en 2009 un délai de quatre mois pour écouler les stocks de bois existant, soit alors près de cinq cent mille mètres cubes de grumes[187].

La *Figure* 14 ci-dessous décrit le processus d'industrialisation de la filière bois depuis les années 1960 (décennie de l'indépendance du pays).

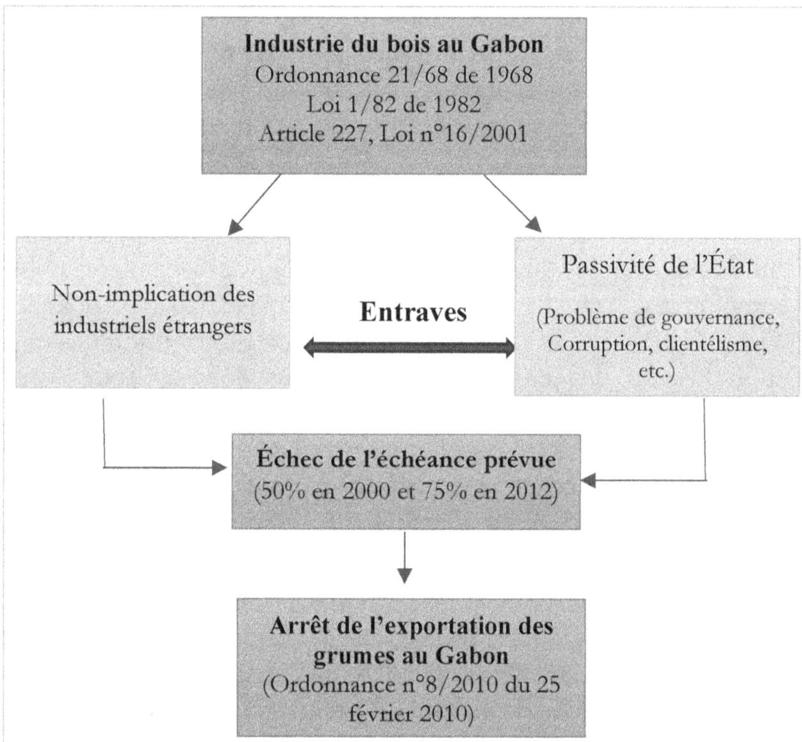

Figure 14 : le processus d'industrialisation de la filière bois au Gabon

Conception et réalisation : Aubin Gildas Kombila, 2019

---

186 Ordonnance n°8/2010 du 25 février 2010. Les dispositions de l'article 227 modifiées se lisent désormais comme suit : « la production nationale des grumes est destinée à couvrir la demande des unités de transformation locale ».

187 Jean Damien Maloba Makanga, « Mosaïque forêt-savane et exploitation des ressources forestières du Gabon », in *Geo-Eco-Trop*, 2011, p. 49.

L'objectif des autorités gabonaises, à travers cette interdiction, est de faire passer le Gabon du stade de la « simple » exploitation forestière à celui de la transformation en favorisant en profondeur la transformation locale du bois. En parallèle, la mesure est censée participer à la diversification de l'économie du pays très marquée par le monopole économique du pétrole, en vue de renforcer les recettes de l'État et de lutter contre la pauvreté en soutenant le développement du pays. Dorénavant, les entreprises de la filière bois réalisent au moins une transformation sur le territoire.

Il existe trois grands niveaux de transformation ; le premier concerne le sciage du bois ; le deuxième s'occupe d'augmenter la valeur ajoutée du bois (panneaux, moulures, profilés rabotés et parquets). Le troisième stade va encore plus loin en proposant des produits finis et composites relevant la menuiserie et de l'ébénisterie. Ces niveaux de transformation existent localement et connaissent un essor depuis 10 ans. Mais la progression est très lente et nécessite des mesures urgentes de type « accélératrices ».

Pour démarrer au mieux cette transformation du secteur, un forum sur la gestion forestière regroupant les différents acteurs de la filière s'est tenu en 2010, afin de définir les modalités de la mise en œuvre de la décision et des mesures d'accompagnement à prévoir[188]. En outre, en 2011 et en 2013, une réunion internationale et un Forum National de l'industrie ont été respectivement organisés afin de

---

[188]Au titre des actions à réaliser immédiatement, on relève la révision de la loi 016/01 du 31 décembre 2001 portant code forestier en République gabonaise ; le dépôt par tous les opérateurs économiques de leur plan d'aménagement et d'industrialisation ; le retrait des permis aux opérateurs en situation irrégulière ; la mise en œuvre progressive de la décision en proposant une obligation pour les opérateurs de transformer 60 % de la production de grumes en 2010, puis 75 % en 2011 et 80 % en 2012, avec un plafonnement des exportations des grumes à un volume brut de 1,2 million de mètres cubes en 2010, puis 1 million de mètres cubes en 2011 et, enfin, 800 000 mètres cubes en 2012. Le plan gouvernemental d'appui à l'industrialisation de la filière bois nationale comprend les mesures d'accompagnement suivantes : la création d'un fonds de soutien de 20 milliards de francs CFA destiné à l'accélération de l'industrialisation de la filière bois ; la mise en place d'avantages fiscaux pour les investissements menés au cours des trois prochaines années dans le domaine de la transformation du bois, notamment l'exonération des droits de douane pour les matériels et équipements importés, la restructuration de la SNBG et son assignation à acheter la production des petits permis forestiers ainsi que l'élaboration de son plan d'industrialisation avec l'installation à Owendo, au sud de Libreville, d'une usine ultra moderne spécialisée dans le sciage-séchage et le déroulage.

dégager les pistes permettant de concevoir des stratégies pour accélérer le processus d'industrialisation de la filière bois au Gabon[189]. L'État a décidé de créer un Bureau Industrie Bois, à savoir un organe administratif chargé d'appuyer l'industrialisation du secteur forestier, mais aussi de dispenser des formations aux opérateurs industriels. Le *Tableau* 5 qui suit liste quelques dates importantes ayant accompagné la mise en place de la mesure visant à interdire l'exportation des grumes.

LES GRANDES DATES
- **Novembre 2009 :** Le Conseil des ministres vote l'interdiction de l'exportation des grumes. - **Mai 2010 :** Les forestiers gabonais ne peuvent officiellement plus exporter de grumes non transformées. - **Septembre 2010 :** La certification internationale FSC[190] permet de placer la forêt gabonaise sous aménagement durable. - **Janvier 2012 :** La Société nationale des bois du Gabon (SNBG) obtient un prêt de 8 milliards de FCFA de la Banque de développement des États de l'Afrique Centrale (BDEAC) afin de mener le projet de construction du complexe industriel de transformation de bois d'Owendo (Gabon). - **Juin 2012 :** Le Gouvernement crée l'agence d'exécution des activités de la filière bois qui met en place une grille de légalité et aide à recenser les opérateurs. - **Octobre 2012 :** La Zone économique spéciale de Nkok, destinée notamment à promouvoir la production et la transformation de bois dans le pays, annonce la présence de 62 investisseurs. 80% de la zone est déjà occupée.

Tableau 5 : quelques grandes dates de la filière bois depuis 2009
Source : Les cahiers de l'émergence, la filière du bois au Gabon[191]

[189] Des thèmes de réflexion bien précis ont été abordés, notamment les propositions pour une fiscalité attractive aux nouveaux investisseurs, la recherche de financement au profit d'investissement industriel, la formation et le transfert des technologies de la filière bois et la normalisation du commerce informel ou encore, la promotion des actions assurant la légalité de tout type de produits bois.
[190] Le label FSC, norme internationale d'écocertification des bois reconnus de tous, permet de garantir que le bois est issu d'un environnement censé être « durablement géré ». Le chapitre 5 nous donne plus de détails sur ce dernier.
[191] « LES CAHIERS DE L'ÉMERGENCE LA FILIÈRE DU BOIS AU GABON - PDF », consulté le 11 mars 2019, https://docplayer.fr/14953127-Les-cahiers-de-l-emergence-la-filiere-du-bois-au-gabon.html.

Le Gabon a certes connu une évolution juridique de sa filière bois, mais il convient de mentionner que le mode de gestion de cette dernière n'a pas évolué l'époque coloniale à nos jours. L'attribution des forêts et permis se fait toujours par le pouvoir en place ; autrefois, le gouvernement colonial, aujourd'hui l'État à travers le service des eaux et forêts, propriétaire de la forêt (couvrant tout le territoire national), décide de tout. Le principe reste le même : depuis les débuts, de l'exploitation forestière, l'administration des Eaux et Forêts, sous des noms variables a produit un arsenal de textes, lois et règlements directement inspirés de la législation française. Le code forestier élaboré en 2001 a simplement dépoussiéré le code « colonial » qui était toujours plus ou moins en vigueur[192]. L'attribution des permis et droits de coupe s'est en outre effectuée de façon opaque ; et par le jeu de prête-noms, les familles bien placées dans la pyramide des pouvoirs politiques se sont partagé une part substantielle de la rente forestière, certes moins lucrative que la rente pétrolière, mais pouvant toucher un plus grand nombre de bénéficiaires. Cette situation perdure encore aujourd'hui.

En conclusion, nous dirons qu'en tant que ressource renouvelable, la forêt reste un des socles importants de l'économie gabonaise. La filière bois constitue le secteur originel mis en valeur par les entreprises françaises dès les premières heures de la colonisation. Depuis cette époque et jusque dans les années 1970, elle est demeurée la première source de richesse du pays ; mais elle se limitait principalement à l'exploitation de l'okoumé en vue d'une exportation vers les pays européens. Au fil des années, la filière bois gabonaise a connu une évolution cherchant à favoriser son volet industrie notamment par la mise en place en 1982 du premier code forestier, révisé par la suite en 2001. Plusieurs sociétés sont aujourd'hui opérationnelles dans un secteur industriel du bois qui se scinde désormais en quatre segments principaux : le sciage, le déroulage avec principalement l'Okoumé, le tranchage et les menuiseries-ébénisteries.

Malgré ces nouvelles réglementations et orientations de la filière, ce secteur connait encore des pesanteurs qui conduiront en 2010 à l'arrêt total de l'exportation des grumes par les autorités gabonaises. Persuadées du rôle important que pourrait jouer l'industrie du bois

---

[192] Roland Pourtier, *Un siècle d'exploitation forestière au Gabon : de l'okoumé-roi à l'exploitation sous aménagement durable*, Conférence FIG, 2010, p. 10.

dans l'économie du pays, ces dernières procédèrent à la modification du code forestier, particulièrement de son article 227 portant sur la transformation locale du bois.

Dès lors, on peut se demander quel fut l'impact de cette mesure sur l'industrie du bois au Gabon près de dix ans après ? A-t-elle connu une évolution ou assiste-t-on, comme dans les années antérieures, à la poursuite d'une certaine « économie de pillage » ? Nous répondrons à ces questions dans la deuxième partie de notre travail (*chapitre 4, 5 et 6*), mais avant, nous allons dans le chapitre qui suit (*chapitre 3*) présenter la méthodologie qui a guidé cette étude.

CHAPITRE III
MÉTHODOLOGIE D'UNE GÉOGRAPHIE DE L'INDUSTRIE DU BOIS

La production d'un travail, quel qu'il soit, implique nécessairement la personne qui l'entreprend et comment elle l'entreprend rappelle Shurmer-Smith. La manière dont on définit son aire d'étude, la position idéologique et le socle théorique utilisé, la manière dont on entre en relation avec le sujet et la manière de le définir, entrent en jeu dans la production d'un travail qui sera forcément unique. Xavier Piolle souligne à ce sujet « [que] *tout discours scientifique est relatif à celui qui le prononce et à la diversité des environnements en fonction desquels il parle* »[193]. Ainsi, dans l'objectif d'exposer les choix opérés et les expériences vécues, de fait, de manière individuelle, ce chapitre sera rédigé à la première personne du singulier. Comme le souligne Claire Cottereau, « [...] *il s'agit de comprendre comment et à partir de quoi je prétends apporter des éléments de réponse en précisant la méthodologie de recherche adoptée* »[194].

Pour mener à bien ce travail, il m'a fallu impérativement me rendre sur le terrain afin de recueillir les informations nécessaires, car, en dehors des données théoriques auxquelles j'ai accès à travers les lectures (la recherche documentaire nécessite la fréquentation de nombreux centres de documentation aux sources aussi riches que variées) [195], l'observation des faits sur le terrain est indispensable. Ce dernier (terrain) s'avère donc une étape importante pour toute recherche géographique.

Après avoir expliqué les enjeux fondamentaux de la recherche et la problématique élaborée, il s'agit ici de comprendre comment et à partir de quoi je prétends apporter des éléments de réponse en précisant la méthodologie de recherche adoptée. Ainsi, rechercher, c'est avant tout avoir le goût d'interroger, de questionner le

---

[193] Xavier Piolle, « Territoire, Territorialités, Réseaux : réflexions sur le rôle des contextes dans un itinéraire de Recherche », Contribution apportée aux « Rencontres Franco-Britanniques de Bordeaux », 1999, p. 1.

[194] Claire Cottereau, *Négociations, adaptations et résistances des indiens guarani du littoral de santa catarina-Brésil*, Thèse de doctorat, Spécialité Géographie-Aménagement, Université de Pau et des Pays de l'Adour, 2013, p. 91.

[195] Cas de la Bibliothèque des Lettres et Sciences Humaines de l'Université de Pau et des Pays de l'Adour.

pourquoi, mais surtout le comment, pour comprendre, pour faire du sens et le partager. Gaston Bachelard souligne d'ailleurs « [que] *pour un esprit scientifique, toute connaissance est une réponse à une question. S'il n'y a pas eu de question, il ne peut y avoir connaissance scientifique* »[196]. Le questionnement est donc le point de départ de toute recherche.

La validité de tout travail scientifique réside dans la méthode. Pour maintenir l'objectivité dans la réalisation de mon travail, j'en ai défini une. Celle-ci correspond selon Madeleine Grawitz « [...] *à l'ensemble des opérations intellectuelles par lesquelles une discipline cherche à atteindre la vérité qu'elle poursuit, la démontre, la vérifie* »[197]. Au sens large, elle désigne l'ensemble des procédures théoriques et techniques permettant d'analyser et de comprendre un phénomène. Elle est donc constituée d'étapes et procédures logiques permettant d'apprécier un phénomène. Ainsi, pour obtenir des informations fiables permettant d'analyser et expliquer l'ensemble de mes préoccupations, j'ai privilégié la « méthode hypothético-déductive ». Cette dernière m'a paru plus appropriée pour mener à bien cette étude. La démarche hypothético-déductive, dite parfois expérimentale, repose sur la vérification et le contrôle d'hypothèses à partir de présupposés conceptuels. Elle vérifie donc au sein de la méthodologie de la recherche, le rôle de la théorie que l'on soumet à l'épreuve des faits[198]. C'est une démarche qui passe par la démonstration et dont le point de départ est une hypothèse, un modèle ou une théorie. Antoine Bailly (et *al.*) la définit comme « *la déduction qui part de propositions initiales, provisoires et modifiables après vérification* »[199]. De ce qui précède, la méthode hypothético-déductive est donc une démarche qui consiste à construire un raisonnement à partir des conséquences logiques d'axiomes ou d'hypothèses de départ. En d'autres termes, celle-ci repose sur la vérification de présupposés explicatifs du monde réel ; elle implique la rigueur et amène à des conclusions nécessaires.

---

[196] Gaston Bachelard Gaston, *La formation de l'esprit scientifique*, Paris, Vrin, vol. 7, 1938, p. 14.

[197] Cité par Hervé Gumuchian, Claude Marios, Véronique Fèvre, *Initiation à la recherche en géographie*, paris, Economica, 2000, p. 77.

[198] Joël Guibert, Guy Jumel, *Méthodologie des pratiques de terrain en sciences humaines et sociales*, Paris, Armand Colin, 1997, p. 6.

[199] Antoine Bailly, Hubert Beguin, *Introduction à la géographie humaine*, Paris, Masson, 1995, 5e édition, p. 20.

1. Le choix du terrain

Le terrain est pour Jacques Lévy et Michel Lussault « [...] *une entité spatio-temporelle et une instance épistémique où se manifeste l'attitude empirique d'un chercheur dans sa tentative d'établissement de faits scientifiques* »[200]. Il est dans le cadre de la production du savoir disciplinaire, à la fois le lieu et le moment du déploiement d'une méthode et d'un savoir-faire, et le lieu et le moment d'une pratique et d'une expérience. Le terrain de recherche, comme l'explique Claire Cottereau, s'il constitue le support de la production de la connaissance est avant tout le lieu d'une expérience scientifique et humaine. Ainsi, avant toutes explicitations des techniques de collecte des données, il s'avère important de montrer (expliquer) les raisons qui ont conduit au choix et à l'évolution de ma zone d'étude, c'est-à-dire le terrain où j'ai mené mes recherches.

1.1 choix et évolution de la zone d'étude

Toute recherche a une histoire, toujours un début et parfois une fin. Le terrain retenu pour effectuer cette recherche est avant tout le fruit de constructions anciennes (le fait que je sois natif de ce pays). En effet, la forêt a toujours fait partie de mon histoire, car, jeune déjà, je fréquentais ces immenses territoires verts pour des besoins d'agriculture sur brulis (tradition familiale). L'importance du secteur forestier dans l'économie du pays, sa superficie et ses faibles capacités industrielles ont aussi fortement contribué à mon intérêt pour ce domaine. Tous ces éléments ont fait que j'ai débuté en 2012 mes premières petites recherches sur ce sujet à l'occasion d'un mémoire de Master ; il faut signaler que la mesure d'interdire l'exportation du bois avait été annoncée quelques années sinon quelques mois auparavant (fin 2009, début 2010), ce qui a joué aussi sur mon choix. Aussi les réponses apportées dans cette thèse constituent-elles l'aboutissement de ce premier travail antérieur. Bien évidemment, les ressources matérielles et financières ont joué un rôle important dans la réalisation de cette recherche ; de fait, sans l'allocation de recherche doctorale allouée par l'Agence Nationale des Bourses du Gabon, celles-ci n'auraient pas été possibles. Je vais

---

[200] Jacques Lévy, Michel Lussault, *Dictionnaire de la géographie et de l'espace des sociétés*, *op. cit.*, p. 992.

dans les lignes qui suivent montrer l'évolution du choix de ma zone d'étude tout en mentionnant les différents éléments qui l'ont guidé.

1.1.1 du Master aux premières rencontres avec mon directeur de thèse

Mon intérêt pour la question de l'industrie du bois au Gabon a commencé en Master sur un espace temporel réduit (2010-2012) et en ne traitant que les enjeux socio-économique et géostratégique. Aujourd'hui, ma problématique est beaucoup plus vaste en termes de période et d'enjeux. En effet, mon sujet intègre une dimension temporelle qui court de 2010 (mise en application de la mesure) à nos jours (2018-2019). Outre les enjeux socio-économiques et géostratégiques abordés en Master (cette fois bien plus « approfondis »), il inclut la dimension environnementale dans une ère où la durabilité occupe une place centrale.

Au sortir de mon Master qui consistait à travailler sur le Gabon, mon ambition était de continuer une étude sur l'industrie du bois, mais dans un espace géographique beaucoup plus large, en faisant une étude comparative. Les premières rencontres avec mon directeur ont joué un rôle majeur dans l'évolution de mon sujet qui portait à la base sur une étude comparative avec la forêt amazonienne. Dans son intégralité, le sujet se présentait comme suit : « *l'arrêt de l'exportation des grumes au Gabon : entre développement économique et développement durable (étude comparative avec la forêt amazonienne)* ». Après échange, il se dégageait les éléments suivants :

- Une distance trop grande entre le Gabon (pays de financement de thèse et zone d'étude n°1), la France (lieu d'apprentissage et de préparation de la thèse) et le Brésil (zone d'étude n°2), qui engendrerait des coûts énormes et ne faciliterait pas la recherche. Il faut rappeler que le Brésil se trouve à près de 5 000 km du Gabon ; il aurait donc fallu mener des enquêtes de terrain sur deux continents situés à des milliers de kilomètres de distance (Amérique et Afrique) tout en faisant ma thèse sur un troisième (l'Europe). Anne-Marie Arborio et Pierre Fournier affirment d'ailleurs « [que] *le terrain retenu ne doit pas être trop grand pour éviter que le chercheur s'épuise, se perde dans la connaissance du contexte des constats qu'il dresse »*[201].

- De plus, à la différence de Claire Cottereau[202] par exemple, le Brésil est pour moi une terre nouvelle, avec une langue (le portugais) et une culture différentes, ce qui aurait pu constituer des freins très importants à la bonne avancée de mon travail.

Les éléments précédemment mentionnés ont conduit dans leur ensemble à une réorientation vers une étude comparative avec le Congo, jugé beaucoup plus proche et donc plus « aisé » en ce qui concerne les enquêtes de terrain. Le sujet de ma thèse se présentait désormais comme suit : « [...] *l'arrêt de l'exportation des grumes au Gabon : entre développement économique et développement durable (étude comparative avec la forêt du Congo) ».*

1.1.2 le comité de suivi de thèse

Le comité de suivi de thèse est une structure se réunissant annuellement pendant au moins les deux premières années de thèse du doctorant. Il est composé d'un groupe d'experts et du tuteur à qui le doctorant va présenter périodiquement son travail (thématique, travaux réalisés, résultats, interprétations, perspectives) et duquel il va recueillir encouragements, critiques, suggestions[203]. Dans mon cas, celui-ci a joué un rôle important dans le choix de ma zone d'étude. En effet, partant sur le Gabon et le Congo après échange avec mon directeur, celle-ci connaitra une évolution lors de mon passage devant le comité de thèse (première rencontre). Le sujet avait été alors jugé comme trop vaste et pouvant faire l'objet de plusieurs thèses. Il m'avait alors été recommandé de circonscrire mon travail au seul Gabon, car de nombreux éléments (enjeux) pouvaient être abordés et qu'un seul pays suffirait « aisément » comme zone d'étude par rapport au temps qui m'était imparti. Cela m'a valu une reformulation finale du sujet, qui est

---

201 Anne-Marie Arborio, Pierre Fournier, *L'enquête et ses méthodes : l'observation directe*, Paris, Armand Colin, 2010, 3e édition, p. 29.
202 Doctorante à l'Université de Pau ayant fait une thèse sur le Brésil en 2013. Son terrain était facilité par le fait qu'elle parlait couramment le portugais.
203 Anonyme, « Le comité de thèse », http://www.vas.univ-rennes1.fr/fr/vous-etes-doctorant/comite-these/con [consulté le 21 juillet 2017].

passé d'une étude comparative avec le Congo à une étude centrée uniquement sur le cas gabonais., soit le thème actuel de ma thèse : « *L'arrêt de l'exportation des grumes au Gabon : enjeux et perspectives* ».

1.2 temporalités et lieux visités

La durée du terrain a un intérêt unique : avoir le temps de collecter des renseignements afin de mener à bien une recherche aussi précise que possible, acquérir une compréhension approfondie des territoires, se constituer des réseaux, prendre en compte des phénomènes saisonniers, etc. Pour Anne-Marie Arborio et Pierre Fournier : « *La découverte d'un nouvel univers réclame du temps : pour se familiariser avec lui, pour dépasser le moment où l'on a le sentiment de ne rien comprendre et où l'on est tenté de se décourager* »[204]. Le temps est d'autant plus « grand » que le terrain s'avérera étendu et donc plus complexe à appréhender. Pour ce faire, les données récoltées pour l'élaboration de cette thèse correspondent à trois phases d'enquête de terrain effectuées entre 2012 et 2018, bien que la recherche de doctorat ici présentée n'ait réellement débuté qu'en 2015. La première phase a commencé en Master et a duré près d'un an et demi avec des passages sur le terrain ; ces derniers pouvaient se faire continuellement sur toute la période de rédaction étant donné que je me trouvais alors au Gabon (la zone d'étude). Cela a été le cas notamment pour la consultation des archives dans les différents ministères tels que celui des Eaux et Forêts. Les deuxième et troisième phases, quant à elles, correspondent à mon déplacement au Gabon durant mes années doctorales à Pau (France). Elles se déclinent comme suit :

- Un an et demi (avec des interruptions), entre fin 2011 et 2013. Le fait d'être au Gabon durant cette période a fortement joué sur la durée des enquêtes et de la collecte des données ;
- Trois mois en 2016 (mai-août). Il faut noter que cette période correspond à ma phase de terrain et que ma collecte de données (notamment bibliographiques) s'est effectuée sur la quasi-totalité de mes années doctorales ;
- Un mois en 2018 (juin-juillet). Cette deuxième phase d'enquête doctorale a été faite à l'initiative de mon directeur.

---

[204] Anne-Marie Arborio, Pierre Fournier, *L'enquête et ses méthodes : l'observation directe*, *op. cit.*, p. 33.

Le but était d'avoir des données complémentaires et récentes, notamment chiffrées (unités de transformation, emplois, PIB, etc.). Cette période a été consacrée principalement aux entretiens avec les responsables des différents ministères ayant de près ou de loin un rapport avec la filière bois : les Eaux et Forêts[205], la direction générale de l'Économie et de la Politique Fiscale dans ses différentes composantes, la direction générale des Douanes ou encore la direction générale des Impôts. J'ai également pu me rendre à divers forums tels la première édition du « *Gabon Wood Show* ».

Durant ces périodes, j'ai pu effectuer un nombre variable de séjours ou simples visites dans les capitales provinciales et villages où se localisent les unités de transformation du bois, mais aussi les populations environnantes qui sont directement impactées par l'activité. Ainsi six provinces sur les neuf que renferme le Gabon ont fait l'objet de ma visite : l'Estuaire, le Haut-Ogooué, l'Ogooué-Ivindo, la Nyanga, la Ngounié et l'Ogooué-Maritime. Celles-ci ont été choisies pour leur prédominance en unités de transformation du bois, mais aussi compte tenu du temps qui m'était imparti. La carte ci-dessous spatialise les différentes provinces qui ont fait l'objet de nos enquêtes de terrain.

Outre ce qui précède, j'ai également dans le cadre de ma thèse, rencontrer certains acteurs de la filière bois présents sur le territoire français à savoir le Commerce du Bois (la responsable de la communication, le président de la Commission Bois Tropicaux), l'Association Technique Internationale des Bois Tropicaux (ATIBT) à travers son président honoraire à Paris (avril 2019).

Après la délimitation de ma zone d'étude, il était important de passer en revue le corpus se rapportant à ma thématique et d'identifier les différents acteurs, afin de mettre en place des techniques de collecte des données et des stratégies pouvant faciliter mon investigation de terrain.

2. Le travail documentaire et l'investigation de terrain

La démarche quantitative et surtout qualitative, sont en sciences humaines et sociales, particulièrement en géographie, très largement

[205] La Direction Générale des Forêts ; la Direction Générale des Industries, du Commerce du bois et de la Valorisation des produits forestiers ; la Direction Générale de l'Environnement et de la Protection de la Nature.

généralisées et présentent de nombreux avantages en même temps qu'elles demandent une grande rigueur. Associées à une démarche empirique, elles exigent de faire preuve d'ouverture d'esprit, mais aussi de sens critique[206]. Dans le cadre de mon étude, la méthodologie de recherche appliquée en tant que géographe sera fondée sur les deux approches.

Selon Joël Guibert et Guy Jumel, les investigations de terrain sont traditionnellement réservées aux étudiants confirmés. À la fois séduisants et redoutés par les néophytes, les travaux de terrain peuvent être entrepris et donner des résultats satisfaisants si l'on prend garde à respecter un certain nombre de règles élémentaires[207]. Pour mener à bien cette enquête, j'ai donc utilisé trois moyens pratiques ou « techniques d'enquête » : la recherche bibliographique sur un panel varié de sources ; l'observation *in situ* (directe et participante) et les entretiens (semi-directifs) avec différents acteurs. Cela a été utile pour préciser les rapports entre les variables et recueillir des informations permettant d'affirmer ou infirmer nos hypothèses.

Il convient de noter que, quels que soient les moyens mis en œuvre, rassembler les données a été le fruit de la mobilisation d'un réseau social et universitaire, de relais et d'informateurs-relais. Je développe ainsi dans le corpus à venir les techniques et processus de collecte des données mis en place depuis 2015, même si une partie des données provient de collectes antérieures (Master).

2.1 la recherche documentaire

La recherche documentaire peut être définie comme l'ensemble des méthodes, procédures et techniques ayant pour objet de retrouver des références de documents pertinents (répondant à une demande d'informations) ainsi que les documents eux-mêmes. Classiquement, elle constitue la base d'un grand nombre de recherches doctorales. Dans mon cas, j'y ai eu recours durant toute la durée de la thèse, à savoir avant la collecte des données sur le terrain, pendant celle-ci (données ministères, archives, etc.) mais également a posteriori, pour agrémenter ou comparer des données récoltées. Pour ce faire, divers types de documents ont été utilisés :

---

[206] Maurice Angers, *Initiation pratique à la méthodologie des sciences humaines*, Montréal, CEC, 1996, 2e éd., p. 54.

[207] Joël Guibert, Guy Jumel, *Méthodologie des pratiques de terrain en sciences humaines et sociales*, *op. cit.*, p. 92.

écrits, visuels ou audiovisuels, dans différentes langues, principalement le français et l'anglais. Il faut dire que toute recherche doctorale demande dans un premier temps de réaliser un état « de l'art » de ce qui a été précédemment écrit sur le sujet (particulièrement, faire le point de la bibliographie disponible sur l'industrialisation de la ressource bois à l'échelle nationale, régionale et mondiale). Comme mentionné par certains auteurs, il s'agit de s'inscrire dans les débats contemporains de la thématique et les plus pertinents si possible, et de ne pas refaire ce qui a déjà été fait ... Aussi, une des premières phases de la recherche s'est-elle concentrée sur la constitution d'un début de corpus théorique élaboré à partir de la littérature grise adéquate et des revues spécialisées dans le domaine de la géographie, et plus précisément, de la géographie politique. Outre les éléments mentionnés, j'eus parfois recours à d'autres ressources théoriques issues d'autres domaines disciplinaires des sciences humaines telles que l'économie, la sociologie, la géographie régionale et urbaine, entre autres. À cela, je dois rajouter l'utilisation de dictionnaires spécialisés (de la géographie, des sciences humaines ou encyclopédiques telles que l'encyclopédie de géographie) permettant d'appréhender les concepts fondamentaux de la recherche sous divers angles de lecture et ainsi de les utiliser au mieux.

Au cours de cette étape, j'ai privilégié la démarche consistant à l'élaborer une bibliographie à partir de la technique de la collecte thématique de données (livres, articles de presse, rapports d'organismes, contributions de chercheurs), suivie de l'analyse de chaque document, dans l'optique de retenir les points essentiels qui pourraient étayer ma problématique.

J'ai ensuite procédé à un recoupement des informations relevées, par des vérifications et des confrontations entre différentes sources bibliographiques. La collecte de références théoriques a constitué une étape essentielle de la recherche, car elle m'a permis de mobiliser des outils rendant possible la compréhension des phénomènes étudiés sur le terrain et de vérifier la fiabilité de nos hypothèses en les confrontant à celles des travaux antérieurs. Au fur et à mesure de l'avancée des résultats, cette base de données théorique a pu être complétée pour préciser certains des points ignorés ou insoupçonnés du terrain d'étude.

À cet effet, les bibliothèques des universités de France (notamment celle de Pau et des Pays de l'Adour), de l'Université Omar Bongo, du département de Géographie (Bibliothèque spécialisée), la bibliothèque François Mitterrand de Paris, ont constitué une ressource intéressante. J'ai également fréquenté la médiathèque de l'Institut français (Gabon), le Centre d'Études et de Recherches en Géosciences Politiques et Prospectives (CERGEP) ainsi que de nombreux sites internet (documents en ligne), etc. La consultation des bibliothèques des ministères (cas de celui des Eaux et Forêts, de l'Économie), de l'École normale supérieure (ENS) de Libreville ont été d'une importance capitale. Toutes ces références qui se répartissent en ouvrages de méthodologie, ouvrages généraux, ouvrages spécialisés, mémoires et thèses, articles et notes de cours ont été complétés par les observations et entretiens que je mentionnerai plus bas. Enfin, la presse nationale/internationale écrite et en ligne a été compulsée.

- ***Bibliothèques nationale, universitaire et Institut français***

Ces lieux m'ont permis de parcourir des ouvrages généraux, spécifiques et méthodologiques. Ces derniers m'ont offert une connaissance assez claire du domaine de la géographie et la démarche à adopter lors de la réalisation de ce travail. S'agissant de l'Institut français par exemple, il nous a aidés à pallier le déficit souvent criant au sein de la bibliothèque universitaire du Gabon. Pour ne citer que ces deux exemples, les ouvrages de Kattalin G-O., et Raymond A. m'ont offert un corpus sur le rôle des ressources dans la géopolitique actuelle. Ces ressources sont vectrices de puissance et suscitent de plus en plus l'intérêt des acteurs de la scène internationale.

- ***Les bibliothèques spécialisées (BS)[208], le LANASPET[209] et le CERGEP[210]***

J'ai consulté dans ces locaux, qui font office de bibliothèque du département de Géographie et d'Économie, des ouvrages, mais aussi

[208] La bibliothèque spécialisée Franz Schrader, des départements géographie-aménagement et sociologie, de l'Université de Pau et des Pays de l'Adour.

[209] LANASPET : Laboratoire d'Analyse Spatiale et des Environnements Tropicaux (Gabon)

[210] CERGEP : Centre d'Études et de Recherche en Géosciences politiques et Prospectives (Gabon)

des travaux de recherche réalisés par les étudiants du département dans le cadre de l'exploitation et l'industrialisation de la filière bois au Gabon et dans le monde (mémoires de Master, thèses et rapports), ainsi que plusieurs autres publications des enseignants. C'est le cas des travaux de Nguema Obiang G. M., sur *Industrialisation et commercialisation du bois à Oyem : le cas des menuiseries*, de Ntsono N. F., *Le pôle industriel du Haut-Ogooué* ; de Mouloungui A., sur les *politiques de gestion durable des forêts au Gabon : entre stratégies de pouvoir et dynamiques territoriales, quelle durabilité ?* Je peux également citer entre autres, les travaux de Pourtier R., *Le Gabon, État et développement,* Ropivia M-L., *Manuel d'Épistémologie de la Géographie, Écocide et déterminisme anthropique*, Brune T et *al.*, *Les mots de la Géographie, dictionnaire critique*, ou encore celui de Puyo J-Y., *Sur le mythe colonial de l'inépuisabilité des ressources forestières (Afrique occidentale française / Afrique équatoriale française, 1900-1940),* etc.

- ***Ministère des Eaux et Forêts, les directions l'Économie, des Douanes et des Impôts***

Au sein du ministère des Eaux et Forêts, le service de la direction générale des Industries, du Commerce du bois et de la Valorisation des Produits Forestiers Forêt et environnement, m'a particulièrement intéressé. Il a donc été question de faire le point sur les études déjà menées et les programmes réalisés par ce service, et d'analyser les politiques non seulement d'attribution (permis forestier), mais aussi de régulation du marché de ce secteur. Dans ce ministère, j'ai également pu consulter des ouvrages en rapport avec mon sujet, disponibles au sein de sa bibliothèque. Parmi eux, Christy P., Jaffré R., Ntougou O., Wilks C., sur *la forêt et la filière bois au Gabon : la forêt gabonaise au début du troisième millénaire*, ou encore N'sitou Mabiala, *l'Évolution du processus d'industrialisation de la filière-bois au Gabon : atouts, contraintes et perspectives.* Les directions générales (Économie, Douanes et Impôts) quant à elles, m'ont permis d'avoir des données chiffrées du secteur bois dans l'économie gabonaise, et ce notamment à travers les différents tableaux de bord (de 2009 à 2016). La figure ci-dessous fait un récapitulatif des différents lieux fréquentés pour ma recherche documentaire.

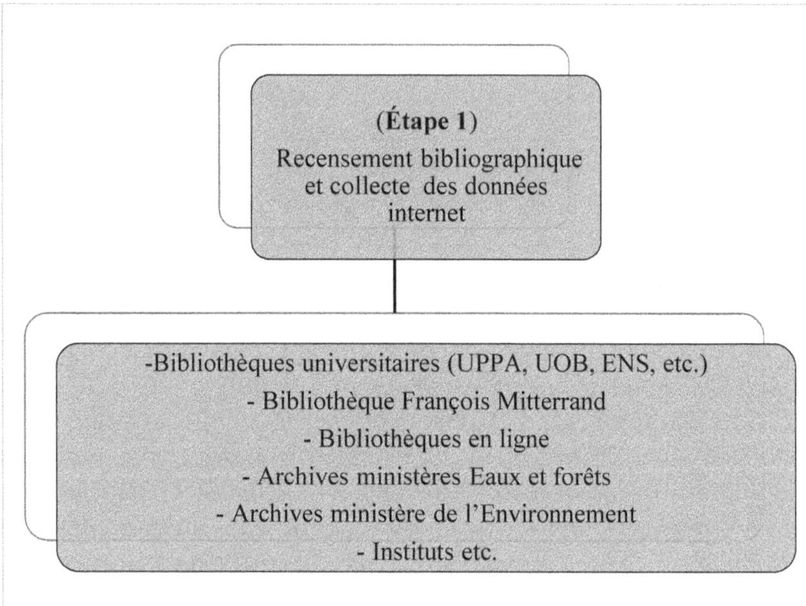

Figure 15 : les différents lieux de recherche documentaire
Réalisation & conception : Aubin Gildas Kombila, 2016

2.2 l'investigation de terrain

Avant de mentionner les techniques d'enquête auxquelles j'ai eu recours que sont l'observation (directe et participante) et les entretiens semi-directifs, il s'avère important de signaler le travail fait en amont avant mon déplacement sur le terrain. En effet, une étape était cruciale : celle de contacter les différents acteurs que je devais rencontrer, ici principalement les unités de transformation (avec une liste du ministère des Eaux et Forêts). Pour cela, j'ai eu recours à un ami et collègue de longue date déjà sur place. Cette première étape permettait d'avoir une idée de la localisation de ces unités de transformation,[211] mais aussi de prendre un rendez-vous avec les responsables. Le constat fait est que, suite à la mesure de 2010, un certain nombre d'entreprises avait fermé leurs portes ou s'était reconverti. Ce fut le cas notamment d'une grande entreprise française présente au Gabon depuis la période coloniale, *Plysorol*.

[211] Il faut rappeler qu'avec la mesure d'interdiction d'exporter les grumes, nombreuses sont les entreprises qui ont fermé, d'autres se sont reconverties.

2.2.1 l'observation directe et participante

Définie par Jacques Levy et Michel Lussault comme « *un examen empirique in situ d'un phénomène ou d'un processus afin d'acquérir une connaissance* »[212], l'observation a un statut privilégié en géographie, du fait de la position volontiers empirique des géographes et de leur attachement traditionnel au monde matériel, et donc à ce qui est perceptible par les sens (l'œil pour l'essentiel). L'observation est sans doute la technique la plus centrale de l'enquête de terrain. Elle recoupe toutes les autres techniques employées, car, en plaçant le chercheur au cœur de son terrain, celle-ci lui permet de lire les évènements s'y déroulant. En réalité, « *observer est une pratique sociale avant d'être une méthode scientifique* »[213] ; mais c'est seulement en la pratiquant avec un certain regard que l'on peut comprendre et donc être critique vis-à-vis de ce à quoi l'on assiste. Anne-Marie Arborio et Pierre Fournier soulignent tous deux, « [que] *l'observation est un moyen de résister aux constructions discursives des interviewés en permettant de s'assurer de la réalité des pratiques évoquées en entretien* »[214]. C'est donc une technique importante pour l'enquête, car elle permet de vérifier les hypothèses émises en amont. Pour ce faire, j'ai eu recours à deux types d'observation : l'observation non participante ou directe, encore appelée observation classique, où l'observateur est supposé être passif[215] et totalement extérieur à son objet. Il n'intervient pas sur la population ou le terrain étudiés pour lui faire dire quelque chose (par des questions par exemple), mais se contente de noter ce qui se voit ou s'entend, ce qui conférerait une plus grande objectivité aux informations collectées. Cette technique a été utilisée tout au long de mon travail de terrain, que ce soit dans les ministères,

---

212 Jacques Lévy, Michel Lussault, *Dictionnaire de la géographie et de l'espace des sociétés*, *op. cit.*, p. 734.

213 Anne-Marie Arborio, Pierre Fournier, *L'enquête et ses méthodes : l'observation directe*, *op. cit.*, p. 47.

214 *Ibid.*, p. 48.

215 Selon Anne-Marie Arborio et Pierre Fournier, l'observateur ne reste jamais complètement extérieur à la situation qu'il observe, sauf à observer à travers une caméra de surveillance ou derrière un miroir sans tain, à l'insu de tous les acteurs présents, à l'abri de toute interaction avec eux. Pour ces derniers, être un simple visiteur ou spectateur est déjà une forme de participation à la situation s'agissant de l'exposition ou de la réunion publique. Cette participation peut ainsi modifier les comportements (Selon Anne-Marie Arborio et Pierre Fournier, 2010).

dans les villages à proximité des usines et même au sein de ces dernières.

Héritée de l'ethnologie (Malinowski)[216] et employée en géographie, l'observation participante, quant à elle, permet au chercheur de s'intégrer au groupe qu'il observe, de manière à le comprendre tout en gardant la distance qui garantit la scientificité de la démarche. Le chercheur qui fait partie de l'action ou des évènements qu'il observe ne peut se considérer ni comme omniscient ni comme totalement extérieur. Cela a été notamment le cas lors de mon stage (deux semaines à un mois) au sein de la zone économique spéciale de Nkok où j'ai participé à l'activité du groupe, tout en observant leur fonctionnement administratif, mais aussi l'activité industrielle dans cet espace dit attractif et favorable à l'implantation des unités de transformation.

Il faut toutefois admettre que le regard porté par le chercheur est limité dans le champ et dans la compréhension et que, malgré ses efforts, il ne peut jamais tout voir ni tout expliquer. D'une manière générale, je prêtais attention aux faits, aux actions et interactions, collectives et individuelles, se déroulant autour de moi ou avec moi. Ceux-ci constituaient des clés de lecture de la réalité complexe que je m'étais donné comme objectif d'observer, en tentant de les comprendre et de leur donner un sens, jamais donné *a priori*. Ainsi, par ces observations (lors de mes séjours de recherche), plusieurs éléments étaient recherchés, à savoir :

- ✓ vérifier que tous éléments annoncés lors de la mesure avaient été respectés, à savoir, que plus aucune grume ne sort désormais du pays, et qu'un plan industriel est mis en place par les différentes entreprises ;
- ✓ le rôle joué par l'État autrement dit, sa présence sur le terrain afin de s'assurer de la mise en application de la mesure ; la

[216] Encyclopædia Universalis, « BRONISLAW MALINOWSKI », Encyclopædia Universalis, consulté le 14 mars 2019, http://www.universalis.fr/encyclopedie/bronislaw-malinowski/. Bronisław Kasper Malinowski est un anthropologue, ethnologue et sociologue polonais. Il reste l'un des maîtres à penser dont l'influence est encore la plus actuelle. L'interprétation fonctionnaliste a inspiré de nombreux chercheurs de l'anthropologie culturelle britannique et américaine et la théorie, conçue d'abord sur le terrain, a été reprise par divers sociologues contemporains, en particulier par R. K. Merton.

contribution sociale ou l'impact de l'activité sur l'espace environnant ; les préalables ;

✓ l'impact environnemental, l'adéquation entre ce qui est annoncé et la réalité sur le terrain, etc.

La collecte de ces informations a été rendue possible grâce à des techniques de recueil d'informations que sont la prise de note simultanée et différée, la photographie et les films (audiovisuel). Toutefois, l'observation, réalisée rapidement de manière intuitive, n'a pas toujours été simple. En effet, avec l'expérience et la précision de mes questionnements, j'ai dû habituer mon œil à observer et à garder les informations pertinentes pour les consigner par écrit ou en photos. De fait, observer des évènements particuliers ne se fait pas de la même manière que d'observer le quotidien et les scènes de la vie courante. La *Figure* 16 ci-dessous illustre ma présence sur le terrain faisant recours à la technique de collecte de données susmentionnée : l'observation participante et directe.

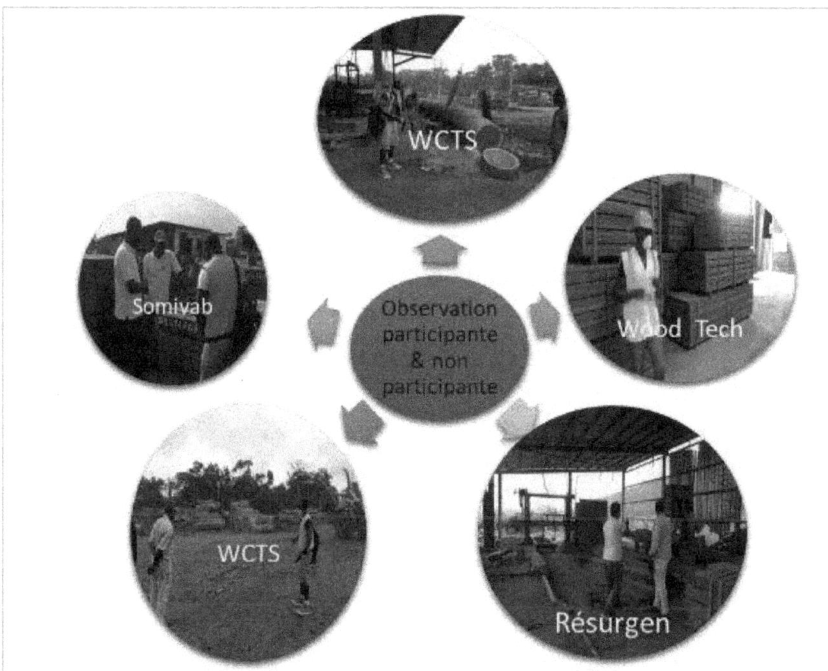

Figure 16 : la collecte de données par observation (au sein des différentes entreprises)
Conception & réalisation : Aubin Gildas Kombila, 2016

2.2.2 les entretiens

Comparativement aux autres sciences, hormis le fait qu'elles sont fréquemment accusées d'être moins scientifiques que les autres, les sciences humaines et sociales ont la singularité de porter sur l'étude des sociétés et donc des hommes. Pour comprendre ce qu'ils sont et ce qu'ils font, la tentation est forte de les écouter parler ; on peut le faire en limitant ses propres interventions au strict minimum ou mieux, en s'effaçant complètement[217].

Ainsi, l'entretien est défini selon Jacques Lévy et Michel Lussault comme « *une méthode de recueil de la parole d'individus (recueil d'informations dans une situation de face-à-face)* »[218]. Alain Blanchet et Anne Gotman soulignent « [que] *l'enquête par entretien est l'instrument privilégié de l'exploration des faits dont la parole est le vecteur principal, cette conversation par laquelle la société parle et se parle. Ces faits concernent les systèmes de représentation (pensées construites) et les pratiques sociales (faits expérimentés)* »[219]. Il constitue pour toute recherche une source d'information principale pour l'enquête.

De ce qui précède, nous dirons que l'entretien constitue une des techniques privilégiées des sciences humaines, permettant à la fois la production de données « verbales », mais aussi la production d'un discours construit dans le dialogue et constituant ainsi « *un processus interlocutoire et non pas simplement un prélèvement d'information* »[220]. Les mêmes auteurs rajoutent enfin « [que] *l'entretien s'impose chaque fois que l'on ignore le monde de référence, ou que l'on ne veut pas décider a priori du système de cohérence interne des informations recherchées* »[221]. Il permet de laisser la place à l'oralité afin que le chercheur cesse d'être un simple scribe et interagit mieux avec la personne en face. En d'autres termes, il s'agit d'une manière d'entrer dans la relation, de se servir de ses sens et de son ressenti pour comprendre ce qu'à travers les mots l'autre cherche à

---

[217] Joël Guibert, Guy Jumel, *Méthodologie des pratiques de terrain en sciences humaines et sociales*, *op. cit.*, p. 100-101.

[218] Jacques Lévy, Michel Lussault, *Dictionnaire de la géographie et de l'espace des sociétés, op. cit.,* p. 341.

[219] Alain Blanchet, Anne Gotman, *L'enquête et ses méthodes : L'entretien*, Paris, Armand Colin, 2010, deuxième édition, p. 23.

[220] *Ibid.,* p. 19.

[221] *Ibid.,* p. 37.

communiquer. Le dialogue engagé ainsi entre un interviewer et un interviewé peut parfois prendre l'allure de ce que Bourdieu appelle une « *improvisation réglée* », impliquant toujours un rapport social et une situation d'interlocution particulière et orientée par un protocole de recherche prédéfini[222].

De nombreux types d'entretiens existent ; dans le cadre de mon étude, j'ai opté pour l'entretien semi-directif qui est un niveau intermédiaire entre l'attitude non directive qui donne la priorité à la liberté, l'autonomie, l'expression de l'interlocuteur et l'attitude directive qui vise à obtenir des réponses à une série de questions dont l'ordre et la formulation sont conçus par anticipation. La méthode consiste à faciliter l'expression de l'interviewé en l'orientant vers des thèmes jugés prioritaires pour l'étude, en lui laissant toutefois une certaine autonomie. Le choix des enquêtes semi-directives a été déterminant, car cette méthode permet d'être plus proche des personnes et donne la possibilité de mieux discuter avec elles. De même, ces dernières sont plus libres de donner leurs avis, ce qui permet d'aller plus loin dans les entretiens et d'approfondir l'appréhension des phénomènes. Cette méthode quitte un peu l'idée de « question-réponse » qui laisse parfois échapper quelques points importants dans le discours des personnes.

Les entretiens réalisés dans le cadre de ma thèse ont débuté, comme mentionné précédemment, au cours de mes années de Master. Ceux-ci ont contribué alors à me forger une certaine expérience de la technique d'enquête. La première étape de mes entretiens a été l'élaboration d'un questionnaire encore appelé guide d'entretien. Celui-ci a été fait au cours de ma deuxième année et soumis à l'appréciation de mon directeur pour validation.

Avant mon départ sur le terrain, trois types de questionnaires avaient été conçus en fonction du type d'acteurs à rencontrer. Il s'agissait d'un guide d'entretien pour les responsables d'unités de transformation, un deuxième pour les responsables administratifs et un dernier pour les populations vivant à proximité des usines.

Il convient de noter que ces questionnaires ont connu une évolution sur terrain en fonction des nouveaux acteurs rencontrés et des objectifs. Ce fut le cas au ministère des Eaux et Forêt où il existe

---

[222] Claire Cottereau, *Négociations, adaptations et résistances des indiens guarani du littoral de santa catarina-Brésil*, *op. cit.*, p. 107.

plusieurs subdivisions : bureau Forêt, bureau Industrie et bureau Environnement. Les personnes sélectionnées pour mes interviews étaient celles susceptibles de me fournir les informations les plus précises et les réponses les plus « élaborées ». Le guide d'entretien était à la fois composé d'une trame générale, mais aussi d'une partie personnalisable en fonction de l'interviewé. La trame relativement fixe quoiqu'évolutive du guide d'entretien s'articulait autour des questions fondamentales :

- ✓ Le processus et le niveau d'industrialisation
- ✓ La place des unités de transformation (secteur bois) dans l'économie du pays, leur rôle sur l'environnement et la contribution sociale ;
- ✓ Le rôle du politique et de l'administration dans l'application de la mesure ;
- ✓ La place des populations locales dans le processus industriel ;
- ✓ La perception du politique, de l'administratif, de l'industriel et de la population sur la transformation locale du bois ;
- ✓ Les projets développés et suggestions pour une industrie locale poussée ;
- ✓ Les relations avec les anciens et les nouveaux partenaires ;
- ✓ Les dynamiques spatiales dans les villages et les projets élaborés

lors de mes entretiens sur le terrain, dans le souci de rentabiliser en temps au regard de l'espace géographique que renferme ma zone d'étude (le Gabon dans son entièreté), j'ai eu recours à un ami qui m'accompagnait très souvent lors de mes déplacements, et ce, particulièrement en province. En effet, pendant qu'il s'entretenait avec les différents acteurs sous base d'un questionnaire (le cas inverse était également valable), je prenais du recul afin de mieux noter les éléments et comprendre les faits. Cela me permettait par la suite d'en faire une meilleure interprétation une fois chez moi. Cette méthode que je qualifierai de « *deux pour le prix d'un* » m'a permis de recueillir un maximum d'informations (entretien, observation) que seul j'aurais pu oublier, mais aussi d'avancer assez rapidement dans mes recherches.

Il faut rappeler que l'utilisation de l'enregistrement peut susciter la retenue et la méfiance chez l'interviewé surtout en période préélectorale (juin-juillet 2016) connue pour être assez « sensible » en Afrique et particulièrement au Gabon (les élections présidentielles ayant eu lieu au mois d'août 2016). À la fin de chaque entretien, la parole était donnée aux interviewés afin qu'ils puissent, s'ils le souhaitaient, aborder librement les points qui leur semblaient essentiels de rajouter, ou encore, pour me faire part de leur ressenti de l'exercice réalisé (l'interview). Bien souvent, de ces phases « d'entretien libre » sont nés de nouvelles perspectives et de nouveaux questionnements, parfois intégrés aux entretiens postérieurs et alimentant ainsi les perspectives de recherche.

Faire des enquêtes de terrain dans un domaine dont on est étranger et où l'on ne connait pas toujours les personnes avec qui on a choisi de s'entretenir peut parfois s'avérer complexe. Après réflexion, une stratégie a été adoptée : l'utilisation de la méthode de la « boule de neige ». Cette méthode est basée sur le principe de contacts personnels ou professionnels permettant de retracer les sujets recherchés. De façon simplifiée, l'effet boule de neige consiste à trouver une personne clé à partir de laquelle on pourra en rencontrer de nombreuses autres. Comme le signale Hervé Gumuchian (et *al.*) dans l'ouvrage *Initiation à la recherche géographique*, « [...] *il s'agit de constituer un réseau permettant de trouver les répondants au fur et à mesure de la progression de l'enquête* »[223] . Dépelteau complète cette pensée en expliquant que pour démarrer cette technique, il suffit de demander à quelques informateurs (la personne clé) les noms d'individus qui peuvent faire partie du sujet d'intérêt. C'est une technique bien adaptée à un terrain considéré comme « difficile ». Dans mon cas, je mobilisais en général mon réseau et celui des personnes connues pour pouvoir obtenir un entretien avec un certain nombre d'acteurs visés. Cela a été notamment le cas au niveau des responsables des unités de transformation. En effet, grâce au responsable de l'entreprise *Placages, Déroulés du Gabon* (PDG) rencontré par l'intermédiaire d'un membre de ma famille, j'ai pu avoir des entretiens avec divers responsables d'usines françaises implantées au Gabon. Je peux mentionner entre autres : *Preciouswood, Ecowood, BSO, Somivab* pour ne citer que ceux-là. On retrouve dans la figure ci-dessous, l'illustration du principe de l'effet boule de neige utilisé dans le cadre de mon travail.

---

[223] Hervé Gumuchian, Claude Marois, Véronique Fèvre, *Initiation à la recherche en géographie*, *op. cit.*, p. 270

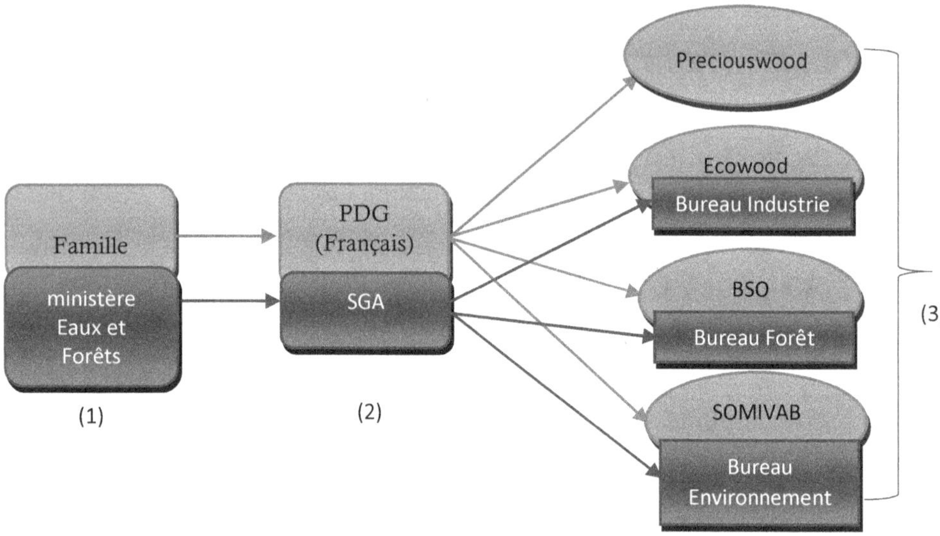

Figure 17 : deux exemples d'utilisation de l'effet boule de neige lors de mes enquêtes
Conception & réalisation : Aubin Gildas Kombila, 2016

De manière plus institutionnelle (formelle), l'effet boule de neige a été utilisé aussi au niveau de certains ministères, tel celui des Eaux et Forêts. En effet, après l'introduction d'une lettre de demande d'entretien, le secrétaire général adjoint (SGA) de l'institution m'avait recommandé avec des courriers bien spécifiques auprès des différents bureaux (industrie, environnement et forêt), rendant ainsi mon travail plus facile.

Cette observation a été faite aussi dans la province de Makokou où une lettre de recommandation du préfet, en l'absence du gouverneur, m'a ouvert les portes de nombreuses entreprises de la localité, d'origine étrangère comme gabonaise. La mise en pratique de cette méthode a permis la découverte des endroits et des personnes de façon « progressive ». C'était plus facile d'arriver chez quelqu'un en disant que j'étais envoyé par une autorité, un collègue, un ami, etc. Dans ce contexte, les personnes étaient plus disponibles à parler et avaient même accepté, quand le besoin se faisait ressentir, que je puisse les rencontrer une seconde fois. Toutefois, il convient de mentionner que pour un secteur assez politisé comme la filière bois, mon travail de terrain (entretien) s'est bien passé, d'autant plus que l'effet boule de neige mentionné en administration suivait une procédure normale, à savoir la voie hiérarchique.

Outre les éléments précités, le contexte de l'entretien a aussi joué un rôle essentiel dans les échanges et de fait dans l'obtention de ces informations. À chaque fois j'ai essayé de réaliser l'entretien dans un environnement matériel et social favorable à l'interviewé, notamment en ce qui concerne les lieux d'entretien (cas des bureaux pour les responsables administratifs, des habitations pour les populations environnantes ou encore de l'atelier pour certains industriels). J'ai parfois essayé, et souvent sans succès, d'instaurer une programmation temporelle pour tenir un planning, mes disponibilités étant imposées par la durée limitée de mon séjour sur place. Je dus pourtant m'adapter aux souhaits et à la bonne volonté de mes interlocuteurs, en tentant de faire toujours preuve de patience.

2.2.3 les différents acteurs rencontrés

Comme mentionné plus haut, trois principaux types d'acteurs ont été sujets à mon questionnaire : les responsables administratifs, les populations environnantes et les responsables d'entreprises. Concernant les derniers, j'en ai rencontré trente-sept (37) avec une prédominance des unités de première transformation (65%), suivies de la deuxième (27%) et enfin la troisième transformation ne représentant que 8% (cf. tableau 6). Outre, ces unités, j'ai interviewé cinquante (50) responsables de menuiseries artisanales, situées principalement dans les chefs-lieux de province (villes principales). Le *Tableau 6* et la *Figure 18*, nous donnent le récapitulatif des différents acteurs rencontrés.

Niveaux de transformation	**Effectif**	
1ère transformation *(Sciage, déroulage, tranchage)*	24	**+ 50 menuiseries artisanales**
2ème transformation *(Placage, contreplaqué)*	10	
3ème transformation *(Menuiseries, ébénisteries & tapisseries)*	3	
Total	**37**	

Tableau 6 : les entreprises rencontrées par niveau de transformation

Source : Enquêtes de terrain Aubin Gildas Kombila, 2016 & 2018

L'article 251 du code forestier gabonais prévoit une contribution des entreprises envers les populations des localités dans lesquelles elles sont implantées : « *Pour promouvoir l'aspect social de la politique de gestion durable, il est mis en place une contribution notamment financière, alimentée par les titulaires de ces concessions pour soutenir les actions de développement d'intérêt collectif initiées par lesdites communautés* »[224]. Pour ce faire, comme le détaille la *Figure 18*, deux cents personnes ont été interviewées, parmi elles des chefs de village et quartier, des commerçants, des habitants de cités industrielles (Somivab), les employés en activité et retraités, etc.

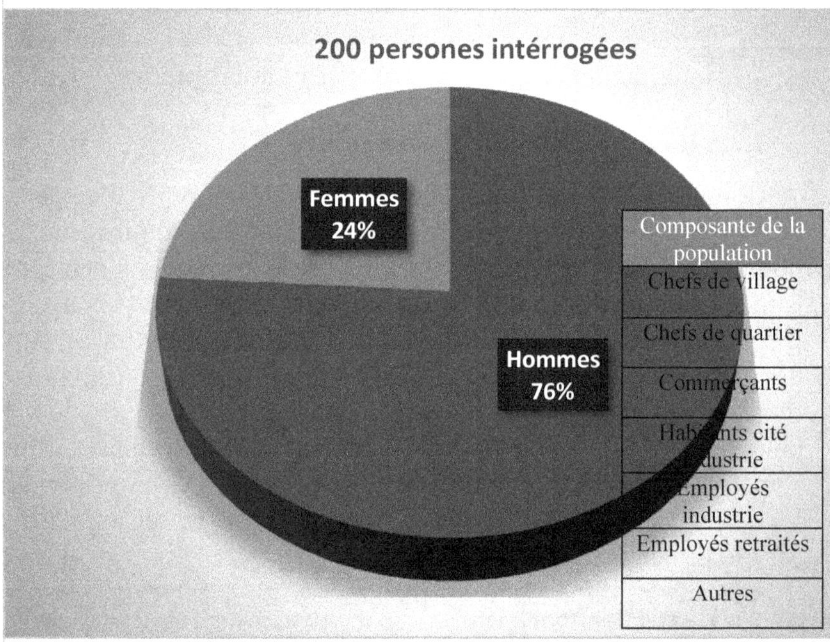

Figure 18 : composantes de la population environnante (industries) interviewée

Source : Aubin Gildas Kombila, 2016

Enfin, je dirai que les enquêtes réalisées sur le terrain m'ont permis d'être confronté à la réalité de la recherche, mais aussi d'avoir un vécu original et formateur. Les données collectées lors de

[224] République Gabonaise, *Loi 16/2001 du 31 décembre 2001 portant code forestier en République gabonaise*, Libreville, 2001, p. 39.

mes déplacements constituent une importante base documentaire, qui a été primordiale pour mon travail de rédaction, de mise en forme et de cartographie. Roland Pourtier ne rappelle-t-il pas que l'écrit représente une épuration, une mise en ordre fractionnant tout ce qui a été vécu dans l'instant ? Cette assertion permet de montrer l'importance du terrain dans la rédaction de la thèse, phase que je détaillerai dans les lignes suivantes.

Récapitulatif du travail de terrain (enquêtes)

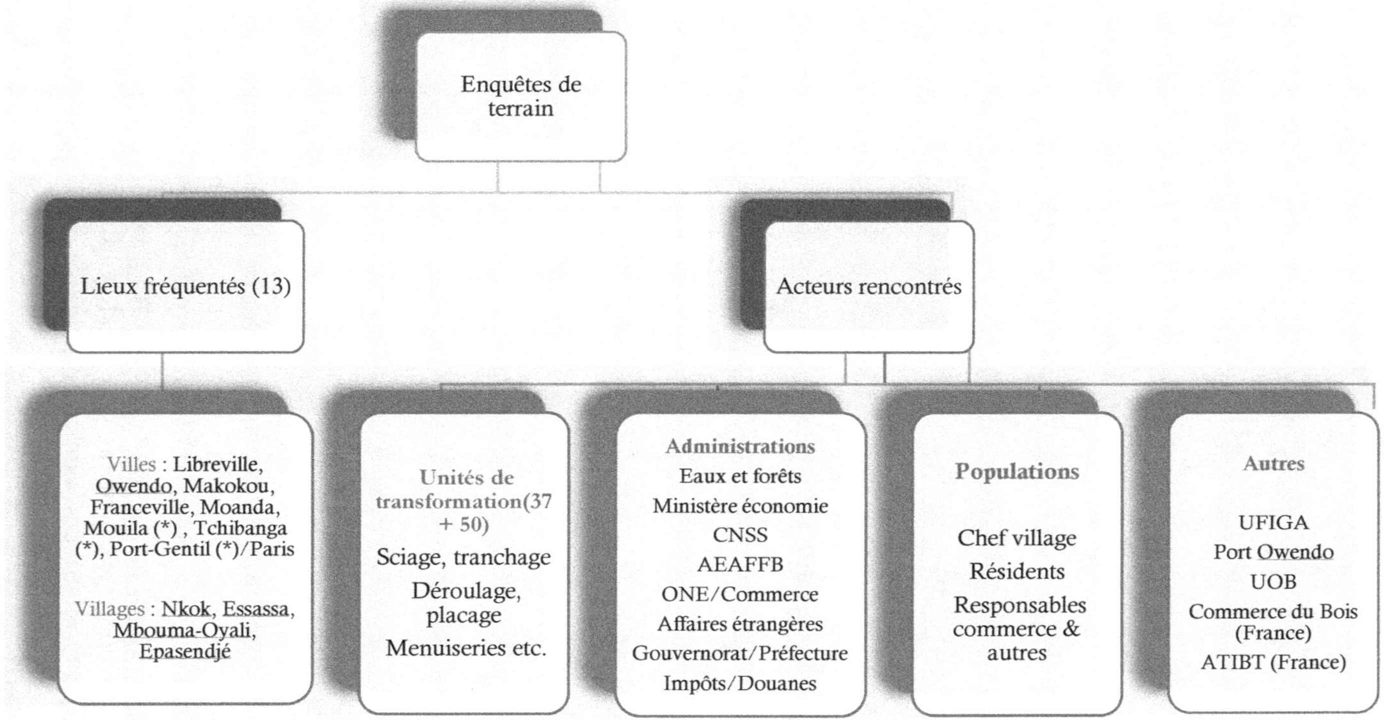

ONE : Office National de l'Emploi
CNSS : Caisse Nationale de Sécurité Sociale
UOB : Université Omar Bongo
UFIGA : Union des Forestiers Industriels du Gabon
AEAFFB : Agence d'Exécution des Activités de la Filière Forêt Bois
ATIBT : Association Technique Internationale des Bois Tropicaux

3. Traitement des données, écriture et limites

Dans cette partie seront abordées l'analyse thématique et l'écriture de cette thèse, mais aussi les différentes limites rencontrées lors de l'élaboration de ce travail, que ce soit dans la collecte des données, la temporalité, etc.

3.1 Traitement des données, analyse thématique et écriture

Si la collecte des données demeure un élément important pour toute recherche en géographie, les phases de traitement des données, d'analyse et d'écriture constituent les étapes essentielles succédant à l'enquête. Il s'agit ainsi, à partir des données et des informations collectées, d'apporter des réponses aux objectifs de notre recherche[225]. Aussi détaillerai-je ces étapes de traitement et d'analyse, pour terminer par la phase de transmission des données, soit l'essentielle étape de l'écriture de la thèse.

3.1.1 codification et analyse thématique

Une fois l'enquête terminée, le chercheur se trouve face à la multiplicité de données brutes qu'il a recueillies. Il faut pour cela les mettre en relation ; et la première étape consiste à transformer les discours en textes et les observations en faits pour pouvoir opérer la comparaison et l'analyse. Cette mise en ordre initiale des données est appelée codification. Elle est l'étape préliminaire au traitement des données dont le but est de convertir, par exemple, les données d'une enquête par questionnaire à partir d'un plan de classification numérique ou alphanumérique ; c'est une opération qui consiste à affecter à chaque catégorie de réponses un numéro, une lettre ou un code. Cela permet non seulement de traiter statistiquement les données, mais d'accroître l'efficacité des opérations[226]. Il s'agit de repérer et d'isoler des thèmes dans un entretien afin de permettre sa comparaison avec d'autres entretiens.

Ainsi, ce tri brut m'a permis de mettre en relation ces données avec ma question de départ, ma problématique et les hypothèses formulées. L'analyse s'effectue ainsi à partir de données textuelles soumises au préalable à un traitement rigoureux, permettant de créer du sens pour la

---

[225] Claire Cottereau, *Négociations, adaptations et résistances des indiens guarani du littoral de santa catarina-Brésil*, *op. cit.*, p. 111.

[226] Hervé Gumuchian, Claude Marois, Véronique Fèvre, *Initiation à la recherche en géographie*, *op. cit.*, p. 255.

recherche entreprise. Pour ce faire, je procédais à une codification par acteur au préalable (unités de transformation, responsables administratifs et population), qui m'a permis par la suite de rapprocher les éléments (entretiens) en fonction des similitudes. Le *Tableau 7*, nous donne un exemple de codification des entretiens réalisés.

Usine (sexe+création)	Niveau de transformation	Origine (intérêt)+ Acheteurs	Emplois avant 2010	Emplois après 2010	Contribution sociale	Rôle sur l'environnement	Avis sur la mesure+suggestions	Produits vendus
BSO • M • 2010	1ère Objectif 2017 : 2e transformation Djolé & Minkébé site d'exploitation BSO	Français (Europe) *Asie (80%) *Europe, Amérique, Afrique (20%)		2010 : 450 2012 : 450 + 20% 2014-2016 : 450 Gabonais : 95% Expatriés : 5% (Guinée E, Cameroun, CI, Algérie, français, portugais, serbes. L'entreprise a été gabonisé (effectif) au fil des années. *Bcp de licenciements ont été fait avec la mesure notamment les expatriés.	Faible * Emplois *mise en place d'un plan d'aide aux villageois (arbitré par les eaux et forêts) * Distribution du bois (un minimum) *Logement employés, *2écoles mis en place qui deviendront publiques.	* Pas de certification, trop chère *forêt gérée selon les normes du code forestier, ministère du travail *forêt aménagée, *regarder système fleg	Favorable (rendement meilleur) Création emplois *il ne faut surtout pas réexporter les grumes, il faut créer des unités de 2e et 3e transformation c'est l'avenir du pays. * Mesure brutale parce que la société n'était pas prête, mais il reconnait qu'il y avait un plan (code forestier) * Bso existe car elle	* Bois débités (planche, etc.) *voués à l'exploitation et construction de maisons.

Ci-dessus, un exemple de codification à partir des données collectées au sein d'une unité de transformation (BSO).

Tableau 7 : exemple de codification d'un entretien au sein de l'unité de transformation BSO
Conception & réalisation : Aubin Gildas Kombila, 2017

Après codification, j'ai procédé à une analyse thématique. Cette étape de l'analyse consiste à produire des résultats cohérents à partir des différents thèmes, répondant aux différentes hypothèses de la recherche. L'utilisation de certains « passages d'entretiens » directement dans le texte pourra servir à illustrer les résultats obtenus. J'ai procédé à un recoupement des informations prélevées par des vérifications et des confrontations entre différentes sources bibliographiques. Cela m'a permis de vérifier la fiabilité de mes hypothèses en les confrontant à celles de travaux antérieurs. Cette analyse thématique a conduit à la dernière phase de mon travail : l'écriture, que je détaillerai ici.

3.1.2 l'écriture

L'écriture de la thèse constitue sans doute la plus longue, la plus pénible, mais aussi la phase la plus essentielle de la recherche. Pour Roland Pourtier, elle représente une « épuration », une mise en ordre fractionnant tout ce qui a été vécu dans l'instant. Rendre compte des résultats obtenus relève de mécanismes particuliers, mais aussi de règles très précises, même si chacun semble avoir sa manière de s'y prendre face à cette épreuve. L'écriture de la thèse a ainsi d'abord consisté à mettre de l'ordre dans les résultats pour leur donner du sens. Et pour ce faire, la construction d'un plan, souvent bien antérieur au début de la phase de rédaction, est essentielle pour structurer les idées et leur donner un ordre logique. Bien malheureusement, le plan de départ n'est jamais le plan final de la thèse, car mettre en cohérence les éléments essentiels sans redite

et sans oubli relève de nombreuses heures de réflexion et de restructuration des idées[227]. Dans mon cas, le plan final de la thèse ne fut vraiment finalisé que dans les derniers moments de la phase de rédaction, suite à certains réajustements dus parfois au retour de correction de mon directeur. À l'image d'un grand puzzle, l'écriture de cette thèse a été construite de manière progressive, et ce, à partir de l'ensemble des données collectées, traitées, analysées et des résultats produits à partir d'elles.

La rédaction de ma thèse a commencé bien avant mon départ sur le terrain, car certains chapitres, en l'occurrence ceux de la première partie (*chapitre 1 & 2*), ne nécessitaient pas d'attendre les données récoltées

[227] Claire Cottereau, *Négociations, adaptations et résistances des indiens guarani du littoral de santa catarina-Brésil*, *op. cit.*, p. 114.

lors de mes entretiens. Ainsi, je puis mettre en place le plan, mais aussi le chapitre premier de ma thèse. L'écriture de la thèse continua quelques mois après mes enquêtes de terrain, le temps pour moi de procéder à une codification et une analyse des données. Tout au long de l'écriture, j'ai eu recours aux données collectées et j'ai continué à lire aussi les anciens ouvrages sélectionnés, ainsi que de nombreuses autres références pas encore consultées jusque-là. Pourtant, j'avais bien lu, à l'exemple de claire Cottereau, dans les essentiels manuels de méthodologie, « [que] *l'ultime phase, dédiée à l'écriture des résultats, devait se passer de tout retour sur les données, qui devaient être à ce stade traitées de manière tellement rigoureuse et scientifique que tout retour impliquait nécessairement un biais dans ledit traitement* »[228]. Cette impression n'a pas été observée dans mon cas. Je continuais à consulter des ouvrages, agrémentant ainsi certaines parties théoriquement plus « inabouties ».

Les cartes et schémas illustrant ou appuyant la réflexion ont été réalisés en partie à l'aide des données collectées (source documentaire et terrain d'enquête), mais également grâce aux éléments provenant d'institutions officielles tels que le ministère des Eaux et Forêts et de l'Économie. Les photos utilisées, à moins d'une mention indiquant la source et l'auteur, ont été prises pendant les séjours effectués sur le terrain, permettant d'illustrer par moments les propos énoncés. Les schémas et les cartes[229] et autres illustrations sont ainsi numérotés et reportés en fin de thèse (après les annexes)[230] dans la table des illustrations, de même que la bibliographie (classée par ordre alphabétique) et la table des matières.

3.2 les limites du terrain

Le terrain fournit certes des données aux chercheurs, mais sa collecte n'est pas toujours chose aisée. Mathilde Joncheray mentionne d'ailleurs « [qu'] *il ne suffit pas de se baisser pour les ramasser* »[231]... La

---

[228] Claire Cottereau Claire, *Négociations, adaptations et résistances des indiens guarani du littoral de santa catarina-Brésil*, *op. cit.*, p. 114.

[229] La cartographie tient une place importante dans cette recherche. Le géographe travaille sur les territoires, quoi d'étonnant à ce que son outil de prédilection soit la carte.

[230] Jean-Yves Puyo, *Mémo pour la rédaction d'un mémoire de maîtrise,* Pau, AUF bureau Asie-Pacifique- Pôle Géographie et Tourisme, p. 6.

[231] Mathilde Joncheray, Vivre la guerre, *construire la paix, conflit et recompositions territoriales post-conflit en République du Congo (Pays du Nairi)*, thèse de doctorat, Université d'Aix-Marseille, LPED, 2013, p. 58.

démarche heuristique[232] représente un travail de longue haleine, fait de remises en causes fréquentes, de retour et de renoncements. Ainsi, comme limites rencontrées, il y a eu principalement la méfiance de certains interviewés, du fait notamment que le secteur bois s'avère dans les faits, politisé. De plus, le contexte dans lequel se trouvait le pays (période préélectorale) ne facilitait pas forcément les choses. De peur de représailles exercées par certains responsables administratifs, industriels, etc., certains employés que je sollicitais (notamment d'origine étrangère) se retranchaient dans le mutisme. Cette situation m'obligeait à trouver d'autres employés, d'origine gabonaise notamment, plus libres dans leurs discours. Comme autres limites, je peux également mentionner l'indisponibilité de certains responsables des directions et ministères au moment souhaité (pour des occupations diverses ou pour raison de déplacement), ce qui nécessitait un réajustement constant de mon calendrier. Outre les éléments susmentionnés, l'état de la route de certains lieux et le coût de transport ont constitué de même un facteur limitant.

Dans l'ensemble, je dirai que je n'ai pas rencontré de difficultés majeures lors de mes déplacements sur le terrain et donc durant ma période de collecte des données. L'une des craintes qui m'animaient était de ne pas avoir accès à l'information tant le secteur bois est souvent décrit comme « fermé » du fait de sa dimension politique déjà soulignée (implication de certaines autorités dans le secteur). À ma grande surprise, il suffisait d'envoyer une demande d'entretien, accompagnée de la lettre de recommandation de mon directeur et dans certains cas celle de l'autorité de la localité (préfet, gouverneur) ou du responsable de la structure (SGA au ministère des Eaux et Forêts, l'administrateur central à la zone économique de Nkok), pour être reçu. J'ai pu me rendre dans de nombreux bureaux et administrations sans que je ne sois recommandé par un tiers, soit une situation qui m'a parfois surpris, mais qui a largement favorisé à l'avancement de ma collecte de données.

[232] Règles de la recherche scientifique qui aident scientifiquement à la découverte des faits. Elle repose sur des questionnaires (avec questions ouvertes), des entretiens semi-directifs retranscrits ou encore des sources de documentation, comme la presse ou différents documents d'archives (Grawitz, 2001).

Conclusion partielle

Cette première partie nous a permis de connaitre les contours de la forêt gabonaise et la dynamique de l'industrie du bois au Gabon avant la mesure visant l'interdiction d'exporter les grumes. Le premier chapitre a porté sur les fondements géographiques de la forêt gabonaise et son potentiel forestier en évolution. L'état des lieux de la filière bois et particulièrement son industrie de la période coloniale à 2009 a quant à lui constitué l'objet du deuxième chapitre[233]. En effet, représentant plus de 80% du territoire, la forêt gabonaise fait partie des forêts tropicales du très vaste bassin du Congo, deuxième en taille après celui de l'Amazonie. Cet écosystème forestier est connu pour sa biodiversité d'une richesse importante.

Malgré cet énorme potentiel, le Gabon a longtemps mis en marge son secteur industriel d'où la décision prise en 2009 d'accélérer l'industrialisation de la filière bois. Ainsi, dans la partie qui suit (deuxième partie), nous parlerons de l'impact qu'a eu la transformation locale du bois, six à huit ans après l'arrêt de l'exportation des grumes. Celui-ci se fera sur les plans technique, socio-économique, environnemental et géostratégique.

---

[233] Le troisième chapitre est dédié à la méthodologie de collecte de données ayant conduit à la vérification des hypothèses émises et donc à la rédaction de la présente thèse.

IIème PARTIE :

LES ENJEUX DE L'ARRÊT DE L'EXPORTATION DES GRUMES

Introduction partielle

Pays d'Afrique centrale, le Gabon est à l'exemple de beaucoup de ses voisins du bassin du Congo basé sur une économie de rente ; celle-ci, qui repose essentiellement sur l'exportation du pétrole, du bois et de minerais (manganèse, uranium, etc.), faisant de lui un pays entièrement dépendant des importations portant sur les produits manufacturés. Concernant le domaine forestier, Roland Pourtier[234] rappelait que, malgré des conditions techniques et sociales de la production ayant beaucoup évolué depuis que l'okoumé est apparu en 1982 dans les statistiques commerciales du pays, les fondements de l'économie forestière sont quant à eux restés les mêmes : ceux d'une économie extractive entièrement dépendante de l'exportation et qui s'inscrit dans le droit fil de la « cueillette ».

Malgré d'énormes atouts (85% du territoire couvert par la forêt, une biodiversité d'une richesse importante, entre autres), le secteur bois du Gabon apparaît comme une filière encore sous rentabilisée par rapport au potentiel existant. Comme mentionné dans le chapitre 2, jusqu'en 2009, seulement 25% à 35% du bois étaient transformés localement alors que les objectifs initiaux (fixés de communs accords entre l'État gabonais et les entreprises) étaient d'atteindre 75% de transformation locale des grumes en 2012. Cette situation a conduit les pouvoirs publics, en 2010, à interdire l'exportation totale du bois brut arguant de la nécessaire participation de la filière bois à la nouvelle politique économique du « Gabon industriel »[235]. Par cette mesure, le Gabon voulait mettre fin à la position subalterne de nombreux pays tropicaux condamnés à l'exportation de produits primaires vers les pays du Nord, lesquels transforment ces produits en bien manufacturés. Et ce d'autant plus que le succès apparent des pays du Sud-Est asiatique vient

---

[234] Roland Pourtier, *Le Gabon, État et Développement*, *op. cit.*, p. 157.

[235] Le « Gabon industriel » est un des piliers de croissance du Gabon émergeant mis en place par les autorités gabonaises en 2009, dans le but de promouvoir la valorisation locale des matières premières et l'exportation de produits à haute valeur ajoutée. L'un des chantiers emblématiques de cette ambition est de doter le pays d'usines modernes et performantes afin de transformer localement les richesses du pays, et espérer ainsi développer les ressorts d'une croissance économique semblable à celle des dragons asiatiques. C'est tout le sens du « Gabon industriel » dont le secteur bois constitue l'épine dorsale. [Schéma National Directeur d'Infrastructure du Gabon, 2012].

accentuer l'image négative de la situation des pays qui continuent à tirer une grande partie de leurs revenus de l'exportation de bois brut[236].

Cependant, une telle décision n'est pas sans incidence notamment sur les plans socio-économique, environnemental et géostratégique. Dès lors, comment se présente la filière bois au Gabon, dix ans après la mesure visant à révolutionner ce secteur ? Si théoriquement, la volonté politique a été affirmée, les actions sur le terrain ont-elles été suivies d'effets ? Les objectifs fixés ont-ils été atteints ? De nouvelles entreprises ont-elles vu le jour ? Y a-t-il vraiment eu création d'emplois ? Cette mesure a-t-elle favorisé l'exportation des produits transformés gabonais (« made in Gabon ») ? Enfin, comment contribue-t-elle à l'enrichissement de ce pays et à son développement territorial ?

Ainsi, cette deuxième partie se propose de faire une étude comparative entre ce qui avait été fait dans l'industrie du bois avant la mesure et ce qui est observable sur le terrain, dix[237] ans après. Cela nous permettra de mieux apprécier le dynamisme de la transformation du bois au Gabon sur le plan socio-économique et de mesurer l'apport environnemental et géostratégique de cette dernière. Il convient tout de même de mentionner que, du fait de la « sensibilité » du sujet, les données de certaines années n'ont pas pu être recueillies.

---

[236]L'Indonésie, par exemple, est passée en quelques années, du statut d'exportateur de grumes à celui de premier exportateur mondial de contreplaqués tropicaux, en se dotant d'une puissante industrie de transformation (Alain Karsenty, Marie-Gabrielle Piketty, « Stratégies d'industrialisation fondée sur la ressource forestière et irréversibilités : les limites de l'expérience indonésienne », *Revue Tiers-monde*, n°146, 1996, p. 431.

[237] La mesure de l'arrêt de l'exportation des grumes a été annoncée par les autorités gabonaises le 6 novembre 2009, mais elle rentrera en vigueur en janvier 2010 (mise en application intégralement à partir du 15 mai 2010). On parle de dix ans si l'on part de 2009 et de neuf ans si l'on tient compte de l'année où elle rentre en vigueur, soit 2010.

CHAPITRE IV
L'INDUSTRIALISATION DE LA FILIÈRE BOIS AU GABON : POUR QUELLE CONTRIBUTION SOCIO-ÉCONOMIQUE ?

Selon Michaël Goujon et Christian Kafando « *L'industrialisation modifie la structure économique vers les activités économiques "modernes" et est source d'externalités positives pour les autres secteurs. Elle permettrait donc d'augmenter la croissance potentielle de l'économie dans son ensemble et faciliterait par conséquent le développement économique et territorial* »[238]. En l'espace de dix (10) années, quelles ont été les retombées économiques en termes d'emplois et de recettes fiscales (impôts et taxes) aussi bien pour l'État que pour les populations ? Cette mesure a-t-elle favorisé un développement territorial au Gabon ? Avant de répondre à ces questions, nous ferons un état des lieux du tissu industriel gabonais lié à la filière bois, avant et après la mesure.

1. La création des industries, le transfert technologique et la production du bois

En novembre 2009, le gouvernement a annoncé son intention d'interdire les exportations des bois non transformés, une décision entrée en vigueur en janvier 2010. L'un des chantiers emblématiques de cette ambition fut de doter le Gabon d'usines modernes et performantes pour transformer localement les richesses du pays et espérer ainsi développer les ressorts d'une croissance économique semblable à celle des « dragons asiatiques ». En d'autres termes, il s'agissait d'encourager les investissements (étrangers et nationaux) dans le secteur, en apportant les infrastructures de transformation et l'expertise nécessaires au développement dont l'objectif à terme était d'avoir une industrie nationale efficace et créatrice de richesses.

1.1 évolution du tissu industriel

L'arrêt de l'exportation des grumes a eu un impact sur le nombre d'unités de transformation. Celui-ci s'accompagne souvent à court

---

[238] Michaël Goujon, Christian Kafando, *Caractéristiques structurelles et industrialisation en Afrique : Une première exploration*, Thèse de doctorat, Université de Clermont Auvergne, 2011, p. 4. [Cette thèse s'illustre par la relation statistique relativement claire qui lie l'importance de l'industrie dans l'économie et la croissance économique, observable à l'échelle mondiale depuis 1950].

terme par la fermeture de certaines structures de la filière ; et le Gabon n'a pas échappé à la règle, car il faut du temps aux entreprises pour s'installer ou se reconvertir. Selon le responsable de Placage et Bois du Gabon (PDG), « *plus d'une centaine d'exploitations forestières (petites et moyennes, c'est-à-dire d'entre 10.000 et 50.000 hectares de permis) ont fermé, dans l'incapacité de se reconvertir en industrie, faute de moyens financiers, de débouchés ou de compétences techniques* ». Le secteur forestier était composé d'une multitude d'acteurs, grands ou petits, qui tiraient leurs épingles d'un jeu ouvert et régulé par l'institution de la Société nationale des Bois du Gabon (SNBG). Cela contribuait à composer un tissu local d'entreprises très diversifié de par leur taille, origine, fonctionnement, répartition territoriale, etc. L'entrepreneur à son compte, dirigeant une exploitation de 10 000 ha, ne disposait pas forcément des ressources pour créer une usine, même une petite scierie mobile. Outre les éléments mentionnés depuis l'entrée en vigueur de la mesure interdisant l'exportation des grumes, le Gabon a mis en place une politique qui a favorisé l'implantation d'usines sur son sol. La figure ci-dessous nous montre l'évolution qu'a connue l'industrie du bois depuis 2009.

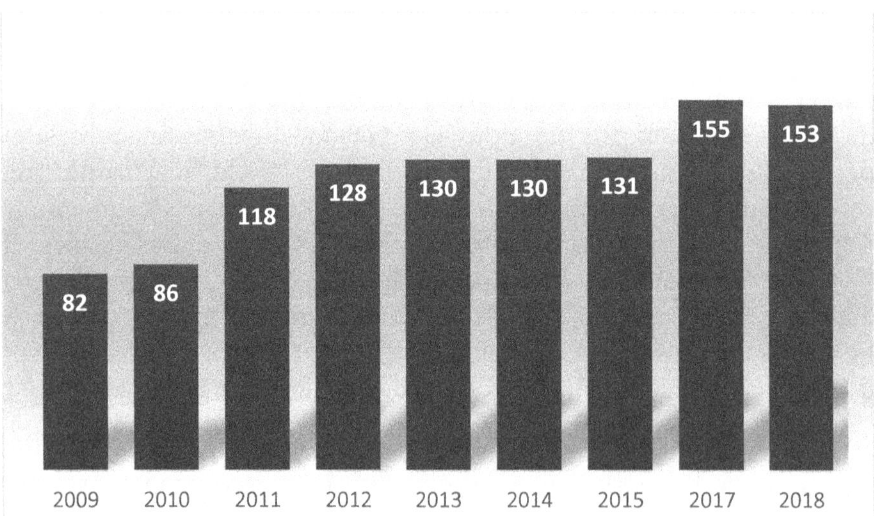

Figure 19 : évolution du tissu industriel (en nombre d'unités de transformation)
Sources : DGIBVPF, DGEPF, 2018[239]

[239] Il s'agit des données du premier semestre 2018

Depuis 2009, nous constatons une augmentation assez évidente du nombre d'unités de transformation. Ainsi, suite à l'arrêt des exportations des grumes, le tissu industriel a fortement augmenté : le nombre d'unités de transformation du bois qui s'élevait à 82 en 2009 est passé à 153 usines en 2018, soit une augmentation de 86,6%[240] de leur nombre. Ce fait est confirmé par un responsable d'usine française pour qui « *sur le plan technique, la mesure est un succès indéniable, il y a plus d'usines de déroulage ou de scieries aujourd'hui par rapport à 2008, avec des Gabonais qui acquièrent de réelles compétences. Bien qu'au début, en 2009, les difficultés étaient énormes* »,[241] disait-il. Cette situation s'explique par un effort d'investissement[242] qui a permis la création des nouvelles usines, essentiellement dans le premier niveau de transformation. Une situation également observable au niveau provincial, dans le Haut-Ogooué par exemple, le directeur provincial affirmait que « *cinq usines ont été créées depuis la mise en place de la mesure* »[243]. En avril 2016 par exemple, la société de bois BSO a procédé à l'inauguration d'une nouvelle usine à Ndjolé dans la province du Moyen-Ogooué, un cas similaire pour la société SOMIVAG dans la province de l'Estuaire. Un état de fait qui conduit certains à la conclusion suivante : « *Depuis 2009, date de la décision gouvernementale d'interdiction d'exporter les grumes, la filière bois au Gabon poursuit son évolution positive* »[244].

---

[240] Direction générale des Industries, du Commerce du Bois et de la valorisation des produits forestiers, *Rapport d'activités (année 2017-1er semestre 2018)*, Libreville, 2018, p. 7.

[241] Enquête de terrain, Aubin Gildas Kombila, juin 2016.

[242] Outre la décision des autorités d'interdire l'exportation des grumes, plusieurs facteurs peuvent expliquer la création de nouvelles entités industrielles depuis 2010. On peut notamment citer les mesures fiscalo-douanières attrayantes (les matériels, machines, matériaux et biens d'équipements destinés à la transformation du bois peuvent désormais bénéficier d'une exonération des droits de douane ou être importés sous le régime de l'admission temporaire pendant cinq ans à compter de la première importation) ; la création de la zone économique spéciale de Nkok et la mise en place de plusieurs points francs, dont les principaux avantages sont la réduction de la taxe à l'export au taux de 0% pour une période minimale de 10 ans consécutifs (PCA, « Filière Bois : Bientôt Une Nouvelle Usine de Transformation a Ndjole », http://www.gaboneconomie.net/ge/index.php/business/item/1680-filiere-bois-bientot-une-nouvelle-usine-de-transformation-a-ndjole [consulté le 10 avril 2019]).

[243] Enquête de terrain, Aubin Gildas Kombila, juin 2016.

[244] PCA, « Filière Bois : Bientôt Une Nouvelle Usine de Transformation a Ndjole », http://www.gaboneconomie.net/ge/index.php/business/item/1680-filiere-bois-bientot-une-nouvelle-usine-de-transformation-a-ndjole [consulté le 10 avril 2019].

L'exemple du complexe industriel d'Owendo de la Société Nationale des Bois du Gabon (SNBG) ou encore des usines de la Zone Économique Spéciale de Nkok, illustre assez bien notre propos. Occupant une superficie de 111 970 m² et situé dans la zone portuaire d'Owendo, le complexe industriel de la SNBG, qui compte trois usines, reste un exemple concret de réalisation qui favorise cette transformation locale des matières premières prônée par le Gabon Industriel. Longtemps spécialisée dans la commercialisation à l'étranger de l'Okoumé et de l'Ozigo, elle a surfé sur la mesure d'interdiction d'exporter le bois en grume à partir de 2010 et s'est aussitôt reconvertie en lançant son projet de complexe industriel. Opérationnelle depuis le mois de mai 2012, l'entreprise (SNBG) qui a été présentée comme l'un des symboles[245] de l'industrialisation de la filière bois amorcée en 2009 est aujourd'hui en arrêt d'activité[246]. Selon le site d'actualité économique et financière Direct Infos Gabon (DIG), celle-ci serait même en faillite[247]. En effet, « *Englué dans des difficultés financières insurmontables, le fleuron industriel national n'arrive plus à faire face à toutes ses charges, notamment son usine d'Owendo privée depuis des mois de sources d'alimentation en électricité* »[248]. Pour y faire face et relancer cette usine, de nombreuses idées de reprises sont annoncées notamment par des actionnaires égyptiens[249], un entrepreneur chinois[250] ou encore Olam[251].

---

[245] La SNBG, qui devait être la plus belle usine de transformation de bois du Gabon et d'Afrique, 100% gabonaise, a dans les faits côté plus de 70 millions d'euros pour la créer. À l'issue d'un accord signé le 23 janvier 2012 à Brazzaville, au Congo, avec le gouvernement gabonais, la Banque de développement des États de l'Afrique centrale (BDEAC) a octroyé un prêt de 8 milliards de francs CFA à la SNBG pour la construction d'un complexe industriel de transformation de bois à Owendo.) À noter qu'elle est donc en panne depuis 2014…

[246] Enquête de terrain auprès de la direction générale des Industries, du Commerce du Bois et de la valorisation des Produits Forestiers, juillet 2018.

[247] Henriette Lembet, « En faillite la SNBG va licencier tout son personnel », Gabon Media Time, https://www.gabonmediatime.com/en-faillite-la-snbg-va-licencier-tout-son-personnel/ [consulté le 11 avril 2019].

[248] « Bois : La SNBG à l'agonie », *Gabonreview.com* | *Actualité du Gabon* | (blog), https://www.gabonreview.com/blog/bois-snbg-a-lagonie/ [consulté le 7 août 2017].

[249] Enquête de terrain auprès de la DGICBVPF, Aubin Gildas Kombila, juillet 2018

[250] *Bois : La SNBG à l'agonie, op. cit.*,

[251] « Gabon: Olam sur le point de reprendre la SNBG », Matin d'Afrique, 6 août 2017, http://matindafrique.com/olam-va-reprendre-la-snbg/. La faillite de la Société des bois du Gabon (SNBG) fait saliver la firme agro industrielle malaisienne Olam. Celle-

Chaque année, des entreprises s'installent au sein de Nkok. D'après les informations fournies par la direction générale des Industries, du Commerce du Bois et de la Valorisation des Produits Forestiers (DGICBVPF), sur les 153 unités de transformation enregistrées en 2018, 42 sont implantées au sein de la ZES, soit 27% des unités (*cf. Tableau 8*). En 2015 par exemple, 4 nouvelles unités s'étaient implantées : une unité de déroulage, deux unités de sciage et la première entreprise industrielle de troisième transformation (Gabon Wood Industrie)[252]. Une tendance qui s'est confortée au fil des années. En mars 2018, quatre nouvelles autres entreprises ont signé leur agrément d'admission au sein de la ZES de Nkok : trois dans le secteur du bois, et une dans le montage d'engins. Il s'agit notamment de Jiahui Wood Gabon, Egypt Gabon Veneer SARL, INDOGAB Woods SARL et Gabon ST-LTMA Machinery Company SARL)[253]. Cela montre l'intérêt que suscite cette zone économique spéciale, notamment vis-à-vis des industriels asiatiques[254]. Rappelons toutefois que la construction de cette dernière a débuté en 2012 et qu'elle a officiellement ouvert ses portes en 2014[255], soit quatre ans après la mesure. Aussi, à travers le pays, bien d'autres projets d'implantation sont en cours et devraient voir le jour en 2019. Le *Tableau 8* nous donne la proportion des unités de transformation au sein de la ZES de Nkok.

---

ci a entamé des négociations avec les autorités gabonaises afin de reprendre les actifs de la première société de transformation de bois dans le pays.

[252] Banque mondiale, *Impact de la mesure d'interdiction d'exportation des grumes sur la forêt, l'industrie du bois et l'économie du Gabon*, *op. cit.*, p. 8.

[253] « Gabriel Ntougou : 73 entreprises sont déjà installées dans la zone économique de Nkok », alibreville.com, http://news.alibreville.com/h/77463.html [consulté le 13 octobre 2018].

[254] Gabriel Ntougou, « *73 entreprises sont déjà installées dans la zone économique de Nkok », op. cit.*,

[255] Décret 1I°046lIPRlMPITPTHTAT d'octobre 2012 portant création et organisation de la Zone économique à Régime Privilégié de Nkok (Article 2 : Il est créé, dans le département du Komo-Mondab au lieudit Nkok, une Zone économique à Régime Privilégié dénommée Zone économique à Régime Privilégié de Nkok, en abrégé « ZERP de Nkok ». Article 3 : La ZERP de Nkok est ouverte à toutes activités économiques et particulièrement à celles touchant: au développement des activités liées à la transformation et à l'exportation du bois; aux prestations de services en rapport avec les activités liées à la filière bois; à la fabrication, à l'assemblage, au stockage de produits finis et d'autres biens issus du traitement et de la transformation du bois brut; à la transformation des ressources naturelles et à la production de l'énergie électrique.

Localité	1ère transformation	Activité exclusive	2ème transformation	3ème transformation	Total	%
ZES NKOK	28	2	0	12	**42**	27,5
Le reste du Pays	105	0	3	3	**111**	72,5
Total	133	2	3	15	**153**	100

Tableau 8 : répartition des unités de transformation au sein de la ZES de Nkok et sur le reste du territoire national
Sources : DGIBVPF, DGEPF, 2018

Par ailleurs, il faut noter que l'industrialisation de la filière bois au Gabon se fait différemment selon les cas. Dans le premier cas, l'entreprise investit dans une ou plusieurs structures de transformation du bois et se lance dans de nouveaux métiers, avec de nouveaux salariés, de nouvelles qualifications pour ses employés et de nouveaux marchés pour écouler ses produits transformés (cas de la SNBG). Dans le second cas, l'entreprise se lance dans l'amélioration de la capacité de production de son unité de transformation ; elle emploie beaucoup plus de monde, achète aux exploitants de bois plus de matières premières, et vend plus de produits finis à un plus grand nombre de clients (cas de la SOMIVAB). Dans le troisième cas, l'entreprise se consacre à la transformation du bois en s'installant dans un environnement propice ; c'est le cas de l'investisseur malaisien Resurgen, venu s'implanter dans la zone économique spéciale de Nkok[256] pour transformer le Padouk.

La mesure prônant la transformation locale des grumes a certes favorisé la croissance du nombre d'usines, mais nous remarquons que celle-ci reste encore dominée par les activités de transformation primaire avec les segments suivants : le sciage, le déroulage (pour les placages déroulés) et le tranchage (pour les placages tranchés). Le constat est le même aussi bien à Nkok que dans le reste du pays.

[256] Zone spéciale de Nkok, est consacrée pour 40% à la filière bois, cela est dû au fait que cette matière première bois soit en abondance au Gabon (85% du territoire, activité de la filière bois au Gabon= 8% des activités dans le monde). Dans cette zone, sont mis à la disposition des différentes industries, un parc à bois, un parc à camions, un parc à centenaires.

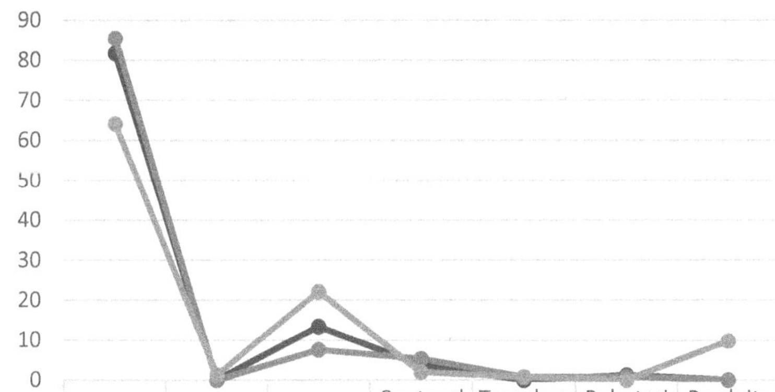

	Sciage	Séchage	Placage	Contreplaqué	Tranchage	Raboterie	Produits finis
2009	81,7	0	13,4	3,7	0	1,2	0
2015	85,5	0	7,6	5,3	0,8	0,8	0
2018	64,1	1,3	22,2	1,9	0,7	0	9,8

Figure 20 : évolution des unités de transformation par segment d'activités (taux en %)
Sources : DGIBVPF, DGEPF, 2018

Le tissu industriel de la filière bois au Gabon comprend trois niveaux de transformation dont le nombre d'unités est en croissance au cours des dernières années. Mais, une fois de plus, ces nouvelles implantations portent essentiellement sur un seul segment (le sciage). Plus spécifiquement, nous avons fait une analyse de l'implantation actuelle des unités de transformation du bois sur l'ensemble du territoire ; il en ressort que près de 64% des usines (contre 82% en 2009) appartiennent au segment sciage, suivi du segment déroulage avec 22,2% et en dernier le segment tranchage (0,7% en 2018). La particularité de l'année 2018 est l'augmentation du nombre d'unités de troisième transformation avec 9,8% contre 0% en 2009 et 2015. Celles-ci sont principalement implantées au sein de la ZES de Nkok. Contrairement à 2009, nous assistons également à une baisse du volet contreplaqué[257], qui est passé de 3,7% à 1,9% en 2018.

[257] La branche de fabrication de contreplaqué a été marquée par un repli de son activité en 2017. En effet, la production a diminué de 1,6% à 51 230 m^3 comparé à 2016. Cette situation résulte des difficultés d'approvisionnement en grumes des principales unités de transformation de ce segment d'activité industrielle (Direction générale de l'Économie et de la Politique Fiscale, *Tableau de Bord de l'Économie : situation 2017, perspectives 2018-2019*, *op. cit.*, p. 39).

À l'exemple de l'année 2009, ces données démontrent une prédominance de la transformation du premier niveau qui concentre 88% des structures de la branche (soit 135 unités). Le deuxième niveau qui intègre les activités de moulures, de production de profilés, de parquet et de contreplaqué compte trois unités[258], soit 2% des usines recensées. Enfin, le troisième niveau (10%)[259] prend en compte les unités de menuiserie, d'ébénisterie et les dépôts de vente de bois. Outre la ZES de Nkok qui possède des menuiseries de type industriel, ces unités (3ème transformation), sont pour la plupart peu structurées, fabriquent principalement des meubles et font de la décoration en bois destinée au marché local. Elles ont une faible capacité de production et sont essentiellement approvisionnées par des scieurs artisanaux.

Il convient de mentionner que le segment sciage, soit 64% des unités de transformation avec 98 usines en 2018, est disséminé à travers toute l'étendue du territoire national[260], avec une forte concentration dans les provinces de l'Estuaire et de l'Ogooué-Maritime. Ces deux régions abritent les principaux points d'exportation (ports d'Owendo et de Port-Gentil). Ces unités produisent principalement les bois débités, notamment les lattes, les chevrons et les planches[261].

Pour sa part, l'activité de déroulage est réalisée par 37 unités de transformation qui produisent essentiellement des placages et des contreplaqués à base d'okoumé. Celles-ci ont enregistré de bons résultats sur le plan industriel. Le *Tableau 9*, nous donne la répartition par segment des unités de transformation implantées au Gabon.

---

258 CORAWOOD, ROUGIER GABON, GET, POGAB, SSMO, SHENG YANG et la SNBG

259 La troisième (produits finis et composites de la menuiserie et d'ébénisterie) est souvent de statut informel : taille petite, technologie élémentaire, et orientée vers le marché local, à l'exception de Ecowood ou Woodtech situées à la ZES ou Libreville

260 À l'intérieur du pays, ce sont essentiellement des petites scieries asiatiques (le marché asiatique est le plus important pour le sciage), sinon on retrouve les scieries Rougier et BSO situées depuis longtemps vers Njolé, la Somivab (Actionnariat Comilog-Eramet) située entre Njolé et Makokou. Dans la province de l'Estuaire, on retrouve la scierie d'Essassa entre Ntoum et Kango, et les scieries de la ZES (zone économique spéciale) de Ngok et les scieries de Libreville/Port-Gentil.

261 Direction générale de l'Économie et de la Politique Fiscale, *Tableau de Bord de l'Économie : situation 2017, perspectives 2018-2019*, *op. cit.*, p. 37.

Segments d'activité	2009	2010	2011	2012	2013	2014	2015	2018	Var 18/09
Sciage	67	70	100	108	110	110	112	98	67,1%
Placage	11	11	11	11	11	11	10	34	-9,1%
Contreplaqué	3	4	6	7	7	7	7	3	133,3%
Tranchage	0	0	0	1	1	1	1	1	-
Séchage	0	0	0	0	0	0	0	2	-
Raboterie	1	1	1	1	1	1	1	0	0%
Produits finis	0	0	0	0	0	0	0	15	-
Total	**82**	**86**	**118**	**128**	**130**	**130**	**131**	**153**	**86,6%**
Dont unités en activité	-	-	-	109	116	116	117	130	-
Dont unités en arrêt ou en installation	-	-	-	19	14	14	14	23	-

Tableau 9 : unités de transformation par segment d'activité de 2008 à 2015
Sources : DGIBVPF, DGEPF, 2015

Les unités nouvellement créées, principalement des scieries, sont majoritairement basées sur des équipements rustiques, à faible productivité et à forte main-d'œuvre. Cette préférence pour la première transformation peut s'expliquer par le fait que le coût relativement faible de l'investissement nécessaire pour la mise en place d'une unité de sciage (les investissements pour ce type d'unités se situent entre 2 à 3,5 millions d'euros)[262]. Le président honoraire de l'ATIBT et ancien acteur de la filière bois gabonaise nous confiait d'ailleurs en avril 2019 « *[qu'] il préférait s'installer dans la première transformation, car elle est moins coûteuse et plus rentable* »[263]. C'est pourquoi cette activité, à côté des vraies industries formelles, est également pratiquée par de nombreux producteurs informels. On peut certes, déplorer ce faible niveau technologique et d'investissement pour ces nouvelles unités industrielles, mais pour autant, elles correspondent bien au profil de ces nouveaux investisseurs qui occupent souvent une place jusqu'à lors pas ou peu occupée au Gabon. Selon la Banque mondiale, le niveau de transformation peut être élevé, car ils ont le souci de valoriser le plus possible la grume, ils s'adaptent mieux aux qualités moindres de la

262 Banque mondiale, *Impact de la mesure d'interdiction d'exportation des grumes sur la forêt, l'industrie du bois et l'économie du Gabon*, *op. cit.*, p. 8.
263 Entretien Aubin Gildas Kombila, Paris, Avril 2019.

ressource et sont généralement plus aptes à accepter de nouvelles essences[264].

À cet élément, il peut être ajouté la faiblesse des autorités[265] à faire appliquer la loi, car, selon les nouvelles dispositions du code forestier, les entreprises installées au Gabon disposent d'un plan d'aménagement (passage de la première à la deuxième transformation, de la deuxième à la troisième), à savoir donc un engagement qu'elles se doivent de respecter. Le Gabon pourrait à l'exemple de la Thaïlande et des Philippines favoriser le développement de la « troisième transformation », c'est-à-dire les produits finis à base de bois, véritables produits à valeur ajoutée[266].

Toutefois, bien qu'ayant connu une augmentation des unités de transformation, la mesure n'a pas permis d'atteindre les objectifs fixés par l'article 227 du code forestier adopté en 2001. Ce dernier prévoyait qu'à l'échéance 2012, au moins 75% de la production de grume soit transformée localement. Or si l'on se fie aux données du rapport du ministère de l'Économie et de la Prospective[267], seuls 40% du bois étaient transformés en 2013 et 50% en 2014[268]. Aussi, en nous référant à ces chiffres, parlerons-nous d'échec[269] de la mesure ; il faut toutefois

---

264 Banque mondiale, *Impact de la mesure d'interdiction d'exportation des grumes sur la forêt, l'industrie du bois et l'économie du Gabon*, *op. cit.*, p. 8.

265 Les niveaux élevés de corruption et l'implication personnelle fréquente du milieu politique et administratif dans l'économie forestière minent les systèmes de régulation. (Karsenty, « Enjeux méconnus de l'économie du bois ».[consulté le 23 janvier 2018]).

266 Alain Karsenty, Marie-Gabrielle Piketty, *Stratégies d'industrialisation fondée sur la ressource forestière et irréversibilités : les limites de l'expérience indonésienne*, *op. cit.*, p. 441.

267 Ministère de l'Économie et de la Prospective, Secrétariat général, direction générale de l'Économie et de la politique fiscale, *Évaluation de la réforme de l'arrêt des exportations des grumes*, Rapport, Libreville, 2014, p. 22.

268 PCA, *Filière Bois : Bientôt Une Nouvelle Usine de Transformation a Ndjole, op. cit.*,

269 L'interdiction d'exporter les grumes, prévoyait la protection des unités de transformation en matière d'approvisionnement en bois (disponibilité de la matière première). Or le constat fait sur le terrain, est que de nombreuses structures se plaignent du manque de bois et du fait que le prix de ce dernier varie en fonction des fournisseurs. L'État pour y faire face avait annoncé la mise en place de la Bourse Nationale du Bois du Gabon, permettant aux industriels de vendre leur surplus de bois et disposer des essences dont ils ont besoin (créé pour résoudre les problèmes d'accès aux bois des unités de transformation qui n'ont pas de permis notamment et booster le rendement économique du secteur). (Gaboneco, « Industrie du bois : Le Gabon veut

relativiser, car en 2009, à la veille de la prise de la mesure d'arrêt d'exportation des grumes, c'est-à-dire à 3 ans de l'échéance, seuls 15% à 30% des grumes étaient transformés localement. Il y avait donc un énorme retard à combler. De plus, à la différence du Cameroun[270] qui connut le mouvement inverse après avoir mis en place la mesure, le Gabon a enregistré une progression nette de son taux de transformation. Il y a donc lieu de penser que les acteurs du secteur avaient besoin d'une telle initiative pour accélérer la cadence de l'industrialisation.

Un autre constat fait est la faible implication des Gabonais dans la filière bois. Les figures ci-dessous (*cf. Planche 5*) donnent la répartition des unités par intérêt et par segment. Il ressort du graphique de 2012 que près de 80% de ces structures appartiennent encore à des non-nationaux, notamment Européens et Asiatiques. Cette situation est quasi similaire à celle de 2009 où la part des opérateurs gabonais représentait 22% contre 24% en 2012 (soit 26 unités de transformation). Les éléments cités précédemment ont été vérifiés lors de nos enquêtes de terrain en 2016 ; la part des entreprises enquêtées à capitaux d'origine étrangère s'élève à 89%, avec 19 nationalités, issues de trois continents (9 pour l'Afrique, contre 5 respectivement pour l'Asie et l'Europe).

Cette faible intégration des Gabonais dans le secteur forêt/bois peut s'expliquer par le manque de soutien des pouvoirs publics ; preuve en est les 20 milliards (30,5 millions d'euros) du Fonds Forestier National[271] n'ayant jamais été accordés. Les incitations fiscales ont été en partie appliquées ; mais quatre ans plus tard, « [...] *nous n'avons*

sa « Bourse Nationale du Bois (...) », Gaboneco, consulté le 31 janvier 2018, http://www.gaboneco.com/industrie-du-bois-le-gabon-veut-sa-bourse-nationale-du-bois.html.

[270] Alain Karsenty, « Le Cameroun et l'exportation des grumes » in *Bois et forêts des tropiques*, n° 262, 1999, p. 94. [En 1993, le Cameroun produisait environ 2,5 millions de m3 de grumes et en exportait pratiquement 1million en l'état, c'est-à-dire transformait environ 60% du bois sur place. En 1997, la production est estimée à 3,4 millions de m3 et 2 millions de m3 de grumes sont exportés. La proportion s'était donc inversée avec près de 60% des grumes exportées].

[271] En vue d'accompagner sur le plan financier les investisseurs (nationaux) désireux de créer des unités de transformation du bois, le gouvernement a initié la mise en place du Fonds Forestier National. La loi n°41/2009 du 09 février 2010 portant création, organisation et fonctionnement du Fonds forestier National assigne à cette structure la mission d'appuyer financièrement les opérateurs économiques œuvrant dans la transformation du bois au Gabon, afin d'améliorer leur processus industriel et leur compétitivité.

toujours pas vu un centime du fonds de soutien » assurent en chœur plusieurs opérateurs gabonais, qui se disent endettés. « *Les entreprises chinoises ont accès à d'énormes liquidités grâce à leurs banques publiques, alors que nous investissons sur nos fonds propres* »[272], soupirent-ils.

Pour la Banque Mondiale[273], bien que le gouvernement gabonais ait affirmé à maintes reprises son engagement à soutenir les PME, sa stratégie visant à diversifier l'économie semble dans les faits miser sur les grands investisseurs étrangers. À titre d'exemple, de nombreuses mesures incitatives fiscales proposées aux investisseurs étrangers sont inaccessibles aux investisseurs locaux. Les investissements publics sont également orientés vers les grands investisseurs capables de négocier auprès du gouvernement l'attribution d'infrastructures dédiées, de tarifs spéciaux des services publics, etc. Les marchés de l'État semblent également dirigés, pour diverses raisons, vers ces mêmes grandes entreprises. Il n'était d'ailleurs pas rare d'entendre certains responsables de PME gabonaises évoquer l'argument du prix des terrains de la zone économique spéciale comme facteur limitant de leur installation.

À la faiblesse de l'aide de l'État, il faut ajouter le manque d'implication ou de « culture du bois » des Gabonais. Un cadre de la structure *Placage Déroulé du Gabon*, ayant vécu très longtemps dans ce pays, déplorait le fait « [...] *qu'aucune structure privée gabonaise ne s'est développée dans le secteur, malgré les grandes facilités administratives qui sont proposées. Depuis 2009, nous avons connaissance d'une seule Association de Coupe Communautaire, située à Lalara entre Njolé et Makakou, qui s'est proposée en fournisseur de grumes. Les bois proposés étaient de belle qualité, les prix étaient ceux du marché, mais la mauvaise gestion du directeur n'a pas permis à l'entreprise de passer sa première année* »[274].

---

[272] JeuneAfrique.com, « Gabon : la filière bois reverdit », JeuneAfrique.com, 10 avril 2014, http://www.jeuneafrique.com/11186/economie/gabon-la-fili-re-bois-reverdit/. [consulté le 31 janvier 2018].

[273] Banque mondiale, *Rapport sur la diversité et la Compétitivité des Exportations en République gabonaise, Améliorer le climat d'investissement pour diversifier l'économie*, Rick Emery Tsouck Ibounde, Akiko Suwa-Eisenmann, Olivier Cadot (Dirs), Washington, Groupe la Banque Mondiale, 2014, p. 58.

[274] Enquête de terrain, Aubin Gildas Kombila, juin 2016.

Selon l'analyse des déclarations des statistiques reçues des opérateurs de la filière, 56 des 118 unités sont intégrées verticalement[275] c'est-à-dire détentrices à la fois de concessions forestières et d'unités de transformation du bois. Cela demeure une part relativement faible. En outre, la présence de séchoirs[276] est encore faible, selon les informations fournies par la direction générale des Industries, du Commerce du Bois et de la valorisation des produits forestiers, il y a seulement deux séchoirs pour l'ensemble du pays en 2018.

---

[275] Direction Générale des Industries du commerce du bois et de la valorisation des produits forestiers, *État des lieux de l'industrie du bois au Gabon,* Libreville, 2012, p. 15.

[276] L'activité de séchage dans une scierie n'étant pas primordiale pour l'export ni particulièrement technique (responsable usine). De plus, elle ne génère que très peu d'emplois contrairement à ce que l'on pense généralement (le séchage des bois débités était rendu obligatoire pour créer de l'emploi). *« Un séchoir nécessite 3 personnes maximum. Si vous avez 4 séchoirs, 3 personnes suffisent également ; si vous disposez d'une scierie, il n'est même pas garanti que vous soyez obligés d'embaucher des personnes supplémentaires pour cette activité »* nous confiait un industriel.

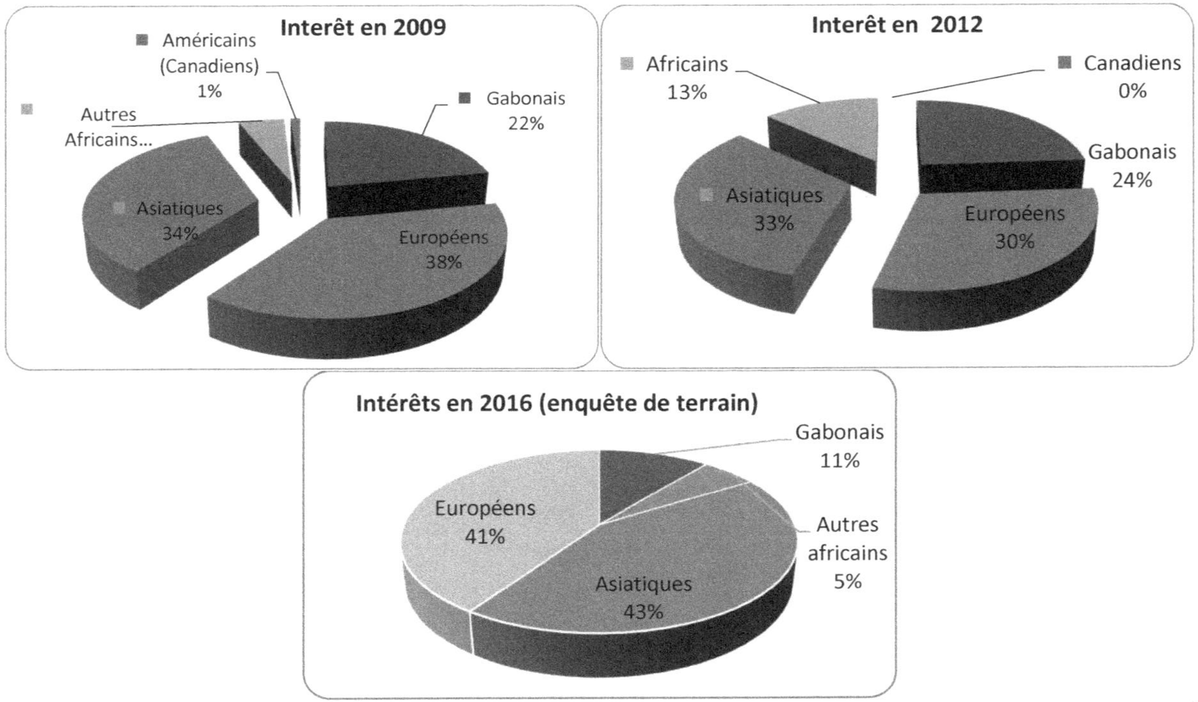

Planche 5: répartition des unités de transformation du bois par intérêts en 2009, 2012 et 2016
Sources : DGF 2009 & 2012, enquêtes de terrain Aubin Gildas Kombila 2016

L'arrêt de l'exportation des grumes n'a donc pas eu pour seul effet la multiplication du nombre d'unités de transformation. En adoptant cette mesure, les autorités gabonaises souhaitaient un transfert de technologie[277] et des compétences en vue de réduire la dépendance du Gabon vis-à-vis de l'extérieur et de faire de ce pays à l'horizon 2025 un pays industriel. De fait, le Gabon s'est-il doté de moyens capables d'assurer son développement technologique et ainsi d'assurer son avenir industriel ? Les réponses à cette question nous permettront de mieux apprécier l'évolution qu'a connue la filière bois dans ce domaine.

1.2 développement technologique et transfert des compétences

Il est communément admis que l'instauration d'un processus d'industrialisation de développement consiste à automatiser un certain nombre de tâches inhérentes à la création de produits et/ou de logiciels, de façon à garantir un niveau de qualité dans un délai prédictible avec une charge réduite. Michaël Goujon et Christian Kafando affirment d'ailleurs « [que] *l'industrialisation requiert la mise en place d'un socle technique, d'outils et de méthodologie* »[278]. Pour se faire, le Gabon souhaitait par cette mesure favoriser le transfert de technologie et de compétences sur son sol.

1.2.1 le développement technologique

Le transfert de technologie est l'un des apports de la transformation locale du bois. Celui-ci est défini dans le domaine du bois comme étant « [...] *un vaste ensemble de processus qui englobe les échanges de savoir-faire, de données d'expérience et de matériels afin d'avoir une industrie innovante et de pointe pour une valorisation plus poussée des grumes extraites des forêts* »[279]. Le transfert de technologie constitue une question essentielle dans la mesure où de nouveaux et meilleurs produits créent de nouveaux emplois, ainsi que des sociétés dérivées (papeteries, petits commerces, etc.) ; ces dernières contribuent à la modernisation de l'industrie et sont à l'origine de projets de coopération

---

[277] L'utilisation de machine adéquate et de qualité a une incidence sur la production, le rendement matière et donc au final la contribution économique de la filière (valeur ajoutée). Toutefois, il faut dire que la technologie seule ne suffit pas à avoir un bon rendement matière, la qualité du bois y participe fortement.

[278] Michaël Goujon, Christian Kafando, *Caractéristiques structurelles et industrialisation en Afrique : Une première exploration*, *op. cit.*, p. 4.

[279] Sandra Pellet « les transferts de technologie vers les pays en développement », *Regards croisés sur l'économie*, n° 6, 2009, p. 229.

dans des domaines neufs et novateurs de la technologie. Cette action est importante dans un pays comme le Gabon où la majeure partie des industries date de plus d'une vingtaine d'années, voire de l'époque coloniale, et dont le matériel n'est pas souvent renouvelé[280]. La vétusté du matériel industriel serait l'une des raisons expliquant le retard du Gabon dans la transformation locale du bois. Selon Landry Mandoukou, « [...] *l'objectif de transfert des techniques et technologies pour atteindre 75% de transformation du bois au Gabon en 2012 n'avait pas été atteint avec un différentiel de 40 à 50%* »[281], ce qui veut dire que jusqu'en 2009, les différentes entreprises installées n'avaient pas respecté les closes établies avec les autorités gabonaises concernant le transfert du matériel et des compétences devant permettre d'atteindre le taux de 75% de transformation locale. Comme mentionné plus haut, ces dernières se contentaient du premier niveau de transformation et/ou d'exportation du bois brut. Il faut noter qu'avant la mesure, l'industrie de transformation du bois, quel que soit le segment d'activité considéré, connaissait de nombreux problèmes techniques récurrents dans la première et surtout la deuxième transformation du bois[282]. Le chef du projet d'aménagement des petits permis forestiers gabonais, et par ailleurs ingénieur des eaux et forêts, avait d'ailleurs souligné « [que] *c'est l'existence de ces points critiques ou difficultés, qui était à l'origine du retard pris par le Gabon dans le domaine de l'industrie du bois* »[283].

Selon les industriels et nos enquêtes de terrains, au Gabon, l'outil industriel mis en place par l'essentiel des usines est plutôt « rustique ». Le ministre de l'Économie, de la Prospective et de la Programmation du développement reconnaissait d'ailleurs en juillet 2017 « *[que] le renouvellement des équipements est l'un des nombreux défis que la filière bois gabonaise doit surmonter* » [284]. Il est extrêmement coûteux d'avoir recours à du matériel moderne avec beaucoup d'électronique et d'automatisme (contraintes de chaleur et d'humidité pour les armoires

---

281 Landry Mandoukou, « Chronique des événements récents de la filière bois au Gabon », in *Le Huffington Postn*, le post archives, 2010, p. 7.

282 , Direction Générale des Industries du commerce du bois et de la valorisation des produits forestiers, *État des lieux de l'industrie du bois au Gabon*, *op. cit.*, p. 9.

283 Enquête de terrain, Aubin Gildas Kombila, juillet 2016.

284 « Gabon : la filière bois a encore du pain sur la planche », JeuneAfrique.com, 12 juillet 2017, https://www.jeuneafrique.com/mag/453066/economie/gabon-filiere-bois-a-pain-planche/.

électriques et les cellules laser, compétence de la main-d'œuvre technique, solutions de dépannage pour les pièces détachées, coupures de courant, etc.). *« Par exemple en Europe, 100% des usines de déroulage fonctionnent avec un système de centreur laser sur les billes. Ici au Gabon, seule la SNBG en est équipée, et ils sont en panne depuis novembre 2014. On estime qu'un centreur laser automatisé fait gagner 5 à 10% de rendement sur une bille par rapport à un centreur optique/manuel... Le coût départ fabricant est de 1 million d'euro (Italie ou Finlande), contre 200 000 euros pour un centreur manuel. Sachant que lorsque vous êtes incapable de réparer, déjà vous ne pouvez pas produire du tout ; puis le technicien doit venir de chez le fabricant, avec la pièce de rechange... La galère assurée »*[285] affirmait un industriel européen. Il rajoute : « *on s'expose à des pannes difficiles liées à l'environnement et à de graves problèmes d'approvisionnement pour réparer. Surtout lorsque cela tombe en panne, toute la production est arrêtée. Il faut compter deux mois d'acheminement en bateau pour une pièce détachée (avec bien souvent les blocages intempestifs de la douane), une fortune pour un acheminement par avion (le prix du transport est systématiquement supérieur au prix de la pièce ; et si votre technicien n'est pas capable de réparer, il faut faire venir le technicien du constructeur depuis l'Europe (Billets d'avion, hébergement, honoraires per diem, VISA) ... Un vrai cauchemar !* »[286].

Toutefois, la mesure visant la transformation locale du bois vient à point nommé en ce sens qu'elle a permis à certaines usines gabonaises, longtemps orientées vers l'exportation des grumes (hormis pour quelques entreprises telles que *Rougier Gabon* qui avaient déjà débuté la transformation), de se doter d'un équipement plus adéquat à la transformation. C'est le cas de la *Société Nationale du Bois du Gabon* (SNBG) avec son complexe industriel situé à Owendo qui s'est dotée non seulement d'un équipement nouveau pour le placage, séchage, etc. Bien que connaissant encore des difficultés, l'ensemble des usines, notamment dans le déroulage, s'équipe progressivement en matériels plus technologiques. La seule usine à avoir fait le saut immédiat dans la technologie de pointe demeure la SNBG avec néanmoins de nos jours des problèmes de maintenance, qui constitue l'une des raisons de l'arrêt de son activité. Sans bon technicien en électromécanique équipé du matériel adéquat pour réparer, c'est mission impossible. D'ailleurs, ici

---

[285] Enquête de terrain, Aubin Gildas Kombila, juin 2016.
[286] *Ibid.*,

repose un paradoxe en matière de politique de création d'emploi par l'industrie, nous confiait un industriel : « *plus on s'équipe en technologie industrielle pour produire, moins on n'emploie de personnes. Exemple : les plus grosses usines du Gabon produisent 50 000 à 70 000m3 de placage par an avec 250 à 300 personnes. La plus grosse usine de Finlande produit 1 500 000 m3 de placage avec environ 20 personnes* »[287].

Bien que l'activité se concentre essentiellement sur la première étape de transformation, de nombreuses entreprises, à l'exemple de celles de la zone économique de Nkok, tentent de développer de nouveaux produits avec une plus forte valeur ajoutée, pour compenser les pertes de 2010/2011 enregistrées par les unités implantées avant la mesure. Ainsi, l'entreprise suisse *Precious Woods*, connue pour son travail des essences rares, a augmenté les capacités de sa scierie de bois durs en 2011 afin d'offrir de nouveaux produits. L'introduction du placage déroulé et séché à l'air et de plusieurs produits à base d'essences moins connues telles que le Faro, l'Omvong et le Niové, a permis d'augmenter le portefeuille de clients de la société, cette même année.

Cependant, les PME gabonaises ne disposent pas encore d'unités d'équipements industriels modernes, pour assurer la transformation locale des grumes. Ces investissements sont lourds pour ces derniers. Comme mentionné précédemment, ils se situent pour les scieries par exemple, entre 1,3 et 2,3 milliards de FCFA soit 2 à 3 millions d'euros. Contrairement à certains pays (européens notamment), le Gabon devrait se doter de matériel adapté à son climat. De plus comme le mentionne un cadre de Placages Déroulés du Gabon, « *au lieu d'acheter du matériel cher et dont les pièces ne sont pas disponibles sur place, le pays pourra prendre du matériel d'occasion des entreprises françaises ayant fermé en métropole* »[288], cas de *Plysorol*, l'une des plus grandes usines de contreplaqué au monde par le passé. La *Planche 6*, nous montre le type de matériel industriel rencontré dans les différentes unités de transformation depuis l'arrêt de l'exportation des grumes.

---

[287] *Ibid.*,

[288] *Ibid.*,

SNBG

Rougier Gabon

SOMIVAB

PDG

Sur ces photos, des exemples de formateurs d'origine étrangère et du matériel industriel importé par Rougier Gabon, la SNBG, SOMIVAB et PDG (tranchage & déroulage). C'est le signe d'un transfert technologique qui commence à prendre forme et qui aura à long terme un fort impact économique sur le pays.

Planche 6: exemple du matériel industriel rencontré dans les unités de transformation

Clichés : Aubin Gildas Kombila, 2012

1.2.2 le transfert de compétence

La formation est pour tout pays qui aspire à un développement harmonieux, une nécessité impérieuse. Former des hommes constitue un programme essentiel pour assurer les plans d'avenir, particulièrement pour un pays comme le Gabon désireux de basculer dans une nouvelle ère, à savoir celle des pays dits « émergents ». Lors de nos enquêtes de terrain, ce besoin s'est fait nettement ressentir ; en effet, la qualité de la main-d'œuvre[289] était l'une des préoccupations majeures des différentes unités de transformation. Un certain nombre d'efforts a été consenti par les autorités gabonaises depuis la mise en place de la mesure prônant l'arrêt de l'exportation des grumes. Nous assistons dans certaines usines à un recyclage (formation) du personnel existant. C'est le cas de la structure PDG ; celle-ci a eu l'opportunité de recruter un dérouleur indonésien formé en Chine, qui est resté dans l'entreprise un an et demi et qui en a profité pour former un jeune gabonais. « *Aujourd'hui, le dérouleur gabonais est pleinement autonome depuis plus de 7 mois. Nous sommes satisfaits de son dynamisme et de l'enseignement qu'il a reçu. Il présente quelques lacunes qui sont de l'ordre du perfectionnement* »,[290] nous a dit le responsable de ladite structure.

Au niveau local, le Gabon a également initié le projet « *Un jeune, un métier* », qui oblige les différentes entreprises à prendre en stage (pas forcément rémunéré) un jeune Gabonais pour une phase de formation. Lors de nos déplacements, nous avons eu l'opportunité de rencontrer sur le terrain certains jeunes bénéficiant de cette formation. C'est le cas à la scierie de Sibang dans le 6e arrondissement de Libreville. Il en est de même dans une unité de déroulage de Libreville où « [actuellement] *un jeune stagiaire gabonais en formation alternante reçoit un enseignement de notre dérouleur* […] *nous lui mettons à disposition notre savoir et nos supports techniques, en prévision de l'avenir* »[291]. De même, au complexe industriel d'Owendo, l'arrivée d'un expert technique gabonais a permis aux employés d'acquérir de nouvelles

---

[289] Au début, en 2009, les difficultés étaient énormes. Trouver une main-d'œuvre qualifiée techniquement était compliqué, une situation qui n'a pas véritablement changée aujourd'hui. Il n'existait et n'existe toujours pas de formation type « école du bois » qui enseigne le déroulage. Le sciage est enseigné.

[290] Enquêtes de terrain, Aubin Gildas Kombila, juin, 2016.

[291] Enquêtes de terrain, Aubin Gildas Kombila, juillet, 2016.

connaissances et d'être plus compétents dans divers domaines de la chaîne de production.

Faute d'une école des métiers du bois et du meuble, longtemps le Gabon a dû envoyer se former à l'extérieur du pays du personnel qualifié du secteur forêt/bois (surtout au plan industriel) : « *Nous souhaitons également une accélération de la formation des personnels gabonais. La filière a besoin d'hommes et de femmes qualifiés pour fonctionner* », expliquait le directeur exécutif du groupe français *Rougier*. Depuis 2010, le partenariat Gabon-Suisse (arrêté en 2013) a permis l'accueil à Berne de nombreux Gabonais (étudiants et professeurs) pour se former dans le domaine bois.

L'ambition était non seulement de répondre à la demande d'emploi, mais aussi de revenir former de nombreux autres gabonais dans divers centres et écoles de formations à l'ouverture projetée, telle l'école du bois de Bouée dont les travaux ont été malheureusement interrompus en 2014-2015 pour faute de financement de l'État (*cf. chapitre 7*). « *Il s'avérait utile d'envoyer ces enseignants afin qu'ils puissent suivre une formation qui leur permettra d'enseigner dans la future école supérieure de Booué, à l'école normale supérieure de l'enseignement technique et à l'institut technologique d'Owendo* »[292]. Le choix de la Suisse tient au fait qu'elle a une formation professionnelle très performante. De nombreuses études à l'instar de celle de l'OCDE en 2009, ont montré à quel point le système d'enseignement et de formation professionnels de la Suisse est efficace, permettant d'assurer le passage à la vie active des élèves de tous niveaux[293]. La Suisse est, selon le classement du World Economic Forum de 2015, le pays le plus compétitif au monde. La qualité de sa main-d'œuvre est souvent considérée comme un atout prépondérant et le fonctionnement efficace de son système de formation joue un rôle crucial pour soutenir l'économie[294]. D'ailleurs cette dernière (formation), est souvent considérée comme un modèle pour de nombreux pays qui n'hésitent pas à envoyer leurs délégations : « *Le modèle semble si bien fonctionner qu'on vient de partout à travers le monde pour l'étudier. France, États américains, Inde, Sénégal : chaque année, une trentaine de délégations*

292 Ministère des Eaux et Forêts, 2012.

293 « Etude économique de la Suisse 2017 - OCDE », consulté le 26 avril 2019, http://www.oecd.org/fr/eco/etudes/etude-economique-suisse.htm.

294 Les synthèses de la Fabrique, *La formation professionnelle en suisse*, n°6, 2016, p. 2.

viennent ici pour tenter de percer le secret de la recette suisse »[295]. Rappelons suite à l'échec de l'école des métiers du bois de Booué, le partenariat avec la Suisse n'a plus été renouvelé depuis 2013.

Bien qu'ayant consenti des efforts, le problème d'une main-d'œuvre qualifiée dans la filière bois se pose toujours. La compétence dans certains segments tels que le déroulage est certes bien plus représentée actuellement dans la main-d'œuvre gabonaise qu'avant 2009 ; mais celle-ci n'en serait que grandie si les lycées techniques proposaient une spécialité « déroulage » ou un cursus « école du bois » plus complet. Dans ces domaines, rares sont les Gabonais ayant eu une formation, professionnelle ou universitaire, se formant généralement « sur le tas ». Nous y reviendrons plus en détail dans la troisième partie de notre travail (*cf. chapitre 7*).

1.3 la production du bois au Gabon

La décision des autorités de transformer le bois localement a une incidence directe sur la production des grumes en terre gabonaise. Rappelons qu'au cours de la période 2004-2009, la production et les exportations de grumes ont enregistré une hausse continue. En effet, la production a enregistré un taux de croissance de 3,8% passant à 2,7 millions de m^3 et les exportations, de 6,7% à 1,6 million de m^3. Ces deux variables ont connu un pic en 2007, lié à une hausse de la demande occasionnée par les travaux d'achèvement des chantiers des Jeux olympiques en Chine.

Sur la période 2004-2009, la production moyenne de grumes était de 3 millions de tonnes. Avec la mesure gouvernementale entrée en vigueur en 2010, cette production s'est située en deçà de 2 millions de tonnes. Elle est passée d'environ 2,7 millions en 2009 à 1,6 million en 2015. Ainsi, cette mesure a donc entrainé une baisse de 45% de la production de grumes entre 2009 et 2015. Si l'on compare avec 2007/8, nous dirons que la production de grumes a été divisée par plus de 2 en moins de 10 ans. Pour la représentante-résidente de la Banque Mondiale au Gabon « *La production nationale de grumes a été réduite, engendrant un souci d'approvisionnement pour certains*

[295] Zone Société- ICI.Radio-Canada.ca, « Le modèle suisse de formation professionnelle fait bien des envieux », Radio-Canada.ca, https://ici.radio-canada.ca/nouvelle/1071533/modele-suisse-formation-professionnelle-duale-ecole-entreprise-jeunes-emploi-travail-chomage-quebec-main-oeuvre-entreprise [consulté le 26 avril 2019].

industriels »[296]. Le tableau ci-dessous nous montre l'évolution de la production de grumes au Gabon depuis 2006.

Production (Millions m^3)	**2006**	**2007**	**2008**	**2009**	**2010**	**2011**	**2012**	**2013**	**2014**	**2015**
Grumes	3,220	3,433	3,169	2,667	1,841	1,590	1,221	1,613	1,625	1,5

Tableau 10 : production nationale de grumes entre 2006 et 2015[297]
Source : MEF (DGIBVPF, DGEPF), 2015

De ce tableau, nous constatons que la production de grumes en 2009 enregistrait déjà une baisse par rapport aux années précédentes où la production nationale était de l'ordre de 3,2 à 3,4 millions de m^3, en lien avec la baisse du marché des bois tropicaux. Mais celle-ci s'est accentuée à partir de 2010. La forte baisse de la production enregistrée entre 2009[298] et 2012 s'explique par le caractère inattendu de la décision qui a surpris les différents exploitants dont la majorité n'était pas préparée à se convertir en opérateurs industriels. En effet, il convient de rappeler que l'exploitation forestière et l'industrie du bois sont deux métiers différents, même si dans certains cas, les opérateurs les plus intégrés arrivent à exercer les deux activités. Dans ces conditions, certaines entreprises, spécialisées dans l'exploitation forestière et le négoce, faute d'avoir un débouché local pour leur production, ont freiné voire arrêté leurs activités. Entre 2012 et 2014, la production de grumes a été en légère augmentation. Mais cette tendance s'est inversée en 2015 et pourrait selon la Banque Mondiale, être en lien avec la crise sur les marchés asiatiques[299]. Il convient de mentionner qu'au moment de l'entrée en vigueur de l'interdiction d'exporter les grumes, l'exportation de grumes représentait un volume de 1,6 million de m^3, soit plus de 60% de la production nationale. La baisse de la production du pays est donc imputable à la mesure prise en 2010.

[296] Bois : L'interdiction d'exportation de grumes 10 ans après, *op. cit.,*
[297] Nous n'avons pas pu avoir la production de l'exploitation forestière pour les années 2016-2018, n'était disponible que la production des bois transformée.
[298] Entre 2009 et 2010, la production de bois brut a baissé de 30,97% à 1,8 million de m^3, en raison de la faillite de certains opérateurs spécialisés dans l'exploitation forestière et le négoce.
[299] Banque mondiale, *Impact de la mesure d'interdiction d'exportation des grumes sur la forêt, l'industrie du bois et l'économie du Gabon*, *op. cit.*, p. 10.

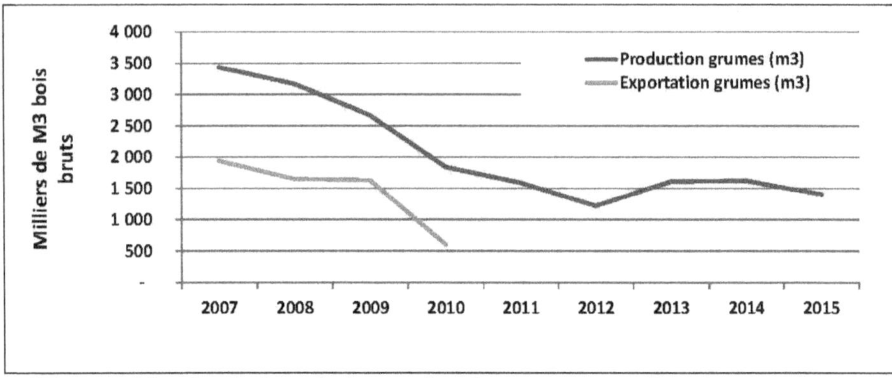

Figure 21 : évolution de la production et exportation des grumes au Gabon entre 2007 et 2015
Source : Ministère des Eaux et Forêts, 2016

Bien que la production globale ait connu une baisse, nous assistons depuis 2010 à une augmentation du volume des grumes transformées, due à la création de nouvelles entreprises. D'autres ont été réaménagées passant du simple sciage à la production de placage (à savoir donc de la première transformation à la deuxième), accentuant ainsi cette progression. Ainsi, la production des bois transformés est passée à une collecte de 281 331 m^3 en 2009 à 824 072 m^3 en 2017, soit une augmentation de 192,9%. Cette progression est observable dans les différents segments (principalement le sciage).

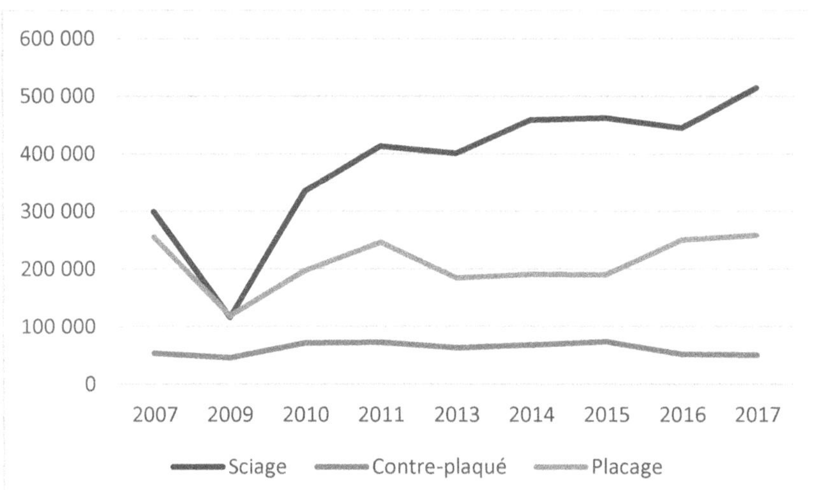

Figure 22 : évolution de la production par segment d'activité
Source : TBE publié par la DGEPF, 2017

En 2017 la production de sciage[300] se situerait à 514 004 m^3 contre 116 183 m^3 en 2010, soit une hausse de 342%. Cette embellie s'explique par le lancement des activités des nouvelles unités, un meilleur approvisionnement des usines en grumes. L'activité de déroulage quant à elle, est réalisée en 2017 par trente-cinq (35) unités de transformation, fabriquant essentiellement des placages (trente unités) et des contreplaqués (cinq unités) à base d'Okoumé. Le renforcement des capacités de production, engagé en 2010, a continué de rendre dynamique ce segment. S'agissant de la production de placages, elle a augmenté de 117% à 258 838 m^3 entre 2009 et 2017. Cette performance s'explique par une accélération du rythme d'approvisionnement des usines en grumes et la production additionnelle des usines nouvellement installées dans la ZERP[301] de Nkok[302]. De même, la fabrication de contreplaqué enregistrerait une légère augmentation de 11,6% à 51 230 m^3, suite à l'amélioration de l'approvisionnement des unités de transformation en matière première et la mise en service progressive des nouvelles usines. Toutefois, comparée à 2010 ou encore à 2015 (73 545 m^3), la branche de fabrication de contreplaqué a été marquée par un repli de son activité en 2017. En effet, la production a diminué de 30,3% à 51 230 m3. Cette situation résulte des difficultés d'approvisionnement en grumes des principales unités de transformation de ce segment d'activité industrielle[303].

Au regard des Tableau 10, nous pouvons dire que la production des grumes au Gabon bien que connaissant une progression est encore en dessous des capacités produites au cours de la période d'avant la mesure au niveau global. Si l'on s'en tient à l'évolution par segment d'activité, il y a une nette amélioration. Selon les estimations pour 2015, d'une part, la production de grumes se situerait à 1,5 million de m^3 contre 2,7 millions de m^3 en 2009, soit une contraction de 45%, consécutivement à l'arrêt des ventes de grumes à l'international. D'autre part, la production industrielle s'apprécierait fortement, passant de 281331 en 2009 à 824 072 m^3 en 2017. Celle-ci sera meilleure au fils des années si des efforts sont consentis. Un autre constat est que la production des

[300] En 2017, ce segment représente près de 80% des unités de transformation de la filière avec environ 120 usines de sciage contre 67 en 2009.
[301] Zone économique à régime privilégié
[302] Direction générale de l'Économie et de la Politique Fiscale, *Tableau de Bord de l'Économie : situation 2017, perspectives 2018-2019, op. cit.*, p. 38.
[303] *Ibid.*, p. 38.

industries de 1er niveau (sciage et placage) augmente beaucoup plus vite que celle de la 2ème transformation.

Pour résumer, l'industrialisation de la filière a permis une augmentation du nombre d'unités de transformation avec pour conséquences un transfert de technologie et de compétences. Ce fait a également eu des répercussions sur le plan socio-économique notamment par la valeur ajoutée générée et les emplois créés.

2. La contribution socio-économique de la transformation du bois au Gabon

La promotion en Afrique des industries locales performantes de la filière bois devient une constante dans les discours de nombreux acteurs. Pour Karl-Hermann Schmincke : « *Les industries forestières (aussi bien celles du bois que les autres) ont joué et continuent de jouer un rôle clé dans le développement socio-économique général. Les grandes et petites entreprises qui fabriquent des produits forestiers pour la consommation intérieure et pour l'exportation représentent une part importante de la base économique dans la plupart des pays* »[304]. Son développement apparaît comme une perspective nouvelle de développement qui va dans le sens de la diversification de l'économie. La transformation locale du bois par arrêt total ou partiel des exportations de grumes est devenue l'un des objectifs majeurs du développement forestier de la plupart des pays d'Afrique centrale ; et le Gabon n'est pas en reste. L'intérêt national, bien qu'ayant des effets négatifs sur le court terme, serait d'avoir sur son territoire une filière la plus complète possible. Ce qui serait bénéfique en termes de répartition du surplus et d'emplois[305]. Les lignes qui suivent, basées sur une étude comparative, nous permettrons de mieux apprécier le dynamisme de la transformation du bois au Gabon sur le plan socio-économique.

2.1 l'impact économique de la transformation locale du bois

Sur le plan économique, « *la transformation locale du bois est souvent décrite comme source de valeur ajoutée, qui contribue à accroître les revenus du pays producteur tout en créant des*

[304] « Les industries forestières : un secteur capital pour l'ensemble du développement socioéconomique », http://www.fao.org/3/v6585f/V6585f08.htm [consulté le 27 avril 2019].

[305] Alain Karsenty, Marie-Gabrielle Piketty, *Stratégies d'industrialisation fondée sur la ressource forestière : les limites de l'expérience indonésienne, op. cit.*, p. 438

emplois »[306]. Cependant, les pays qui ont entrepris des stratégies de développement d'une industrie du bois par arrêt des exportations des grumes (les cas du Ghana, de l'Indonésie ou de la Thaïlande) perdent généralement, à court terme, une part importante de la rente potentielle. Ceci se traduit par une baisse significative des revenus de l'État dans le secteur[307] : *« L'arrêt de l'exportation des grumes est une amputation de notre chiffre d'affaires de l'ordre de 40 à 70% »,* expliquait le gérant de la société *Industrie bois négoce Gabon* (INBG). *« On ne peut pas faire d'omelette sans casser des œufs ! »,* avait alors imagé le ministre des Eaux et Forêts. *« Nous avons au Gabon une capacité installée de l'ordre de 2,3 millions de mètres cubes de bois. Mais le bois qui entre en usine aujourd'hui n'est que d'un million de mètres cubes. Donc il y a un fossé »* rajoute-t-il, en estimant qu'avec les installations actuelles, le pays pourrait sans difficulté transformer 500 000 mètres cubes de bois supplémentaires. Qu'en est-il près de dix ans après[308] ? Pour y répondre, nous énumèrerons les éléments macroéconomiques que sont les recettes fiscales, les ventes et le produit intérieur brut de la filière bois.

2.1.1 les recettes fiscales

Les entreprises du secteur bois sont assujetties à deux taxes[309] spécifiques à leur activité, qui constituent les recettes fiscales de la filière :

---

[306] Jérôme Mabika, *Enjeux et défis de l'industrialisation de la filière bois, op. cit.*, p. 338.

[307] En 2010, les recettes fiscales directes et indirectes de l'exploitation forestière étaient initialement prévues à 76 milliards de francs, mais la mesure d'interdiction d'exporter les grumes fait perdre à l'État 25 milliards de francs au titre des Droits et taxes à l'exportation (DTE) et 25,2 milliards de francs CFA correspondants aux droits et taxes à l'importation (DTI) à l'impôt sur les sociétés (IS) et aux autres taxes intérieures ; soit une perte d'un peu plus de 50 milliards de francs CFA. En 2010, les exportations totales de grumes devaient être initialement de 142 milliards de francs CFA. La suppression de ces exportations conjuguée à une baisse moins importante des importations (intrants) débouche sur une dégradation d'environ 100 milliards de francs CFA du solde commercial. En sus, au titre des effets macroéconomiques négatifs, il y a la hausse de l'endettement public, la mise en jachère de certains investissements publics, une dégradation de l'excédent commercial au niveau de la balance des paiements [DGE, 2010].

[308] Les données de certaines années n'étant pas disponibles, nous nous limiterons aux données de 2009 à 2013-14.

[309] La loi des finances 2012 a transféré au cordon douanier la taxe d'abattage, voyant ainsi la direction générale des Douanes et des Droits Indirects (DGDDI) compétente

- la taxe sur la superficie de leur (s) concession (s) forestières (s). Elle permet de prélever une contribution sur la surface du permis forestier (400 FCFA/ha par an)[310] ;
- et une taxe à l'abattage/Exportation de bois transformés qui porte sur la valeur mercuriale des grumes abattues. Elle est due à la coupe avec un abattement de 15% pour les grumes exportées et 60% pour les grumes transformées.
- à ces deux taxes, il faut ajouter les DTS (Exportation des grumes) prélevés jusqu'en 2010 sur l'exportation de bois bruts.

Traditionnellement, la contribution de la filière bois au budget de l'État reste marginale, au regard de son poids en termes d'offres d'emplois et comparativement aux secteurs des industries extractives comme le pétrole ou les mines. Toutefois, entre 2010 et 2014, nous assistons à une baisse continue de ces dernières. En effet, comme le montre le *Tableau 11*, la somme des recettes fiscales est passée de de 25,46 milliards de FCFA (38,87 millions d'euros) en 2009 pour s'établir à 7,05 milliards de FCFA (10,76 millions d'euros) en 2014, soit une baisse de 72,3%. Un état de fait que la représentante résidente de la Banque Mondiale au Gabon qualifie de « *chute drastique* » ou encore d'« effondrement »[311]. En effet, « *les recettes fiscales générées traditionnellement par le secteur ont connu un effondrement. Une conjoncture qui a causé des préoccupations d'approvisionnement chez certains industriels* »[312] précise-t-elle.

---

en matière de recouvrement de cette taxe, la direction générale des Impôts (DGI) gardant le recouvrement de la taxe de superficie.

[310] La pression fiscale a fortement augmenté au début des années 2000 avec la très forte augmentation de la taxe de superficie (qui est passée de 20 FCFA (0,03 euro) à 400 FCFA/ha actuellement, soit 0,61 euro). Il y a eu une période transitoire ou la taxe de superficie était différentiée si la concession était ou non aménagée (300 FCFA/ha contre 600 FCFA/ha pour les concessions non aménagées). Avec la loi de finances 2012, la taxe de superficie appliquée est la même quel que soit le statut de la concession (400 FCFA/ha).

[311] « Bois : L'interdiction d'exportation de grumes 10 ans après », *Gabonreview.com | Actualité du Gabon |* (blog), https://www.gabonreview.com/blog/bois-linterdiction-dexportation-de-grumes-10-ans-apres/ [23 mars 2017].

[312] Le Nouveau Gabon, « La Banque mondiale fait le bilan de la filière bois au Gabon six ans après l'interdiction d'exportation des grumes », Le Nouveau Gabon, http://www.lenouveaugabon.com/bois/2403-11635-la-banque-mondiale-fait-le-bilan-de-la-filiere-bois-au-gabon-six-ans-apres-l-interdiction-d-exportation-des-grumes [consulté le 27 avril 2019].

Milliards de FCFA	2007	2009	2010	2011	2012	2013	2014
Taxe de superficie : 400 F.CFA/ha	6.02	5.42	5.69	4.30	4.32	4.10	4.45
Taxe d'abattage (depuis 1012) : producteurs grumes = 3% valeur mercuriales grumes / industriels = 1,5% valeur FOB produits transformés	6.9	3.34	3.50	1.53	2.5	2.3	2.6
DTS (Exportation des grumes)	27.9	16.7	7.1	-	-	-	-
TOTAL	40,82	25.46	16.29	5.83	6.82	6,4	7.05

Tableau 11 : évolution des recettes fiscales de la filière bois
Source : Direction Générale des Impôts et Direction Générale des Douanes, 2016[313]

La faiblesse des recettes fiscales tirées de la filière forêt-bois s'explique par trois raisons principales. Nous avons premièrement l'arrêt des Droits et Taxes de Sortie (DTS), deuxièmement, le faible niveau de transformation des produits bruts sur le marché - et enfin, les mesures incitatives prises depuis 2010 pour accompagner les entreprises durant leur phase d'industrialisation.

Concernant l'arrêt des Droits et Taxes de Sortie (DTS), il faut dire qu'avant l'interdiction des exportations de grumes, l'État percevait sur les exportations du bois, une part importante de ses recettes forestières : les DTS pouvant atteindre 70% des recettes fiscales forestières[314]. Suite à la mesure, seules les taxes d'abattage et de superficie subsistent. Cet argumentaire est conforté par les propos du directeur général du ministère du Développement Durable de l'Économie, de la Promotion des Investissements et de la Prospective qui affirme « [qu'] *il y a une baisse actuelle de la fiscalité, car elle était plus importante quand le bois sortait. La mesure est récente donc pas encore rentable, mais progressivement cela va s'accroître, car les entreprises commenceront à payer les impôts* »[315]. Pour de nombreuses entreprises, cette mesure était trop brusque : il aurait fallu laisser un temps d'adaptation (passage du simple exploitant à l'industriel). Si la transition a été aussi difficile, « [c'est que] *le Gabon était mal préparé à ce type de mesures* » estime

[313] Les données de 2015 à nos jours sont actuellement indisponibles. Nous n'avons pu accéder à ces informations lors de nos différents passages sur le terrain en 2018.
[314] Banque mondiale, *Impact de la mesure d'interdiction d'exportation des grumes sur la forêt, l'industrie du bois et l'économie du Gabon*, Rapport n°ACS20539, Washington, 2017, p. 4.
[315] Entretien Aubin Gildas Kombila, juin 2016.

un expert[316]. C'est un sentiment partagé par un directeur provincial des Eaux et Forêts qui reconnait « [que] *la mesure était brusque ; mais il faut avouer que les forestiers ne montraient aucun effort* »[317]. « *Ce qui est à regretter, c'est que les autorités auraient dû procéder à un arrêt partiel en interdisant quelques essences comme le Kévazingo, etc.* »[318] affirmait un cadre de Rougier Gabon.

Au sujet du faible niveau de transformation, il convient d'indiquer comme mentionné précédemment que les recettes issues des industries du bois proviennent essentiellement des activités de sciage et de déroulage, ce qui représente un faible niveau de création de valeur ajoutée. Cette situation est aussi à mettre en relation avec la mauvaise santé financière des entreprises (notamment les PME), suite à de forte diminution de la production (grumes et débités) en 2009 (crise internationale des subprimes)[319].

Au niveau fiscal, pour soutenir l'effort d'investissement des entreprises du secteur forestier, un régime fiscal dérogatoire au droit commun a été adopté en faveur des industries de transformation du bois (*cf.* articles 17 à 27 de la loi de finances 2012)[320]. Ce régime bénéficie

---

[316] JeuneAfrique.com, « Gabon : la filière bois reverdit », http://www.jeuneafrique.com/11186/economie/gabon-la-fili-re-bois-reverdit/. [consulté le 31 janvier 2018].

[317] « *D'une certaine manière, cela a permis de faire le ménage. Beaucoup d'entreprises ne s'étaient pas inscrites dans une démarche industrielle* » explique le directeur général des Industries, du Commerce du bois et de la Valorisation des produits forestiers (entretien Aubin Gildas Kombila, juillet 2016).

[318] Entretien Aubin Gildas Kombila, juillet 2016.

[319] Encyclopædia Universalis, « CRISE DES SUBPRIMES, en bref », Encyclopædia Universalis, http://www.universalis.fr/encyclopedie/crise-des-subprimes-en-bref/ [consulté le 17 avril 2019]. (La crise des *subprimes* est une crise financière qui toucha les États-Unis à partir de juillet 2007 et qui se diffusa dans le monde entier. Les *subprimes* sont des prêts immobiliers dont le taux d'intérêt varie en fonction de la valeur du bien qu'ils ont permis d'acheter : plus celui-ci vaut cher, et plus les intérêts que paie l'emprunteur sont bas. Quand le bien perd de la valeur, le taux d'intérêt augmente).

[320] **Article 18 :** Le régime fiscal applicable à l'industrie de transformation du bois est un régime incitatif couvrant les opérations de construction, de montage de l'usine, ainsi que celles relatives à l'exploitation de l'usine pendant une période de cinq ans à compter de la première importation des intrants nécessaires à ladite construction selon un programme d'industrialisation préalablement approuvé par la Commission pour l'industrialisation du secteur forestier.

Article 25 : Toutes les entreprises du secteur des industries forestières remplissant les conditions définies aux articles 18 et 19 ci-dessus sont dispensées, pendant la période susvisée, du paiement de la TVA sur les consommations intermédiaires suivantes :

aux entreprises dont l'activité principale consiste à fabriquer, à partir de grumes produites ou achetées, des produits finis ou semi-finis ; elles doivent de même justifier d'un plan d'industrialisation prévoyant le passage de la première à la deuxième phase de transformation ou le passage de la deuxième à la troisième phase de transformation. Pendant 5 ans, ces entreprises sont ainsi exonérées du paiement de l'impôt sur les bénéfices, de l'impôt sur le revenu des capitaux mobiliers (IRCM), de la taxe sur la valeur ajoutée (TVA) sur certaines consommations intermédiaires et sur l'assistance technique, de la contribution foncière sur les propriétés bâties (CFPP), et enfin, de la contribution foncière sur les propriétés non bâties (CFPNB) pour tous les terrains et constructions situés en dehors des centres urbains. En fait, le diagnostic du système fiscal gabonais réalisé par la Banque mondiale (2013) a montré que les exonérations fiscales et douanières allaient trop loin. Selon cette dernière, « *le meilleur moyen pour l'État de développer une politique d'exportation émergente (produits finis) serait d'arrêter de mettre en œuvre des incitations et plutôt se concentrer sur le renforcement des capacités, en particulier à travers une stratégie à moyen terme de développement des infrastructures (routes, électricité, etc.) et de l'éducation* »[321]. En effet, l'expérience internationale montre que la mise en place d'infrastructures de haute qualité semble influer davantage sur les décisions des multinationales que les exonérations fiscales, qui viennent en dernier dans le processus séquentiel de sélection. Les exonérations fiscales ad hoc accordées dans le but de compenser le dysfonctionnement de l'environnement des affaires privent l'État de recettes fiscales légitimes. Elles créent également un climat général de « course » au meilleur cadeau fiscal entre les investisseurs, ce qui n'est pas propice au respect mutuel entre les autorités nationales et les investisseurs étrangers.

- les achats de carburants et des huiles utilisées exclusivement pour le fonctionnement des usines installées et des matériels roulants affectés à l'exploitation de l'entreprise ;
- les factures de consommation de l'électricité lorsque les usines sont alimentées par cette source d'énergie ;
- les achats de produits chimiques servant aux traitements et à la protection des bois ouvrés ;
- les acquisitions sur le marché intérieur ou à l'importation des équipements industriels, des matériels et outillages destinés à la construction ou au montage d'usines de transformation de bois.

[321]Banque mondiale, *Rapport sur la diversité et la Compétitivité des Exportations en République gabonaise, Améliorer le climat d'investissement pour diversifier l'économie*, *op. cit.*, p. 34.

De manière singulière, la collecte de la taxe de superficie est ainsi passée 5,42 milliards FCFA à 4,45 milliards FCFA (-17,9%), entre 2009 et 2014. La baisse observée entre 2012 et 2013 pourrait selon la BM, s'expliquer en partie par le passage de cette taxe de 600 à 400 FCFA/ha pour les concessions non aménagées. Sur cette période, la surface totale attribuée n'ayant que très légèrement augmenté (800 000 ha en plus)[322]. Nous constatons également que la taxe de superficie n'est que partiellement recouverte : elle se situe aux environs de 4 milliards de FCFA (environ 6 106 870 euros) pour les années 2013/2014, ce qui correspond à une superficie attribuée taxée d'environ 10 millions d'hectares; or en 2013/2014, la superficie attribuée se situe entre 14 et 15 millions d'hectares (*cf. chapitre 5*). Selon la BM, les retards de paiement de cette taxe par les concessionnaires sont liés aux difficultés financières qu'ils connaissent. Les recettes douanières (taxe d'abattage/exportation bois transformé) quant à elles, ont chuté de 63% pour s'établir à 2,6 milliards de FCFA en 2014. Selon la DGDDI-DSEEI-Service Statistique, celles-ci seraient de 2,58 milliards en 2016 et 2,83 milliards en 2017[323].

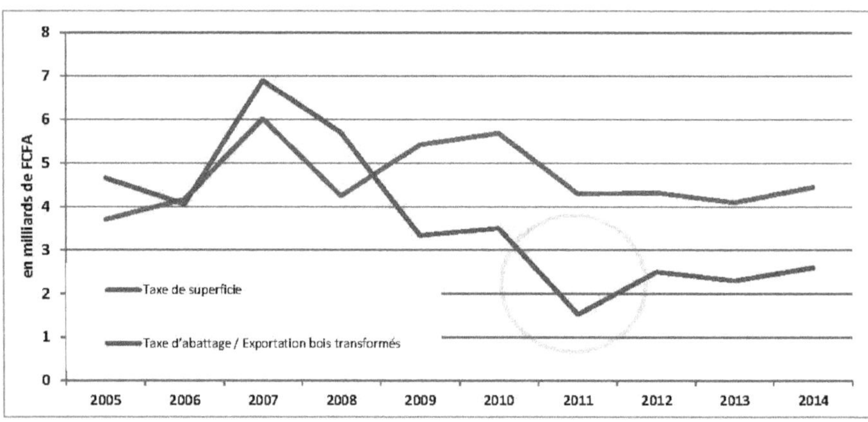

Figure 23 : évolution des taxes forestières recouvrées par l'État entre 2005 et 2014

Source : Direction Générale des Impôts et Direction Générale des Douanes, 2016

322 Banque mondiale, *Impact de la mesure d'interdiction d'exportation des grumes sur la forêt, l'industrie du bois et l'économie du Gabon*, *op. cit.*, p. 5.

323 Enquête de terrain, Aubin Gildas Kombila, juillet 2018.

Des argumentaires précédents, il ressort que le niveau des taxes au Gabon est encore inférieur à ce qui se faisait avant 2010. On reste ainsi très loin des recettes fiscales perçues par l'État lorsque les DTS sur les grumes étaient effectués. Toutefois, bien qu'il ait une baisse des recettes fiscales de la filière bois, dans le domaine industrie particulièrement, le poids relatif des industries du bois dans les recettes globales de la filière permet d'apprécier l'impact positif de la mesure. En effet, les recettes fiscales de ces industries ont représenté en moyenne 19,7% entre 2010 et 2013, soit un gain de 5,3 points (*cf. Planche 7* et *Tableau 12*). Désormais, ce n'est plus l'exploitation forestière (exportation) qui est la tête de gondole, mais bien l'industrie. Cependant, il faudrait encore que des efforts soient consentis à ce niveau pour que l'impact soit plus important. Et à ce niveau, la Banque mondiale énumère un certain nombre de préalables : environnement des affaires, énergie, transport, etc., que nous examinerons plus en détail dans la troisième partie de ce travail.

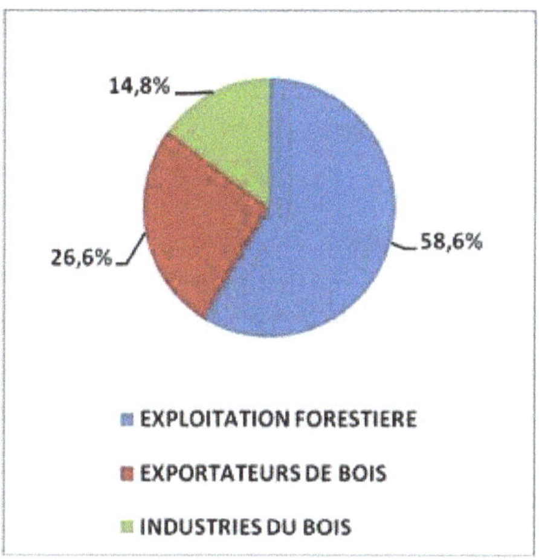

Source : DGI (DGE), 2009

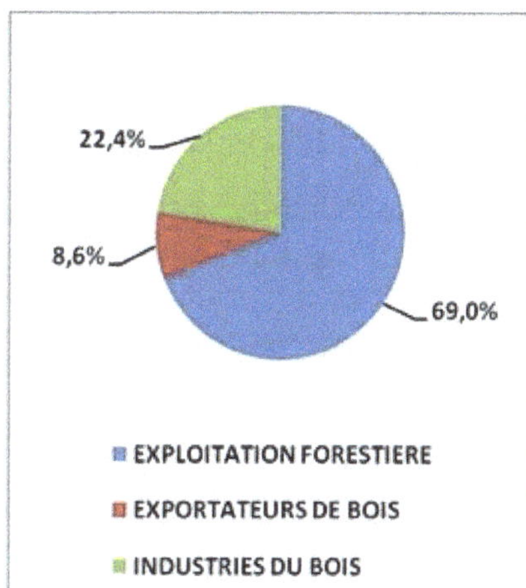

Source : DGI (DGE), 2013

Planche 7 : structure des recettes fiscales en 2009 et 2013
Source : DGI/DGEPF, 2009 et 2013

Cette planche et le tableau ci-dessous montrent le poids en nette progression de l'industrie du bois dans les recettes fiscales du pays, tout en reconnaissant une baisse de la contribution de la filière bois dans son ensemble.

Activité	2007	2008	2009	2010	2011	2012	2013
Poids de l'industrie du bois s/ recettes forestières	14,2 %	14,8 %	14,8 %	16,7 %	21,9 %	18,9 %	22,4 %

Tableau 12 : évolution du poids de l'industrie du bois dans les recettes forestières
Source : DGI/BEAC, 2013

Outre les recettes fiscales, l'arrêt de l'exportation des grumes a aussi une incidence sur le commerce du bois tant au niveau national qu'international. Ainsi, pour une meilleure appréciation, nous étudierons dans les lignes qui suivent, l'évolution des recettes d'exportation des bois transformés et celle des ventes locales avant et après la mesure.

2.1.2 Le commerce du bois

Il s'agit ici d'évoquer les ventes locales et les exportations des bois transformés.

a) Incidences sur les recettes d'exportation de bois transformés

Depuis l'interdiction de l'exportation de grumes, la valeur des exportations de la filière bois a enregistré une baisse de 15,8% sur la période 2009-2015, passant de 263,9 à 222,21 milliards de FCFA (*cf. Tableau 13*). De même, le poids de la filière au sein des recettes d'exportations est passé de 10,4% en 2009 à 7,1% en 2015, représenté uniquement par l'industrie du bois. En effet, en 2009, sur un total de recettes de 263,9 milliards de FCFA pour l'ensemble de la filière, les grumes pesaient pour 76,5% du total contre 32,5% pour les industries du bois. Suite à la « fameuse » mesure de 2009, les recettes d'exportation des bois transformés représentaient 100% de la filière à compter de 2011, soit un changement radical qui, à court terme, a engendré forcément une incidence négative. S'il faudra attendre d'avoir les données sur une période plus longue pour mieux apprécier l'apport de la transformation locale, toutefois, comme le rappelle la Banque Mondiale dans son rapport, cela ne serait possible qu'avec la mise en place des préalables nécessaires (environnement des affaires, routes, énergie, etc.). Ainsi, le constat dressé par Alain Karsenty, chercheur au Centre de coopération International en Recherche Agronomique pour le développement (Cirad) est-il contrasté : « *il n'y a pas de tissu industriel, les coûts de production (salaire, énergie, etc.) sont élevés et le port de Libreville, toujours engorgé, est l'un des plus chers de la région... Du coup, les produits locaux ne résistent pas à la concurrence asiatique* »[324], explique-t-il.

En milliards de FCFA	2009	2010	2012	2014	2015	Var1 5/09
EXPORTATIONS	2 534,3	4 262,5	4 936,4	4 364,52	3 144,94	**24,1%**
dont filière Bois	263,9	201,4	166,0	195,73	222,21	**-15,8%**
dont grumes	178,2	72,7	0	-		
dont industries du bois	85,7	128,6	166	195,73	222,21	**159,3 %**
Poids de la filière Bois	10,4%	4,7%	3,4%	4,5%	7,1%	-
Poids des industries du Bois dans la filière bois	32,5%	63,9%	100,0%	100,0%	100,0%	-
Poids des industries du bois dans les exportations totales	3,4%	4,4%	3,4%	4,5%	7,1%	-

Tableau 13 : évolution des exportations des bois transformés
Sources : DGDDI, DGEPF, 2015

Ce tableau montre une amélioration des recettes des exportations des produits transformés passant ainsi de 85,7 milliards en 2009 à 222,21 en 2015. Cette évolution s'est faite sous l'effet conjugué de l'élargissement du tissu industriel et de la forte hausse de la production[325]. En effet, les exportations de bois transformés ont

---

[324] « Gabon : la filière bois reverdit », JeuneAfrique.com, https://www.jeuneafrique.com/11186/economie/gabon-la-fili-re-bois-reverdit/ [consulté le 29 avril 2019].

[325] Les exportations de bois transformés ont fortement progressé, passant de 269 277 m^3 en 2009 à 668 988 m^3 en 2013. Cet état de fait est dû principalement à la fermeté des commandes des principaux clients étrangers (Européens et Chinois). Mais là encore, il y a une dominance des produits de 1ère transformation notamment les produits sciés. Sur les 668 988 m^3 en 2013, 361 448,5 m^3 appartient au sciage et 249 983 m^3 au placage. Le reste à la seconde transformation (contreplaqué), soit 57 556 m^3.

fortement progressé, passant de 269 277 m^3 en 2009 à 645 298 m^3 en 2017 (+140%) (*cf. Tableau 14*). Cet état de fait est dû principalement à la fermeté des commandes des principaux clients étrangers (Européens et Chinois). Mais là encore, il y a une dominance des produits de 1ère transformation notamment les produits sciés. Sur les 645 298 m^3 en 2017 ; 417 979 m^3 appartiennent au sciage et 185 405 m^3 au placage. Le reste à la seconde transformation (contreplaqué), soit 41 914 m^3.

En mètres cubes	2009	2012	2014	2015	2016	2017	Var 17/09
Exportations	269 277	373 420	448 869	613 971	629 590	645 298	154,8%

Tableau 14 : évolution des exportations des bois transformés en m^3 TBE, 2009, 2014 & 2017

Depuis 2009, il y a certes une amélioration des recettes des exportations des produits transformés, mais celles-ci n'ont pas encore atteint l'apport du secteur à l'époque de la sortie des grumes (-15,8% en 2015 des ventes).

b) Sur le plan local

Sur le plan commercial, entre 2009 et 2017, les ventes locales affichent une hausse de 76,26%, s'établissant à 79 150 m^3. Cette augmentation s'explique par la vigueur de la demande domestique (ménages, menuiseries & ébénisteries ainsi que le secteur du BTP), en relation avec le développement de l'immobilier et la mise en œuvre du programme de construction de logement initié par le Gouvernement.

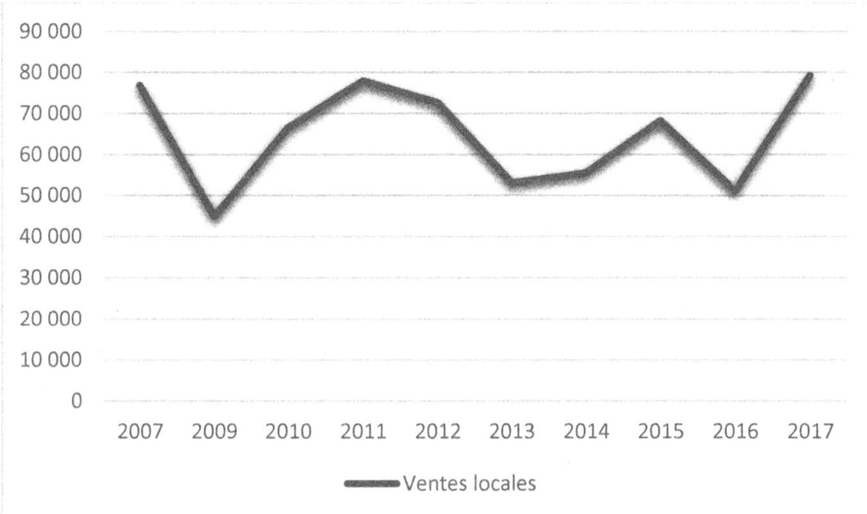

Figure 24 : évolution des ventes locales de bois transformé (sciage, placage et contreplaqué)
Source : TBE/DGEPF, 2017

Comme pour le tissu industriel, la production, etc., nous relevons là encore pour le domaine de la vente locale une dominance des produits issus de la 1ère transformation. Concernant le sciage, les ventes locales ont fortement progressé, passant de 26 813 m^3 en 2009 à 50 520 m^3 en 2017, soit une hausse de 88,4%, corrélativement à la vigueur du marché local, avec tendance similaire pour le placage. Pour le placage, entre 2009 et 2017, les ventes locales ont enregistré une hausse de 195,9% à 22 393 m^3, liée à l'augmentation du niveau de la demande des ménages et des entreprises du secteur du BTP[326]. Outre les éléments cités ci-dessus, la transformation locale a également eu une incidence sur la valeur ajoutée.

2.1.3 l'industrie du bois, source de valeur ajoutée

Une idée communément admise est que le passage à la transformation locale du bois permettrait d'exporter des produits finis ou semi-finis à valeur ajoutée au regard de la simple exportation de grumes[327]. La valeur ajoutée[328] correspond à l'ensemble des

[326] Bâtiments, Travaux publics

[327] Alain Karsenty et Marie-Gabrielle Piketty, *Stratégies d'industrialisation fondée sur la ressource forestière : les limites de l'expérience indonésienne, op. cit.*, p. 431.

[328] La valeur ajoutée (VA) représente la richesse nouvellement produite qui pourra être répartie sous forme de revenus. C'est une notion différente du chiffre d'affaires

rémunérations des facteurs de production : traitements, salaires, intérêts, cotisations sociales, impôts et taxes, amortissements, bénéfices. C'est la part des revenus des agents économiques nationaux qui demeure dans le pays. Elle est l'élément essentiel du produit intérieur brut[329]. L'activité étant plus intense que lors de la mise en place de la mesure, avec une contribution du secteur forestier au produit intérieur brut (PIB) en nette croissance. Pour la représentante de la Banque Mondiale au Gabon « *sa participation retrouve son niveau d'avant la crise internationale de 2009-2010* »[330]. Le tableau ci-dessous montre les progrès qu'elle a connus depuis 2009, signe de l'impact significatif que joue désormais le secteur bois dans l'économie du pays.

PIB au prix courant (Milliard FCFA)	**2007**	**2008**	**2009**	**2010**	**2012**	**2013**	**2014**	**2016**	**2017**
Exploitation forestière	95,8	88,5	79	53,7	51,2	50,7	64,8	91,1	106,6
Industrie du bois	46	44,4	42,7	62,2	92,5	84,6	114,1	153,1	160,1
Total	**141,8**	**132,9**	**121,7**	**115,9**	**143,7**	**135,3**	**178,9**	**244,2**	**266,7**

Tableau 15 : évolution de la contribution de la filière bois dans le PIB depuis 2005

Source : Tableaux de Bord de l'Économie de 2005 à 2017

Selon la direction générale de l'Économie et de la Politique Fiscale, le PIB du Gabon (à prix courant)[331] a progressé en volume de 49,41%

(CA) qui représente la somme de l'ensemble des ventes des entreprises. La valeur ajoutée est obtenue si on soustrait du chiffre d'affaires les coûts intermédiaires, c'est-à-dire les matières premières et les services que les entreprises ont dû acheter pour produire (VA=CA-coûts intermédiaires). Les agents économiques qui créent la valeur ajoutée sont les entreprises, les organisations ou encore le secteur public. Pour l'ensemble des agents économiques, la somme des valeurs ajoutées d'un pays constitue son produit intérieur brut (PIB). Cette somme ne dépend pas du mode de production, mais seulement de la valeur des produits finaux et des matières premières. Cette grandeur réputée pour être une mesure plus pertinente de l'augmentation de la richesse explique que l'Administration Fiscale utilise volontiers la valeur ajoutée comme assiette de l'impôt.

329 Ahmed Silem, Jean-Marie Albertini, *Comprendre les théories économiques*, Paris, Seuils, 2006, p. 756.

330 *Gabon : la filière bois a encore du pain sur la planche, op. cit.*,

331 Le PIB est estimé au prix courant ou au prix constant.

entre 2009 et 2017, atteignant 8 511,9 milliards de FCFA (12,99 milliards d'euros). Au sein du secteur hors pétrole, le PIB de la filière bois est en progression, tiré principalement par l'industrie du bois. En effet, en 2017, le PIB la filière bois s'est établi à 266,7 milliards de FCFA (407,8 millions d'euros), en hausse de 119,14% par rapport à 2009. Cette hausse résulte de l'évolution du PIB de l'industrie du bois qui croît de 274,9% pour atteindre 160,1 milliards en 2017, contre 42,7 milliards en 2009. Sur la même période, le PIB de l'exploitation forestière après un recul de 35,8% en 2013, s'établit à 106,6 milliards en 2017, contre 79 milliards en 2009, soit une hausse de 34,99%.

La décision des autorités visant à favoriser la transformation locale a donc dynamisé la filière bois, avec une augmentation sensible de la part du secteur bois au sein de l'économie du pays en termes de valeur ajoutée et d'emplois. Celle-ci passe de 2 ,14% en 2009 à 2,94% en 2017, soit une augmentation de 0,8%. De nouvelles entreprises ont été créées, d'autres ont été réaménagées occasionnant une augmentation du volume des grumes transformées. Cependant, pour garantir une « nette » contribution de la filière, Karsenty et Piketty, en parlant du cas de l'Indonésie, affirmaient *« [que] celle-ci ne serait envisageable que si l'Indonésie s'orientait vers les véritables productions à valeur ajoutée*[332] *que constituent les produits finis, en déplaçant son axe de spécialisation vers l'aval de la filière, à l'instar de ce que pratiquent la Thaïlande et les Philippines »*[333]. Or au Gabon, nous savons, comme mentionné précédemment, que les produits les plus représentatifs sont ceux issus de la première transformation dont la contribution (valeur ajoutée) est faible. À long terme, avec la vente des produits à forte valeur ajoutée, il y aura certainement des gains substantiels pour le pays.

---

[332] Les stratégies d'industrialisation de la filière bois sont généralement justifiées par la valeur ajoutée des produits transformés par rapport au bois brut exporté. Mais derrière ce terme de produits transformés, on trouve toute une gamme de produits qui va des biens semifinis issus de la première ou seconde transformation (sciages, placages, contreplaqués) à des biens finis (ameublement, produits utilisés pour l'aménagement intérieur, etc.).

[333] Alain Karsenty, Marie-Gabrielle Piketty, *Stratégies d'industrialisation fondée sur la ressource forestière : les limites de l'expérience indonésienne, op. cit.*, p. 439.

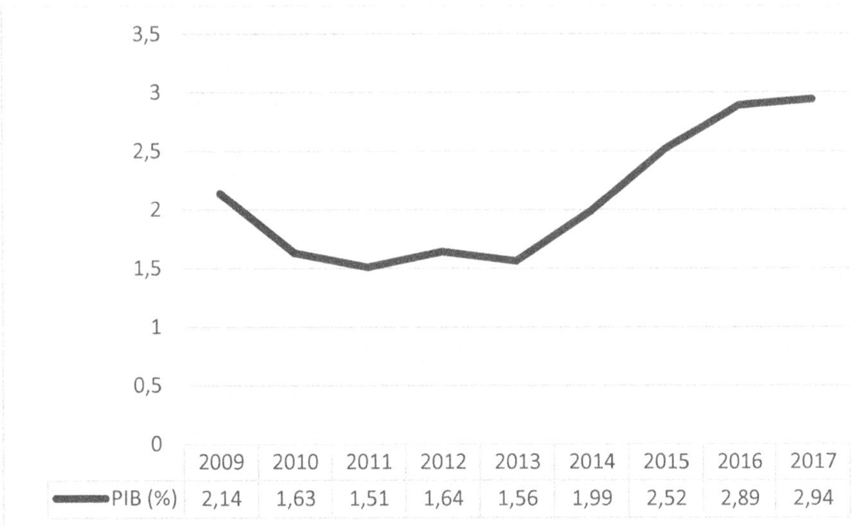

Figure 25 : participation au PIB de la filière bois
Source : TBE, 2009-2017

La filière bois est aussi un secteur intégrateur en ceci qu'il comporte, notamment, les services aux entreprises, l'énergie et le raffinage, les transports et auxiliaires de transport, la manutention. Tous ces secteurs d'activité subissent directement ou indirectement des contrecoups de la mesure. Au niveau du transport ferroviaire par exemple, la mesure associée parfois à d'autres facteurs tels que la faible disponibilité des wagons, impact cette activité dans la mesure où elle entraine une diminution des volumes transportés de grumes. D'après la Société d'Exploitation du Transgabonais (SETRAG), le transport ferroviaire de grumes serait passé de 603 620 m^3 en 2009 à 404 977 m^3 en 2017 (-32,9%). Toutefois, nous assistons depuis 2010 à une augmentation du transport du bois débité par voie ferroviaire (17 404 m^3 en 2009 et 51 956 m^3 en 2017, soit 198,5%). Ce qui a pour corollaire d'entrainer une légère augmentation de la performance de ce secteur[334].

Depuis l'entrée en vigueur en 2010 de la mesure d'interdiction d'exportation des grumes, l'industrialisation de la filière bois gabonaise a enregistré certains progrès avec entre autres la multiplication des unités de transformation et l'augmentation du poids de l'industrie dans l'économie (PIB) du pays. Toutefois, même si ce dernier est en légère

[334] Le chiffre d'affaires de la SETRAG est passé de 33 956 millions de FCFA (51, 841 millions d'euros) en 2009 à 67 000 millions en 2017 (102,3 millions d'euros), soit une augmentation de 97,3% [Setrag, 2017].

hausse, sa contribution est encore faible comparé à d'autres secteurs tels que le pétrole[335]. En outre, hormis l'apport technique et économique, la transformation locale du bois a eu des répercussions sur l'emploi et les conditions de vie des populations vivant à proximité des usines.

2.2 la contribution sociale de la transformation du bois au Gabon

Le social est défini par Jacques Levy et Michel Lussault « [comme] *toute réalité qui relève de la vie des hommes en société. Est social tout phénomène qui participe de la vie en société...* »[336]. C'est le cas de l'industrialisation de la filière bois, qui a une incidence sur les emplois et les conditions de vie des populations vivant à proximité des unités de transformation. Il est admis que l'arrêt des exportations des grumes occasionne souvent, à court terme, des pertes d'emplois avec la fermeture de certains chantiers liée à la baisse de production, désormais ajustée aux capacités d'absorption d'industries locales souvent limitées dans leur potentiel de transformation. Cependant, à long terme, on peut envisager une augmentation de la main-d'œuvre qualifiée et mieux rémunérée[337]. Mais qu'en est-il dans les faits, six ans après l'adoption de la mesure d'interdire l'exportation des grumes au Gabon ?

2.2.1 la création d'emplois générée par l'industrialisation de la filière bois

La mesure du gouvernement gabonais vise « [...] *à promouvoir la transformation locale de nos essences forestières en vue de créer davantage de richesse nécessaire pour juguler le chômage, notamment celui des jeunes et des femmes, et d'exporter des produits finis et semi-finis à forte valeur ajoutée* »[338], rappelait la direction générale des Eaux et Forêts en 2012. Les autorités voulaient par la reconversion de la filière créer de nombreux emplois locaux tout en évitant une exploitation abusive des ressources forestières du pays. La *Figure 26*

---

[335] Le PIB pétrole (réel) est de 26,2% en 2014 et 18,8% en 2016 (Direction générale de l'Économie et de la Politique Fiscale, *Tableau de Bord de l'Économie : situation 2017, perspectives 2016-2018, op. cit.*, p. 97).

[336] Jacques Levy, Michel Lussault, *Dictionnaire de la géographie et de l'espace des sociétés,* Paris, Belin, 2013, p. 229.

[337] Jérôme Mabika, *Enjeux et défis de l'industrialisation de la filière bois*, *op. cit*, p. 340.

[338] Aubin Gildas Kombila-Mouloungui, *Les enjeux de l'arrêt de l'exportation des grumes au Gabon*, Mémoire de Master, spécialité Géosciences Politiques du Monde Contemporain, Université Omar Bongo, p. 67.

ci-dessous permet d'apprécier l'apport de l'industrialisation du bois sur l'emploi au Gabon.

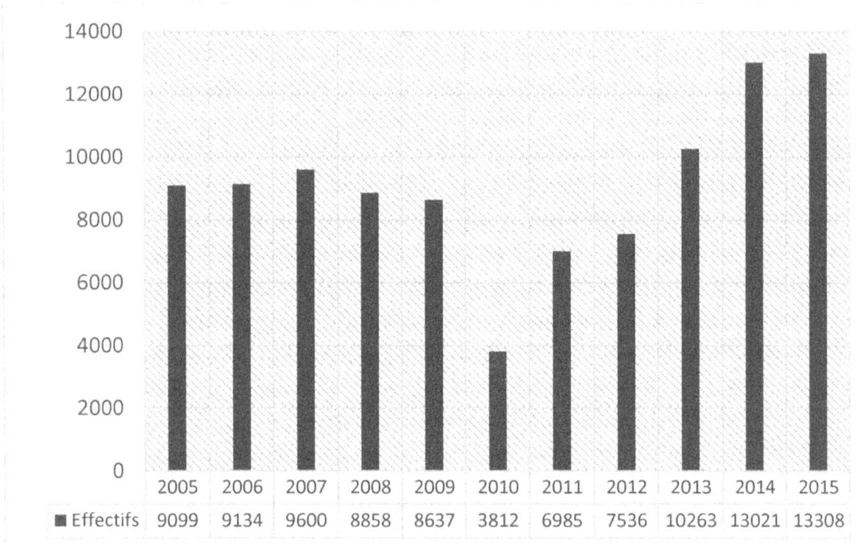

Figure 26 : évolution des effectifs de la filière bois
Sources : DGIBVPF, DGEPF, 2015

Depuis l'entrée en vigueur de la mesure, l'activité de la filière bois s'est améliorée, confortée par l'augmentation du nombre d'usines. En effet, en 2015, 131 usines consacrées à la transformation du bois ont été recensées contre 82 usines en 2009, soit une progression de 59,8% en six ans.

Dans un premier temps, la mesure a eu un effet négatif sur l'emploi de la filière et sur les activités connexes, notamment en ce qui concerne les prestataires et autres sous-traitants liés à cette activité. En termes d'emplois directs, on note une forte baisse (de 55,8%) des effectifs qui passent de 8637 en 2009 à 3812 en 2010, soit une perte nette de 4825 emplois. Cette évolution est liée au mouvement de licenciements enregistré dans de nombreuses entreprises surprises par la mesure de 2009 et qui ont peiné à sortir de la logique extractive pour entrer dans celle de l'industrie[339]. De même, on fait état d'une baisse de 35% de la

---

[339] La filière bois est aussi un secteur intégrateur. De nombreux secteurs d'activité subissent directement ou indirectement des contrecoups de la mesure. A titre d'exemple, la *Société d'Exploitation du chemin de fer Transgabonais* (SETRAG), qui représente le plus grand transporteur des grumes du pays, a enregistré, en 2010, du

masse salariale dans le secteur forestier et, par conséquent, une baisse de la consommation privée[340]. Par la suite, grâce à un effort d'adaptation de certains et à l'arrivée sur le marché de nouveaux opérateurs, le niveau de l'emploi[341] a progressé de 249%, passant de 3812 à 13308 employés entre 2010 et 2015, un nombre d'emplois dépassant donc nettement ceux des années antérieures à 2009. Selon les chiffres officiels du ministère des Eaux et Forêts et le ministère de l'Économie (TBE), comparé à 2009, le nombre d'emplois a été multiplié par 2 en 2017. On est ainsi passé de 4380 en 2009 à 10 148 en 2017 soit une hausse de 231,7%. Cette augmentation du nombre d'emplois est due entre autres à l'implantation de nombreuses unités notamment au sein de la ZES de Nkok qui a permis la création d'environ 1000 emplois en 2015 et 2016[342]. Une situation que nous avons observée lors de nos enquêtes de terrains.

L'industrialisation de la filière bois engendre de nouveaux métiers : affuteurs (cas à la Somivab à 27 km de Libreville), maintenance et menuiserie industrielles, etc. à Gabon Wood Industries au sein de la zone économique de Nkok (*cf. Encadré 3*). Il faut néanmoins souligner que des efforts doivent encore être faits en matière de main-d'œuvre.

---

fait de cette mesure, un manque à gagner de l'ordre de 8 milliards de francs CFA (http://.lvdpg.com/Gabon-Economie), l'obligeant ainsi à adopter un plan de licenciement de 126 agents. La *Société d'Exploitation des Parcs Bois du Gabon* (SEPBG), spécialisée dans la manutention (déplacement manuel ou mécanique) des grumes destinées à l'exportation, courrait indéniablement un risque de dépôt de bilan si elle devait rester dans la forme traditionnelle d'une activité tournée vers l'exportation des grumes (*L'Union*, 10 février 2011 : 5)

[340] *Gabon-Economie*, 22 juin 2010

[341] L'évolution des emplois dans le secteur bois est un paramètre délicat à cerner notamment du fait que le secteur et particulièrement l'exploitation forestière, fait appel à de nombreux temporaires. En outre, les immatriculations des employés à la Caisse Nationale de Sécurité Sociale (CNSS) n'est pas non plus un processus systématisé (Banque mondiale, *Impact de la mesure d'interdiction d'exportation des grumes sur la forêt, l'industrie du bois et l'économie du Gabon*, *op. cit.*, p. 6.

[342] *Ibid.*, p. 6-7.

Contrairement au menuisier artisanal « que l'on consulte très souvent pour la réalisation des ouvertures d'une maison, notamment, et qui n'est pas nécessairement doté d'un savoir académique », le menuisier industriel se veut plutôt un professionnel aux compétences électriques. La formation d'un tel profil est désormais possible, grâce à un partenariat scellé entre le Gabon et la Suisse au lendemain d'un séjour du président de la République, au cours duquel il avait identifié ce système de formation vieux de cent ans. Un système qui a d'ailleurs connu des progrès pour avoir fait des preuves sur le plan économique. Il s'agit d'une vraie opportunité, d'autant que le Gabon entend aussi impulser son essor économique par la maîtrise de la filière bois.

Le menuisier ou la menuisière industrielle est de fait, un professionnel capable de combiner les technologies modernes, l'artisanat et l'esthétique. Ses compétences l'aident à transformer le bois massif et ses produits dérivés (parfois les matières synthétiques, à l'instar du verre et autres adhésives) en produits écologiques de haute qualité. En plus de réaliser des escaliers, des portes, des fenêtres, des produits de menuiserie intérieure, des revêtements de sol, des éléments d'armoiries, des cuisines et autres meubles. C'est le parfait professionnel dont le Gabon a besoin pour développer la filière bois, aujourd'hui.

Encadré 3 : menuiser industriel, un professionnel au potentiel énorme
Source : S.C ONDO MINKO, *Union*, août 2013, p. 2

La crédibilité des chiffres portant sur l'emploi dans la filière bois gabonaise est souvent remise en cause par de nombreux acteurs. À cela, le directeur général de l'Économie et de la Politique Fiscale nous répondait ceci : « *Les chiffres déclarés sont faits par les entreprises. Elles ne gagneraient aucunement en augmentant les effectifs, dans la mesure où cela leur reviendrait plus cher en termes de taxes, impôts, etc.* »[343]. Pour certains économistes, si hier l'industrie était un moteur économique génératrice de plusieurs emplois, cela l'est moins aujourd'hui vu l'augmentation de l'automatisation des process industriels. Cette assertion ne peut s'appliquer au cas des pays africains et particulièrement, à celui du Gabon où il perdure encore une industrie de base (première phase), source d'emplois. Pour exemple, la zone économique de Nkok regroupait 110 emplois en 2014 ; en 2016, soit deux ans après, ces derniers sont passés à 420, sinon près de 1 000 si l'on tient compte la diversification industrielle (outre le bois, la ZES accueille des entreprises opérant dans divers autres secteurs, dont la sidérurgie-métallurgie, la chimie, la pharmacie, les matériaux de

[343] Enquête de terrain, Aubin Gildas Kombila, juillet, 2016

construction, la machinerie, l'agro-industrie, etc.)[344]. Les questions que l'on devrait se poser sont donc : de quel type (qualité) d'emplois s'agit-il réellement ? Et quels sont les principaux bénéficiaires ?

D'une façon générale, les entreprises isolées à l'intérieur du pays, situées en forêt (essentiellement des scieries asiatiques), proposent des emplois plutôt précaires. Les populations travaillent dans des conditions très dures : pas de contrats, salaires bas (entre 100 et 200 euros), pas de sécurité d'assistance sociale/médicale, pas de repos le dimanche, etc. On retrouve ces emplois précaires particulièrement dans les structures d'origine asiatique (Chine). Ainsi, à Epassendjé, un village à quelques kilomètres de la ville de Makokou, nous avons recueilli les récriminations suivantes de jeunes employés au sujet de l'entreprise WCTS : « *même quand on est malade, on doit travailler, faute de quoi notre salaire est coupé. De plus, si on se sent mal en début de matinée, on doit attendre la fin de la journée (17h00) pour pouvoir sortir de l'entreprise avec la navette des employés. Ce qui laisse le temps d'envisager le pire* »[345]. Il convient de dire que bien souvent l'impunité pour manquement au Code du travail est de mise… Les pouvoirs locaux sont compromis (grassement achetés…), ce qui fait que les revendications des populations sont souvent mises aux oubliettes. Dans la localité de Makokou, nous entendions lors de nos entretiens « [que] *le responsable chinois se prenait pour le maire* » - « *qu'il faisait la pluie et le bon temps* » - « *pendant l'hymne national qui nécessite l'immobilisation, il ne s'arrête pas malgré la présence des forces de l'ordre* »[346] - etc.-, autant d'éléments qui justifient la faiblesse des autorités locales. Ces dernières évoquent par ailleurs, indirectement, la précarité des conditions de travail pour justifier ces actions (cas des agents des Eaux et Forêts en manque de matériel de travail et en grève à Libreville lors de notre séjour, pour cause de salaires impayés).

Les Gabonais préfèrent largement se tourner vers les sociétés européennes quand ils en ont l'opportunité (cas de Rougier Gabon à Franceville), ou vers les sociétés situées près de Libreville, la capitale, car les pouvoirs publics y sont plus stricts au regard des conditions de travail. Dans une certaine mesure, le décret de 2010 a provoqué un

---

344 « La ZES de Nkok : Moteur de la diversification de l'économie gabonaise », *Gabonreview.com* | *Actualité du Gabon* | (blog), https://www.gabonreview.com/blog/la-zes-de-nkok-moteur-de-la-diversification-de-leconomie-gabonaise/ [consulté le 27 mai 2018].

345 Enquête de terrain, Aubin Gildas Kombila, juin 2016.

346 *Ibid.*,

exode rural de cette compétence forestière vers Libreville et donc l'émergence d'une nouvelle compétence industrielle[347].

Là par contre, les employés sont directement impactés par le coût de vie de la capitale, ne serait-ce que pour les transports et les loyers. Aussi, un abatteur payé 250 000 FCFA (environ 382 euros) et vivant sur un chantier en brousse a-t-il un pouvoir d'achat supérieur à celui d'un ouvrier habitant la capitale, payé le même montant. Pour le directeur de l'Économie et de la Politique fiscale, « *le problème n'est pas la hausse des salaires, mais s'attaquer aux éléments qui font que le coût de vie soit élevé. Il faudra agir sur le transport, logement, etc., les besoins de base* »[348]. Rappelons en effet que Libreville fait partie du Top 5 des villes les plus chères d'Afrique[349].

En matière de compétences (emploi), il convient de souligner que l'industrie locale rencontre certaines limites, notamment le problème de qualification de la main-d'œuvre difficile à trouver sur le marché local. Les emplois hautement qualifiés tels que la maintenance industrielle, les affuteurs, etc., sont l'apanage des ressortissants étrangers faute de Gabonais formés et impliqués dans le domaine de la filière bois, et du fait que les formations jusque-là étaient tournées vers le secteur du pétrole (1er employeur privé du pays) et dans l'administratif. L'absence de main-d'œuvre est souvent citée par les entreprises gabonaises comme un frein à l'activité et comme source de désavantage

---

347 Depuis septembre 2015, on observe un nouvel exode de main-d'œuvre gabonaise issu de fermetures de scieries chinoises, explique le responsable de Placage et déroulage du Gabon. Les chocs économiques en Asie de l'été dernier ont provoqué une instabilité sur le marché du sciage, dont l'essentiel se dirige vers la Chine. Des scieries chinoisent se mettent en chômage technique, ou refusent de payer leurs employés voire ferment définitivement, notamment vers Mouila, Njolé, Mounana, et les employés gabonais excédés par les soldes impayés se détournent de ces scieries locales pour des sociétés de la capitale. Il faut rappeler que la région de l'Estuaire n'est pas un vivier en main-d'œuvre ouvrière à compétence bois. On retrouve donc essentiellement des femmes, sans qualifications spéciales, mais à la recherche d'emploi pour soutenir leurs foyers, ainsi que des jeunes, soit en formation professionnelle dans les métiers du bois, soit en reconversion par manque de débouchés dans les administrations publiques.

348 Enquête de terrain, Aubin Gildas Kombila, juillet 2016.

349 Libreville occupe le 4è rang à l'échelle africaine dans ce classement qui couvre 450 villes à travers le monde, devant Pointe-Noire, Brazzaville, Conakry, Abidjan, et Yaoundé. N'Djamena ferme, quant à elle, le top 10 africain [https://www.agenceecofin.com/finance/1512-43243-le-top-20-des-villes-africaines-les-plus-cheres-pour-les-expatries-en-2016-selon-le-cabinet-eca-international, consulté le 12/01/2018]

concurrentiel par rapport aux entreprises des autres pays de la région. Un industriel français affirmait ceci : *« Dans le domaine bois, rares sont les personnes (Gabonais et autres) ayant une formation (ni une formation pro et universitaire). Ils sont généralement formés sur le tas »*[350]. L'enquête de la Banque mondiale[351] sur le climat d'investissement, effectuée sur un échantillon représentatif d'entreprises gabonaises, montre que la main-d'œuvre vient en troisième position dans la liste des freins à l'exportation, après les infrastructures de transport et le prix de l'électricité. Cependant, il faut rappeler que le Gabon avait fait des efforts dans ce domaine en envoyant, comme nous l'avons déjà souligné, des professeurs et étudiants se former à Bienne en Suisse afin de revenir assurer par exemple des fonctions de formateur à l'école des métiers du Bois de Bouée (dont la construction n'a pas abouti…). Les autorités gabonaises ont également initié le projet « *un jeune un métier* » qui avait pour but d'obliger les entreprises à prendre en stage un jeune gabonais pour une formation d'une certaine durée (*cf. Planche 8*). « *D'ailleurs, certains apprentis ont ouvert leurs entreprises* »[352], nous confiait le responsable de la scierie/menuiserie de Sibang. Ce projet a été initié particulièrement dans le secteur de la première transformation (scieries artisanales) et dans certaines menuiseries artisanales. Or, différents responsables se plaignent aujourd'hui du manque de personnel dans la maintenance industrielle, l'affutage, etc., domaines dans lesquels devrait se focaliser la formation professionnelle afin de répondre à la demande. Nous reviendrons pleinement sur ces arguments dans la troisième partie de notre travail qui aborde les préalables et perspectives (*cf. chapitre 7*).

---

350 Enquête de terrain, Aubin Gildas Kombila, mai 2016.

351 Banque mondiale, *Rapport sur la diversité et la Compétitivité des Exportations en République gabonaise, Améliorer le climat d'investissement pour diversifier l'économie*, *op. cit.*, p. 73.

352 Enquête de terrain, Aubin Gildas Kombila, juillet, 2016.

Sur la photo de gauche (1), deux jeunes stagiaires du projet « *un jeune, un métier* » en formation à la scierie-menuiserie de Sibang (Libreville). L'image de droite (2) montre les différents produits fabriqués au sein de cette structure.

Planche 8 : illustration du projet « un jeune, un métier »
Clichés : Aubin Gildas Kombila, 2016

Hormis la qualité, le coût de la main-d'œuvre constitue également un problème. En effet, selon un industriel français, comparé à d'autres parties du monde, tels la Chine, le Congo ou encore le Cameroun (où le salaire minimum est de 30 à 50 000 FCFA/mois)[353], la main-d'œuvre gabonaise est très chère du fait notamment du coût de vie très élevé du pays. À côté de cela s'ajoutent le manque d'envie et la « culture du travail » chez certains jeunes. Aussi, le souhait des opérateurs est-il que la zone soit la plus attractive possible. À côté des éléments mentionnés, il convient tout de même de noter que l'emploi est encore un problème dans certaines zones rurales ; c'est le cas à Epassendjé près de Makokou, où les jeunes se plaignent de ne pas trouver de travail du fait que les responsables chinois préfèrent utiliser une main-d'œuvre originaire dudit pays, moins coûteuse et ayant une tout autre culture du travail. Selon un responsable d'unité de transformation français, « *En matière de déroulage par exemple, la main-d'œuvre asiatique chinoise, malaisienne, indonésienne est indétrônable, même pas la peine de mettre un dérouleur français en face. Il existe une ville en Chine réputée pour sa culture du déroulage et pour contenir plus de 3000 ateliers de*

[353] Soit 46 à 76 euros. Le salaire minimum gabonais quant à lui s'élève à 150 000 FCFA environ 230 euros.

déroulage formant une main-d'œuvre dotée d'une compétence bois formidable »[354].

La transformation locale du bois constitue un levier d'intégration sociale. On peut toutefois estimer que l'industrialisation du secteur bois favorisera à long terme, en plus de ceux existants, la création d'emplois de plus en plus qualifiés (l'envoi des étudiants gabonais à Berne pour une formation d'ingénieur dans le domaine bois en représente un parfait exemple) nécessitant une formation professionnelle. Outre les éléments précités et comme nous allons le voir, la transformation locale du bois au Gabon, contrairement à l'époque où des navires accostés chargeaient leurs cargaisons de grume, a eu un réel impact sur le développement des zones rurales ou périurbaines dans lesquelles se sont implantées les entreprises, et dans une certaine mesure, sur les conditions de vie de certaines populations.

2.2.2 Le développement territorial et l'amélioration des conditions de vie

Près de dix ans après, la transformation locale des grumes n'a pas été sans conséquence au Gabon sur les plans précités.

a) Industrie et développement territorial

Comme le souligne Jérôme Mabika, l'impact de l'industrie sur le développement territorial, notamment en milieu rural, est fondamental : « *L'industrie primaire (scieries), joue un rôle important en milieu rural, du fait qu'il constitue un frein à l'exode rural. En effet, l'installation des industries du bois en zone rurale a un impact spatial en ce sens qu'il permet le développement des localités par son désenclavement (construction des routes)* »[355]. Pour Nicolas Bayol « *le secteur forestier (industrie) permet le financement des infrastructures en zones rurales* »[356]. Ces arguments sont mis en exergue dans le code forestier gabonais, notamment à travers son article 251 qui incite les

---

[354] Enquête de terrain, Aubin Gildas Kombila, Mai 2016.

[355] Jérôme Mabika, *Enjeux et défis de l'industrialisation de la filière bois*, *op. cit.*, p. 340-341.

[356] Nicolas Bayol et al., « La gestion des forêts et la filière bois en Afrique centrale », in *Les forêts du bassin du Congo : État des forêts*, Carlos Wasseige, Paya De Marcken, Nicolas Bayol, François Hiol Hiol, Philippe Mayaux, B. Desclée, Alain Billand, Robert Nasi (dirs.), Luxembourg, Office des publications de l'Union européenne, 2012, p. 51.

unités de transformation à jouer un rôle économique et social d'importance à l'égard des populations environnantes.

> **Article 251**. Pour promouvoir l'aspect social de la politique de gestion durable, il est mis en place une contribution notamment financière, alimentée par les titulaires de ces concessions pour soutenir les actions de développement d'intérêt collectif initiées par lesdites communautés.
>
> La nature et le niveau de cette contribution sont définis par le cahier de charges contractuelles lié à chaque concession.
> La gestion de cette contribution est laissée à l'appréciation des assemblées représentatives des communautés concernées

Encadré 4 : article 251 du code forestier gabonais
Source : LOI N0016101 portant code forestier en République gabonaise, 2001

Ainsi, outre la création directe d'emplois mentionnée plus haut, la transformation locale du bois a favorisé depuis quelques années la mise en place d'infrastructures de diverses natures : scolaires, hôtelières, sanitaires, etc. Ces installations sont l'œuvre soit de l'État, du fait de la concentration des populations dans les zones où se sont implantées les différentes usines[357] de transformation ou pour faciliter le transport des grumes vers les industries du bois (routes) ; soit des entreprises elles-mêmes[358] ou des populations bénéficiaires d'avantages issus de la transformation locale du bois (employés). À Bouma-Oyali par exemple (près de Franceville), Rougier-Gabon a mis en place, de connivence avec les populations de ce regroupement de villages, un hangar pour les différents évènements communautaires ainsi qu'une fontaine publique, des initiatives louables, mais qui nécessitent aujourd'hui une maintenance. À cela, il faut ajouter différentes « fournitures » en direction de la population locale, telles les distributions de tôles,

[357] La délivrance définitive des permis industriels aux entreprises forestières était désormais subordonnée à la réalisation de travaux d'intérêt général, auxquels l'État veillait particulièrement. Concernant les routes, elles sont avant tout créées au profit de ces entreprises pour l'évacuation terrestre du bois. Toutefois, le pays ne peut pas ne pas en tirer profit.

[358] On relève quelques réalisations en vue de l'amélioration des conditions de vie des travailleurs et des populations environnantes. On note la construction d'écoles pour la scolarisation des enfants des travailleurs et des populations environnantes, de dispensaires pour l'ensemble de la communauté, de logements « décents ». Il faut tout de même noter que comparé à l'époque de l'exploitation forestière, ces actions se font de moins en moins.

débroussailleuses, tronçonneuses, brouettes, chaises (au nombre de 200), etc. Il faut dire qu'à la base, la contribution de l'entreprise se faisait sous forme financière ; mais le désaccord entre les responsables de chaque village avait conduit à la réalisation de « projets communs ».

Autre exemple, à Epassendjé (Makokou), l'implantation de l'entreprise WCTS a permis la création d'une route (secondaire et non bitumée) reliant la localité à la ville. L'interdiction d'exporter les grumes a ainsi multiplié les occasions de contribuer au développement de certaines localités tels le développement des réseaux d'électrification et d'adduction d'eau à ESSASSA, la construction d'une école à Makokou ou encore l'ouverture d'un centre de santé à Mayumba.

Toutefois, il faut noter l'existence de certains conflits entre les populations et les entreprises du fait du non-respect du cahier de charges établi entre les deux partis devant les autorités locales. C'est le cas à Epassendjé où des incompréhensions perdurent entre les populations et les entreprises WCTS et *Xiang transformation*. Pour les premiers, les entreprises devaient procéder à la construction des logements des enseignants, fournir des tables-bancs à l'école de la localité, participer à l'entretien de la voirie, etc. ; mais ces engagements n'ont pas été respectés du fait notamment de la corruption des autorités de la province, au détriment de la population. Pour un cadre de la localité, « *Les revendications de la population ne sont profitables qu'à ces derniers (pas de dispensaire à proximité, ni eau. Il y a des risques de pollution de l'air (poussière route) et de l'eau (matières fécales en forêt des travailleurs)* »[359]. Le politique prend le dessus sur « la réalité » des populations (pot-de-vin aux autorités, etc.), alors que le code forestier prévoit une redevance des entreprises par mètre cube de forêt exploitée [...]. Près d'Essong Medzome, dans le nord du Gabon, les habitants manifestaient leur mécontentement face à une compagnie asiatique qui opère depuis 2015 dans la localité. Un habitant du village confiait d'ailleurs « *[que] nous avons demandé la construction d'une école et d'un centre de santé. Mais jusque-là, la société n'a pas réagi* » [360]. Il rajoute plus loin « *C'est malheureux, mais nous sommes souvent*

---

[359] Enquête de terrain, Aubin Gildas Kombila, Juillet, 2016.

[360] Caroline CHAUVET, « Au Gabon, les villageois revendiquent leurs droits face aux forestiers », Orange Actualités, https://actu.orange.fr/societe/environnement/au-gabon-les-villageois-revendiquent-leurs-droits-face-aux-forestiers-CNT0000017JUHE.html [consulté le 24 octobre 2018].

obligés d'en venir à un rapport de force pour nous faire entendre »[361]. Les habitants de Minvoul (une ville proche de la frontière avec le Cameroun) dénoncent quant à eux l'absence de concertation avec un opérateur asiatique ou encore la violation de leurs droits d'usages coutumiers comme l'accès aux plantations, la chasse ou l'abattage de bois pour la construction. Au village d'Okala, près d'Oyem (Nord du Gabon), les habitants ont pu obtenir d'une société asiatique, après de houleuses négociations, des logements pour les infirmiers du dispensaire.

Comme autre exemple, nous pouvons citer le cas de la zone économique de Nkok où il existe des conflits avec certains habitants autochtones ; ces derniers se sentent lésés du fait qu'ils ne disposent plus aujourd'hui d'espace pour pratiquer leur agriculture. Il faut souligner que l'implantation de la ZES est postérieure à l'arrivée des populations dans la localité.

b) Incidence sur les conditions de vie

Le secteur forestier s'intègre dans une économie rurale très peu monétarisée, au sein de laquelle il constitue souvent le principal secteur générant des emplois directs et indirects, et donc des revenus pour les populations locales. La transformation locale du bois, dix ans après, a favorisé l'émergence de certains secteurs d'activités, tels des métiers « supports » ; ceux-ci auront comme impact la hausse du pouvoir d'achat des populations et donc l'amélioration de leurs conditions de vie. Nous pouvons citer en exemple l'électricité industrielle (toutes les industries du bois fonctionnant à partir de l'électricité), la menuiserie industrielle ou encore le cas du secteur du charbon, mais aussi l'apparition de divers commerces, etc. Comme le souligne Jérôme Mabika, « *L'industrie du bois apporte des revenus complémentaires aux ménages ruraux, contribue à la réduction de la pauvreté tout en maintenant un tissu rural cohérent.* »[362].

Tout d'abord, et comme déjà souligné, la transformation locale du bois entraine la création de nombreux emplois directs, ce qui permet à plusieurs habitants d'avoir une source de revenus et donc d'augmenter leur pouvoir d'achat. Les salaires versés aux travailleurs autochtones par les entreprises ont le mérite d'exister, mais ils restent toutefois,

---

[361] *Ibid.*,

[362] Jérôme Mabika, *Enjeux et défis de l'industrialisation de la filière bois*, *op. cit.*, p. 341.

comme durant la période coloniale, à un niveau « dérisoire », notamment dans les grandes villes (cas de la capitale), du fait du coût élevé de la vie. Toutefois, certains diront qu'avoir un salaire minimum (SMIC) est toujours mieux que de ne rien gagner « du tout ». Comme mentionné précédemment, l'État devrait néanmoins revoir les salaires des employés ou encore mieux, agir en amont sur les facteurs qui jouent sur le coût de vie (routes, transport, électricité, etc.).

Ensuite, le développement de l'industrie du bois permet la création de nombreuses activités connexes. À Essassa, par exemple, c'est développé le secteur du charbon de bois (*cf. Planche 9*) : grâce aux déchets de bois issu de l'usine SOMIVAB (et aux primes accordées aux travailleurs suite à l'ouverture d'une deuxième puis d'une troisième scierie), une part importante des habitants de cette localité s'est lancée dans la production et le commerce de charbon[363], ce qui a dégagé de nouveaux revenus et augmenté leur pouvoir d'achat. Produire du charbon de bois constitue certes un métier difficile, mais il permet toutefois à des chefs de famille de répondre aux besoins de leurs foyers. Selon un jeune forestier qui est parvenu à se spécialiser dans le charbon de bois après la perte de son emploi, la situation de charbonnier vaut bien celle de (petit) fonctionnaire, « [...] *à la vue du salaire mensuel* » de ce dernier[364]. Ces propos illustrent bien l'impact joué par l'industrialisation plus poussée du secteur bois au Gabon. Bayol. N. et al. affirment d'ailleurs dans *La gestion des forêts et la filière bois en Afrique centrale* « [que] *le secteur forestier contribue indéniablement à la lutte contre la pauvreté en milieu rural, en ce sens qu'il s'intègre dans une économie rurale très peu monétarisée au sein de laquelle il constitue souvent le principal secteur générant des emplois directs et indirects, des revenus pour la population locale* »[365]. La planche ci-dessous illustre bien l'activité du charbon de bois exercée par les populations de Essassa, bénéficiaires des déchets de l'entreprise SOMIVAB.

---

363 L'activité du charbon de bois existait bien avant la mesure d'interdire l'exportation des grumes, mais celle-ci vient dynamiser l'activité dans la mesure où les déchets sont en plus grande quantité.

364 Aubin Gildas Kombila-Mouloungui, *Les enjeux de l'arrêt de l'exportation des grumes au Gabon*, *op. cit.*, p. 70.

365 Nicolas Bayol et al., *La gestion des forêts et la filière bois en Afrique Centrale, op. cit.,* p. 42.

***Photo 1** : Charbon de bois empilé*

***Photo 2** : Sacs de charbon destinés à la commercialisation*

Au Gabon, le charbon de bois est très apprécié ; les sacs de 50 kg se vendent chez tous les commerçants du pays aux abords des routes au prix moyen de 3500 FCFA (environ 5 euros).

Planche 9 : l'activité du charbon de bois
Clichés : Aubin Gildas Kombila, 2012

Pour revenir une nouvelle fois à l'exemple d'Essassa, situé à 22 km de Libreville, grâce à l'ouverture de nouvelles scieries (au nombre de 4, dédiées à la transformation), des tonnes de déchets mensuels (environ 2000 et plus) sont distribuées aux salariés sous forme de prime de production (soit une prime incitative pouvant aller jusqu'à 70 000 FCFA-107 euros- lors de la vente du bois par les travailleurs). Cette initiative a suscité l'enthousiasme de nombreux employés qui ont créé un bureau de représentants pour la valorisation des déchets du bois. Motivés par ces primes, les membres du bureau ont décidé de faire quelque chose pour améliorer les conditions de vie de la cité où ils logent avec leurs familles et les autres travailleurs. Deux projets ont été réalisés autour des réseaux d'adduction d'eau et d'électricité. Selon un habitant de la cité, il y a quelques années, les compteurs des maisons de la cité étaient posés à 600 m sur la nationale. Aujourd'hui grâce à l'argent perçu par la prime, les compteurs se trouvent au niveau des maisons entrainant une amélioration des conditions de vie en cité SOMIVAB. « *Autrefois, les populations puisaient leur eau à l'usine SOMIVAB. Désormais grâce à la prime issue des déchets du bois, les populations ont pu bénéficier d'une adduction d'eau et la résolution du problème d'électricité* », affirmait le responsable de ladite usine[366].

Avec l'intensification de la transformation du bois décidée en 2009, de nouvelles idées ont donc émergé, ainsi que de nouveaux métiers et

[366] Enquête de terrain, Aubin Gildas Kombila-Mouloungui, juillet 2016.

de nouvelles entreprises. C'est le cas au quartier Sibang où se développe une scierie un peu particulière : son activité consiste à récupérer les rebuts et déchets issus de la transformation industrielle du bois pour les transformer à leur tour. Cette activité est l'apanage des expatriés, ne suscitant pas suffisamment d'intérêt de la part des Gabonais (11employés sur 16 étant d'origine étrangère). Les déchets générés par les grandes usines sont reconvertis en lattes, chevrons (produits semi-finis), mais également utilisés dans la fabrication de produits finis tels des manches de pelles, pioche, de balais) ; ces produits garnissent les étals de nombreux commerces qui en tirent de généreux bénéfices. Aussi le recyclage des déchets du bois représente-t-il un secteur prometteur permettant à de nombreuses personnes de gagner leur vie.

Autre exemple, celui de certains étudiants rencontrés à l'usine de Sibang (menuiserie ébénisterie) : ces derniers durant les périodes de vacances, y travaillent afin de s'offrir de meilleures conditions d'étude grâce aux revenus perçus. À Bouma-Oyali (Franceville), cette activité est l'apanage de nombreux jeunes qui utilisent les déchets de bois donnés par Rougier-Gabon pour alimenter les commerces en charbon, fournir les dépôts de bois et de menuiseries, mais aussi les particuliers qui ont besoin de matériaux de construction (lattes, chevrons). Ces déchets de bois servent également de bois de chauffage pour les différents ménages de la localité (*Cf. Planche 10)*.

Sur les images 1&2 ci-dessus, les jeunes de la localité, en plein sciage des déchets de bois destinés à être commercialisés

Sur l'image 3, des déchets sciés prêts pour la vente. L'image (4), quant à elle, montre des jeunes venus prendre du bois pour leurs besoins domestiques.

Planche 10 : les différentes utilisations des déchets de bois à Bouma-Oyali

Clichés : Aubin Gildas Kombila, 2016

Si jusque-là les déchets issus de la transformation industrielle étaient brulés ou enfuis sous terre, ils représentent donc aujourd'hui une matière première recherchée, car génératrice de revenus. Le recyclage des rebuts du bois désormais constitue une activité rentable et écologique qui contribue, certes modestement, au développement du Gabon.

Aussi, comme nous l'avons exposé, l'industrialisation de la filière bois est-elle certes « intégratrice » en ce sens qu'elle est source de revenu et permet le financement d'infrastructures en zones rurales ; mais cette appréciation ne fait toutefois pas l'unanimité. Elle varie selon les localités, mais surtout, selon l'origine des propriétaires des unités de transformation ; d'où l'existence de certains conflits avec les populations environnantes. À Epassendjé, pour les populations (employés, chef adjoint du village, jeunes chômeurs, etc.), l'implantation des usines chinoises WCTS et Xiang n'a nullement contribué à l'amélioration des conditions de vie, comme le demande l'article 251 du code forestier... Celle-ci aurait plutôt profité aux autorités locales, notamment aux préfets et maires, et ce, au détriment de la population locale. D'ailleurs, lors de nos entretiens, les employés se plaignaient d'avoir un salaire en dessous SMIC, soit 100 000 FCFA au lieu de 150 000 FCFA : « *Les revendications des populations n'aboutissent pas souvent, car les sociétés ont recours aux autorités qui les couvrent* »[367] affirmait un employé en poste ce jour-là. Selon les jeunes, pour la plupart à la recherche d'emplois, « [...] *des parents incitent leurs filles à coucher avec le responsable et les travailleurs des entreprises, afin d'avoir de quoi manger* » - « *ils nous prennent nos femmes, celles-ci ne nous regardent plus et préfèrent sortir avec les Chinois disposant de fonds* » - entre autres. Autant d'éléments qui montrent bien la précarité des populations dans certaines localités du pays.

Outre cela, il faut toutefois, évoquer le caractère « exagérationniste » et individualiste de certaines populations qui ont parfois du mal à s'entendre pour proposer des projets communs aux entreprises ; c'est notamment le cas lorsque l'on a affaire à des regroupements de villages. C'est-à-dire un rassemblement de villages voisins ayant parfois des intérêts différents et donc des attentes différentes à l'égard des entreprises, qui peuvent occasionner des divergences, qui ne profitent pas toujours au regroupement. Ce fut le cas à Bouma-Oyali (regroupement des villages Bouma et Oyali) à proximité de Franceville.

Certains préféraient avoir directement des aides « sonnantes et trébuchantes » qui, quand, elles sont attribuées, ne servent pas toujours à la réalisation de projets communs... De plus, selon certains chefs de villages, il y a aussi le fait que les jeunes embauchés soit n'arriveraient

---

[367] Enquête de terrain, Aubin Gildas Kombila, juin 2016.

pas à tenir le travail (par un manque de volonté), soit détourneraient certains biens de l'entreprise (tel le carburant par exemple).

Outre les éléments précités, l'industrialisation de la filière bois a également permis la multiplication de commerces ; les unités de transformation étant une source d'emplois et donc de clients potentiels, nous assistons dans la plupart des localités (zone rurale comme urbaine), à l'émergence de boutiques, buvettes, stands de restauration rapide, etc. Il faut tout de même préciser que ces établissements sont souvent « de fortune » et ont une capacité limitée.

In fine, nous dirons que l'activité des unités de transformation participe bien à l'essor économique d'un pays, par les richesses et emplois créés, œuvrant ainsi à la réduction du chômage. Contrairement aux filiales des firmes multinationales dont toute ou partie des dividendes dégagés quitterait le pays, compte tenu de la nationalité des investisseurs, ceux des usines de transformation y resteraient. Quant à l'État, il tire profit des activités de ces opérateurs par le biais des impôts (impôt sur les sociétés) ou des taxes (taxe sur la valeur ajoutée). Dans le cas du Gabon, on peut dire que techniquement, socialement et économiquement, l'application du décret de 2010 a donné toutefois des résultats mitigés. En ce sens qu'elle a permis l'augmentation du nombre d'entreprises de transformation, que le nombre d'emplois dans l'industrie a doublé et que la participation au PIB a retrouvé son niveau d'avant 2010. Mais dans le même temps, le bois a vu ses recettes fiscales chuter et la production nationale de grumes a aussi été réduite, engendrant un souci d'approvisionnement pour certains industriels.

Le pays devrait encore consentir des efforts afin de compenser les pertes issues de l'arrêt de l'exportation des grumes tout en évitant de tomber dans le piège d'une course effrénée aux gains ; cette dernière pourrait conduire le Gabon, comme dans le cas de certains pays (Indonésie, Cameroun, etc.), vers une surcapacité industrielle et donc une dégradation de la ressource et de l'environnement. Ainsi, la dimension environnementale de la mesure de 2009 sera abordée dans le chapitre V qui suit.

CHAPITRE V

L'IMPACT ENVIRONNEMENTAL DE LA TRANSFORMATION LOCALE DU BOIS AU GABON

Avec une superficie forestière estimée à près de 85% du territoire national, le Gabon a décidé de la transformation locale de son bois dans la perspective de l'après-pétrole. L'ambition des autorités par cette mesure était non seulement la participation de la filière à la diversification de la production économique nationale et servir de secteur-relais, mais aussi la recherche d'une gestion durable[368] de la forêt : les capacités forcément limitées d'une base industrielle locale incitent les autorités à promouvoir l'ajustement de la récolte sur le niveau maximum de transformation[369]. Par ailleurs, la transformation locale permet une valorisation plus poussée de la ressource forestière en permettant une diversification des essences prélevées par opposition aux pratiques d'exploitation hyper sélectives (« l'écrémage », si pratiqué en Afrique centrale) qui aboutissent à une « consommation » d'espace excessive au regard de la quantité de bois prélevés[370]. Cependant, un raisonnement différent de l'optique habituelle du développement, accordant à l'industrialisation des vertus systématiques et indiscutables, est aussi envisageable. En effet, les surcapacités de transformation engendrées par l'interdiction d'exporter du bois brut peuvent occasionner un appauvrissement voire un épuisement des ressources naturelles de la forêt dite primaire. Le risque est alors de voir la demande soutenue de volumes induire la tentation de maintenir le flux d'approvisionnement des usines en dépassant le rendement soutenu[371] ; d'où les risques de destruction irrémédiable de la forêt de

---

[368] Le développement durable, pilier du « Gabon vert », « passe par la valorisation des richesses du sol gabonais, en particulier son patrimoine forestier et son exceptionnelle biodiversité ». [Gambotti Christian, « Gabon, pays émergent : Les ambitions du Plan stratégique Gabon émergent 2025 », *Géoéconomie*, n° 68, 2014, p. 162].

[369] Jérôme Mabika, *Enjeux et défis de l'industrialisation de la filière bois, op. cit.*, p. 341

[370] Alain Karsenty, Marie-Gabrielle Piketty, *L'exploitation et l'industrie forestière en Indonésie : Retour sur un débat, op. cit.*, p. 440.

[371] La notion de rendement soutenu est un principe de base de l'exploitation forestière. Au sens strictement productif, ce terme se rapporte au niveau maximum de production de bois pouvant être obtenu à perpétuité. Cette notion s'inspire de la dynamique de renouvellement des ressources renouvelables dont l'exploitation doit, pour rester viable à long terme, se limiter à récolter l'accroissement naturel sans ponctionner le capital. (*Ibid.*, p. 432).

régénération comme cela a été le cas pour l'Indonésie. En d'autres termes, on peut craindre le développement d'une industrie consommant plus de bois pour une production dans les faits équivalente[372]. De plus, une telle croissance (augmentation importante des activités industrielles), si elle n'est pas parfaitement encadrée, pourra créer des dégâts physiques tels des abandons de déchets de coupe dans les forêts et sur les parcs à grumes, des cas de pollution de rivières, etc.

Dès lors, nous nous demandons qu'en est-il pour le Gabon près de dix ans après ? La transformation locale du bois a-t-elle favorisé une gestion rationnelle de la ressource et par extension, de l'environnement ? Ou au contraire, elle a constitué une source d'épuisement et de dégradation ? De même, le Gabon est-il parvenu à concilier les usages attendus de ses forêts ? Enfin, quelles sont les politiques mises en place par les différentes autorités pour s'assurer de la pérennisation de l'activité et de la durabilité de la ressource bois ?

À travers un examen des enjeux de la gestion durable appliquée au contexte forestier gabonais, ce chapitre insistera particulièrement sur les évolutions (avancées et difficultés relevées) survenues dans ce secteur depuis l'adoption de la mesure. En s'appuyant sur les données collectées sur la base d'enquêtes et de discussions sur le terrain avec les principaux acteurs forestiers, il se veut également contribuer au débat sur la définition de stratégies permettant la viabilité conjointe de la ressource forestière et d'industries valorisant cette dernière dans les pays en développement, ici, le Gabon

1. de l'arrêt de l'exportation totale des grumes a l'interdiction d'exploitation de certaines essences.

La transition des économies forestières vers la gestion durable mobilise depuis le milieu des années 1990 d'importants efforts de la part de la communauté internationale et des États concernés. Certains effets qui tranchent incontestablement avec les modes de gestion auparavant en vigueur sont déjà visibles. Ainsi, en Afrique centrale, le Gabon a intégré ce changement de paradigme et a appris à composer avec les termes du débat.

[372] Repetto et Gillis, 1988, cité par *Ibid.*, p. 440.

1.1 L'arrêt de l'exportation des grumes

Comme mentionné dans le Chapitre II de cette thèse, le Gabon, depuis l'époque coloniale jusqu'en 2009, a exporté son bois sous forme de grume vers diverses destinations, notamment l'Asie et l'Europe. Entre 2004 et 2009, le volume annuel des exportations de grumes était en moyenne de 1,7 million de m^3. Depuis 2010, le pays n'exporte donc plus de grumes à l'exception du moratoire accordé sur le premier trimestre de cette année pour permettre aux opérateurs de la filière d'évacuer les stocks existants. En d'autres termes, toute la production est désormais absorbée par le tissu industriel domestique, conformément à la volonté du gouvernement gabonais. Cet embargo imposé sur l'exportation du bois en grume avait pour but d'inciter le secteur privé à procéder localement à une transformation du bois, potentiellement génératrice de plus de valeur ajoutée et d'une meilleure gestion de la ressource. Nous trouverons plus de détails dans la figure ci-dessous, qui fait état de l'évolution des exportations au Gabon depuis 2004.

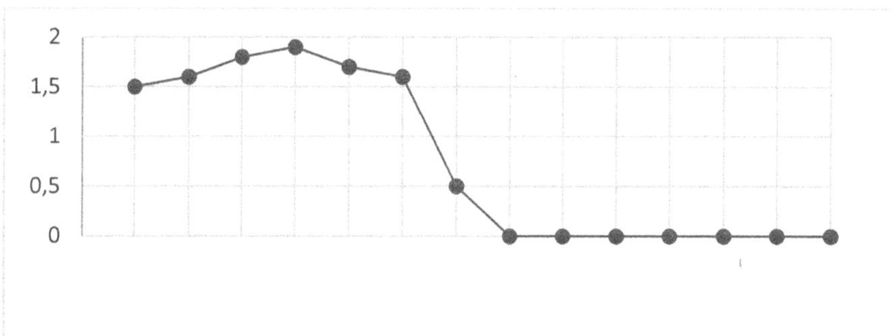

Figure 27 : évolution des exportations de grumes (en millions de m^3)
Source : DGDDI, DGIBVPF, DGEPF, 2017

Bien que la direction générale de l'Économie et de la Politique Fiscale ainsi que le ministère gabonais des Eaux et Forêts auprès de qui nous avons eu des entretiens affirment qu'à ce jour, plus aucun bois ne sort sous forme de grume, il n'est pas rare de lire ou d'entendre qu'une partie du bois sortirait encore illégalement sous cette même forme. Ainsi, la polémique s'est vue alimentée notamment par les billes de bois trouvées dans un bateau ayant chaviré au large de la France en 2016 : « *Les Gabonais sont indignés d'apprendre que les billes de bois sortaient encore du pays. Pour cause, il est strictement interdit d'exporter les grumes sans une première transformation depuis 2010* »[373]. Notons que ces affirmations sont contestées par Léandre Edgard Djambou et Serge Loungou dans l'article intitulé « La conquête de l'hinterland sous-régional par les ports camerounais et gabonais. Une stratégie entre concurrence et complémentarité »[374] ; les auteurs y montrent que le bois sortant du port gabonais vient des pays voisins, notamment du Cameroun, suite à une situation d'engorgement de leurs ports nationaux (cas de du port de Douala) présenté comme saturé lors des périodes d'abondance). Cet avis est partagé par le responsable de la politique Fiscale « [pour qui] *le bois qui sortirait provient du Congo suite au problème d'évacuation que connait ce pays. Le Congo utilise la Setrag (Société d'exploitation du transgabonais) pour acheminer son bois jusqu'à Owendo (port Gabon)* »[375]. Le responsable de la direction Forêt va dans le même sens en nous confiant « [que] *la société Congo Dejia Wood Industry avait sollicité du Gouvernement gabonais, une autorisation de faire transiter son bois venu du Congo par le Gabon. Après de nombreuses polémiques qui commençaient à déranger, le Gabon a fait en sorte que la transition des bois en grume congolais par ses ports soit arrêtée* »[376]. Le tableau ci-dessous illustre la présence au Gabon du bois en transit provenant des pays de la sous-région, dans ce cas précis, du Congo.

---

[373] RFI Afrique « Modern Express » : polémique au Gabon autour du bois transporté - RFI », http://www.rfi.fr/afrique/20160203-gabon-trafic-bois-modern-express-navire-commerce. [consulté le 30 juin 2018]

[374] Léandre Edgard Ndjambou, Serge Loungou, « La conquête de l'hinterland sous-régional par les ports camerounais et gabonais. Une stratégie entre concurrence et complémentarité », in *Gabonica*, Libreville, Éditions Odette Maganga, p. 112.

[375] Enquête de terrain, Aubin Gildas Kombila, juillet 2018.

[376] *Ibid.*

Ministre (s) initiateur (s)	Ministre de l'Économie Forestière, de la Pêche et de l'Environnement, chargé de la Protection et de la Gestion Durable des Écosystèmes
Objet	Retour des grumes au Congo
Présentation de la problématique ou diagnostic	• Présence en Terre gabonaise du bois en transit provenant du Congo.
Conséquences inhérentes à la non-résolution du problème.	• Non-conformité de la procédure à la décision du président de la République interdisant l'exportation des grumes ; • Non-conformité de la procédure avec la décision n°0000568/MDDEPIP/SG/DGDDI du 4 février 2016 du Directeur général des Douanes et des Droits Indirects interdisant le transit par les ports gabonais de bois en grume.
Solutions envisagées	• Faire intervenir les services des Douanes pour le retour dans les normes de ce bois.
Observations	Nécessité de renforcer le contrôle aux frontières pour prévenir le transit illégal du bois par le Gabon.

Tableau 16 : note en conseil pour le retour du bois au Congo
Source : DGEF, 2016

De son côté, le directeur général de Nécotrans, la société responsable du chargement du bateau chaviré au large des côtes françaises, réfute ces accusations : « *Nécotrans Gabon vous confirme avoir uniquement chargé des colis de bois débité. Nécotrans indique par ailleurs n'avoir chargé aucune grume ou bille de bois dans ce navire, lors de cette escale au Gabon, conformément à l'interdiction gouvernementale de 2010 de charger des grumes à l'export* »[377], avait-il affirmé. Le patron de la douane gabonaise avait d'ailleurs corroboré ces propos documents à l'appui.

377 « Modern Express », *op. cit.*,

Ces affirmations sur la non-sortie du bois sous forme de grume peuvent être appuyées par les plaintes des différents opérateurs interrogés lors de nos enquêtes de terrain, notamment le responsable de l'unité de tranchage de la SNBG. En juillet 2016, ce dernier souhaitait qu'une partie du bois (25%) soit exportée sous forme de grume afin de permettre aux opérateurs de s'équiper et mieux amorcer la phase industrielle ; ce qui voudrait dire que plus aucune grume ne sort du pays de manière légale ou illégale.

1.2 La diversification et l'interdiction de certaines essences

L'exploitation forestière au Gabon, comme dans de nombreux pays africains, ne déboucherait pas sur des processus de déforestation ou de forte dégradation des massifs (donc pas de véritables risques)[378]. Selon Alain Karsenty, on assiste plutôt à une surexploitation de certaines essences (bois rouge comme l'acajou, le sapelli, ou des bois clairs comme l'okoumé) affirmait[379]. Pour y faire face, le Gabon a premièrement procédé à la diversification de ses productions forestières en exploitant d'autres essences. Sur la période 2007-2009, les principales essences de bois divers exportées en grumes étaient l'Okan, le Padouk, le Kevazingo, l'Azobé et le Tali. À elles cinq, elles représentaient 60% du volume exporté en bois divers, l'Okan représentant à lui seul 21% du volume avec de 150 à 240 000 m^3/an, selon les années. Pour le Padouk, c'était en moyenne 150 000 m^3 de grumes qui étaient exploités annuellement. Sur la période 2010-2012, les productions grumes en Okan et Padouk étaient désormais de l'ordre de 50 000 m^3/an, une baisse donc très significative par rapport aux chiffres d'avant l'interdiction, signe d'une diversification des essences.

Un autre exemple concret est celui de l'okoumé qui, avant 2009, représentait à lui seul 64% de la production nationale de bois. En 2010, cette proportion était descendue à 56% avant de remonter en 2012 à 58% de la production nationale, représentant près de 1 million de m^3 de grumes d'Okoumé (Banque mondiale, 2017). Mais comme le rappelait le directeur des Études, de la Programmation, de la Réglementation et de la Communication (DEPRC) de la direction générale des forêts (DFG) : « *C'est le marché (extérieur notamment) qui jugule. Si les clients ne veulent plus d'un bois, il sera moins exploité. Une essence*

[378] Alain Karsenty, « Enjeux méconnus de l'économie du bois », *Le Monde diplomatique*, https://www.monde-diplomatique.fr/2006/07/KARSENTY/13658 [consulté le 1er juillet 2006].
[379] *Ibid.*,

peut être prisée aujourd'hui, mais demain voir son exploitation diminuer ou alors être interdite comme cela a été le cas du kévazingo. Rien n'est fixe »[380].

Outre ce qui précède, il faut noter qu'il reste en forêt gabonaise de nombreux bois non exploités qui relèvent d'une question de rentabilité, mais aussi de recherche de débouchés pour certaines essences et pour certaines qualités de bois (*cf. chapitre 1*).

Deuxièmement, le pays a procédé à l'arrêt complet de l'exploitation de certaines de ses essences. Lors de notre visite au siège à Libreville de la direction générale de la Forêt, le chef du service des Études et de la Programmation nous confiait que conformément à la loi (Décret n°137/PR/MEFEPA du 04/02/2009), cinq espèces d'arbres (Moabi, Andok, Ozigo, Douka, Afo)[381] sont désormais classées non exploitables et non commercialisables depuis le 1er/01/2009 et ce, pour une durée de 25 ans, soit jusqu'au 31/12/2033[382]. Il est interdit d'abattre, de scier, de transporter ou de vendre le bois de ces essences forestières du fait qu'elles produisent des fruits consommés tant par l'homme que par les animaux. Si les animaux (cas de l'éléphant) ne disposent plus de nourriture, ils pourront se tourner vers d'autres sources d'alimentation, telles les plantations des populations environnantes. Dans le cas de régions peu ou non habitées, il pourrait même, y avoir un risque d'extinction de l'espèce. Enfin, de fortes coupes poseraient la question de la dissémination et régénération naturelle de certaines essences.

De même, outre les raisons susmentionnées, il y existe aussi une dimension « écologique ». En effet, ces essences ont un taux de croissance très faible, à l'exemple du Moabi pour laquelle il faut un minimum de 400 ans pour avoir un diamètre autorisé à la coupe. Aujourd'hui, deux essences interdites à l'exploitation font l'objet d'une demande de réouverture du fait de leur importance sur le marché international, notamment asiatique (Chine).

---

[380] Enquête de terrain, Aubin Gildas Kombila, Libreville, juillet 2018.

[381] * ANDOUK : qui produit le chocolat et autres fruits consommés par les éléphants
* MOABI & DOUKA : produisent des fruits consommés par les éléphants
* LAFO : noix consommées par les animaux
* OZIGO : Atanga consommé par l'homme + autre par les animaux.

[382] Il y a une autorisation spéciale sur l'exploitation du KEVAZIGO, essence exploitée à condition que les produits aient subi jusqu'à la troisième transformation. Tout opérateur voulant l'exploiter devra bénéficier d'une autorisation spéciale de sortie.

Le Gabon a fait des efforts (interdiction, répression, réglementation) pour mettre un terme à des pratiques illégales et ainsi éviter l'épuisement de certaines de ses essences, avec notamment l'appui de plusieurs ONG (Brainforest, *Eco Activists for governance and law enforcement*, WWF, *Conservation Justice, etc.)* ; celles-ci luttent contre l'exploitation illégale des essences gabonaises en les dénonçant, tant au niveau national qu'international, afin de susciter des sanctions. Cela se justifie, entre autres, par les déclarations du président et fondateur de l'ONG *Conservation justice* (auteur d'un rapport accablant sur l'exploitation illégale du Kévazingo), selon les lesquelles « [...] *le Gabon est sans doute le premier pays qui frappe fort. Donc, on espère que ça va servir d'exemple pour le reste du pays et pour les autres pays aussi.* [...] *C'est un combat qui n'est pas facile. On espère que ça va être un nouveau point de départ pour dissuader les exploitants illégaux et leurs complices éventuels* »[383].

Malgré ces efforts consentis, il faut toutefois mentionner que des cas d'exploitations illégales perdurent encore. L'exemple du Kévazigo, qui comme dit précédemment n'était en théorie exploitable que sous certaines conditions (autorisation spéciale), est en cela très parlant. Ces dernières années, jusqu'à un passé récent, les membres de la société civile gabonaise ainsi que des exploitants nationaux n'ont cessé d'interpeler le gouvernement sur le risque de disparition du Kevazingo, dont l'exploitation illégale, particulièrement dans le Woleu-Ntem et l'Ogooué-Ivindo, avait atteint des proportions inquiétantes. En octobre 2015, les autorités du département de l'Ivindo avec l'appui de l'ONG *Conservation* Justice avaient mis la main sur trois trafiquants de Kévazingo[384]. Quelques semaines plus tard (novembre 2015), une nouvelle arrestation avait été faite dans la même région, ce qui montre à suffisance l'ampleur du phénomène[385]. Toujours selon cette même ONG, 700 personnes au moins sont en détention pour trafic illégal de bois en 2015. En février 2018, pour faire face au problème, le ministre

---

[383] Matho Dit, « Trafic de Kévazingo : De grosses têtes tombent à Makokou| Actualité du Gabon | », *Gabonreview.com | Actualité du Gabon |* (blog), http://gabonreview.com/blog/trafic-de-kevazingo-de-grosses-tetes-tombent-a-makokou/ [consulté le 6 novembre 2015].

[384] « Exploitation forestière illégale : Trois trafiquants de Kévazingo aux arrêts| Actualité du Gabon | », *Gabonreview.com | Actualité du Gabon |* (blog), 24 octobre 2015, http://gabonreview.com/blog/exploitation-forestiere-illegale-trois-trafiquants-de-kevazingo-aux-arrets/.

[385] Dit, « Trafic de Kévazingo », *op. cit.*.

d'État en charge de la Forêt et de l'Environnement, se basant sur les articles 67[386] et 297 du Code forestier en République gabonaise, a interdit l'abattage et l'exploitation de ce bois précieux auquel les populations vivant à proximité des forêts confèrent une puissance mystique et spirituelle. Au Gabon, le Kevazingo[387] est, en effet, considéré comme le « *gardien* », le *« roi »* de la forêt[388]. Il faut toutefois dire qu'une action similaire avait déjà mis en place sans véritable succès en 2017 dans les provinces du Woleu-Ntem et de l'Ogooué-Ivindo[389]. Le ministre avait d'ailleurs décidé de la suspension de toutes les activités liées à la filière bois dans les deux provinces. En fait, depuis la loi n°016/2001 du 31 décembre 2001 portant code forestier en République gabonaise, l'État s'est doté d'un arsenal juridique pour réglementer les activités forestières afin de tenter de lutter efficacement contre l'exploitation forestière illégale sur le territoire national. Toutefois, en dépit de cette réglementation, nombre de personnes n'hésitent pas, corruption aidant, à se lancer dans l'exploitation forestière sans autorisation de l'administration. Sur le moyen et le long terme, ceci pourra entrainer pour le Kevazingo sa raréfaction voire son extinction suite à sa surexploitation. La récidive de ces actions, signe d'une exploitation illégale en terre gabonaise, devrait inciter les autorités à avoir un regard plus strict.

Dans les faits, cette essence est très prisée en Asie et particulièrement en Chine et au Japon ; aussi nombreux sont les ressortissants de ce dernier pays qui œuvrent dans ce trafic, associés parfois au personnel des Eaux et Forêts censé faire appliquer la loi… La corruption de ces derniers peut s'expliquer par les conditions de travail difficiles de ces

---

[386] Article 67 : Lorsque l'intérêt général l'exige, l'administration des Eaux et Forêts peut, à l'intérieur d'une zone même concédée :

- mettre en réserve toute espèce végétale ;
- édicter des restrictions à toute forme d'activité
- soustraire tout ou partie du ou des permis attribués.

Toutefois, les titulaires concernés ont droit à des compensations dans les conditions fixées par voie réglementaire.

[387] Au Gabon, le kévazingo, essence de bois rare, réputée très solide est très prisée en Asie, est l'une des plus chères, sinon la plus chère. Le prix du mètre cube oscille entre 1 et 2 millions de francs à Libreville (« Exploitation forestière : La problématique de la coupe illégale| Actualité du Gabon | », *Gabonreview.com | Actualité du Gabon |* (blog), 16 juin 2016, http://gabonreview.com/blog/exploitation-forestiere-problematique-de-coupe-illegale/.

[388] « Kevazingo ».

[389] *Ibid.*,

agents et/ou par le désir de gains faciles. En parallèle, si la réglementation du commerce de certains bois est d'actualité, certains villageois, de connivence avec des exploitants forestiers, entretiennent des réseaux de trafiquants. En 2015, dans l'Ogooué-Ivindo, une trentaine de personnes avaient été arrêtées en 2015. Selon le réseau *Eco Activists for governance and law enforcement (Eagle)*, un groupement international d'ONG de défense de l'environnement, parmi les personnes interpelées figuraient cinq Chinois, mais aussi, et surtout les deux principaux représentants du ministère des Eaux et Forêts dans la région ainsi que le vice-président du conseil départemental[390]... « *D'importantes quantités d'essences forestières protégées sont coupées et vendues clandestinement sur le marché asiatique notamment* »[391]. Tel est le cri d'alarme lancé par *Brainforest*, qui soutient que des cadres de l'administration publique seraient impliqués dans ce trafic. « *Les hautes autorités du pays sont* [...] *des exploitants forestiers. Ce sont elles qui utilisent les entreprises venues exploiter le bois. Il y a eu des arrestations pour exploitation illégale de kévazingo* »[392], affirme le secrétaire exécutif de cette ONG. « *Toutes les personnes arrêtées ont été libérées sans avoir à rendre compte* »[393], poursuit-il. C'est une situation qui crée une faille dans le système de contrôle, mais qui favorise aussi la continuité des coupes illégales et donc l'appauvrissement des essences interdites d'exploitation. Encore en fin février 2019, une importante quantité de kévazingo a été saisie par les douanes au port d'Owendo, dans l'estuaire de Libreville. Selon l'ONG *Conservation Justice* : « [...] *Environ mille mètres cubes de kévazingo et plusieurs autres essences sous forme de grumes (padouk, okoumé...) ont été saisis au port à bois d'Owendo, dans un entrepôt chinois appartenant à la société Yuntung international* »[394]. Pour montrer sa fermeté en matière environnementale, les autorités gabonaises ont procédé à l'arrestation du responsable de ladite société, ainsi que deux autres salariés[395].

---

390 Dit, « Trafic de Kévazingo ». *Op. cit.*

391- « Exploitation forestière ». *Op. cit.*

392 *Ibid.*,

393 *Ibid.*,

394 Albertine Ondo, « Exportation illégale de kévazingo : le Gabon applique la tolérance zéro », *La Libreville* (blog), 6 mars 2019, https://lalibreville.com/exportation-illegale-de-kevazingo-gabon-applique-tolerance-zero/.

395 *Ibid.*,

Nombre d'analystes attribuent ce trafic à la forte demande tous azimuts de ce bois précieux. « *Il y a des Européens, des Libanais, des Chinois, des Indonésiens. Mais c'est vrai que la Chine, déjà, est le plus gros demandeur. Même les exploitants européens exportent vers la Chine. Et je suis sûr qu'il y a des sociétés chinoises respectueuses également de la loi. Mais malheureusement, le constat est là : il y en a beaucoup aussi qui ne respectent pas la législation* »[396], affirme Luc Mathot. Une forte demande qui a fait flamber le prix du mètre cube du kévazingo et occasionne la persistance de ce trafic. En effet, en fonction de sa qualité, celui varie entre 400.000 FCFA (environ 610 euros) et 1,2 million de FCFA (1.800 euros). En 2016 sur le terrain, des habitants de Epassendjé nous confiaient qu'il existait des coupes de nuit en forêt, ce du fait de l'interdiction en vigueur. *« La corruption a toujours existé dans l'exploitation forestière, mais pas à cette échelle. Depuis que les Chinois sont là, certains responsables des Eaux et Forêts aux salaires modestes roulent soudainement dans des voitures de luxe, font construire des maisons... Et cela encourage le désordre »*[397] témoigne un agent du Worldwide fund for nature (WWF).

2. L'aménagement forestier et la certification au Gabon

Jusqu'au début des années 1990, le paradigme dominant de l'exploitation forestière en Afrique centrale était celui du rendement soutenu, qui s'intéressait à la forêt en tant que « capital en terres et en bois ». L'objectif primordial était alors le maintien du potentiel productif des massifs. Désormais, avec la prise en compte de la complexité écologique des forêts, l'accent est mis sur l'articulation entre la valeur productive d'une part et la préservation des services écosystémiques, d'autre part[398]. Dans le bassin du Congo, la transition des différentes politiques forestières vers la gestion durable ne s'est pas faite spontanément. Dans la continuité de la conférence de Rio en 1992, la communauté internationale et les consommateurs (telles la Banque mondiale ou encore des organisations de défense de l'environnement)

---

396 « Gabon : coup de filet chez les trafiquants de bois précieux - RFI », http://www.rfi.fr/afrique/20151104-gabon-coup-filet-trafiquants-bois-precieux-kevazingo [consulté le 4 avril 2019].

397 Enquêtes de terrain, Aubin Kombila, 2016.

398 Emeric Billard, « Gestion durable et multifonctionnalité des forêts : le difficile itinéraire du Gabon », in *À l'ombre des forêts, Usages, images et imaginaires de la forêt*, Claire Harpet, Philippe Billet, Jean-Philippe Pierron (dirs.), Paris, l'Harmattan, 2014, p. 73.

ont exercé une pression sur les États et sur les opérateurs privés pour leur imposer la mise en place de bonnes pratiques de gestion forestière. En Afrique centrale, cela s'est traduit, comme nous l'avons déjà souligné, par la refonte des lois forestières[399] depuis le début des années 1990, ainsi que par des appuis, à la fois techniques et financiers, visant à accompagner le processus de gestion durable (la réorganisation des domaines forestiers)[400].

Au Gabon, le législateur entreprendra de rationaliser le zonage hérité de la loi forestière de 1982[401], dont certaines dispositions présentaient le double inconvénient d'emprunter à une terminologie assez déroutante et de laisser peu de marge à une approche multifonctionnelle et durable de la gestion. Un document rédigé par la direction générale de l'Environnement du ministère des Eaux et Forêts fait ce constat, qui sonne comme un aveu : « *ce texte* [la loi 1/82], *longtemps considéré à tort comme la "bible" de la politique en matière d'environnement est en réalité totalement orienté vers l'exploitation intensive et à la limite abusive de la forêt* »[402]. Exportant principalement des grumes d'okoumé depuis 1982 et pendant longtemps un monoproduit semi-fini, le contreplaqué, le Gabon a décidé de s'engager résolument dans une nouvelle politique d'économie forestière dont les principaux axes ont été fixés par la loi n°16/2001 du 31 décembre 2001 portant sur le code forestier en République gabonaise. Deux centres d'intérêts majeurs sont à mettre au compte de cette nouvelle politique d'économie forestière parmi lesquels, une gestion durable des ressources forestières du fait de l'implication des populations dans la gestion de leurs forêts villageoises

[399] Le Cameroun ouvrant la voie en 1994, suivi par ses voisins, Guinée équatoriale (1997), Congo (2000), République centrafricaine (2000), Gabon (2001) et République démocratique du Congo (2002). C'est sur le continent noir que s'opèrent les changements les plus significatifs dans la gestion des forêts, induits notamment par la « globalisation » des enjeux environnementaux (Alian Karsenty, Enjeux méconnus de l'économie du bois, *op. cit.*,)

[400] Nicolas Bayol et al., « La gestion des forêts et la filière bois en Afrique Centrale », in *Les forêts du bassin du Congo : état des forêts 2010,* De Wasseige Carlos, De Marcken Paya, Bayol Nicolas, Hiol Hiol François, Mayaux Philippe, Desclée B., Billand Alain, Nasi Robert (eds.), Luxembourg, Office des publications de l'Union européenne, 2012, p. 43.

[401] *Loi n°82 du 22 juillet 1982, d'orientation en matière des Eaux et Forêts.*

[402] « Cadre juridique et institutionnel actuel », http://bch-cbd.naturalsciences.be/gabon/gabondef/contribution/documentsnat/strategienat/part1chapd.htm [consulté le 4 avril 2019].

et de l'institution de la « concession forestière sous aménagement durable » à la place de l'ancien « permis industriel »[403].

2.1 L'aménagement forestier comme instrument de mise en œuvre de la forêt durable

Dans la ligne de l'idéal de développement durable, les forestiers ont développé une discipline synthétisant leurs pratiques et méthodes : l'aménagement forestier. À cet effet, Dubourdieux écrit : « *Les termes "aménagement forestier" désignent la démarche la plus importante de la gestion durable : l'ensemble des analyses, puis des synthèses et des choix qui, périodiquement, organisent les actions à construire sur le domaine géré afin de les rendre cohérentes et efficaces* »[404]. Comme mentionné par Lanly lors d'un exposé au symposium de Berlin, l'aménagement ainsi défini, constitue le centre de toute démarche de gestion durable telle qu'elle s'applique en foresterie. Cela induit le maintien, ou la création de conditions nécessaires à la permanence et à la continuité d'une satisfaction optimale des besoins, soit avec des objectifs économiques soit non économiques[405].

Au cours des années 1960, l'Office Nationale des Forêts décrivait l'action d'aménager comme le fait de « [...] *décider de ce que l'on veut dans une forêt, compte tenu de ce que l'on peut y faire, et en déduire de ce que l'on doit y faire* »[406]. Cette définition que propose l'ONF pose déjà les bases de la démarche qui donne lieu à l'élaboration d'un « plan d'aménagement », c'est-à-dire la définition des objectifs (« *ce que l'on veut y faire* »), les synthèses et analyses diverses (« *ce que l'on peut y faire* ») et enfin, les propositions d'aménagement (« *ce que l'on doit y faire* »)[407]. En d'autres termes, l'aménagement forestier est la planification rationnelle de la gestion d'un massif forestier ou idéalement de parcelles homogènes ou cohérentes dites « unité de gestion » du point de vue biogéographique. L'*Encadré 5*, nous donne

[403] Marc-Louis Ropivia, « Perspectives de développement », in *Atlas du Gabon*, Paris, éditions J.A, 2004, p. 57.

[404] Armel Mouloungui, *Gouvernance des ressources forestières au Gabon : acteurs et enjeux*, op. cit., p. 59.

[405] Exposé du 1er septembre 1992 au Symposium de Berlin. « *Les principes de rendements soutenus en foresterie tropicale* ». Lanly était alors Directeur de la division forestière à la FAO.

[406] Armel Mouloungui, *Gouvernance des ressources forestières au Gabon : acteurs et enjeux*, op. cit., p. 59.

[407] Ibid., p. 59.

la définition de l'aménagement forestier retenue par l'Organisation Internationale des Bois Tropicaux en 1992.

Concept de gestion durable des forêts

La gestion durable signifie la gérance et l'utilisation des forêts et des terrains boisés d'une manière et à une intensité telle :

- *qu'elles maintiennent leur diversité biologique, leur productivité, leur capacité de régénération, leur vitalité et leur capacité à satisfaire, actuellement et pour le futur, les fonctions écologiques, économiques et sociales pertinentes aux niveaux local, national et mondial, et*
- *qu'elles ne causent pas de préjudices à d'autres écosystèmes*

(Définition de l'OIBT, adoptée en 1992 par le Conseil International des Bois Tropicaux)

L'aménagement forestier durable peut se définir comme étant l'aménagement des forêts permanentes en vue d'objectifs clairement définis concernant la production soutenue de biens et services désirés sans porter atteinte à leur valeur intrinsèque ni compromettre leur productivité future et sans susciter d'effets indésirables sur l'environnement physique et social. Au niveau national, une politique forestière visant à la durabilité est une politique qui garantit la durabilité de tous les types écologiques de forêts d'un pays stable et divisé en propriétés forestières de taille raisonnable. Au niveau de l'unité de gestion forestière, la gestion d'une forêt est considérée durable lorsqu'elle garantit la continuité de toutes les fonctions principales reconnues à une forêt particulière sans préjudice sur les autres fonctions.

Encadré 5 : définition du Processus d'Helsinki *(Résolution H1 de la Conférence ministérielle sur la protection des forêts en Europe)*
Source : UE, *L'Europe et la forêt*/
http://www.europarl.europa.eu/workingpapers/forest/eurfo_fr.htm

De ce qui précède nous dirons que la gestion forestière est régulée par un plan d'aménagement forestier (PAF), qui est un outil de gestion forestière mis en place par l'Agence Française de Développement (AFD) ; il est entre autres basé sur un recensement exhaustif des ressources forestières (jusqu'au diamètre et la variété de l'arbre)[408]. Il nécessite un contrat de longue durée entre l'État et l'opérateur basé sur la rotation de l'exploitation forestière dans l'ensemble des parcelles.

L'aménagement ainsi conçu a pour objectif de permettre une mise en valeur forestière durable, en conservant l'essentiel du capital productif pour éviter autant que possible, la conversion à d'autres usages après les cycles de coupe initiaux[409]. En d'autres termes, il s'agit d'assurer le renouvellement de la ressource ligneuse, la préservation de la biodiversité et le développement socio-économique des populations locales, tout en permettant l'exploitation des essences commerciales autorisées[410]. C'est un argumentaire partagé par le responsable du bureau Forêt du ministère des Eaux et Forêt rencontré lors de nos enquêtes de terrain à Libreville pour qui : *« Le plan d'aménagement veille à ce que les exploitants prennent en compte le volet écologique (en respectant la faune et la flore), le volet économique (s'assurer de la quantité, disponibilité du bois), volet social (veiller à ce que les populations environnantes en bénéficient)* ». En l'espèce, chaque concession forestière est divisée en parcelles et seules quelques-unes sont exploitées pendant 25 à 30 ans, puis délaissées pendant 30 autres années pour permettre à la forêt de se régénérer. Dans chaque parcelle, seules certaines variétés d'arbres d'un certain diamètre sont abattues[411].

Concrètement, il s'agit d'évaluer le potentiel productif et sa distribution par classe de diamètre de tronc (estimation des âges des arbres) pour avoir une idée des dynamiques de régénération de la concession. Celle-ci est alors divisée en zones correspondant à différentes catégories d'utilisation des terres, ou « séries » (séries de production, de conservation ou même séries agricoles, au profit des populations). On détermine ensuite une durée de rotation (nombre d'années entre deux exploitations) et les diamètres minima d'exploitation pour les différentes essences, les deux ne pouvant être en deçà des seuils fixés par la réglementation.

---

408 Banque Mondiale, *Rapport sur la diversité et la Compétitivité des Exportations en République gabonaise, Améliorer le climat d'investissement pour diversifier l'économie, op. cit.*, p. 58.

409 « Alain Karsenty: «Non, les plans d'aménagement forestiers n'aggravent pas la déforestation» - CIRAD ». [consulté le 22 mars 2018]

410 *Ibid.*,

411 Karsenty et al., « L'aménagement forestier au Congo engendre-t-il plus de déforestation ? », http://dpfac.cirad.fr/amenagement-et-deforestation [consulté le 23 mars 2019].

Les plans d'aménagement prescrivent une diversification des espèces exploitées afin d'éviter une baisse des volumes récoltés. À l'inverse, dans les concessions non aménagées l'exploitation forestière pratiquée est d'une extrême sélectivité en recherchant les espèces de plus haute valeur, généralement sans la moindre planification à long terme et sans respecter une logique de division en assiettes annuelles de coupe (AAC), voire des diamètres minima d'exploitation (DME). Ce qui fait qu'à terme, suite à la préservation d'un nombre de semenciers plus important et à des dégâts réduits aux tiges d'avenir, la composition des forêts aménagées sera moins déséquilibrée que dans les forêts exploitées sans aménagement dont le capital productif pourrait être plus rapidement soumise à de plus fortes pressions pour sa conversion en terres agricoles et, in fine, à des taux de déforestation plus élevés[412]. Dès lors, comment se matérialise (concrétise) cette politique d'aménagement forestier dans le cas du Gabon ?

Signalons que cette réglementation fut considérée par certains auteurs comme un facteur aggravant de la déforestation du fait de la forte sélectivité de l'exploitation : « *Highly selective logging required by FMPs may encourage timber companies to spread out logging activities over larger areas and exploit interior forests* »[413]. Un article publié en 2016 défendait l'idée que la déforestation serait, au Congo, plus élevée dans les concessions forestières avec plan d'aménagement que dans celles qui en seraient dépourvues… Ces résultats ont toutefois été contredits par un document de travail signé par 22 chercheurs internationaux, dont Alain Karsenty, économiste au Cirad, spécialiste des forêts tropicales et premier auteur dudit document : « *La déforestation est moins importante dans les concessions avec un plan d'aménagement que dans les autres. Et si l'on compare à production égale la déforestation dans des concessions avec et sans plan d'aménagement, il apparaît que les unités forestières d'aménagement*

---

412 Outre les impacts directs (prélèvements et dégâts d'abattage) de l'exploitation forestière telle qu'elle est pratiquée dans les concessions aménagées (dans lesquelles sont parfois mises en œuvre des techniques d'exploitation à impact réduit) et non aménagées, des impacts indirects à plus long terme vont également s'exercer sur la dynamique des espèces exploitées, la reconstitution des stocks exploitables entre deux rotations, et d'une façon plus générale sur la productivité des forêts sur le long terme (Medjibe et al., 2011).

413 Brandt J.S et al, dans *Deforestation and timber production in Congo after implementation of sustainable management plan* cités par « Alain Karsenty: «Non, les plans d'aménagement forestiers n'aggravent pas la déforestation» - CIRAD ».

qui suivent un plan d'aménagement sont environ deux fois plus « efficaces », c'est-à-dire qu'on observe deux fois moins de perte de couvert forestier par mètre cube produit »[414]. Il rajoute : « *Il est donc nécessaire d'analyser précisément la dynamique des différents facteurs de déforestation, et éviter d'imputer mécaniquement à l'aménagement forestier un rôle excessif dans l'évolution du taux de déboisement, dans un sens ou dans l'autre* »[415].

2.1.1 Le cas du Gabon : la réglementation

Contrairement à ce qui est observé en Amazonie et en Asie du Sud-Est, où il n'est pas rare que l'exploitation forestière procède par des coupes à blanc qui précèdent une éventuelle conversion des terres en surfaces agricoles, les forêts du bassin du Congo sont habituellement mises en valeur de façon sélective, avec des normes visant à réduire les impacts négatifs de son exploitation. Au Gabon, cette politique d'aménagement sous-tend l'instauration de nombreuses réformes réglementaires (code forestier, code environnement)[416] qui fixent les spécifications techniques et les principes auxquels les opérateurs sont tenus de se soumettre. L'examen du code forestier 2001, à travers ses divers articles, nous permettra d'avoir une meilleure appréciation de la réglementation en matière de gestion durable des ressources forestières gabonaises[417]. La planification des opérations à court, moyen et long terme est précisée dans un document approprié, le plan d'aménagement, dont la conformité est visée par l'administration de tutelle.

Par son article 18, l'aménagement des forêts et de la faune sauvage vise à valoriser et à conserver les écosystèmes forestiers en vue de leur exploitation rationnelle et durable. Toutes les opérations d'aménagement ainsi que les travaux d'inventaires forestiers et fauniques doivent être réalisés conformément aux normes techniques nationales définies par l'administration des Eaux et Forêts[418] (article 19). Le plan d'aménagement porte sur une entité géographique appelée Unité Forestière d'Aménagement (UFA) et doit intégrer :

- l'analyse socio-économique et biophysique de l'UFA ;
- les objectifs de l'aménagement ;

---

414 Ibid.,

415 *Ibid.*,

416 La loi 2001 abroge toutes dispositions antérieures contraires, notamment celles de la loi n°1/82 du 22 juillet 1982 d'orientation en matière des Eaux et Forêts.

417 *Cf.* la loi 16/2001 du 31 décembre 2001 portant nouveau code forestier au Gabon.

418 Il impose un canevas auquel chaque opérateur doit se conformer.

- l'aménagement proposé ;
- les coûts de l'aménagement ;
- la mise en œuvre du suivi-évaluation et la révision de l'aménagement (article 21).

Le plan d'aménagement définit (article 22) :

- les limites et les superficies des séries et des strates forestières ;
- la composition du groupe des « essences objectifs »[419] ;
- la rotation retenue pour l'aménagement ;
- le Diamètre Minimum d'Exploitabilité retenu sur l'Unité Forestière d'Aménagement pour chacune des « essences objectifs », en abrégé DME/UFA ;
- le taux de reconstitution des effectifs de chacune des « essences objectifs » entre la première et la seconde exploitation ;
- la possibilité annuelle de coupe ;
- les limites des unités de gestion ;
- l'ordre de passage dans les unités de gestion ;
- les caractéristiques et la localisation des routes et des infrastructures principales ;
- le programme d'interventions notamment, l'inventaire, le reboisement, la régénération naturelle ou artificielle, l'exploitation forestière et la réalisation des infrastructures.

Le Plan d'aménagement est révisable tous les cinq ans. En cas de révision, la demande doit mentionner les contraintes ou données nouvelles qui la justifient. Elle doit être accompagnée d'un avenant (article 26). L'Unité Forestière d'Aménagement (UFA) est divisée en cinq (5) Unités Forestières de Gestion (UFG) dont le nombre d'Assiettes Annuelles de Coupe (AAC) est déterminé selon les normes techniques nationales définies par l'administration des Eaux et Forêts (article 29). Selon les responsables du bureau Forêt de la zone économique et du ministère des Eaux et Forêts, chaque unité contient 5 assiettes, ce qui fait un total de 25 assiettes pour une UFA ou concession forestière[420]. Chaque UFG fait l'objet d'un plan de gestion établi par le titulaire du titre après agrément du plan d'aménagement. D'autres plans de gestion sont présentés pour chacune des UFG prises dans l'ordre de passage prévu par le plan d'aménagement (article 28). La possibilité

[419] Essences qui seront coupées par l'opérateur dans sa concession forestière (inscrites dans le plan d'aménagement). En fonction du marché, l'administration peut lui permettre de revoir sa liste d'essences objectives. Ce n'est pas fixe.

[420] Entretien enquête de terrain réalisée en juillet 2016.

commerciale de l'UFA, basée sur les effectifs des tiges de diamètre supérieur au Diamètre Minimum d'Exploitabilité par Unité Forestière d'Aménagement (DME/UFA)[421] et de qualité utilisable, représente le volume exploité et calculé à partir des essences principales visées dans l'article 31[422], à l'exclusion des essences mises en réserve pour cause d'intérêt général. Quant à la possibilité annuelle moyenne, elle correspond au volume moyen exploitable par an dans l'UFA pendant la première rotation[423] ; elle est obtenue en divisant la possibilité d'aménagement par le nombre d'années de la rotation retenue par le plan d'aménagement (article 33). Il faut dire que la durée de rotation retenue au Gabon est de 25 ans, c'est-à-dire une année par assiette et donc 5 ans par UFG.

---

[421] Les Diamètres Minimums d'Exploitabilité par Unité Forestière d'Aménagement (DME/UFA) sont supérieurs ou égaux aux DME fixés pour chacune des essences exploitables. Ils peuvent être modifiés dans certains cas par l'administration des Eaux et Forêts.

[422] Article 31.- Les essences principales et secondaires exploitables sont réparties selon leur possibilité de commercialisation, en groupes dont la composition est fixée par voie réglementaire.

[423] La rotation correspond au délai requis entre deux exploitations successives sur une même parcelle. La durée de la rotation n'est jamais inférieure à vingt ans.

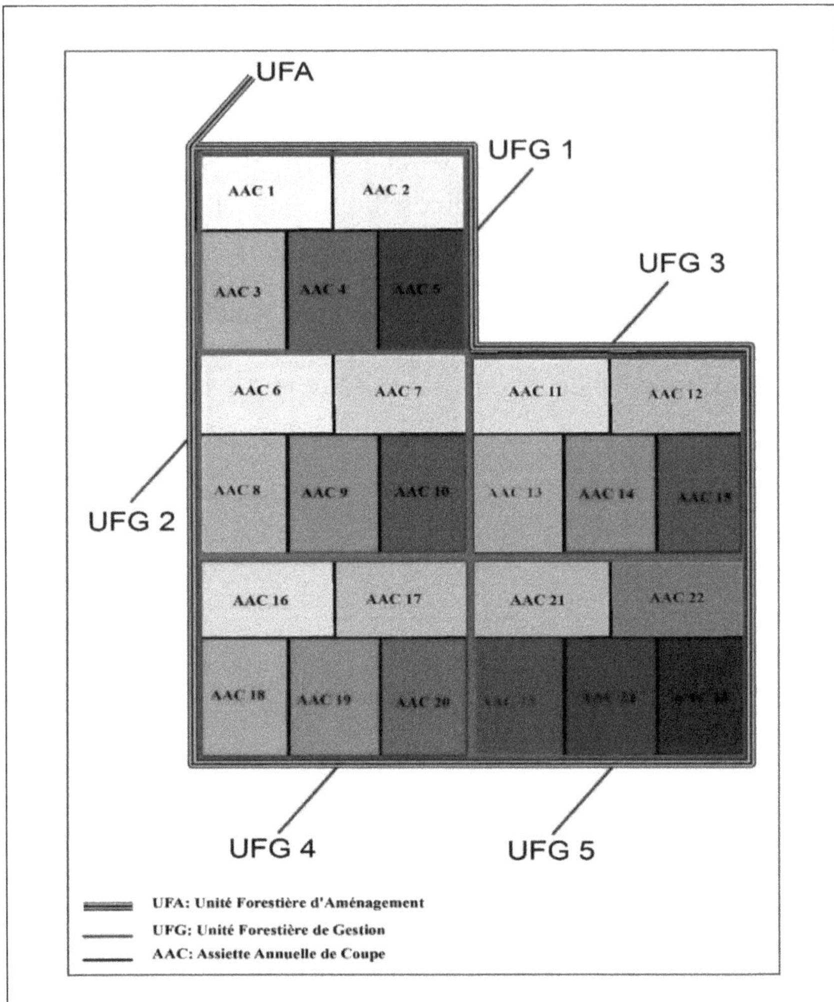

Figure 28 : la subdivision d'une concession forestière aménagée au Gabon

Source : Enquête de terrain, Aubin Gildas Kombila, 2018

Concernant la place des différents acteurs (concessionnaire, administration, etc.), la législation forestière a confié le rôle de gestionnaire forestier aux concessionnaires pour une partie du territoire forestiers, leur accordant des concessions forestières ou autres titres d'exploitation forestière de longue durée. L'État quant à lui, par son service des Eaux et Forêts, se charge notamment de définir les normes techniques, d'assurer la validation des décisions prises en matière de gestion et de contrôle de leur application, le suivi et le contrôle des productions ainsi que la perception des revenus fiscaux liés à l'activité de gestion forestière[424].

Ceci est stipulé notamment dans l'article 24 et 25[425] du code forestier. Par exemple, en cas d'inobservation des règles d'aménagement, notamment par une exploitation intensive entrainant la dégradation de l'environnement et compromettant la régénération naturelle de la forêt, le titulaire du permis est astreint à la réalisation de travaux de reboisement et de réhabilitation du site selon les modalités fixées par voie réglementaire (article 66). Toutefois, bien que le rôle de l'État soit observable sur le terrain, comme mentionné plus haut avec le cas du kevazingo et comme cela est observable partout en Afrique centrale, ce dernier est mal armé pour les gérer au quotidien les forêts. En effet, les massifs forestiers sont vastes et souvent difficiles d'accès, et l'administration est mal équipée et manque cruellement de moyens humains et financiers. Ces conditions peuvent ainsi faciliter la corruption de certains acteurs et donc la non-application des réglementations en cours, favorisant la surexploitation et l'illégalité[426] au sein des concessions forestières.

Un industriel français nous confiait : « *Avec l'arrivée de la concurrence asiatique avant les années 2000, ces règles n'ont pas toujours été appliquées, les business model chinois se basant sur la ressource et l'investissement, c'est-à-dire, une rentabilisation au bout de 8-10 ans au mépris des règles d'abattage* »[427]. C'est un constat que nous avons fait lors de nos enquêtes de terrain où de nombreux habitants de la localité de Epassendjé nous confiaient que « *les Chinois de l'entreprise WCTS travaillent une fois que tous les employés externes sont partis, et ce, même la nuit, ce qui est pourtant interdit* »[428]. Il faut dire qu'avec le système de corruption qui prévaut à cet endroit (pauvreté, salaires bas des agents, etc.), de tels actes sont légion.

[424] Nicolas Bayol et al., « La gestion des forêts et la filière bois en Afrique Centrale », Chapitre d'ouvrage, Les forêts du Bassin du Congo : état des forêts 2010, 2012, http://agritrop.cirad.fr/564105 [consulté le 4 avril 2019].

[425] Les travaux de mise en œuvre du plan d'aménagement sont à la charge du titulaire du titre, le contrôle et le suivi de l'exécution des plans d'aménagement et d'industrialisation relèvent de l'administration des Eaux et Forêts (Art. 24 & 25).

[426] Le mal résidant dans la capacité de corruption de certains acteurs, de la collusion bien souvent participative des pouvoirs publics et d'un manque de vision animé par l'intérêt général.

[427] Enquête de terrain Aubin Gildas Kombila juillet 2016.

[428] Entretien enquête de terrain Aubin Gildas Kombila, juin 2016.

Pour une meilleure gestion des activités, le Gabon a mis en place *l'Agence d'Exécution des Activités de la Filière Forêt Bois* (AEAFFB) qui a pour objectif d'assurer l'appui technique et conseil, notamment en matière d'inventaires, d'aménagement, d'agréage, de certification et de traçabilité des produits forestiers. Lors de notre entretien avec le directeur général, il ressortait que la structure rencontrait des difficultés d'ordre financier et logistique (telle l'absence de véhicules de terrain) qui empêchaient les agents de mener à bien leurs activités notamment à l'intérieur du pays. Aujourd'hui, la structure semble repartir sur de bonnes bases avec la nomination d'un nouveau directeur général et des stratégies nouvelles sensées lui permettre « de franchir un cap »[429].

2.1.2 Situation actuelle de l'aménagement forestier : cas pratique

La forêt gabonaise[430] est subdivisée en deux catégories : le domaine forestier rural qui renferme les forêts communautaires et la forêt domaniale productive. Cette dernière, gérée par l'État, est celle qui renferme les différentes concessions forestières.

---

[429] « Forêt-bois : Quel cap pour l'AEAFFB ? | Actualité du Gabon | », *Gabonreview.com | Actualité du Gabon |* (blog), http://gabonreview.com/blog/foret-bois-quel-cap-pour-laeaffb/ [consulté le 23 mars 2018].

[430] Superficie forestière : Environ 23 ha (Au Gabon, la forêt appartient à l'État.) soit une couverture de près de 88% du territoire national.
Organisation du domaine forestier national : Domaine forestier permanent de l'État et Domaine forestier rural.
Permis forestiers CFAD (Concession Forestières sous Aménagement Durable), PFA (Permis Forestier Associé), Forêt Communautaire, Autorisation spéciale de Coupe.

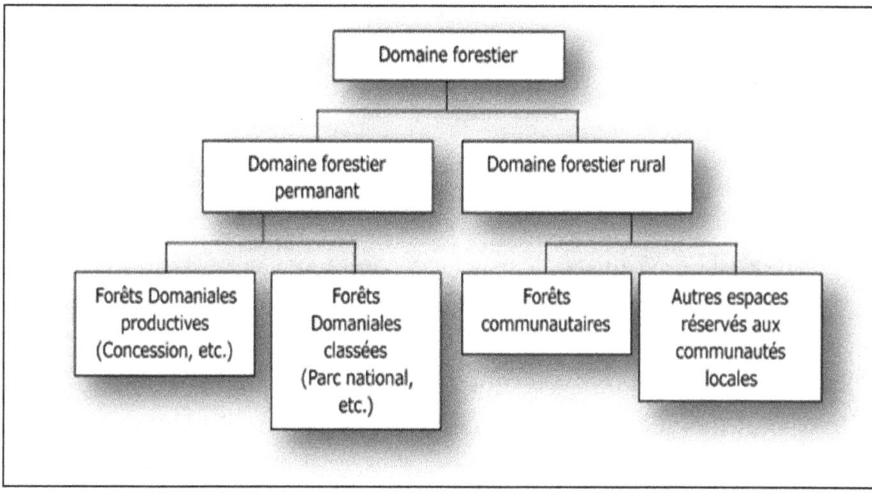

Figure 29 : Le domaine forestier gabonais
Source : DGF, 2017

La mise en place progressive d'une gestion durable des forêts de production a été l'un des changements majeurs survenus dans le secteur forestier ces dernières années, remplaçant peu à peu une exploitation forestière de type « minier », prélevant la ressource disponible sans aucune planification préalable. En effet, à la suite de la mesure portant sur l'arrêt des exportations des grumes, l'administration en charge de l'exploitation forestière, comme nous l'avons déjà souligné, a mis en place une stratégie visant à encourager une exploitation durable de la forêt gabonaise. Cette stratégie englobe notamment l'intégration de toutes les concessions dans le processus d'aménagement forestier, la relance les activités de reboisement, la promotion de l'agroforesterie, et la lutte contre l'exploitation de bois illicite[431]. En 2015, la superficie attribuée aux concessions forestières de production atteignait 15,8 millions d'hectares contre environ 16 millions en 2017.

[431] Direction Générale des Eaux et Forêts, 2014

Surface totale (Millions d'ha)	2007	2008	2009	2010	2011	2012	2013	2014	2015	2017
	11.34	11.67	13.09	13.08	12.99	13.45	14.33	15.36	15.83	15.99

Tableau 17: évolution des surfaces attribuées entre 2007 et 2017 (forêts concédées)
Source : MEF-DGF, 2017

Les forêts concédées sont subdivisées en 2 catégories : nous avons d'une part les concessions forestières sous aménagement durable (CFAD) et les Concessions sous Convention Provisoire d'Aménagement et Exploitation (CPAET). Ces deux catégories représentent 91,8% de la surface forestière totale, soit 14 688 311 ha. D'autre part, il y a la forêt réservée de la zone économique spéciale (Nkok) qui constitue les 8,2% restants des forêts concédées. Notons que cette forêt dispose déjà de permis aménagés. La *Figure 30* nous permet d'apprécier en détail, la répartition des concessions forestières et leur évolution depuis 2009

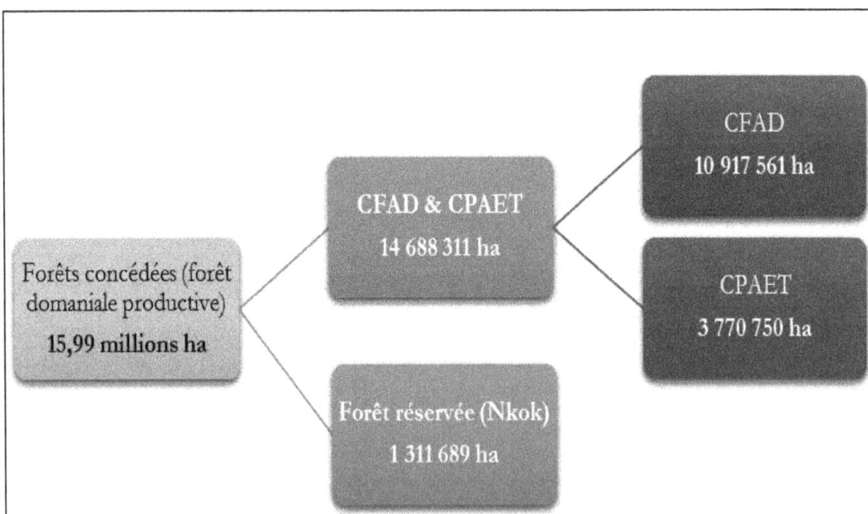

Figure 30 : les composantes des forêts concédées en 2017
Source : DGF, 2017

La généralisation du processus d'aménagement forestier issu des forêts, constitue pour ainsi dire, un pan de la concrétisation du pilier «

Gabon Vert » sachant que le code forestier adopté en 2001 a fait de l'aménagement durable des concessions forestières une priorité pour le Gabon. En 2010, seul le tiers de la surface forestière sous concession d'exploitation disposait d'un titre d'agrément définitif d'aménagement. 36% des exploitations étaient depuis plusieurs années sous statut d'agrément provisoire sans progrès tangible jusqu'en 2011 ; et 30% des concessions n'avaient encore initié aucun processus d'aménagement[432]. Depuis lors, une amélioration en matière d'aménagement a été enregistrée dans la filière bois. La superficie des permis aménagés[433] (concession forestière aménagée et en cours d'intégration + concession réservée) est passée de 10,5 millions d'hectares en 2009 à 15,9 millions d'hectares en 2017, soit une augmentation de 47,6%[434]. On note également une forte diminution de la superficie des permis hors aménagement qui est passée de 3,15 millions d'hectares en 2009 à 0 million d'hectares en 2017, soit une baisse de près de 100%, confirmant ainsi l'engagement des opérateurs économiques dans le processus d'aménagement et une amélioration de la gestion forestière[435]. En 2017, 100% de la surface en production disposaient de permis d'aménagement.

La *Figure* 31 ci-dessous nous édifie davantage sur la situation de l'aménagement au Gabon.

[432] *Plan Stratégique Gabon Émergent*, 2012.

[433] Concession Forestière sous Aménagement Durable (CFAD)

[434] Sur la période, les nouvelles dispositions relatives à l'attribution des permis sont conditionnées par la présentation d'un plan d'aménagement.

[435] Direction générale des Eaux et Forêts, 2014.

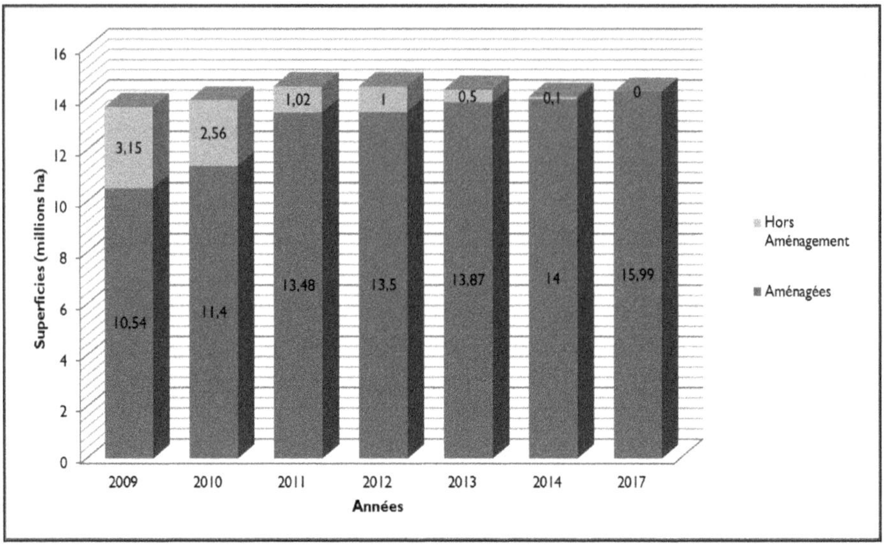

Figure 31 : évolution de la situation forestière de 2009 à 2017 (millions d'hectares)
Sources : DGF, 2017

De ce qui précède, on relève quelques améliorations dans la gestion forestière de la part de certains exploitants, qui en recourant à des inventaires préliminaires comme à des plans d'aménagement[436], manifestent une volonté d'assurer une gestion durable des stocks de leurs permis (augmentation des CFAD et diminution des CPAET)[437]. Le responsable de la structure Placages Déroulés du Gabon affirmait lors de notre entretien « [qu'à son] *sens, le décret a eu un impact sur l'environnement inespéré. 5 à 10 années de plus à ce rythme-là, et la ressource en okoumé aurait été inexploitable pendant le prochain siècle* »[438]. Par ailleurs, le recours à la concession forestière sous aménagement durable, qui suggère donc une gestion forestière responsable, permet au gouvernement de répondre aux exigences de l'industrialisation de la filière bois, tout en minimisant a priori la dégradation de la forêt et la déforestation. Cela lui permet de concilier

[436] L'un des avantages de l'aménagement forestier c'est de permettre à la forêt de fournir de façon soutenue la production du bois tout en veillant à ce que le volume prélevé ne soit en aucun cas supérieur à la possibilité de la forêt, en fonction de ses capacités à croître et à se renouveler

[437] Concessions sous Convention Provisoire d'Aménagement et Exploitation (CPAET)

[438] Enquête de terrain, juin 2016.

impératifs domestiques et exigences de la communauté internationale en matière de préservation des ressources forestières. Toutefois, outre les exemptions qui ont été attribuées à certains exploitants pour vidanger leurs parcs forêts, l'on constate irrémédiablement des manquements sur les règles et les lois en matière d'exploitation forestière. Ainsi, il existe toujours des litiges en rapport avec des « coupes sauvages » effectuées, coupes sans permis, hors permis ou hors assiette annuelle de coupe. Encore plus grave, le trafic de l'exploitation du Kevazingo perdure, ce qui a déjà donné lieu à des arrestations « musclées ». Récemment (en avril 2019), nous assistions à ce que les médias gabonais qualifient de « kevagate », c'est-à-dire la « curieuse » disparition de 353 conteneurs de kevazingo au port d'Owendo. Une situation qui a conduit au limogeage du ministre des Eaux et Forêts et de l'Environnement[439]. Le directeur général des Douanes et le directeur de cabinet du ministre de l'Économie avaient entre autres été suspendus[440]. Si l'aménagement forestier participe à la gestion durable de la ressource bois, l'écocertification par la traçabilité qu'elle permet, n'est pas en reste.

[439] « Kévagate : Limogé, Mapangou chercherait à rencontrer Laccruche Alihanga », *Gabonreview.com* | *Actualité du Gabon* | (blog), https://www.gabonreview.com/blog/kevagate-limoge-mapangou-chercherait-a-rencontrer-laccruche-alihanga/ [consulté le 27 mai 2019].

[440] « Trafic de Kevazingo : Les premières têtes sont tombées », | *Actualité du Gabon* | (blog), https://www.gabonreview.com/blog/trafic-de-kevazingo-les-premieres-tetes-sont-tombees/ [consulté le 16 mai 2019].

2.2 la certification comme élément d'évaluation de la forêt durable

Tracer, c'est enregistrer, stocker et transférer des informations qui concernent le parcours suivi par le produit, de sa production, et même de sa conception, jusqu'à sa consommation finale. Concevoir un système de traçabilité, c'est alors établir une carte du parcours suivi, mais aussi élaborer des instruments d'enregistrement[441]. Pour Jacques Levy et Michel Lussault : « *la traçabilité est un principe majeur du monde mobile contemporain en même temps qu'une réalité spatiale que les géographes doivent penser dans toute sa complexité et ses implications* »[442]. Ils rajoutent que « [...] *celle-ci s'impose de plus en plus comme la capacité de suivre un item entré dans une organisation et/ou processus quelconques et de repérer ses étapes sa sortie* »[443].

Un principe, commun à tous les systèmes de traçabilité, est d'associer étroitement un flux d'informations (le transfert de données) à un flux physique de produits (tel le transport de marchandises). Mettre en place la traçabilité consiste donc, pour les acteurs économiques, à se doter de la capacité à enregistrer et à conserver les informations relatives aux caractéristiques ciblées et, à chaque session ou transaction, d'acheminer et de transférer ces données sous la forme de documents d'accompagnement, voire éventuellement, d'un étiquetage approprié. Dans le domaine bois, ceci est matérialisé par la certification, élément de gestion durable de la filière.

La lutte contre le trafic de bois est devenue depuis quelques décennies une préoccupation internationale suite aux nombreuses conséquences que pouvait occasionner l'exploitation de cette ressource (un rythme accéléré de déforestation et de dégradation des forêts tropicales). Cela a été le cas au Liberia dans les années 1990 ou en RDC jusqu'aux années 2000 où l'exploitation illégale du bois a constitué le «nerf de la guerre» pour les factions rivales. Pour s'assurer que les producteurs adhèrent à une démarche de gestion légale et durable, des systèmes indépendants de certification de bonne gestion forestière et de légalité ont été élaborés. C'est ainsi qu'apparaît dans les années 1990

---

441 Egizio Valceschini, « traçabilité agroalimentaire », in *Encyclopædia Universalis*, en ligne, http://www.universalis-edu.com/encyclopedie/tracabilite-agroalimentaire/[consulté le 24 mai 2018].

442 Jacques Lévy, Michel Lussault, *Dictionnaire de la géographie et de l'espace des sociétés*, *op. cit.*, p. 1021

443 *Ibid.,* p. 1021.

l'idée de certification. Par la suite, en 1993, cent trente-six organisations issues de vingt-six pays ont ainsi mis en place le label *Forest Stewardship Council* (FSC)[444] destiné à certifier l'exploitation du bois selon des critères écologiques[445]. Cette première écocertification matérialisait le fait que désormais distributeurs et consommateurs se souciaient de l'origine des bois achetés, mais aussi des conditions dans lesquelles ils avaient été produits. Il faut dire que cette démarche de certification et de vérification (systèmes de vérification de la légalité et de l'origine légale) est désormais pour la majorité des producteurs, l'aboutissement « logique » de la préparation des plans d'aménagement. En pratique, la certification de légalité constitue généralement une première étape vers une certification de bonne gestion forestière. Pour Nicolas Bayol et *al*, « *la progression de la certification suit généralement celle de l'aménagement, l'élaboration d'un plan d'aménagement étant un préalable indispensable à la certification* »[446]. Dans le cas du bassin du Congo, un programme a été mis en place par l'Europe au sujet de ses importations de bois provenant de cet espace ; il s'agit d'une politique d'achat visant à exclure le bois illégal des approvisionnements. L'*Encadré 6* ci-dessous montre quelques exigences de la certification dans le bassin du Congo (programme FLEGT).

[444] Au début des années 1990, plusieurs systèmes de certification voient le jour suite au boycott dans les années 1980 en Europe des bois tropicaux à travers des campagnes organisées par certaines Organisations Non Gouvernementales du Nord. Une situation qui crée la confusion dans l'esprit des consommateurs et très vite la certification perd sa crédibilité. En 1992, l'Alliance des Travailleurs du bois pour la Protection des Forêts Humides propose la création d'un Conseil de Bonne Gestion Forestière/ Forest Stewardship Council (FSC) dont l'Assemblée Générale Constitutive s'est réunie en octobre 1993. Il harmonise tous les systèmes et initiatives de certification existants à ce moment-là, gagne chaque jour la confiance des divers intervenants et devient de ce fait le seul système crédible accepté par la majorité (donne le plus de garanties aux consommateurs que le bois acheté provient d'une forêt bien gérée).

[445] Alain Karsenty, *Enjeux méconnus de l'économie du bois, op. cit.*,

[446] Nicolas Bayol et *al.*, « *La gestion des forêts et la filière bois en Afrique Centrale* », in *Les forêts du Bassin du Congo : état des forêts 2010, 2012* : en ligne, http://agritrop.cirad.fr/564105/. [consulté le 05 avril 2019].

… en mettant en place un système robuste et fiable de vérification de la légalité, les cargaisons de bois vérifiées légales donneront lieu à des autorisations FLEGT pour l'exportation vers les marchés européens. Les Accords de Partenariat Volontaire (APV) contribueront très concrètement au renforcement de la gestion durable des forêts du bassin du Congo, gestion qui est au cœur des exigences légales et réglementaires imposées par les codes forestiers modernes adoptés par ces cinq pays entre 1994 et 2002, mais qui sont jusqu'à présent restés en grande partie lettre morte au niveau de l'application effective sur le terrain.

La récente adoption d'un règlement sur le bois illégal par le conseil européen renforcera encore, à moyen terme, l'intérêt des APV pour les pays exportateurs du bassin du Congo. En obligeant tous les opérateurs qui placent des bois sur le marché européen à s'assurer de leur légalité (quelle que soit leur origine géographique), ce règlement forcera les pays transformateurs, notamment le marché chinois qui importe beaucoup de bois d'Afrique centrale, mais en transforme une grande partie à destination de l'Europe, à se soucier de la légalité de leurs approvisionnements provenant du bassin du Congo.

Construit sur un large processus de concertation multiacteurs dès la phase de

Encadré 6 : évolution de la gouvernance forestière avec les APV-FLEGT[447]
Source : Alain Pénelon et Emmanuel Heuse, CIRAD, CTB, 2010

La loi sur la certification interdit l'importation et le commerce de bois illégal sur le marché européen principalement. Elle définit surtout les obligations des opérateurs qui introduisent du bois (ou produits forestiers) sur le marché européen (importateurs), ainsi que celles des acteurs internes du secteur bois européen. Désormais, avant d'acheter du bois venant des pays tropicaux, les clients doivent théoriquement se poser un certain nombre de questions, telles que : d'où provient le bois ? Comment a-t-il été coupé ? Est-ce que la compagnie qui l'a coupé respecte les lois nationales ? Est-ce que le bois a été coupé en préservant bien la forêt afin que cette dernière puisse se régénérer et assurer une production continue dans le temps de telle sorte que les populations

[447] Les Accords de partenariat volontaires (APV) sont un élément clé du Plan d'action de l'UE relatif à l'application des réglementations forestières, à la gouvernance et aux échanges commerciaux (FLEGT selon ses sigles en anglais) visant à enrayer l'exploitation forestière illégale. Chaque APV est un accord commercial bilatéral négocié entre l'UE et un pays exportateur de bois situé en dehors de l'UE. [« Qu'est-ce qu'un APV ? | FLEGT », en ligne, http://www.euflegt.efi.int/web/apv-a-z/qu-est-ce-un-apv]. [consulté le 8 juillet 2018].

riveraines puissent continuer à l'utiliser ? Est-ce que les populations riveraines tirent réellement profit de cette exploitation de bois ? De manière globale, est-ce que la forêt d'où provient le bois est bien gérée ? Entre autres.

Cible principale de cette nouvelle législation, les importateurs devront assurer une traçabilité en amont et une vérification minimum de la légalité des bois qu'ils introduisent sur le marché[448]. En d'autres termes, tout importateur est tenu de fournir des informations de base sur chaque cargaison d'espèces végétales ou produits d'origine végétale transportée par bateau, y compris le nom scientifique des espèces, la valeur du chargement, la quantité ainsi que le nom du pays de provenance (déclaration d'importation d'espèces végétales). La certification permet aux compagnies forestières de trouver facilement des marchés pour leurs produits et d'avoir une bonne image auprès des acheteurs à qui elle indique que la forêt est bien gérée et peut produire pendant longtemps. Qu'en est-il dans le cas du Gabon ? Ce processus existe-t-il ? Quels sont les efforts à mettre en place ?

2.2.1 La certification : le cas du Gabon

Au Gabon, la généralisation du processus d'aménagement forestier et la prise en compte de l'enjeu de la légalité des bois à travers la traçabilité des produits (ligneux et non ligneux) issus des forêts constituent un pan de la concrétisation du pilier « Gabon Vert ». Selon le responsable du bureau forêt (délocalisation zone économique de Nkok), « *le bureau forêt et le bureau industrie s'occupent de l'approvisionnement du bois. C'est à partir des feuilles de route qu'on est assuré que le bois est légal, car elles donnent toutes les informations requises sur l'origine du bois (localisation de l'exploitant, la situation, etc.)* »[449]. La feuille de route mise en place au Gabon permet de :

- Procéder à la vérification de la détention du permis ;
- Vérifier que le diamètre est respecté (bois coupé) ;
- Prendre attache avec le service qui délivre la feuille de route pour s'assurer que tout est conforme.

Aujourd'hui, pour s'assurer que toutes les étapes de la filière (de la coupe à la transformation du bois) soient respectées dans le pays, plusieurs garanties permettent de certifier d'une exploitation fiable :

---

[448] Nicolas Bayol et al., *La gestion des forêts et la filière bois en Afrique Centrale, op. cit.*,

[449] Enquête de terrain Aubin Gildas Kombila, ZES, juin 2016.

- *Le label FSC* : cette norme internationale reconnue de tous permet de garantir que le bois est issu d'un environnement a priori durablement géré ; les labels OLB (certificat officiel et tierce partie) et PAFC en Afrique, proposés comme alternative au monopole des systèmes internationaux de certification. Nous y reviendrons en détail dans les lignes qui suivent ;
- *La grille de légalité mise en place par l'agence d'exécution des activités de la filière bois :* elle est destinée à comprendre comment l'entreprise fonctionne, mais aussi de prendre connaissance des caractéristiques de l'exploitation forestière et donc de savoir si la fabrication des produits est conforme à la réglementation en vigueur. Mais compte tenu des difficultés de cette agence que nous avons précédemment mentionnées (limites techniques et financières), il convient de s'interroger sur les capacités de cette dernière ;
- *Le Code forestier* : ce texte constitue l'ensemble des dispositions applicables au secteur des Eaux et Forêts. Il permet de fixer les modalités de gestion durable en vue d'accroître sa contribution au développement économique, social, culturel et scientifique du pays.

Grâce à ces garanties, le Gabon entre pleinement dans les critères fixés par l'Union européenne à compter de mars 2013 (par un engagement du gouvernement gabonais et donc du ministère des Eaux et Forêts, dans le processus FLEGT). Ces derniers exigent, comme mentionné précédemment, que tout bois importé garantisse d'une certaine légalité et traçabilité. Pour les pays producteurs de bois dont l'essentiel de la production est orienté vers l'export comme le Gabon, la mise en place d'un tel système de vérification de la légalité et de traçabilité dans le cadre de l'Accord de Partenariat Volontaire (APV) FLEGT[450] revêt une importance majeure. Dans ce contexte, un suivi et un contrôle efficace des plans d'aménagement constituent une exigence, la traçabilité étant assurée sur le terrain par les contrôles réguliers des agents sur le terrain.

De nombreuses entreprises au Gabon manifestent aujourd'hui la volonté d'obtenir l'écocertification d'un « label vert » de la part du

---

[450] La souscription du Gabon à l'accord de partenariat volontaire dans le cadre de l'initiative FLEGT de l'Union européenne l'engage à mettre en œuvre les exigences de cet accord et à garantir l'origine légale des exportations de bois gabonais vers l'Union européenne.

Forest Stewardship Council (FSC) notamment. Cette écocertification[451] (dont la norme ISO 14001) est attribuée selon l'avis des bureaux d'études *Sylvafrica* et *Tropical Wood Mangement.* Tel est le cas de Rougier (en redressement actuellement), Precious Wood, Placages et Déroulés du Gabon, Somivab, Gabon Wood Industrie et bien d'autres (*cf.* les planches ci-dessous).

1-PDG

Parc à bois : endroit où sont stockées les grumes en provenance de la zone d'exploitation

2- PDG

Label FSC auquel appartient l'entreprise Placages Déroulés du Gabon

3-SOMIVAB

Zone de contrôle (pour vérifier si les dimensions ont été respectées)

4-SOMIVAB

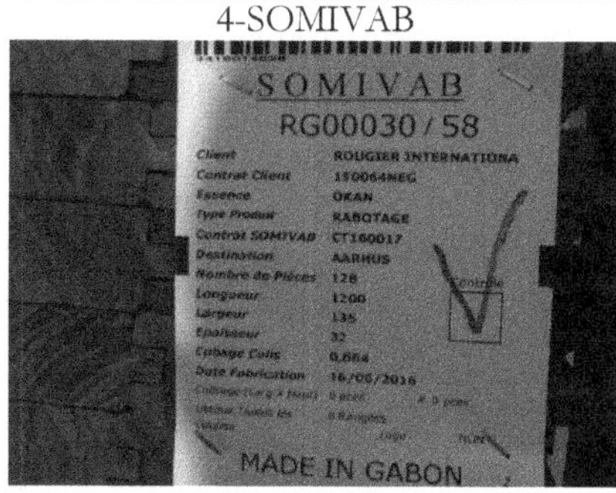

Colis validé après contrôle et prêt à être expédié

Planche 11 : certification dans les entreprises Placages Déroulés du Gabon (PDG-Libreville) et SOMIVAB (Essassa, Pk. 27)
Clichés : Aubin Gildas Kombila, 2016

[451] Le marché du bois certifié d'Afrique reste très limité (15 % des exportations avant 2010) ; et certains marchés, comme ceux d'Asie, restent sourds à la sensibilisation environnementale.

Les images de la *Planche 11* ci-dessus ont été prises dans diverses entreprises situées dans plusieurs localités du pays. Elles montrent que, depuis l'arrêt de l'exportation des grumes, le Gabon a fait des efforts manifestes en matière de certification. D'autant plus qu'aujourd'hui, le consommateur préfère débourser pour un bois dont il a la garantie de la durabilité (bonne gestion) de sa forêt de provenance.

Le label Forest Stewardship Council[452] constitue le label de « bonne gestion forestière » dominant en Afrique avec notamment les entreprises telles que Rougier, PDG, Somivab, etc. Le responsable de Placages Déroulés du Gabon nous confiait : « *Pour le respect de l'environnement, l'entreprise a pris un engagement fort en faveur de la préservation des forêts en passant le test de la certification FSC. Cela nous oblige à être scrupuleux sur la légalité des bois, la conformité de nos fournisseurs, qu'ils soient FSC ou non et à respecter un fort critère de propreté, hygiène et de sécurité* »[453]. Plusieurs labels peuvent être utilisés par une même entreprise (telle la Somivab avec FSC et OLB ou encore de Precious Wood avec le PAFC et le FSC). Dans ce cas, les volumes de bois dans le parc d'exposition sont différenciés par des couleurs représentant chacun un label.

Diverses informations sont marquées pour assurer la traçabilité du bois. Il y a le nom de l'entreprise d'où provient le bois (symbolisé par un logo), le nom du client, l'essence utilisée, les dimensions (longueur, largeur, épaisseur), la date de fabrication et dans certains cas, le nom de l'exploitant. Néanmoins, comme le rappelle le responsable du personnel de la Somivab, « *la traçabilité est complexe, du fait*

[452] Le label FSC, OLB ou RBUE sont des normes que l'on obtient à l'issue d'un audit sur la manière dont on exploite le bois, comment on achète le bois (légalité des fournisseurs) de la manière dont on le transforme et le commercialise, avec tout un ensemble de critères à respecter en matière environnementale, légale, sociale, conditions de travail, etc. Le Bureau Veritas et le Rainforest Alliance sont les organismes en charge d'évaluer la certification. La certification FSC est la plus stricte et difficile à obtenir. Aujourd'hui, les exploitations Rougier, CPBG et CEB-Precious Woods ont leurs forêts certifiées, les usines TGI-Precious Woods, CPBG, PDG, Thébault sont des usines certifiées FSC 100%.

[453] Le groupe NBP et son partenaire PDG ont fait l'objet d'un audit Bureau Veritas pour la mise en conformité avec le RBUE (règlement des bois de l'Union européenne) en audit l'intégralité de ses fournisseurs dans les zones jugées à risque (Gabon, Cameroun, Congo). Enquête de terrain Aubin Gildas Kombila, Libreville, juin 2016.

notamment que lorsque le bois entre en sciage, il est difficile de savoir de qui il provient. Donc pas de traçabilité efficace à 100% »[454].

Ces dix dernières années, les surfaces forestières gérées de manière durable au Gabon ont augmenté pour répondre notamment à la demande des marchés du nord de l'Europe, qui exigent des garanties environnementales et sociales. Mais beaucoup d'acteurs, y compris de grandes entreprises transnationales, continuent d'exploiter leurs concessions sans prendre en compte ces enjeux[455]. Si les grandes entreprises écoulant leur bois vers le nord de l'Europe détiennent le label vert, d'autres (asiatiques principalement) n'ont pas sauté le pas. Par ailleurs, les certifications concernant uniquement la légalité de l'exploitation et non la durabilité (règlement de l'Union européenne qui pénalise l'importation de bois illégal) sont souvent préférées à la FSC, car elles sont moins contraignantes. Ainsi, l'existence de plusieurs types[456] de labels de certification avec des niveaux d'exigences différents fait que de nombreuses entreprises privilégient la légalité à la durabilité[457]. Outre la multiplication des labels aux niveaux d'exigences différents, certaines entreprises chinoises implantées au Gabon, dont ledit pays est devenu un marché d'exportation important[458], n'adoptent pas toujours de certification en dehors de volumes limités qui sont achetés pour être réexportés vers l'Europe ou les États-Unis sous forme de contreplaqués ou de meubles. « *On ne sait pas encore dans quelle mesure la Chine va adopter les certificats de légalité pour le bois qu'elle importe, ce qui changerait radicalement la donne* »,[459] confiait

---

[454] Enquête de terrain Aubin Gildas Kombila, juillet, 2016.

[455] « Alain Karsenty : « Pour vendre du bois en Europe du Nord, la certification est obligatoire » », JeuneAfrique.com, 6 juillet 2016, http://www.jeuneafrique.com/mag/336750/economie/alain-karsenty-vendre-bois-europe-nord-certification-obligatoire/.

✓ [456] Certification de la gestion forestière: s'assurer que les forêts sont gérées de façon durable (FSC, PEFC, MTCC, Kerhout,...) → garantit la qualité de la gestion

✓ Certification de la traçabilité: s'assurer de l'origine des produits forestiers certifiés → Systèmes de suivi des produits forestiers

✓ Certificat de légalité: s'assurer du respect des lois et réglementations en vigueur dans les pays producteurs (OLB, TLTV, autorosation FLEGT).

[457] Certains labels à l'exemple de la FSC privilégient la légalité et la durabilité, tandis que d'autres préfèrent se limiter à un pan : la légalité. Cet état de fait constitue un frein au processus de durabilité des forêts.

[458] L'Europe est le marché historique de l'Afrique forestière. Mais la Chine et surtout l'Inde et le Vietnam ont pris beaucoup d'importance ces dernières années.

[459] Alain Karsenty, Pour vendre du bois en Europe du Nord, la certification est obligatoire, *op. cit.*,

Alain Karsenty à la question « la Chine va-t-elle se convertir au bois certifié ? ».

2.2.2 les types de certification au Gabon et les surfaces concédées

Comme mentionné précédemment, la certification forestière est un processus qui permet d'attester qu'un produit forestier provient d'une forêt bien gérée. Il s'agit de l'évaluation d'une compagnie forestière sur la base des normes de bonne gestion forestière. Selon la Direction Générales des Forêts du ministère des Eaux et Forêts[460], le Gabon renferme trois types de certification :

- FSC (*Forest Stewardship Council)*
- OLB (Origine et Légalité des Bois - Bureau Veritas)
- PAFC/PEFC (Pan African Forest Certification)

Le FSC : Le plus représenté au Gabon, il atteste qu'une compagnie forestière gère bien une forêt (et qu'elle répond aux besoins sociaux, économiques, écologiques, culturels et spirituels des générations actuelles et futures) si elle respecte les dix principes et critères associés suivants [461] :

1) Respecter toutes les lois du pays ;
2) Disposer d'un titre d'exploitation à long terme ;
3) Respecter les droits et les coutumes des populations autochtones ;
4) Offrir de bonnes conditions de travail aux employés ;
5) Augmenter les bénéfices tirés de la forêt et réduire les pertes ;
6) Limiter la destruction de la forêt pendant les activités d'exploitation ;
7) Disposer d'un plan de gestion de la forêt bien élaboré et réaliste ;
8) Suivre la production et mesurer les impacts de l'exploitation ;
9) Savoir identifier et sauvegarder tout ce qui est très utile dans la forêt ;
10) S'assurer que les plantations respectent les principes du FSC.

Gérer les forêts en accord avec les principes et critères FSC consiste à suivre strictement les directives sociales et environnementales et nécessite souvent que les gestionnaires adaptent leur mode de gestion et leurs opérations. C'est ainsi que le FSC exerce un impact positif

---

[460] Enquête de terrain Aubin Gildas Kombila, Libreville, juillet 2018.
[461] Forest Stewardship Council, novembre 2013.

direct et permanent sur les forêts du monde et sur les personnes qui en vivent, qui y vivent ou qui vivent aux alentours des forêts.

Le processus de certification forestière FSC se déroule en plusieurs étapes qui peuvent être résumées comme suit :

- Le préaudit : c'est une première vérification qui est faite avant la certification. Les auditeurs observent les activités effectuées dans la forêt et ils échangent avec les employés ainsi que les populations locales.
- L'audit de certification : c'est l'évaluation complète faite au moment où le certificateur[462] doit dire si c'est possible de certifier ou non. Au cours d'un processus de certification, il peut y en avoir plus d'un audit selon le cas. Pendant cette évaluation, il observe encore les activités menées dans la forêt, s'informe auprès des employés sur leurs conditions de travail et auprès des communautés locales sur leurs rapports avec la compagnie forestière.
- La délivrance du certificat : si les activités de la compagnie forestière respectent les dix principes du FSC, elle reçoit alors un certificat qui l'autorise à mettre le logo du FSC sur les produits qui proviennent de la forêt qui a été certifiée.
- Les audits de surveillance : la compagnie forestière qui reçoit le certificat doit continuer à avoir de bonnes pratiques dans la forêt et garder de bonnes relations avec les autres personnes concernées pour rester certifiée. Pour s'assurer de cette continuation, le certificateur effectue au moins un audit par an dans la compagnie forestière : c'est un audit de surveillance. Au cours de ce dernier, le certificateur observe également les activités d'exploitation et il s'informe auprès des employés, des communautés locales et des autres acteurs concernés. La certification est annulée si la compagnie forestière met en oeuvre des pratiques non conformes aux principes du FSC.

En 2012, plus de 150 millions d'hectares de forêts réparties dans plus de 80 pays détenaient la certification FSC[463]. Le logo et les labels sur les produits FSC ont acquis le statut de marque de confiance dans le monde entier pour les entreprises et les consommateurs qui recherchent

---

[462] Le certificateur est une entreprise constituée d'une équipe d'experts appelés auditeurs. Ces auditeurs évaluent la compagnie forestière. Ils vérifient si la compagnie gère bien la forêt.
[463] Forest Stewardship Council, novembre 2013.

des produits forestiers profitant aux populations et à l'environnement, et apportant également une valeur opérationnelle. De plus en plus de gouvernants et d'organisations exigent des produits certifiés dans leurs politiques d'achat. Selon l'Organisation mondiale du commerce (OMC), le FSC propose le seul standard valable à l'échelle internationale. C'est également le seul standard ne présentant pas d'obstacle au commerce selon la même source.

Le FSC est certes le système ayant le plus d'exigence, mais il ne demeure pas le seul système de certification crédible. Selon la responsable du Programme Pan Africain de Certification Forestière (PAFC), « [...] *il existe des systèmes de certification nationaux reconnus à l'échelle internationale et plus souple que le FSC dans la mesure où elles acceptent un système de collage c'est-à-dire, l'utilisation de labels divers durant toute la chaîne. C'est le cas du PEFC, système panafricain créé dans les années 2000 pour la région d'Afrique Centrale.* »[464]

OLB : le Bureau Veritas Certification a développé le système OLB (Origine et Légalité des Bois) pour donner suite aux demandes de clients souhaitant obtenir un certificat officiel et tierce partie concernant la légalité de leurs bois[465]. Il repose sur :

- Un certificat destiné aux exploitants / gestionnaires forestiers ;
- Un certificat de chaîne de contrôle destiné aux industriels et aux négociants.

Le certificat de légalité des bois est basé sur le respect du référentiel pour la certification des entreprises forestières. Ce document présente les dispositions à satisfaire concernant le respect des lois en matière de gestion et exploitation des bois, d'emploi et de sécurité des personnes, de respect de l'environnement. Il traite par ailleurs largement des questions de traçabilité des bois au sein de l'entreprise jusqu'à la vente ou une première transformation[466].

La certification des entreprises de transformation et de négoce des bois est basée sur le respect du référentiel de chaîne de contrôle. Ce document présente les dispositions à satisfaire pour obtenir le droit d'utiliser la marque OLB[467] sur les produits des entreprises. En plus de

---

464 Enquêtes de terrain Aubin Gildas Kombila, juin 2018.

465 « Certification Origine et Légalité des Bois (OLB) », consulté le 8 juillet 2018, https://www.bureauveritas.fr/services+sheet/certification-olb.

466 *Ibid.,*

467 OLB est un système internationalement reconnu basé sur :

la certification OLB, les entreprises de transformation et de négoce des bois peuvent obtenir la certification OLB+. Cette certification atteste que l'entreprise respecte des principes sociaux et environnementaux supplémentaires, critère qui devient de plus en plus une exigence pour le grand public, pour les marchés publics et les organisations internationales. La réalisation des exigences supplémentaires OLB+ est une étape supplémentaire facultative non obligatoire dans l'obtention du certificat OLB.

Le ***PAFC/PEFC***[468], quant à lui, relève d'une ONG internationale à but non lucratif qui repose sur un mécanisme volontaire pour la promotion de la gestion durable des forêts (GDF) via une certification délivrée par une tierce partie indépendante. Elle est basée sur une alliance de systèmes nationaux de certification forestière des cinq continents, couplée à un système international de chaîne de contrôle. Le PAFC utilise les principes, critères et indicateurs de gestion durable des forêts définis par l'Organisation Africaine du Bois (OAB) et l'OIBT. Sa démarche de certification s'inspire de celle du PEFC par exemple en ce qui concerne la définition des schémas nationaux. Il a d'ailleurs été reconnu par le PEFC qui a validé le PAFC Gabon[469]. Les standards de certification forestière PAFC sont spécifiques aux pays :

- Adaptation aux conditions locales ;
- Adaptation à la législation locale ;
- Intégration des besoins et attentes des parties prenantes locales ;
- Appropriation nationale de votre schéma de certification ;
- Flexibilité dans la réponse la plus adaptée aux exigences de PEFC ;

- Une légalité stricte et complète,
- Une exigence de traçabilité adaptée aux entreprises forestières,
- Un suivi des bois simple et efficace (chaîne de contrôle).

[468] Rémi Sournia, « PAFC / PEFC Une alternative pour la certification forestière », s. d., 33. [Le PAFC est membre du PEFC qui est à l'origine un système européen. Aujourd'hui c'est un système de reconnaissance nationale de certification. Le Gabon est le pionnier avec le PAFC-Gabon. D'autres sont en gestation : PAFC Congo/Cameroun. En 2018 au Gabon, une seule entreprise est certifiée PAFC : Precious Wood. Pour la responsable de la structure, l'avenir est confiant. « *D'ici fin de l'année, il y aura au moins 3 entreprises certifiées PAFC* » nous confiait-elle lors d'un entretien réalisé en juillet 2018.

[469] Armel Mouloungui, *Gouvernance des ressources forestières au Gabon : acteurs et enjeux*, *op. cit.*, p. 67.

- Reconnaissance mutuelle de votre schéma régionalement et internationalement ;
- Système éprouvé pour les petits propriétaires forestiers ;
- Révision régulière et systématique du standard et de ces critères au niveau national afin de refléter les développements dans les pratiques la recherche et les valeurs de la société ;
- Offre une reconnaissance immédiate des produits au niveau international, notamment en France.

En 2014, suite à l'arrêt des exportations de grumes, les forêts certifiées gabonaises représentaient 13,9% des forêts domaniales productives. En 2017, celles-ci sont passées à 21% des concessions forestières sous aménagement durable et 14,3% des concessions concédées (forêts domaniales productives), soit 2 287 453 ha. C'est un chiffre relativement faible compte tenu des objectifs fixés par l'État dans le Plan Stratégique Gabon Emergent qui est d'atteindre 100% en 2025. La responsable du Pan Africain de certification forestière (PAFC) nous confiait d'ailleurs « [qu'] *il serait souhaitable de rendre la certification obligatoire, non seulement pour l'image des entreprises vis-à-vis du marché extérieur, mais aussi pour que le pays atteigne les 100% de certification voulue* »[470]. La *Figure 32* ci-dessous nous donne en détail la situation de la certification au Gabon. Il faut toutefois noter que toutes les CPAET ainsi que les concessions mises en réserve à la ZERP sont non certifiées.

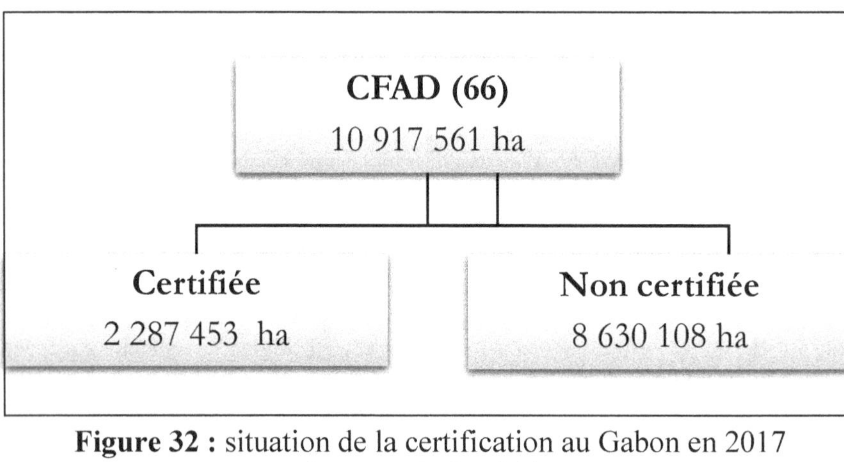

Figure 32 : situation de la certification au Gabon en 2017
Source : DGF, 2017

[470] Enquête de terrain Aubin Gildas Kombila, Libreville, juillet 2018.

Par de nombreuses initiatives, le Gabon a fait un certain nombre de progrès en matière d'aménagement et de certification comme le montrent les éléments précédents. Dans les paragraphes qui suivent, nous montrerons les politiques mises en place pour ce qui concerne la gestion environnementale (déchets) et le rendement matière depuis l'incitation à la transformation locale du bois sur le territoire gabonais.

3. La gestion environnementale (des déchets) et le rendement matière

Définie par Jacques Lévy et Michel Lussault comme un « *ensemble de réalités extérieures à un système, notamment un système social, conditionnant son existence et interagissant avec lui. Spécialement, les réalités biophysiques comme environnement des sociétés* »[471], la notion environnementale requiert ces dernières décennies une importance particulière. Cela est justifié notamment par la multiplication des sommets sur cette dernière (Sommet de Rio, Cop 21, 22, etc.). Le Gabon, situé au cœur du « second poumon » de la planète, s'implique volontairement dans la protection et l'amélioration de l'environnement. La prise en compte de celui-ci s'est principalement développée à l'occasion de la présentation du Sommet de la Terre de Rio (Rio, juin 1992) avec pour objectif de fournir des signaux précoces d'alerte environnementale et de tirer des leçons du passé. D'ailleurs, la loi 16/93 intégrait déjà la notion d'étude impact environnemental et un décret d'application sur les études d'impact environnemental (EIE) existait déjà. Ainsi, les éléments abordés dans ce point seront consacrés à ce qui a été mis en place par le Gabon pour éviter un impact négatif des activités industrielles sur l'environnement immédiat des populations (eau, air, sol…), mais aussi sur la ressource bois proprement dite (par le rendement matière).

3. 1 la protection du cadre de vie et la lutte contre la pollution et les nuisances[472]

La protection et l'amélioration de l'environnement constituent une mission d'intérêt général prônée par les autorités gabonaises. Pour ce

---

[471] Jacques Lévy et Michel Lussault, *Dictionnaire de la géographie et de l'espace des sociétés*, *op. cit.*, p. 342.

[472] Toute agression d'origine humaine contre le milieu physique, biologique, naturel ou artificiel entourant l'homme et causant une gêne de vie et assimilable à un véritable dommage. Elle peut-être notamment sonore, vibratoire, olfactive, visuelle, etc. (Loi 007/2014).

faire, le pays a adopté des mesures[473] importantes pour assurer une gestion durable de l'espace prêt duquel sont implantées les unités de transformation et ainsi éviter la pollution sous toutes ses formes. Ainsi, le Gabon a premièrement instauré une étude d'impact environnemental (EIE) avant l'implantation des entreprises (Décret 539, du code environnement)[474]. Il s'agit d'un instrument privilégié dans la planification du développement et de l'utilisation des ressources et du territoire. Elle vise la considération des préoccupations environnementales à toutes les phases de réalisation d'un projet, incluant sa conception, son exploitation et sa fermeture, le cas échéant. Aussi prend-elle en compte l'ensemble des composantes des milieux biophysique et humain susceptibles d'être affecté par le projet, et permet d'analyser et d'interpréter les relations et interactions entre les facteurs qui exercent une influence sur les écosystèmes, les ressources, la qualité de vie des individus et des collectivités. Ce procédé est observable dans la zone économique de Nkok où les entreprises sont obligées d'y avoir recours.

Le test de certification FSC, quant à lui passé par l'unité de transformation *Placages Déroulés du Gabon*, oblige cette dernière à respecter les règles d'hygiène et de sécurité. Lors de nos enquêtes de terrain, un industriel européen nous confiait aussi « [que] *notre politique d'aménagement et développement durable a été établie sur ce qui se fait en Europe. Nous avons fait le choix de faire réaliser une étude d'impact avant la construction du site, avec une opération de dépollution du site qui était autrefois une décharge de voiture et une*

---

[473] En 2014, le Gabon a entériné son « agenda vert » avec la loi 007/2014 (abroge la loi n°16/93, 26 août 1993) relative à la protection de l'environnement en République gabonaise qui a pour objet de déterminer les principes généraux qui doivent fonder la politique nationale en matière de protection et d'amélioration de l'environnement. Elle tend notamment à :

- La préservation et l'utilisation durable des ressources naturelles,
- La lutte contre les pollutions et nuisances,
- L'amélioration et la protection du cadre de vie,
- La promotion de nouvelles valeurs et d'activités génératrices de revenus, liées à la protection de l'environnement,
- L'harmonisation du développement avec la sauvegarde du milieu naturel

[474] Décret 539 N°000539/PR/MEFEPEPN Du 15 juillet 2005, réglementant les études d'impact sur l'Environnement. L'article 3 définit les types de projets soumis à EIE : les travaux, ouvrages ou aménagement industriels, agricoles, forestiers, urbains, ruraux miniers ou autres, entrepris par les collectivités publiques et les entreprises publiques ou privées, qui risquent de porter atteinte à l'environnement.

opération de stabilisation du terrain qui était autrefois un ancien marécage »[475]. Ainsi, nous trouverons ci-dessous la procédure[476] d'étude d'impact environnemental mis en place lors de l'installation d'une unité de transformation du bois au Gabon (*cf. Figure 33*).

[475] Enquête de terrain Aubin Gildas Kombila, 2016.

[476] Il convient de mentionner qu'une fois que les opérateurs ont obtenu les documents de validation d'installation, l'équipe environnement (DGEPN, CNAP) procède à des visites tous les 6 mois pour une évaluation. En cas d'infraction ou manquements (cas de la non-utilisation d'équipement de protection individuelle « EPI » par les employés), il est demandé à l'opérateur de se mettre aux normes dans un délai de 2 mois.

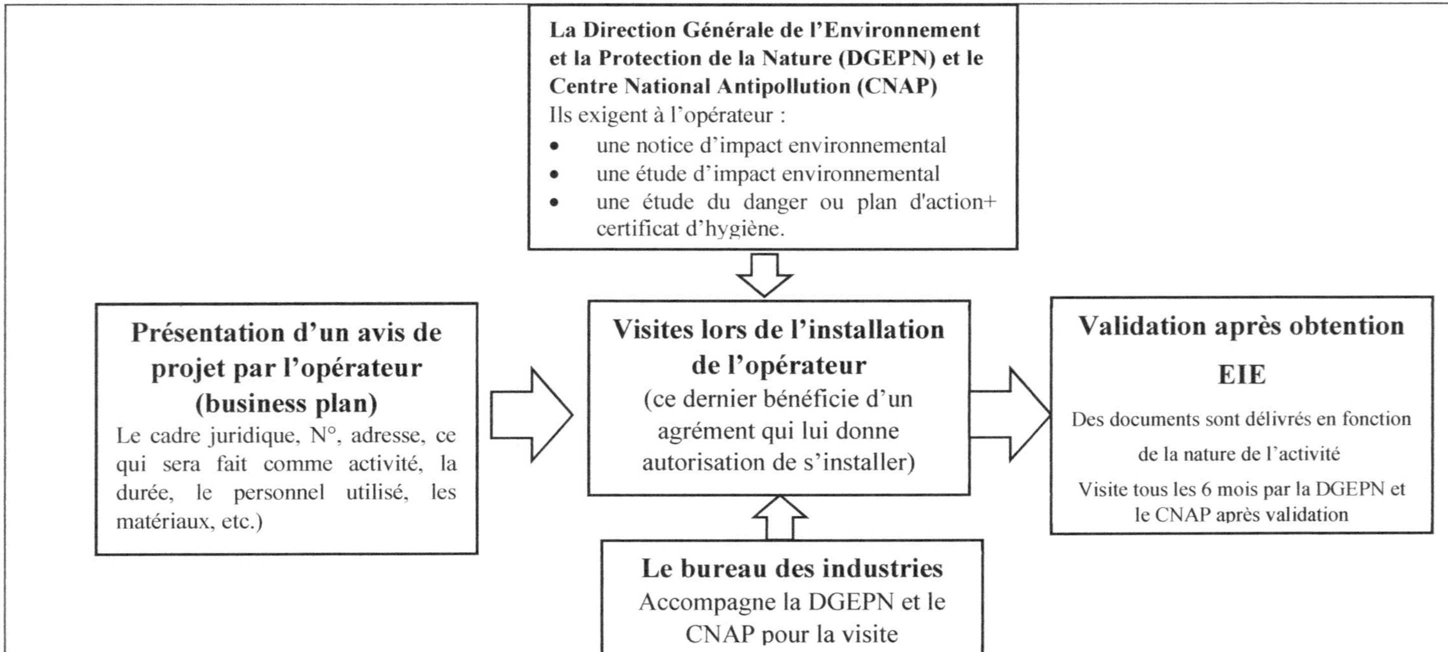

Figure 33 : mise en place des mesures environnementales (EIE)
Source : décret 539 n°000539/PR/MEFEPEPN du 15 juillet 2005

Outre l'étude d'impact mentionnée précédemment, les autorités gabonaises (direction générale de l'Environnement) mettent l'accent sur la gestion des déchets issus de la filière bois. En vue de l'atteinte de ses objectifs, de nombreuses réformes institutionnelles et réglementaires ont été initiées par le gouvernement, telle la création du Centre national antipollution (CNAP), organe sous tutelle du ministère chargé des forêts ; son objectif est d'appuyer la politique environnementale du gouvernement en matière de gestion des produits chimiques et des déchets dangereux.

Il est aujourd'hui demandé aux promoteurs de s'engager à mettre en œuvre les moyens nécessaires pour éliminer, réduire ou compenser les effets négatifs de son projet sur l'environnement naturel et humain, ainsi que le budget correspondant. Sur ce plan, de nombreuses entreprises notamment européennes ont fait des efforts ; nous citerons l'exemple de l'établissement *Rougier Gabon* avec la mise en place du service Qualité Hygiène Sécurité Environnement chargé de sensibiliser sur le terrain le personnel aux bonnes pratiques (port d'équipements de protection individuelle : EPI, mode d'abattage, etc.), mais aussi de veiller au respect de celles-ci (*Cf. Planche 12*).

Si Rougier met à la disposition de ses employés des EPI pour éviter l'exposition à des dangers divers, cela n'est pas le cas pour de nombreuses autres entreprises, généralement artisanales. À WCTS, les employés se plaignaient de ne pas avoir le matériel de prévention (casque, chaussure, etc.). La conséquence est la section ou la perte de certaines parties du corps (les doigts notamment) lors de l'activité. Cela a été à plusieurs reprises le fait de notre observation dans les menuiseries artisanales à Makokou, Moanda voire Libreville.

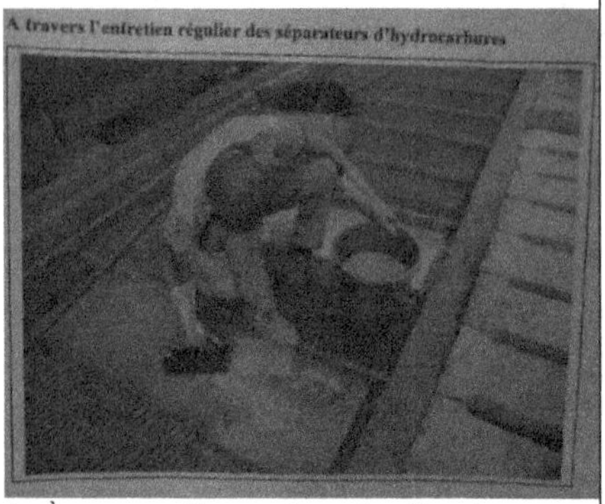 1. À travers l'entretien régulier des séparateurs d'hydrocarbures	 2. À travers le système de récupération d'hydrocarbures (bacs de récupération véhicules)
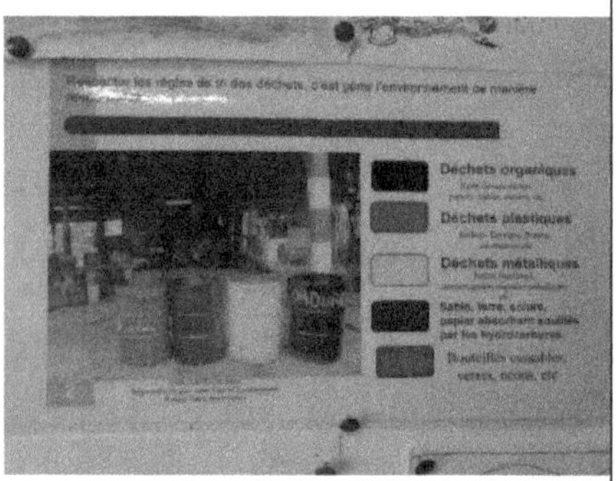 3. Système de tri des déchets mis en place	 4. Système mis en place pour éviter des déversements d'huile et de gasoil sur le sol

Planche 12 : la gestion responsable de l'environnement (Rougier Gabon)
Clichés : Aubin Kombila

Au regard des images ci-dessus, certaines entreprises, à l'image de *Rougier-Gabon*, ont fait des efforts pour éviter un impact négatif de l'exploitation forestière et l'industrie du bois sur l'environnement (lutte contre l'érosion, tri des déchets, récupération des hydrocarbures, etc.). Concernant l'entreprise *Placages déroulés du Gabon*, l'essentiel des déchets bois sont d'abord broyés et consommés par une chaudière dernière génération équipée de filtres à particules. Cette chaudière a pour but d'alimenter le site en fluide thermique. La longévité de ce fluide est de 2 à 3 ans. « *Nous sommes en accord avec la société Total Gabon pour le retraitement/recyclage de cette huile thermique, contrairement à certains qui n'hésitent pas à la déverser dans la rivière Lowé (rivière traversant Owendo au Pont Nomba)* »[477] affirmait le responsable de ladite unité de transformation. Il rajoute : « *De plus, nous refusons de bruler à ciel ouvert les excédents de déchets bois de tronçonnage, écorçage ou déroulage, comme le fond les ¾ de nos confrères en brulant bien souvent la nuit. D'une part, cela nous exposerait à des contraventions importantes, le risque de perte de contrôle du feu est omniprésent, puis cela ne suit pas les convictions de la direction* »[478]. La partie « solide » de ces excédents (rondelles, planches) est offerte librement aux populations locales pour la consommation domestique. Les autres formes de déchets (chutes de placage, copeaux de sciage, tronçonnage ou d'écorçage) sont traitées par la société de voirie Averda qui met à disposition un bac à déchets de 24 m^3, évacué une fois par semaine vers la déchetterie de Libreville.

Toutefois, si l'idée d'efforts en matière de gestion de déchets semble actée par de nombreux acteurs, ce constat n'est pas toujours partagé de tous, notamment les populations locales. Pour rester dans le cas de Rougier, le chef du regroupement des villages Bouma-Oyali nous confiait lors de notre entretien que l'entreprise polluait de par ses produits (hydrocarbures notamment, eaux usées) la rivière ; or, celle-ci fournit à la population locale riveraine l'eau pour les tâches ménagères, la douche et même la consommation quand la seule pompe publique installée ne répond plus aux normes (forte présence de calcaire). Les produits utilisés, les eaux usées et autres impactaient la nappe phréatique et donc la rivière située non loin de cette dernière (*cf. Planche 13*). Le risque étant l'apparition de nombreuses maladies sur le court, moyen ou long terme. À cela, les habitants rajoutaient qu'il y

---

[477] Enquête de terrain Aubin Gildas Kombila, mai 2016.
[478] *Ibid.*

avait une dégradation de la route par les camions de *Rougier-Gabon* ainsi qu'une pollution sonore causée par le bruit des moteurs.

Sur la première image, une habitante de Bouma-Oyali en pleine vaisselle et ses enfants se lavant dans la rivière. La seconde image quant à elle nous montre le puits qui sert d'eau potable. L'eau de la pompe publique du regroupement étant impropre à la consommation (calcaire) affirmaient les habitants.

Planche 13 : l'eau des rivières, un élément important du quotidien des habitants de Bouma-Oyali

Clichés : Aubin Gildas Kombila, 2016

Comme dit précédemment, la bonne gestion de l'environnement n'est pas l'apanage de tous. Le ministère des Eaux et Forêts dans son code forestier interdit le fait de bruler les déchets de bois, car cette action peut avoir des répercussions néfastes sur la couche d'ozone. En effet, le fait de bruler le bois libère dans l'atmosphère le dioxyde carbone qui affecte la couche d'ozone et impact ainsi le climat (on parlera de réchauffement climatique). Or, lors de nos enquêtes de terrain, nous remarquions que cette restriction des Eaux et Forêts n'est pas toujours respectée. Les populations (employés WCTS) d'Epassendjé près de Makokou nous confiaient « [que] *les déchets du bois sont brulés au lieu d'être donnés aux populations ni même aux travailleurs bien que ces derniers veuillent les acheter* »[479]. Et en effet, c'est bien ce que nous avons constaté à l'occasion de notre passage dans ladite entreprise (*Cf. Planche 14*). Il faut dire que le charbon du bois est prisé en Chine, ce qui pourrait expliquer une probable exportation du charbon de bois de l'entreprise vers son pays d'origine.

Aussi, la corruption assez présente dans la localité facilite ces mauvaises actions et rend-elle intouchables ceux qui la pratiquent. À la zone économique spéciale, lors de notre passage, aucun équipement de traitement des déchets n'avait été construit comme promis par Olam ; et il n'existait pas non plus de décharges. Cette situation obligeait les opérateurs à stocker les déchets en usine ; l'une d'entre elles arrivait d'ailleurs à saturation. Or, si dans certains cas, les déchets issus de la transformation industrielle (rebuts de bois) sont brulés ou enfuis sous terre, ils représentent aujourd'hui une matière première recherchée, car générateurs de revenus (*cf. chapitre. 4*). Le recyclage des rebuts du bois constitue en effet une activité rentable et écologique qui contribue au développement du Gabon.

[479] Enquête de terrain, Epassendjé juin 2016.

Sur ces images, les déchets de bois brulés à WCTS à Epassendjé près de Makokou. Bien que cela est interdit par les autorités (Eaux et Forêts), cette pratique est courante (au détriment des populations locales) et parfois au su des autorités locales.

Planche 14 : les déchets de bois brulés près de Makokou
Source : Aubin Gildas Kombila, 2016

3.2 le rendement matière : entre course à la rentabilité et mise en péril de la ressource

L'industrialisation est souvent perçue selon les positions comme source de dégradation ou de préservation de la matière première bois. Nous aborderons cette question dans les lignes qui suivent en prenant le rendement matière comme élément central.

3.2.1 les facteurs déterminants du rendement matière

La transformation locale du bois a occasionné des progrès en matière de gestion durable au Gabon avec notamment, la mise en place des concessions sous aménagement et une amorce de traçabilité (certification). Toutefois, le pays devrait pour éviter de tomber dans la surexploitation de la ressource, comme ce fut le cas en Indonésie ou du Cameroun, élaborer des stratégies pour améliorer son rendement matière. Il faut dire de prime abord, comme nous l'expliquait un industriel, qu'en matière de déroulage, comme en matière de sciage, le rendement est une notion purement industrielle liée à deux facteurs :

Premièrement, abordons la question de la qualité du bois (circonférence, diamètre, nature du bois, rayon de courbure, etc.). Les bois de petit diamètre, courbés, « sales », c'est-à-dire pleins de nœuds, épines ou pourritures, combiné à un outil de transformation des années 1960, donneront finalement un rendement catastrophique. Les défauts structurels du bois, tels que les nœuds pourris, les fentes, etc., font systématiquement chuter le rendement vu que l'on est obligé de purger ces défauts. Une grume[480] de mauvaise qualité sur une dérouleuse

---

[480] On classe les grumes selon une très ancienne classification :

- La classe LM (Lloyd Merchant) : la grume parfaite, ronde comme un crayon, exempte de fentes, sans nœuds apparents, un cœur bien centré, peu d'aubier (matière jeune), d'un cubage important (un okoumé fait en moyenne 5,5 m3, une LM peut atteindre les 30 m3). Elles sont destinées surtout à l'industrie du tranchage pour les essences fines et la décoration, soit environ 275 euros.
- La classe QS (Qualité Spéciale) : une grume qui comparée à une LM, présente un défaut (méplat, courbe, cœur légèrement excentré, fil légèrement vissé, une bosse laissant préjuger une pourriture au cœur ou une entre-écorce, fentes par exemple. Une bille notée 16 à 18/20 pour une valeur actuelle de 120.000 FCFA le cube soit 183 euros ;
- La classe CI (Choix intermédiaire) : présente plusieurs défauts, disons une bille notée 12 à 14/20. Volume annuel près de 100 000m3 par an actuellement, prix autour de 100.000 FCFA soit 150 euros ;
- La classe CE (Choix économique) : plusieurs défauts lourds. Très courant actuellement, quasiment pas recherché il y a 30 ans, dans les 300 000 m3 par an aujourd'hui. 10/20, prix moyen 70 000 FCFA le mètre cube ;

construite en 2015 donnera un rendement médiocre. Une grume superbe, sur une vieille dérouleuse de 1980, donnera un rendement acceptable, mais évidemment pas autant que sur une dérouleuse de dernière génération. La qualité du bois est « Le » facteur dominant en matière de rendement ; vient ensuite la performance de l'outil. À titre de comparaison, prenons l'automobile : une huile de moteur de 1920 sur la dernière Ferrari, et le moteur est non fonctionnel au bout de 100km. Une huile de dernière génération sur une Ford 1920, et c'est parti pour 60 000km sans « gros » problème moteur.

Deuxièmement, la question du rendement dans la transformation du bois est aussi liée à la technologie de l'outil industriel. Comme mentionné au chapitre 4, au Gabon, les usines sont encore « rudimentaires » ; elles manquent d'outils performants (équipements modernes) pouvant favoriser une transformation efficace du bois (on note une forte dispersion sur l'ensemble du territoire des unités de transformation à faible performance/rendement et de petite taille)[481]. Aussi, les unités de transformation pour avoir un rendement moyen (tirer des bénéfices) sont-elles obligées de faire entrer en usine plus de bois que prévu, du moins plus de bois que nécessite une usine européenne ayant le matériel adéquat. Une grande partie de la grume (environ 40%) est transformée en déchets (jetés dans de nombreux cas) alors que cela aurait pu être valorisé[482]. La Banque Mondiale le rappelle d'ailleurs en disant « [que] *l'accès insuffisant au crédit et à l'investissement tend à favoriser le développement d'unités de transformation inefficaces. Les unités de transformation inefficaces*

- Puis finalement la classe CS (choix spécial ou choix sciage) : beaucoup de défauts lourds, à la limite du rédhibitoire, sert à produire du sciage ou des sous-produits de déroulage, c'est-à-dire sans esthétique, qui iront à l'intérieur des panneaux de contreplaqué. Moins de 10/20. Aujourd'hui la classe la plus écoulée au Gabon, 40 à 50 000 FCFA, soit 107 euros ;
- « Classe IR » (irrecevable) : absolument impropre à l'industrie. 0/20 pointé. Finit bien souvent pour l'artisanat local ou le sciage bas de gamme.

Au Gabon, ce sont des acheteurs-vendeurs qui attribuent les classifications, dits « Agréeurs », c'est une formation technique dispensée par un centre d'étude gabonais. Les agréeurs sont au nombre de 6 au Gabon.

[481] Il est extrêmement coûteux de mettre en place du matériel avec beaucoup d'électronique et d'automatisme (contraintes de chaleur et d'humidité pour les armoires électriques et les cellules laser, compétence de la main-d'œuvre technique et solution de dépannage pour des pièces détachées, coupures de courant, etc.).

[482] Jérôme Mabika, *Enjeux et défis de l'industrialisation de la filière bois, op. cit.*, p. 341-342.

utilisant plus de grumes que leurs pairs plus efficaces […] »[483]. Ainsi, les surcapacités de transformation engendrées par l'interdiction d'exporter du bois brut pourraient occasionner un appauvrissement ou épuisement des ressources naturelles de la forêt dite primaire, en d'autres termes, une déforestation croissante nette de la ressource. Le risque serait alors de voir la demande soutenue de volume induire la tentation de maintenir le flux d'approvisionnement des usines en dépassant le rendement soutenu[484] et donc, entrainer une destruction de la forêt de régénération. L'expérience indonésienne en est une parfaite illustration. Ainsi, si les unités industrielles n'améliorent pas leurs rendements matière (rapport entre volume de produit transformé et le volume de bois brut nécessaire à sa fabrication), la transformation locale des grumes engendrera un gaspillage de ressources naturelles. Car comme mentionné précédemment, pour un même résultat, un même volume de bois transformé nécessite davantage de bois brut qu'une unité de transformation plus efficace implantée en Europe ou au Japon.

Pour la direction générale des industries (DGI), au Gabon, le rendement matière oscille entre 40 et 50%. Toutefois, il varie selon les secteurs d'activités. Il va jusqu'à 75% dans le déroulage et le tranchage, et dans certains sciages qui disposent de dispositifs de séchage. Ces derniers permettent à l'unité de transformation de récupérer les déchets de bois et ainsi, de les mettre en valeur. Or, selon les chiffres officiels de la DGI 2017, seules deux unités disposent d'un séchoir, ce qui parait faible quand on sait que l'activité du sciage constitue plus de 80% des unités de transformation au Gabon.

3.2.2 impacts de la mesure sur la ressource bois : dégradation ou préservation ?

Comme mentionné dans le chapitre 4, la production de grumes au Gabon est passée de 2,7 millions de m^3 en 2009 à 1,5 million en 2015,

[483] Banque Mondiale, *Rapport sur la diversité et la Compétitivité des Exportations en République gabonaise, Améliorer le climat d'investissement pour diversifier l'économie*, *op. cit.*, p. 68.

[484] La notion de rendement soutenu est un principe de base de l'exploitation forestière. Au sens strictement productif, ce terme se rapporte au niveau maximum de production de bois pouvant être obtenu à perpétuité. Cette notion s'inspire de la dynamique de renouvellement des ressources renouvelables dont l'exploitation doit, pour rester viable à long terme, se limiter à récolter l'accroissement naturel sans ponctionner le capital (Alain Karsenty, Marie-Gabrielle Piketty, *L'exploitation et l'industrie forestière en Indonésie : Retour sur un débat, op., cit.*, p. 432-433).

soit une baisse de plus de 45%[485]. La production en grumes en 2009 était déjà en chute par rapport aux années précédentes, où la production nationale était de l'ordre de 3,2 à 3,4 millions de m^3, en lien avec la baisse du marché des bois tropicaux. Mais cette baisse s'est accentuée à partir de 2010. Entre 2012 et 2014, la production de grumes a été en légère augmentation ; mais cette tendance semble s'être inversée en 2015 et pourrait être en lien avec la crise enregistrée sur les marchés asiatiques. Cette situation nous fait dire que la mesure visant à interdire l'exportation des grumes a eu un impact important sur la réduction de la dégradation des forêts. En effet, la baisse de production de grumes traduit une baisse de l'activité industrielle et donc un impact réduit sur la forêt.

- ***Impact sur les pratiques d'exploitation et sur la biodiversité***

Comme mentionné précédemment, la production de bois a chuté de 3 à 1,5 million de m^3 sur la période 2006 à 2015. Pour autant, les mécanismes en place avant l'interdiction d'exporter les grumes, à savoir la mise sous aménagement des permis forestiers et ses corollaires, limitation en surface et en diamètre du prélèvement, restent inchangés. L'interdiction d'exporter des grumes aura eu pour conséquence de diminuer le prélèvement à l'hectare[486]. Il est possible que cette baisse de prélèvement ait pu diminuer l'impact sur l'environnement en réduisant la longueur des pistes de débardage dans les assiettes annuelles de coupe (AAC) et en diminuant les dégâts d'abattage sur le peuplement résiduel. Comme le rappelait la Banque Mondiale, « [...] *quel que soit le cas de figure (permis aménagé ou non), le prélèvement de bois en forêt gabonaise reste toujours faible : elle est actuellement en moyenne proche de 0,15* m^3 */ha/an, il devrait être au moins deux fois supérieur* »[487]. Ce sont les essences à forte valeur ajoutée qui sont majoritairement exploitées, et pour les essences à moindre valeur comme l'okoumé, on prélève les arbres de meilleure qualité, laissant en forêt les qualités secondaires.

---

485 Les volumes de bois bruts récoltés sont très inférieurs à ceux d'avant 2009, avec un différentiel de plus d'un million de m^3 de grumes. (MEF-DCESP, 2016).

486 Banque mondiale, *Impact de la mesure d'interdiction d'exporter des grumes sur la forêt, l'industrie du bois et l'économie du Gabon*, Profor, Rapport, 2017, p. 16.

487 *Ibid.*, p. 16 [Il est à noter néanmoins que dans le contexte de l'Afrique centrale où le prélèvement est faible (de 1 à 2 tiges/ha), les dégâts d'exploitation n'impacteraient que 7 à 10% de la surface des AAC]

Les autorités gabonaises, par l'interdiction d'exporter les grumes, avaient aussi pour ambition de constituer une mesure radicale de prévention de l'exploitation anarchique des forêts susceptible de résulter d'un développement d'une filière d'exportation illégale de bois. En réalité, cette mesure n'aura probablement pas contribué de manière significative à structurer le secteur domestique du bois, œuvrant principalement dans l'informel. Par ailleurs, une partie des arbres issue de cette filière est prélevée dans les surfaces agricoles et une autre, dans les forêts à proximité des voies d'évacuation, presque toujours à une distance inférieure à 2 kilomètres. Dans les deux cas, l'exploitation informelle des sciages a lieu dans le domaine forestier rural où le maintien du couvert forestier ne constitue pas une priorité, cet espace ayant pour vocation de subvenir aux besoins des populations locales. Par ailleurs, rapportées à la surface forestière totale, les zones utilisées par les scieurs artisanaux sont très marginales[488].

- ***Impact sur les émissions de gaz à effet de serre***

Comme cela a déjà été précisé, la mesure d'interdiction d'exporter des grumes a eu pour conséquence directe de diminuer fortement le volume exploité (passage d'une production nationale qui se situait autour de 3 millions de m^3 à une production qui se situe aujourd'hui autour de 1,5 million de m^3). Quand bien même l'exploitation industrielle de bois est perçue comme l'un des principaux facteurs de dégradation des forêts, dans le cas du Gabon, l'interdiction de l'exportation des grumes (de par la baisse de la production) a eu pour impact une réduction des émissions de gaz à effet de serre. Une évaluation de ces émissions évitées depuis 2010 a été menée (annexe n°7) mettant en évidence que le changement de pratiques d'exploitation depuis 2010 a entrainé un évitement d'émissions d'environ 11,53 millions de tonnes de CO_2 par an, soit 69,15 millions de tonnes de CO_2 en 6 ans[489]. La baisse de production de grumes, quant à elle, à hauteur de 1,58 million de m^3 par an, équivaut à un évitement direct d'émissions de 1,41 million de tonnes de CO_2 par an depuis 2010. Le calcul des

---

[488] Guillaume Lescuyer et al., *Le marché domestique du sciage artisanal à Libreville : état des lieux, opportunités et défis*, Bogor, CIFOR, 2011, p. 7-8.

[489] D'après l'étude du niveau de référence des émissions dues à l'exploitation industrielle de bois dans le MaÏ-Ndombe (République Démocratique du Congo), le volume de grumes commercialisé correspond à environ 12% du total des émissions dues à l'exploitation industrielle de bois en forêt tropicale (Banque mondiale, *Impact de la mesure d'interdiction d'exporter des grumes sur la forêt, l'industrie du bois et l'économie du Gabon, op. cit.*, p. 64-65).

émissions évitées se fait selon une conversion du volume de bois en un équivalent de tonnes de CO_2 stockées par le bois par processus de photosynthèse :

$$E_{co2\text{-}bois} = E_{co2\text{-}bois} = Vol \times WD \times FC \times 44/12$$

Avec :
$E_{co2\text{-}bois}$: la quantité d'émissions de CO_2 évitées équivalente à la réduction annuelle de volume exploité (en tCO_2) ;
Vol : la réduction annuelle de volume exploité par rapport à la période de référence (en m^3/an), c'est-à-dire environ 1,58 million de m^3/an ;
WD : la densité anhydre du bois en g/cm^3 ;
FC : la fraction carbone du bois, il est considéré ici la valeur par défaut du GIEC de 0,47 tonne de carbone /tonne de matière sèche (tms)
44/12 : la ration permettant la conversion du carbone en équivalent en CO_2

En conclusion, nous dirons que la mesure d'interdire l'exportation des grumes a eu un effet positif sur le plan environnemental. Celle-ci, par les politiques d'aménagement et de certification mises en place, a permis aux opérateurs d'avoir une gestion plus rationnelle de la ressource bois et donc d'assurer son exploitation pour les années à venir ; d'où l'expression « succès indéniable » employée par certains opérateurs. Toutefois, si le secteur a connu des progrès sur le plan environnemental, il existe encore des pesanteurs auxquelles le Gabon devrait faire face pour assurer la pérennisation de son activité : les cas de l'exploitation illégale de certaines essences interdites, du rendement matière encore faible, mais aussi les déchets brulés dans la province de l'Ogooué-Ivindo sont des exemples parlants. Bien que la transformation locale des grumes ait eu un écho favorable, celle-ci a entrainé des bouleversements (rapprochement ou éloignement) entre le Gabon et divers partenaires sur le plan régional et international. Ainsi, le chapitre qui suit sera consacré à l'impact de l'interdiction d'exporter le bois sur les plans géostratégique et géopolitique neuf à dix ans après son entrée en vigueur.

CHAPITRE VI
L'IMPACT GÉOPOLITIQUE DE LA TRANSFORMATION LOCALE DU BOIS AU GABON

En Afrique, le secteur des ressources naturelles tourné vers l'exportation génère des recettes publiques, mais entraine paradoxalement une stagnation économique et une dépendance, à tel point que certains analystes ont parlé de la « *malédiction des richesses naturelles en Afrique* »[490]. Pour ce faire, en novembre 2009, le gouvernement gabonais a annoncé son intention d'interdire les exportations de bois non transformé, une décision entrée en vigueur en janvier 2010. L'objectif de cette interdiction était, comme vu précédemment, non seulement d'encourager les investissements (étrangers et nationaux) dans le secteur en apportant les infrastructures de transformation et l'expertise nécessaires au développement, mais aussi de faire du Gabon une plateforme centrale dans le commerce régional, voire international. Sur le plan géostratégique, la transformation locale du bois offrirait au Gabon une place de choix en devenant le site de transformation majeur du bois dans la sous-région et donc un marché potentiel important à conquérir. L'industrialisation étant perçue comme source de développement et de puissance[491], le décollage industriel du Gabon (s'il est effectif) permettra, à l'exemple des « dragons et tigres asiatiques », de remettre en cause la dichotomie Nord-Sud partant de l'Afrique et donc d'essayer de rétablir un équilibre du rapport de force Nord-Sud qui a prévalu jusqu'ici[492]. Le Gabon peut ainsi, d'un point de vue géostratégique, porter la responsabilité de la dynamique qui doit conduire vers le changement et la correction du

---

490 Google Inc, « Ressources naturelles et réalités géopolitiques de l'Afrique », OCP Policy Center, http://www.ocppc.ma/publications/ressources-naturelles-et-r%C3%A9alit%C3%A9s-g%C3%A9opolitiques-de-l%E2%80%99afrique [consulté le 25 mai 2017].

491 Anonyme, « Industrialisation et développement en Asie du Sud et de l'Est depuis les années 1950 », in *Les usines du monde*, 2005, p. 2-3. « Rien n'illustre mieux les rapports entre industries, développement et puissance que l'exemple du Japon : il généralise toujours environ 15% de la production industrielle mondiale et avec, environ 2 000 milliards de dollars de revenu industriel par an, la performance de l'industrie nippone, rivalise avec celle de l'industrie américaine sur un territoire trente fois plus petit et avec une population ouvrière deux fois inférieure ».

492 Philippe Régnier, *Histoire de l'industrialisation et succès asiatiques de développement : une rétrospective de la littérature scientifique francophone, op. cit.*, p. 73.

rapport de force qui a toujours primé. On pourrait alors partir d'un rapport « dominant-dominé » à un rapport « gagnant-gagnant » où le pays pourra désormais faire valoir ses droits et donc veiller à ses intérêts. Toutefois, le désir de contrôle et de développement basé sur le bois voulu par le Gabon pourrait réveiller le potentiel conflictogène associé aux ressources renouvelables dans un contexte de course aux ressources stimulé par l'accélération de la mondialisation[493].

Dès lors, quelle est la place occupée par le bois gabonais sur la scène régionale et internationale près de dix ans après ? La transformation locale du bois a-t-elle favorisé le rayonnement du pays ou attisé les conflits notamment avec certaines puissances pour qui cette ressource exportée à l'état brut était un apport économique ? Le Gabon est-il en voie d'atteindre les objectifs qu'il s'était fixés ?

Ainsi, au cours de notre réflexion, nous insisterons d'abord sur le rôle des ressources sur le rayonnement et la puissance des États qui en disposent (relation ressource et pouvoir). Puis nous ferons le point sur la dimension géostratégique des forêts du Gabon depuis l'arrêt de l'exportation des grumes, avant de nous pencher sur ses relations avec certaines grandes nations qui ont toujours convoité son bois et l'avidité des dirigeants africains. L'analyse faite dans ce chapitre sera dénuée de toute prise de position. Nous tenterons en nous basant sur des faits et données collectées, de faire une analyse objective.

1. Ressources naturelles et pouvoir des acteurs

La notion de ressource est souvent associée à tort ou à raison à celle de pouvoir. Afin de mieux les apprécier, nous allons dans un premier temps (brièvement), dire respectivement ce que nous entendons par ressource et pouvoir, avant d'aborder le lien qui existe entre elles.

1.1 la ressource et le pouvoir dans le discours géopolitique[494]

La géopolitique étudie les relations politiques entre les entités étatiques, intraétatiques et supra-éthiques en usant des données géographiques, lesquelles données incluent les éléments physiques, les éléments humains et les ressources naturelles dont nous faisons

[493] Raymond Aaron, *paix et guerre entre les nations*, *op. cit.*, p. 58.

[494] Pour F. Lasserre et *al*, la géopolitique est bien plus que l'étude des relations internationales. Elle repose sur une méthodologie précise, qui étudie les rivalités et enjeux de pouvoir sur des territoires entre acteurs aux intérêts divergents. Sa base est donc principalement géographique, tout en convoquant également d'autres domaines (Lasserre et *al,* 2016).

mention[495]. Notion dynamique, la ressource n'est pas une donnée, mais le produit d'une action, d'une mise en ressource[496]. Jacques Levy et Michel Lussault dans le dictionnaire de la géographie et de l'espace des sociétés la définissent comme « [...] *une réalité entrant dans un processus de production et incorporé dans le résultat final de cette production* »[497]. Il ne faut pas confondre ressource et richesse : la richesse est la ressource mise en valeur. La ressource est une richesse potentielle ; elle est toujours relative et n'existe comme ressource que si elle est connue, révélée, si on peut l'exploiter. Une socialisation de la ressource partagée par Raffestin qui fait la distinction entre « ressource » et « matière ». Selon ce dernier, « *il n'y a pas de ressources naturelles, il n'y a que des matières naturelles* »[498]. Ce sont donc les pratiques et les stratégies exercées sur la matière dans un contexte social donné qui vont en faire une ressource. De plus, ce qui est perçu comme ressource durant une certaine période historique peut reperdre son statut si la société ne lui trouve plus d'utilité. La notion de ressource est donc évolutive dans le temps et selon la société considérée.

D'essence polysémique, la notion de pouvoir renvoie quant à elle, la capacité que dispose chaque individu, groupe, ou tout autre acteur à exercer un contrôle dans une situation donnée s'il le souhaite. Dans la première partie de son ouvrage *Pour une géographie du pouvoir* (pp. 7-56), appelée à juste titre « *D'une problématique à l'autre* », Claude Raffestin déconstruit les bases de la géographie politique classique pour définir les éléments d'une problématique relationnelle fondée sur le pouvoir au sens large. Il montre ainsi comment le pouvoir n'est ni possédé ni acquis, mais « *purement et simplement exercé* ». Le pouvoir est partie prenante dans toute relation et se manifeste à l'occasion de la relation, processus d'échange ou de communication, lorsque, dans le rapport qui s'établit, se font face ou s'affrontent deux pôles. Il induit des moyens, une « *combinaison variable d'énergie et d'information* », et « [...] *vise le contrôle et la domination des hommes et des*

---

[495] *Google Inc, Ressources naturelles et réalités géopolitiques de l'Afrique*, *op.cit.*,

[496] Sophie Hou, « Réseaux énergétiques, ressources et pouvoir », Billet, *Ressources* (blog), consulté le 30 juillet 2018, https://ressources.hypotheses.org/137. [consulté le 30 juillet 2018]

[497] Jacques Levy, Michel Lussault, *Dictionnaire de la géographie et de l'espace des sociétés,* Paris, Belin, 2013, p. 874.

[498] David Guerrero, « Relire Raffestin vingt-cinq ans après », s. d., 5, http://cafe-geo.net/wp-content/uploads/relire-raffestin.pdf [consulté le 6 mai 2019].

choses »[499]. De ce qui précède, nous retenons que le pouvoir n'est rendu possible que par la combinaison de plusieurs éléments. D'où cette interrogation : en quoi les ressources sont-elles un vecteur de pouvoir ? En d'autres termes, comment un acteur peut-il parvenir à asseoir sa domination sur un autre grâce aux ressources dont il dispose ? Ce questionnement nous conduit à examiner la place que tiennent les ressources naturelles dans la géographie et l'économie mondiale.

1.2 ressources et pouvoir : pour quel type de relation ?

Le lien entre pouvoir et ressources naturelles (et d'autres types de ressources) remonte aux origines du capitalisme ; ainsi, le géographe David Harvey avait introduit la notion « *d'accumulation par dépossession* » et Marx l'appelait accumulation « *primitive* ». Les ressources naturelles se caractérisant par leur rareté (une rareté « objective » ou artificiellement produite), elles ont depuis toujours été l'objet de convoitise et de luttes, dans le cadre de guerres interétatiques ou de guerres civiles[500]. Selon Razming Keucheyan, jusqu'au XIXe siècle, aucun impérialisme, aucune puissance politique n'est concevable sans maîtrise de l'approvisionnement en bois. Ne deviennent impérialistes que les nations qui disposent d'un certain « profil écologique », c'est-à-dire qui contrôlent les forêts. C'est le cas des puissances atlantiques après la découverte des Amériques. Cuba et les Philippines représentent des colonies incontournables pour l'empire espagnol, non seulement parce qu'elles ont un intérêt économique en soi, mais parce que les forêts qui s'y trouvent alimentent l'entreprise coloniale en général. Il en va de même des forêts nord-américaines dans le cas de la France et de l'Angleterre[501].

Parler de ressource et pouvoir revient à aborder la relation sous un angle double. C'est-à-dire voir le pouvoir comme élément important d'appropriation des ressources, mais aussi les ressources comme vecteur de pouvoir. Le premier cas est observé notamment chez Raffestin qui nous dit « [que] *le pouvoir vise le contrôle et la domination des populations et/ou des ressources* »[502]. Cela est justifié notamment dans ses écrits où il reprend la division tripartite en usage

---

[499] Sophie Hou, *Réseaux énergétiques, ressources et pouvoir*, *op. cit.*,

[500] Razming Keucheyan, « Climat, nature, ressources naturelles : les nouveaux champs de bataille ? », *Nouvelles guerres, Comprendre les conflits du XXIe siècle*, Paris, éditions La Découverte, 2016, p. 86.

[501] *Ibid.*, p. 86.

[502] Guerrero, *Relire Raffestin vingt-cinq ans après*, *op. cit.*,

dans la géopolitique pour comprendre les objets du pouvoir : la population, le territoire et les ressources[503]. L'autre perception à laquelle nous nous intéressons particulièrement est celle selon laquelle les ressources sont un vecteur de pouvoir, poussant les pays via différents types d'acteurs et de stratégie à se déployer dans différents espaces. Bien que dans la vision de Raffestin la population soit le fondement de tout pouvoir (cas de la Chine aujourd'hui avec 1,3 milliard d'habitants, des États-Unis ou même de l'Inde), les ressources sont celles qui déterminent ce qui est de l'ordre du possible en termes d'action. Parfois vitales (eau, forêt), souvent stratégiques (pétrole, forêt, uranium, céréales, certains métaux non-ferreux, terres rares par exemple), les ressources naturelles constituent toujours l'une des richesses (ou le financement) d'un territoire, voire la seule. De ce fait, elles fondent en partie la puissance[504] d'un État et influent sur ses relations avec les autres[505].

Parler de ressource ou étudier la ressource, induit automatiquement de réfléchir à ce que Sophie Hou et *al* appellent « *l'idée de pouvoir(s)* »,[506] car les ressources en question possèdent une dimension stratégique (du fait de leur valeur, leur importance, etc.). Selon Patrice Gourdin, « *La possession et le contrôle des ressources naturelles, ainsi que leur accès, constituent toujours un des attributs de la puissance* »[507]. Par conséquent, tous les empires, tous les États dominants ont cherché, cherchent ou chercheront à s'en assurer, tandis que leurs ennemis ont tenté, tentent ou tenteront de les en priver. Quant aux plus faibles, ils tentèrent, tentent et tenteront d'échapper aux

---

503 Les acteurs les plus forts de la scène internationale (économiquement ou militairement), n'hésitent pas à se déployer via ce que Joseph Nye appelle le Hard et Soft Power, pour disposer des richesses dont ils ont besoin. Nous y reviendrons plus en détail dans les lignes à venir.

504 En géographie, la puissance est synonyme d'État. « Puissance, chez les hommes, signifie faculté convenue de faire des lois, et les appuyer par la force ». Ne s'emploie guère que pour les forts : les grandes puissances quelquefois dites G7 (groupe des sept plus riches pays du monde) dans les années 1990. Le mot (rac. Poti, pouvoir) apparaît déjà dérisoire quand on parle des puissances moyennes, et ridicules pour les petites [R. Brunet et al, 1993).

505 Patrice Gourdin, « Manuel de géopolitique. Les ressources naturelles. P. Gourdin », consulté le 31 juillet 2018, https://www.diploweb.com/6-Les-ressources-naturelles.html. [consulté le 31 juillet 2018].

506 sophiehou, « Réseaux énergétiques, ressources et pouvoir ».,

507 Patrice Gourdin, *Les ressources naturelles, op.cit.*,

convoitises et d'accéder au minimum nécessaire à leur survie et au fonctionnement de leurs activités.

Le contrôle des ressources représente un enjeu géopolitique important en ce sens que celui qui les détient, a une influence tant sur le plan national qu'international (sur les décisions, l'emploi) ; c'est le cas pour les ressources à haute valeur ou en situation de rareté. Sir Walter Raleigh, favori de la reine Elizabeth Ier ne disait-il pas déjà en se basant sur la maîtrise de la mer « [que] *celui qui commande la richesse du monde commande le monde lui-même* ? »[508]. Les ressources contribuent alors à la richesse des acteurs qui favorise leur poids et leur influence à différentes échelles (locale, nationale, mondiale, etc.). Elles peuvent être un moyen de contrôle du fait de leur caractère stratégique (cas du gaz naturel pour la Russie) c'est-à-dire que celui qui les détient peut avoir une influence sur les décisions, les flux commerciaux, la disponibilité de la ressource sur le marché. Sophie Hou et *al* parlent ainsi « *de la capacité des ressources à impulser des recompositions, à jouer un rôle de catalyseur de l'organisation spatiale* »[509]. Le commerce du bois libérien par exemple, procurait au pouvoir les moyens financiers d'assurer sa domination politique et était un chaînon de liaison entre l'interne et l'externe[510], c'est-à-dire entre le Liberia et ses partenaires commerciaux étrangers pour lesquels l'approvisionnement en bois précieux est un enjeu important. Les ressources naturelles sont, dans ce sens, l'un des outils dont les acteurs de la géopolitique mondiale usent pour atteindre des objectifs de puissance dans un cadre conflictuel et concurrentiel.

Parler de pouvoir renvoie souvent à un lien avec le politique ou l'économique[511]. Et l'économique vient dans la plupart des cas, du poids conféré par les ressources dont dispose un pays. Le pétrole n'a-t-il pas construit la puissance du Qatar notamment en Occident (exemple

---

[508] Cité par François Caron, « De la maîtrise de la mer », *Stratégique*, n° 89-90, 2008, p. 104 [Les rois et ministres étaient bien conscients de l'importance de la mer, non seulement pour la richesse du royaume, mais aussi comme espace de compétition entre les pays en quête de rayonnement et de puissance].

[509] Sophie Hou, *Réseaux énergétiques, ressources et pouvoir*, *op. cit.*,

[510] Pascal Tozzi, « Enjeux politiques et régulation du commerce du bois tropical : le cas du Liberia, The politics of tropical lumber : a Liberian case study », *Politique africaine*, n° 97 (2005) : 160-71, https://doi.org/10.3917/polaf.097.0160. [consulté le 6 mai 2019].

[511] Leur exploitation et leur contrôle constituent un bon exemple d'illustration d'enjeux géopolitiques à dimension économique, où la géoéconomie rejoint bien la géopolitique.

de la montée de ses capitaux en France) ? Les Émirats arabes unis, avec en tête Dubaï et Abou Dhabi, n'ont-ils pas construit leur puissance/rayonnement en se basant sur leurs réserves pétrolières (cas dans le football en Angleterre) ? Le pétrole est ainsi une ressource et une richesse. Il engrange des capitaux colossaux et donc accroît le pouvoir des États ou des dirigeants de ces États. Selon Frédéric Lasserre (et *al.)*, « *La valeur géostratégique de la ressource naturelle n'est pas tant sa valeur en soi, que ce qu'elle permet d'accomplir par l'obtention de gains de nature économique (en fonction de leur valeur sur les marchés noirs internationaux). Ceux-ci peuvent ensuite servir par exemple à l'achat d'équipement militaire qui permettra éventuellement l'exercice d'un contrôle politique sur un territoire donné* »[512]. En plus de constituer un atout économique, les ressources naturelles se révèlent être un double objet de contrôle territorial. D'abord, les revenus générés par leur exploitation peuvent servir à consolider et à circonscrire la mainmise d'un État (ou une entité séparatiste/autonome) sur un territoire donné. Que ce soit les ressources pétrolières, minières, forestières ou hydriques, une fois monnayées, elles permettent à leurs détenteurs d'acquérir devises, armes et soldats. Cette maîtrise de l'espace peut éventuellement se traduire par d'éventuelles projections externes du pouvoir militaire et politique ainsi acquis (des ambitions d'expansion territoriale, par exemple)[513].

Bien que les éléments précédemment énoncés soient tenables, il est cependant relevé que malgré son importance, la disponibilité des ressources n'est malheureusement pas un générateur automatique ni un indicateur suffisant de pouvoir ou développement. Le Niger par exemple qui figure au « Top-Ten » des pays les plus pauvres ne dispose-t-il pas d'importantes ressources naturelles (or, fer, uranium, charbon et pétrole) ? Il n'y a donc pas nécessairement de « déterminisme »,[514] car la seule possession d'un gisement ne confère pas la richesse, de même que leur absence n'empêche pas le succès économique, comme en témoigne le Japon ou l'Irlande contemporaine. La ressource doit dans certains cas être combinée à d'autres facteurs pour assurer le rayonnement et la puissance (volonté de mise en valeur, environnement favorable, stabilité politique, etc.). Le schéma ci-

[512] Frédéric Lasserre et al, *Manuel de Géopolitique, Enjeux de pouvoir sur des territoires*, Paris, Armand Colin, 2016, p. 233.
[513] *Ibid.*, p. 233-234.
[514] Toute géopolitique ne se rapporte pas au contrôle des ressources naturelles.

dessous, nous montre le rapport qu'il y a entre les ressources et le pouvoir.

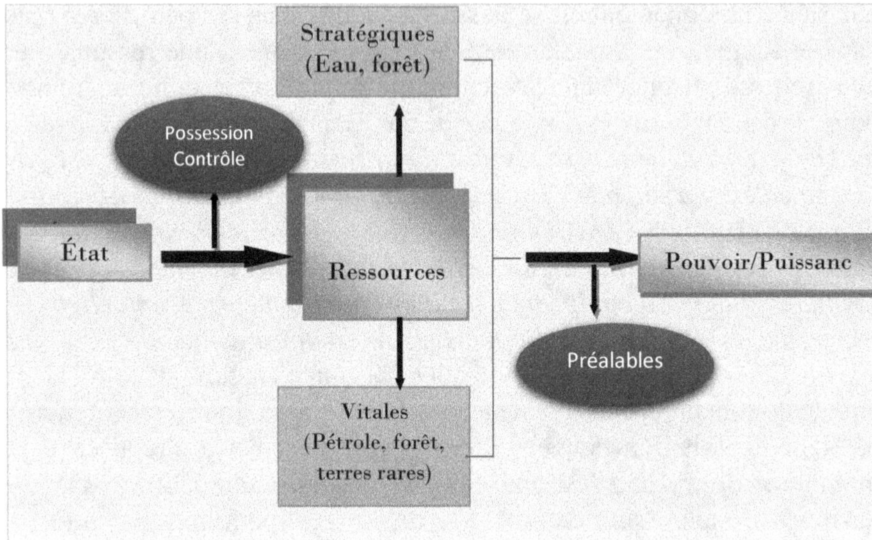

Figure 34 : relation Ressource et Pouvoir
Conception & réalisation : Aubin Gildas Kombila, 2018

Ayant compris cette nécessité des ressources particulièrement dans un contexte de mondialisation, le Gabon a multiplié les actions afin d'être le principal bénéficiaire des retombées qu'elles peuvent générer. C'est notamment le cas de la diversification des partenaires qui n'a pas toujours été bien perçue par les partenaires historiques. Qu'en est-il près de dix ans après ?

2. La diversification des partenaires et les relations avec les puissances étrangères

Le bois tropical est au centre de nombreux intérêts notamment avec l'émergence de nouveaux acteurs tels que la Chine et l'Inde ou encore le Brésil. Cette course aux ressources accentue leur rôle politico-stratégique et peut conduire de manière frontale ou interposée à certains conflits. Dès lors, nous nous demanderons quels sont les acteurs dominants de la filière bois au Gabon ? Ceux ayant autrefois joué un rôle central dans la filière (les « historiques ») sont-ils les mêmes aujourd'hui ? Quels rapports le Gabon entretient-il avec ses partenaires historiques ? Pour y répondre, nous aborderons premièrement la diversification des partenaires à la suite de l'arrêt de l'exportation des grumes ; puis nous verrons le type de relation entretenue avec les puissances extérieures notamment celles pour qui le bois gabonais constituait jadis un élément somme tout important de leur économie.

2.1 la diversification des partenaires dans la filière bois gabonaise : entre place de choix et conflit d'intérêts

Les pays perçoivent généralement les ressources naturelles comme un capital national stratégique lié à la souveraineté et qui doit rester à la disposition exclusive des intérêts nationaux. Or, dans la plupart des pays en développement, les ressources naturelles sont exploitées par des compagnies étrangères qui reversent la rente aux États lorsque ces derniers en sont propriétaires. Cela résulte d'une longue histoire qui a déterminé le mode d'insertion des pays en développement dans la division internationale du travail et le commerce international ; ce mode ne leur a pas permis d'exploiter eux-mêmes leurs ressources et les a orientés vers une spécialisation poussée dans l'exportation de leurs ressources naturelles brutes.

La théorie des avantages comparatifs qui a longtemps profité aux puissances occidentales est aujourd'hui comme l'affirment Audrey Aknin et Claude Serfati, « remise en cause »[515] ; d'où notamment le désir de certains pays de s'approprier leurs ressources en les transformant sur place et de jouer un rôle important dans le commerce et l'économie mondiale, à l'exemple du Gabon. Depuis une décennie, la volonté de nombre d'États africains de jouer la carte de la diversification des partenariats économiques n'a fait que s'accentuer ; il s'agit de mettre en place des relations équilibrées (partenariat gagnant-gagnant) en faveur d'un véritable développement africain[516]. Il émerge ainsi une prise de conscience que les dysfonctionnements dans la gestion des ressources naturelles, responsables des précarités dans le continent, ne peuvent être vaincus que grâce à l'effort commun, la solidarité continentale, la collaboration entre États et surtout la coopération Sud/Sud[517].

---

[515] Audrey Aknin et Claude Serfati, « Guerres pour les ressources, rente et mondialisation », *Mondes en développement* 143, n° 3 (2008) : 27, https://doi.org/10.3917/med.143.0027. [consulté le 6 mai 2019]

[516] « Géopolitique de l'Afrique : entre défis et succès potentiels », https://www.diploweb.com/L-Afrique-entre-defis-et-succes.html., [consulté le 31 juillet 2018].

[517] Les puissances occidentales classiques conservent, en dépit des avancées enregistrées par la Chine, l'Inde et dans une moindre mesure le Japon, leur part d'accès aux richesses de l'Afrique. L'accès est facilité par le besoin en sécurité parfois

Dans le cas du Gabon, il faut rappeler comme noté au chapitre 2 de notre analyse que durant la période coloniale et jusqu'en 2009, la filière bois gabonaise est dominée par les groupes européens : français (Rougier, Pasquet), allemands (Danzer), italiens (Alpi), belges, portugais, hollandais, avec une importance particulière de son partenaire historique la France. À ces grands groupes que sont *Rougier-Gabon*, *CEB-thanry* ou encore *Leroy-Gabon* (filiale de Plysorol), s'ajoutent les entreprises de taille moindre, parfois familiales, comme *Lutexfo*, la *Société des Bois de Lastourville* (SBL), la *Société de Développement du Bois du Gabon* (SDBG), la *Société des Bois de Mounana* (SBM), la scierie de la Compagnie des Bois du Gabon (CBG), entre autres. Les sociétés mères de ces dernières sont souvent basées à l'étranger pour faciliter la commercialisation de leurs produits. Au sortir de la colonisation, l'Europe reste le grand partenaire (voire le seul) du secteur bois du Gabon. Au fil des années, la situation a changé avec la montée des intérêts asiatiques, notamment malaisiens (*Rimbunan Hijau*) et chinois (*Vicwood),* ainsi que par des sociétés familiales libanaises (*Hazim*, *Khoury*). Bien que présents, ces derniers sont encore relégués au second plan derrière l'Europe et le Gabon, à l'instar du continent africain, reste cantonné au rôle d'exportateur de matières premières.

L'émergence de nouveaux acteurs (Chine, Inde, etc.)[518] et le contexte mondial actuel (croissance démographique, épuisement des ressources, enjeux environnementaux, etc.) font de la forêt un objet de relations internationales. S'il est souvent admis que les États forestiers du Sud sont sous l'emprise de puissances internationales, symboles d'une gouvernance prescrite et d'une ingérence, la présence de ces nouveaux acteurs peut aussi témoigner d'une stratégie des gouvernements du sud pour la reconquête de leurs ressources et de leurs territoires[519]. Avec la mesure que nous étudions (transformer localement le bois), le nouveau gouvernement gabonais multiplie les

---

de certains pays africains et parfois de certains régimes en Afrique (Pascal Tozzi, 2005)

[518] Après avoir été un enjeu entre les puissances coloniales jusqu'à la fin de la Seconde Guerre mondiale, l'Afrique est devenue un terrain de convoitise des deux super clans lors de la guerre froide. Aujourd'hui, à côté des puissances classiques, les ressources africaines sont également convoitées par les émergents. Aux acteurs traditionnels s'ajoutent les ONG internationales, organismes de coopération, bailleurs de fonds.

[519] Armel Mouloungui, *Gouvernance des ressources forestières au Gabon : acteurs et enjeux*, *op. cit.*, p. 499.

contacts pour une recherche tous azimuts des investisseurs et une plus grande diversification des partenaires, l'objectif comme mentionné plus haut, étant la diversification de l'économie pour favoriser le développement. Bien doté en ce qui concerne la ressource bois, le Gabon voudrait sortir du rôle assigné aux pays africains, celui d'exportateur de matières premières et prendre une certaine distance avec l'empreinte postcoloniale. Divers exemples en témoignent ; ainsi, lors de la visite de Nicolas Sarkozy le 24 février 2010 au Gabon, les autorités locales firent passer un message à l'ex-puissance coloniale avec qui son prédécesseur entretenait des relations privilégiées[520]. Les quelques mots ci-dessous n'ont l'air de rien, mais ils sont considérés par tous les Gabonais comme marquant un discours historique : « *Monsieur le président, vous et moi, ignorons le contenu réel de ce qui est communément et confusément appelé la Françafrique. Mais nous assumons courageusement cet héritage historique, riche aussi bien d'aspects positifs que négatifs. C'est dire que l'heure est venue de faire émerger un réel partenariat « gagnant-gagnant » à la mesure des aspirations respectives de nos deux peuples* »[521].

Les autorités gabonaises ont certes voulu en 2010 se démarquer de ce qui se faisait autrefois, mais elles avaient surtout compris, selon l'analyste de « *Complément d'enquête* », que l'ex-puissance coloniale avait beaucoup perdu de sa puissance, comparée aux années antérieures[522]. Aujourd'hui, même si l'hexagone reste un partenaire commercial important du Gabon, le pays se tourne vers l'Asie. C'est le cas d'*Olam* dans le sud du pays avec l'huile de palme et à Nkok avec la zone économique spéciale (ZES). Ces marchés du futur ont été confiés

---

[520] Le rôle de la France, par le truchement des groupes pétroliers, des banques créancières, des gouvernements et des militaires, a été déterminant depuis cinq décennies dans les pratiques du régime du Président Bongo (Basedau et Lacher, 2006).

[521] « Complément D'enquête : La famille Bongo, une histoire française » du 6 juillet 2017 - Vidéo dailymotion », Dailymotion, https://www.dailymotion.com/video/x5t490n [consulté le 31 août 2018]. Il faut toutefois à notre avis, faire la différence entre la FrançAfrique et les relations entre la France et l'Afrique. Le premier est un système clientéliste et mafieux fondée sur la suprématie de la France et l'Afrique, territoire vache à lait, complexé et gouvernée par des dirigeants corrompus. L'autre est plus souple, fait de collaborations. Et, selon les secteurs, l'Afrique peut être le gagnant.

[522] « Afrique Économie - Gabon : recul des investissements français dans le secteur du bois », RFI, http://www.rfi.fr/emission/20180719-gabon-recul-investissements-francais-le-secteur-bois [consulté le 20 juillet 2018].

à une entreprise de Singapour, chose inimaginable sous l'ancien régime et signe d'une réelle volonté de diversification de partenaires. Lors d'un direct au moment de l'inauguration de l'usine de production d'huile de palme précédemment citée, à la question - « *le fait que ce ne soit pas une entreprise française qui soit venue, est-ce le signe qu'il y a quelque chose qui s'est cassé avec l'hexagone ?* » -, la réponse du dirigeant gabonais fut : « *Non, rien n'a changé, c'est tout simplement du business. Nous avons dit que nous voulons développer le Gabon et nous sommes ouverts au partenariat. Il y en a qui viennent, il y en a qui ne viennent pas !*»[523].

Si l'on se fie au raisonnement et à la manière de faire des autorités du pays, nous remarquons la mise en place d'une nouvelle forme de stratégie : un réel désir d'attirer sur le territoire de nouveaux investisseurs (asiatiques notamment), sans perdre les faveurs des anciens ou mieux négocier avec ces derniers.

Depuis 2010, on est ainsi parti d'une époque où l'Europe en général et la France en particulier était le leader du bois gabonais (continent le plus représenté) à celle ou l'Asie dont la Chine et l'Inde détiennent la première place. Alain Karsenty explique d'ailleurs en 2018 « [que] *les entreprises chinoises possèdent plus de la moitié des concessions du pays* […] »[524]. L'Inde, dont les importations de bois croissent plus vite que celles de la Chine, a clairement jeté son dévolu sur le Gabon pour accéder aux ressources forestières de l'Afrique centrale. La zone franche de Nkok (*Gabon Special Economic Zone* – GSEZ), construite près de Libreville par le groupe Olam pour attirer des industries du bois après l'interdiction d'exporter du bois brut, a vu affluer de nombreux investisseurs indiens, bien plus que des industriels chinois. Une situation que nous avons eu l'occasion d'observer lors de notre passage au *Gabon Wood Show* qui s'est tenu du 20 au 22 juin 2018[525]. Sur la quinzaine d'acteurs rencontrés le premier jour, 67% étaient d'origine

---

[523] *Complément d'enquête*, « La famille Bongo, une histoire française », *op. cit.*,

[524] Alain Karsenty, « Forêts : l'institutionnalisation légale de la certification FSC au Gabon », *Le Blog Willagri* (blog), 4 octobre 2018, http://www.willagri.com/2018/10/04/forets-linstitutionnalisation-legale-de-la-certification-fsc-au-gabon/. [consulté le 25 janvier 2019].

[525] « Bois : Le Gabon Wood Show en juin prochain à Libreville| Actualité du Gabon | », *Gabonreview.com | Actualité du Gabon |* (blog), 12 février 2018, http://gabonreview.com/blog/bois-gabon-wood-show-juin-prochain-a-libreville/. [consulté le 2 janvier 2019].

indienne[526]. Ceci peut s'expliquer par le fait que les entreprises chinoises préfèrent s'installer à proximité de la ressource, c'est-à-dire à l'intérieur du pays ; tel est le cas dans la province de l'Ogooué-Ivindo avec *WCTS, Xiang-Transformation, KHLL*, etc. L'achat de *Pogab* filiale de *Pysorol* disposant de 600 000 ha de forêt à l'intérieur ou encore SBL en 2014 en est un autre exemple.

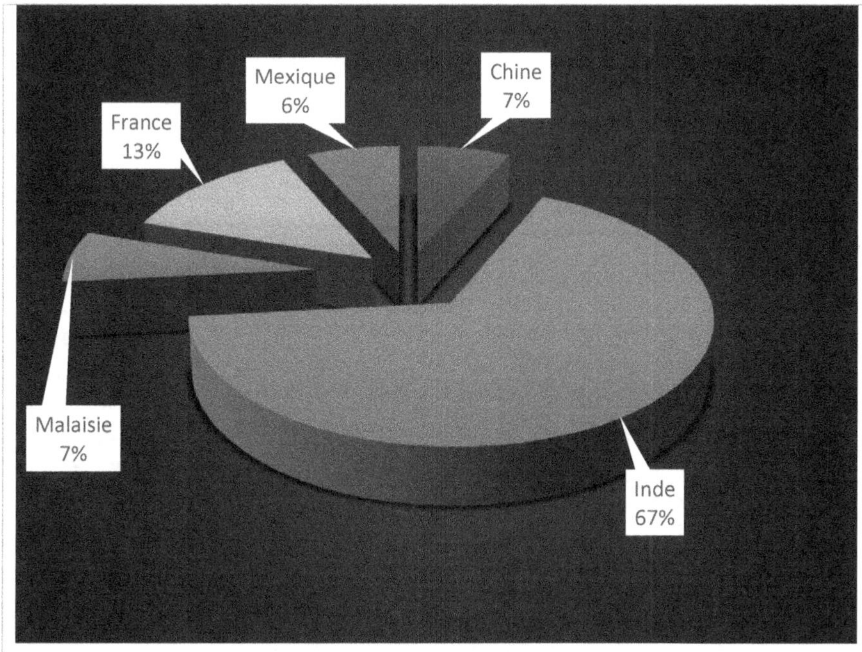

Figure 35 : répartition des opérateurs de la filière bois par intérêt au Gabon Wood Show
Source : Aubin Kombila, 2018

La réduction de l'emprise des entreprises chinoises sur les forêts gabonaises, comme le mentionne Alain Karsenty, pourrait ouvrir des perspectives intéressantes aux industriels indiens désireux d'acquérir des concessions pour sécuriser leur approvisionnement en bois. Doit-on ainsi voir dans cette mesure politique inédite le signe d'une concurrence grandissante entre acteurs indiens et chinois sur le continent africain ? Une chose est sûre, c'est que nous assistons en ce

[526] Enquêtes de terrain, Aubin Gildas Kombila, juin 2018 (Ces industries ont besoin de quantités importantes de grumes, que leur fournit notamment le groupe français *Rougier* à travers un contrat passé avec la *GSEZ*, entité cogérée par l'État gabonais et *Olam*).

début de XXIe siècle à la montée en puissance de l'Inde et de la Chine en tant que grandes puissances, ce qui a pour conséquence de bouleverser le cours actuel des relations internationales dans l'hémisphère sud. Le Gabon (et par extension l'Afrique), après avoir connu la domination des puissances occidentales, devrait veiller à ne pas tomber dans une nouvelle forme de colonisation que Marc-Louis Ropivia appelait déjà en 1986 « *l'impérialisme tropical gondwanien* »[527], c'est-à-dire à une perception (domination) géopolitique horizontale venant des puissances émergentes. Car il faut dire que la démarche de ces dernières (Chine, Inde), aussi « soft » soit-elle, vise en premier ses intérêts à savoir comme déjà signalé, une course aux matières premières nécessaire pour des pays présentant une population très importante, dans un contexte de raréfaction des ressources.

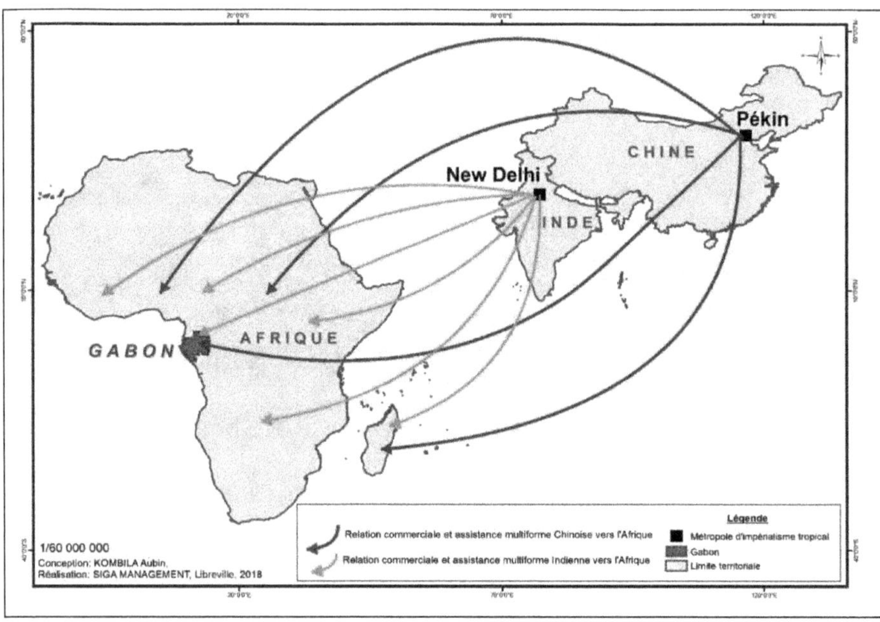

Figure 36 : l'impérialisme tropical inspiré de Marc-Louis Ropivia
Source : M-L Ropivia, 1986

La formulation d'une vision de l'impérialisme tropical se fonde sur un certain nombre de considérations objectives liées aux positions géographiques respectives (l'Afrique et les puissances asiatiques que

527 Marc-Louis Ropivia, « Géopolitique et géostratégie : L'Afrique noire et l'avènement de l'impérialisme tropical gondwanien », *Cahiers de géographie du Québec*, 30(79), 1986, p. 9.

sont l'Inde, la Malaisie et dans une moindre mesure la Chine), les convergences politiques et idéologiques,[528] mais également les stratégies économiques. Ces différentes raisons ont favorisé la poussée des relations commerciales et ainsi ouvert à ces deux pays (Chine et Inde), les portes et fenêtres sur les ressources d'Afrique[529].

À ces raisons, il convient également d'ajouter d'une part le mythe de la civilisation tropicale et récemment sous-développée qui a réussi à s'industrialiser et d'autre part, le principe de non-ingérence dans les affaires intérieures des pays, c'est-à-dire, le respect de la souveraineté politique dans lequel ils sont implantés par la non-intervention dans ses affaires intérieures. Dès lors, cette coopération sino/indo-africaine s'effectuera-t-elle à l'avantage réciproque de chacun des partenaires ou bien ces nations adopteront-t-elles un comportement finalement proche de celui des pays capitalistes industriels ? La vision géopolitique dénommée « *impérialisme tropical gondwanien* » de Marc-Louis Ropivia que nous venons d'examiner se présente ainsi sous la forme d'une doctrine géopolitique ou géostratégique de résistance aux hégémonies. Elle devrait donc permettre d'attirer l'attention de l'élite pensante des peuples opprimés en général et de l'intelligentsia africaine en particulier, sur l'émergence des nouveaux impérialismes et leurs méthodes insidieuses de pénétration. Cette doctrine pourrait aussi stimuler une réflexion géopolitique qui peut donner à la politique étrangère et à la défense nationale des États africains une cohérence qui, jusqu'à maintenant, leur a fait cruellement défaut[530].

Bien que les puissances occidentales classiques conservent, en dépit des avancées enregistrées par la Chine, l'Inde et dans une moindre mesure la Malaisie, leur part d'accès aux richesses de l'Afrique et particulièrement du Gabon, celle-ci est en net recul. L'accès est facilité par le besoin en sécurité parfois de certains pays africains et parfois de certains régimes en Afrique. Max-Jean Zins soulignait « [que] *les pays du Tiers-monde entretiennent encore aujourd'hui des rapports privilégiés avec les ex-puissances colonisatrices, s'apparentant pour*

[528] Un rapprochement de statut et d'idéologie anti-impérialiste et anticolonialiste. Pour s'approcher des pays africains, ils se sont toujours auto définis comme pays en voie de développement.
[529] Pascal Tozzi, « Enjeux politiques et régulation du commerce du bois tropical », The politics of tropical lumber : a Liberian case study, https://www.cairn.info/revue-politique-africaine-2005-1-page-160.htm [consulté le 31 juillet 2018].
[530] Marc-Louis Ropivia, *Géopolitique et géostratégie : L'Afrique noire et l'avènement de l'impérialisme tropical gondwanien, op. cit.*, p. 18.

l'essentiel à des rapports dominés-dominants. Des relations horizontales, liant les pays sous-développés entre eux, tendent cependant à se nouer. C'est ce qu'on appelle désormais le dialogue Sud-Sud »[531]. Les cartes ci-dessous nous présentent l'évolution par intérêt (continental) des opérateurs de la filière bois sur le territoire gabonais.

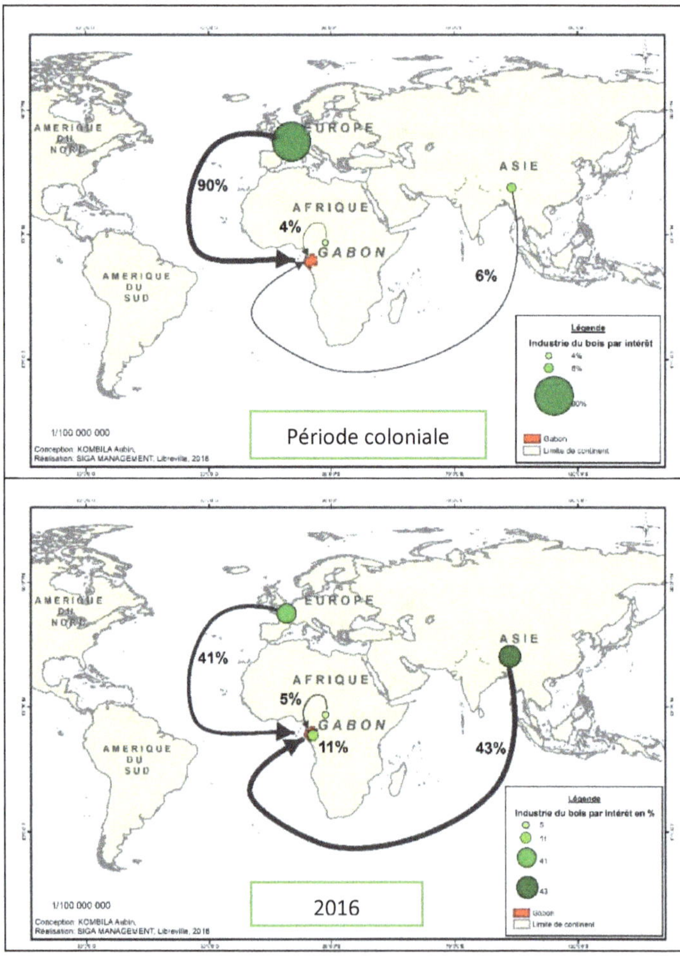

Planche 15 : Répartition des acteurs par intérêt
Source : DGF 2009/2015, Pourtier 1989, Aubin Kombila 2016

[531] Max-Jean Zins, 1983, cité par *Ibid.*, p. 9.

Les cartes ci-dessus montrent bien le poids pris par les puissances asiatiques au fil des années, signe d'une nouvelle orientation choisie par le Gabon, mais aussi de la place qu'occupe le pays dans la filière bois (industrie, exploitation forestière) en Afrique centrale. En Afrique et particulièrement sur le marché gabonais, l'Europe a clairement perdu son statut d'acheteur de référence, ce que Alain Karsenty dans son article « La crise de la filière européenne du bois tropical en Afrique centrale », qualifie de « fin d'un cycle ». En effet, les problèmes conjoncturels[532] ont fait en sorte que de nombreux concessionnaires européens, jadis incontournables dans l'exploitation et l'industrie du bois, cèdent peu à peu leurs actifs aux investisseurs asiatiques (leurs entreprises et/ou concessions forestières). En 2017 par exemple, la société italienne Cora Wood SA, fabricant réputé de contreplaqué établi au Gabon, a dû céder une de ses concessions à une société chinoise pour éponger ses dettes[533]. La situation décrite au niveau européen est particulièrement observée chez les opérateurs français (partenaire historique). En 2014, la France ne représente plus que 15% du marché gabonais alors qu'en 1995, ses parts étaient de 32% (*cf. planche ci-dessous*).

Si les opérateurs malaisiens sont présents en Afrique centrale depuis le milieu des années 1990, les entreprises chinoises ont vu leurs intérêts augmentés dans la filière depuis les années 2000 et plus récemment, ce sont des investisseurs indiens, dont la multinationale Olam, qui se sont fait remarquer avec ses parts dans la zone économique spéciale de Nkok. Ces exploitants disposent de capitaux importants qui leur permettent d'exploiter une gamme plus large d'espèces (même si la composition spécifique de leurs récoltes n'est pas, en fin de compte, très différente de celle de leurs homologues européens)[534].

Les éléments que nous venons de mentionner (multiplication des partenaires, arrivée des opérateurs à forts capitaux, etc.) montrent la place occupée par le Gabon dans la filière bois depuis la mesure de 2009.

---

[532] Auxquels s'ajoutent les retards croissants de remboursement de la TVA aux exportateurs par l'État gabonais.

[533] « La crise de la filière européenne du bois tropical en Afrique centrale », *Le Blog Willagri* (blog), http://www.willagri.com/2018/06/28/la-crise-de-la-filiere-europeenne-du-bois-tropical-en-afrique-centrale/ [consulté le 28 juin 2018].

[534] *Ibid.*,

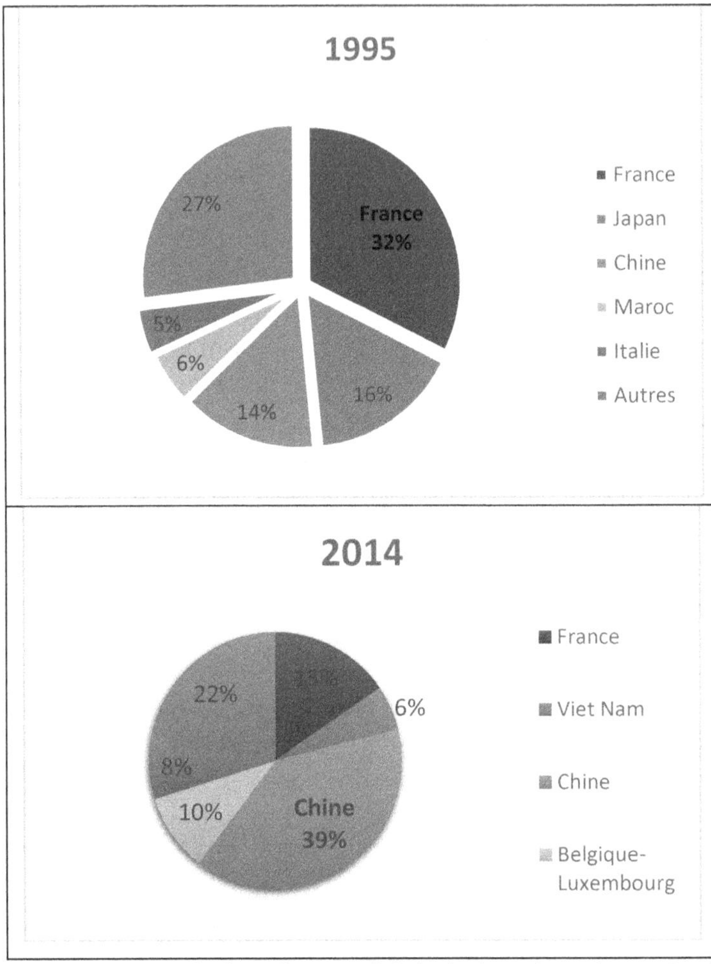

Planche 16 : évolution du marché du bois gabonais par intérêt (exportations)
Source : BACI database, 2018

La diversification des partenaires couplée au recul de la présence européenne suscite quelques fois des conflits d'intérêts entre différents opérateurs (course à l'appropriation de la ressource bois). C'est le cas de la bataille juridique qui opposait en 2015, l'investisseur franco-libanais et le groupe chinois Shandong Longshen import et export corporation, qui se déclaraient tous les deux propriétaires propriétaire de Pogab, filiale gabonaise de l'entreprise française de contreplaqué Plysorol. Le conflit qui a occasionné le licenciement de plus de 500 employés au Gabon, pris fin le 30 juin 2016 sur la base d'une décision de justice qui a permis aux investisseurs franco-libanais d'accéder à nouveau à l'entreprise[535]. Il faut dire que derrière cette bataille, se cachait entre autres sinon principalement, les 600 mille hectares de forêt très convoités pour l'okoumé, un composant clé de contreplaqué.

En diversifiant ses partenaires et en décidant de transformer sur place son bois, le pays voulait ainsi profiter des avantages que lui offriraient ses ressources. Les lobbies européens et asiatiques qui avaient précédemment influencé le renvoi de la décision de réforme de cette filière pour 2020 n'ont jamais imaginé un changement de style politique du pays. Ces pesanteurs qui ont pour beaucoup freiné la croissance économique du pays font face aujourd'hui à la logique « gagnant-gagnant » autrement dit, poser des actions en veillant à ce que ce soit le pays ou encore la population gabonaise qui soit les principaux bénéficiaires (là demeurent des interrogations).

Cette ambition qui parait théoriquement louable pour le pays n'est pas forcément bien perçue de tous quand on sait que l'importation des grumes a constitué un élément important de l'économie de certains pays (panneaux pour le marché hollandais, pour la SNCF et la RATP, planchers de TGV, etc.). D'où nos interrogations : comment l'arrêt de l'exportation des grumes du Gabon est-elle perçue de l'extérieure ? Cette mesure a-t-elle réveillé le potentiel conflictogène associé aux ressources renouvelables et entravé les relations avec les anciennes puissances présentes sur son territoire, notamment son partenaire historique ? L'émergence de nouvelles puissances économiques au Gabon comme l'Inde, le Brésil, Singapour et surtout la Chine, n'accentue-t-elle pas le rôle stratégique des ressources naturelles ainsi que la bataille[536] pour leur accès ? Pour l'analyse de potentiels conflits, l'approche multiscalaire prend tout son sens afin d'éclairer les objectifs des différents acteurs.

2.2 le bois du Gabon, objet de convoitises étrangères

Au cours des siècles, la mise en valeur des ressources naturelles par l'homme a contribué à rendre leur contrôle stratégique. Très tôt, leur existence a concouru à engendrer des rivalités territoriales en vue de

[535] « Industrie du bois : Victoire de John Bitar et réouverture prochaine de l'usine Pogab| Actualité du Gabon | », *Gabonreview.com | Actualité du Gabon |* (blog), http://gabonreview.com/blog/industrie-bois-victoire-de-john-bitar-reouverture-prochaine-de-lusine-pogab/ [consulté le 10 mai 2019].

[536] Puissances occidentales et pays émergents se concurrencent pour s'approprier les richesses naturelles des États africains : cas du bois au Gabon.

leur possession, non tant pour leur valeur intrinsèque que pour le pouvoir qu'elles procurent. Ainsi, les ressources naturelles ont joué un rôle important dans les conflits passés et contemporains. Pour Frédéric Lasserre : « *Encore aujourd'hui, par les revenus qu'elles génèrent et par la façon dont en disposent les parties belligérantes, elles contribuent à financer et à entretenir les rivalités de pouvoir portant sur le contrôle de territoires* »[537]. En effet, bien que ces richesses dotent leurs détenteurs d'importants pouvoirs politiques et économiques susceptibles de soutenir leurs ambitions territoriales, elles sont aussi susceptibles de provoquer des rivalités de pouvoir en vue de leur contrôle et celui des terres adjacentes. Les puissances voisines peuvent-être tentées de s'approprier les terres richement dotées, et subséquemment d'entrer en conflit avec les États voisins en vue de la maîtrise de celles-ci.

Conscient du décor qui vient d'être planté, le Gabon, par la décision politique visant « l'arrêt de toute exportation de grumes dès le 1er janvier 2010 » émise par les autorités du pays, a donc pour ambition de rétablir une hiérarchie entre l'État et les différents acteurs que représentent les entreprises (souvent des grands groupes étrangers : asiatiques et européens) qui officient dans le « carré républicain gabonais ». En prônant l'industrialisation de la filière bois, le Gabon change de cap et prend la mesure de la globalisation comme logique de champs de bataille excluant toute idée de pitié ou d'amitié. Il appréhende plus que jadis, la globalisation comme une opportunité pour briser la glace de son face-à-face avec l'occident. Cela se justifie entre autres par son ouverture à d'autres partenaires dans le domaine du bois ; c'est le cas des États continents que sont la Chine et l'Inde, mais aussi la Suisse (dans la formation), Djibouti, et le Japon dont les intérêts sont grandissants. Un exemple de ce bouleversement est le fait que c'est le Gabon qui a désormais une main mise sur les décisions concernant la filière bois ; cela s'explique par le maintien de la mesure malgré les pressions exercées par certains partenaires étrangers.

Ainsi, l'on se souviendra du recours fait par les entreprises françaises[538] qui donna lieu à une visite du président de ladite

---

[537] Frédéric Lasserre et al, *Manuel de Géopolitique, Enjeux de pouvoir sur des territoires*, *op. cit.*, p. 233.

[538] Les répercussions consécutives à l'arrêt des exportations du bois gabonais, ont atteint les pays étrangers, dont la France. Privée du bois en grume que lui exportait sa filiale gabonaise, plysorol, le N°1 français du contreplaqué, a été privatisée (repris par la Chine).

république (à son homologue) à Libreville le 20 novembre 2009[539]. Ces grands groupes industriels du secteur bois souhaitaient que cette visite donne lieu à une réponse en leur faveur. Mais le temps est passé et au 15 février 2010, l'État gabonais par la loi n°8/2010 portant modification de l'article 227[540] du code forestier, confirmait le maintien de cette décision, montrant ainsi sa détermination à ne pas renoncer à une mesure qui corrige selon Raffestin « [...] *les rapports dissymétriques, qui ne font que contribuer à maintenir le sous-développement dans de nombreux pays* »[541]. Le développement doit passer prioritairement par l'élimination progressive des relations dissymétriques imposées par les acteurs qui disposent de moyens financiers et technologiques, aux acteurs qui ne disposent que de matières premières, qui finalement, sont moins appréciées que l'argent et l'information.

À l'argumentaire qui précède faisant mention du désir des puissances occidentales notamment l'ex-puissance coloniale de maintenir la sortie des grumes survient un certain nombre d'interrogations. À savoir pourquoi cet espace géographique (la France) ? Cette politique a-t-elle un impact réel sur l'hexagone ? Aborder les questions de l'aire géographique de l'okoumé (essence reine du Gabon), l'importance de celle-ci dans le monde (son utilisation) ainsi que la place qu'elle occupe dans l'économie de l'ex-puissance coloniale nous permettra de mieux apprécier les relations qui peuvent subvenir entre le Gabon et son partenaire historique après l'interdiction d'exporter le bois sous forme de grume en 2010. L'étude de ce cas permet de souligner les rivalités à l'œuvre au niveau étatique et supranational, ainsi que l'interaction des acteurs et les différentes échelles impliquées.

2.2.1 l'aire de répartition et disponibilité de l'okoumé

Rappelons tout d'abord comme le dit Raymond Aarond que nous sommes dans un contexte de course aux ressources stimulée par l'accélération de la mondialisation ; il est donc « normal » que chaque

---

539 Archive RTG1 2009 et France 2 2017

540 Article 227/2001 « La production nationale des grumes doit couvrir en priorité la demande des unités locales de transformation... », Article 227 modifié en 2010 « la production est destinée à couvrir la demande des unités de transformation locale. À ce titre, toute exploitation forestière doit participer à la promotion des industries locales de transformation du bois ».

541 Claude Raffestin, *Pour une géographie du pouvoir*, Préface de R. Brunet, Paris, Libraires techniques, 1980, p. 242.

État veille à la préservation de ses intérêts, par ce que Joseph Nye qualifie le « hard power » ou le « soft Power »[542]. « *La possession et le contrôle des ressources naturelles, ainsi que leur accès, constituent toujours un des attributs de la puissance et que par conséquent, tous les empires, tous les États dominants ont cherché, cherchent ou chercheront à s'en assurer, tandis que leurs ennemis ont tenté, tentent ou tenteront de les en priver* »[543]. Objet de convoitise, à la fois indispensables et inégalement réparties, les ressources naturelles peuvent alors tout aussi bien rapprocher les hommes que les pousser à l'affrontement. Carl Von Clausewitz repris par Mwayila Tshiyembe dans « Enjeux Géopolitiques en Afrique Centrale » ainsi que le général de Gaulle[544] dans plusieurs de ses discours affirmaient d'ailleurs « [que] *les États n'ont pas d'amis, ils n'ont que des intérêts* »[545]. Chacun se doit donc d'accepter la compétition internationale et se battre en mobilisant toutes les armes dont il dispose d'autant plus si ses intérêts sont menacés. L'action du Gabon de s'approprier la plus-value sur la transformation de ses ressources via l'industrie du bois ainsi que celle des puissances occidentales de vouloir préserver les intérêts acquis dans cet espace géographique, seraient dans ce contexte tout à fait « justifiées ».

Concernant l'argument sur la disponibilité de l'okoumé, il convient de mentionner que l'aire naturelle de l'okoumé s'étend sur la majeure partie du Gabon et de la Guinée équatoriale continentale. La différence entre les deux pays émane premièrement de leur superficie : l'okoumé occupe les 2/3 des 267 667 km^2 territoire gabonais (*cf. chapitre 1*) contre 28 051 km^2 pour la Guinée équatoriale ; or, l'okoumé n'est

---

542 Joseph Nye, sous-secrétaire d'État sous l'administration Carter, puis secrétaire adjoint à la Défense sous celle de Bill Clinton, avance la notion de *soft power* dès 1990 dans son ouvrage *Bound to Lead*. Le *soft*, par définition, s'oppose au *hard*, la force coercitive, militaire le plus généralement, mais aussi économique, qui comprend la détention de ressources naturelles. Le *soft*, lui, ne se mesure ni en « carottes » ni en « bâtons », pour reprendre une image chère à l'auteur. *Stricto sensu*, le *soft power* est la capacité d'un État à obtenir ce qu'il souhaite de la part d'un autre État sans que celui-ci n'en soit même conscient (« *Co-opt people rather than coerce them* »).

543 « Soft power, hard power et smart power : le pouvoir selon Joseph Nye », Nonfiction.fr, https://www.nonfiction.fr/article-7095-soft-power-hard-power-et-smart-power-le-pouvoir-selon-joseph-nye.htm. [consulté le 1 octobre 2018].

544 « La France n'a pas d'amis ; elle n'a que des intérêts | Association Arri », AssoConnect, https://www.arri.fr/articles/21063-la-france-n-a-pas-d-amis-elle-n-a-que-des-interets [consulté le 17 octobre 2018].

545 Mwayila Tshiyembe, « préface », in *Enjeux Géopolitiques en Afrique Centrale*, l'Harmattan, Paris, 2009, p. 11.

présent que sur la partie continentale de cette dernière[546]. Au Congo, l'Okoumé est en « poches isolées » dans les forêts et ne fait donc pas l'objet principal de l'exploitation (il est restreint aux massifs de Chaillu et Mayombe). Il y a également quelques petits peuplements naturels au sud du Cameroun, près de la frontière avec la Guinée équatoriale, mais rien de très significatif. La figure ci-dessous donne un aperçu de l'aire de répartition de l'okoumé.

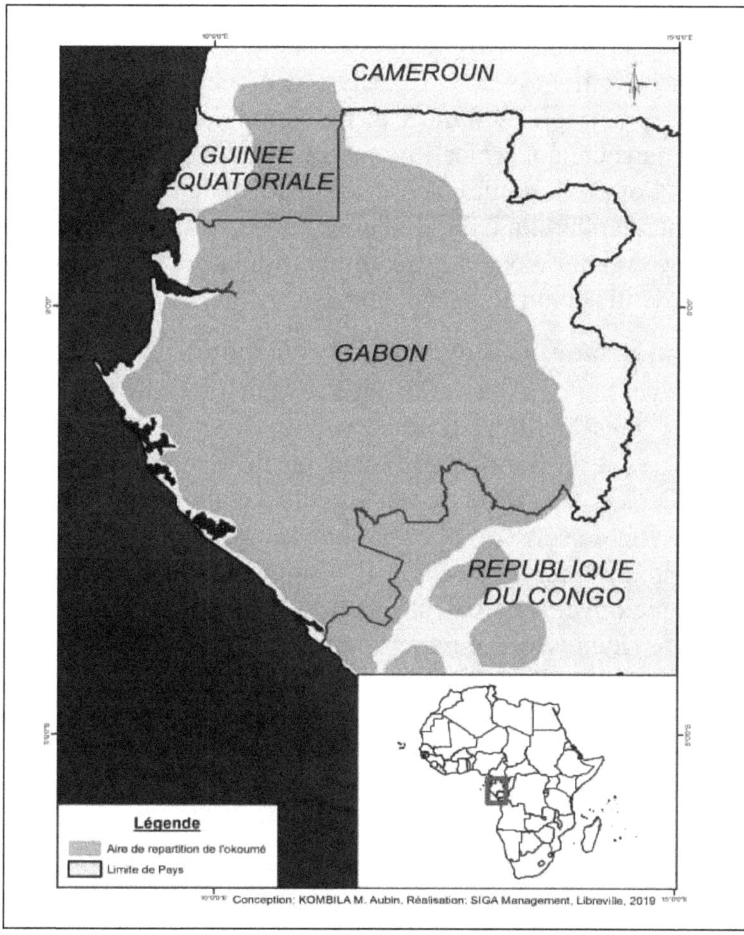

Figure 37 : l'aire de répartition de l'okoumé
Source : voir Christy et al, 2003

546 Ministère de l'Europe et des Affaires étrangères, « Présentation de la Guinée équatoriale », France Diplomatie : Ministère de l'Europe et des Affaires étrangères, https://www.diplomatie.gouv.fr/fr/dossiers-pays/guinee-equatoriale/presentation-de-la-guinee-equatoriale/ [consulté le 25 septembre 2018].

Outre la superficie, l'okoumé et le bois en provenance de Guinée équatoriale sont sous embargo de la France depuis 2014. La raison de cette interdiction trouve sa source dans le dossier d'instruction de l'affaire dite des *biens mal acquis* du fils (propriétaire de la société d'exploitation et de commercialisation de bois) du dirigeant dudit pays ; celui-ci est mis en examen pour détournement de fonds publics, enrichissement illicite, trafic d'influence et abus de biens sociaux[547]. Ces opérations illicites associées au fait que la majorité de la population vit sous le seuil de pauvreté ont fait en sorte que le bois de Guinée soit interdit d'exploitation. Notons que cette une décision n'a pas manqué d'impacter les entreprises françaises de contreplaqué ; c'est le cas par exemple de la société Garnica Plywood France dont le siège social est à Samazan (Lot-et-Garonne)[548]. Le fait que l'okoumé soit une essence principalement endémique du Gabon et que la part relativement faible de la Guinée équatoriale soit sous embargo ne peut-il pas susciter une certaine convoitise pour le bois gabonais ?

2.2.2 l'importance de l'okoumé dans le monde

Il est souvent admis que le fait que les puissances majoritairement représentées dans la filière bois au Gabon avant et au début de son indépendance (de la période coloniale jusqu'au début de la seconde moitié du XXe siècle : cas de l'ex-puissance coloniale) disposent de leur propre bois, fait en sorte qu'elles ne puissent pas avoir nécessairement recourt à celui des autres pays. La filière française dispose en effet d'un levier de développement majeur avec un patrimoine forestier de tout premier plan. Une ressource importante et de qualité composée pour un tiers de résineux et deux tiers de feuillus. Nous pouvons citer : les chênes, hêtre, sapin, épicéa, douglas, pins maritime et sylvestre, peuplier, robinier, etc.[549] Toutefois, l'okoumé, comme mentionné dans les chapitres I et II, a la particularité d'être l'un des meilleurs bois d'œuvre pour les contreplaqués. Sa qualité a été reconnue depuis sa découverte comme essence d'intérêt économique (capable d'être exploitée) par les Allemands en 1889. Un industriel français rencontré lors de nos enquêtes de terrain en juin-juillet 2016 nous confiait « [que]

---

547 « Bien mal acquis » : une condamnation « en deçà des attentes » pour l'opposition - RFI », RFI Afrique, http://www.rfi.fr/afrique/20171028-france-guinee-equatoriale-bien-mal-acquis-teodorin-obiang-placido-mico-convergence [consulté le 25 septembre 2018].

548 Enquête de terrain Aubin Gildas Kombila, juin 2016.

549 « Les essences », *Préférez le Bois français* (blog), http://preferez-le-bois-francais.fr/les-essences/ [consulté le 25 septembre 2018].

les placages d'Okoumé, destinés à l'industrie du contreplaqué, font l'unanimité à travers le monde entier pour la qualité exceptionnelle de cette essence de bois ». Il rajoutait « [que] *surfant sur le créneau des bois exotiques solides, imputrescibles, alliant un certain esthétisme et des caractéristiques mécaniques très complètes, aucune autre essence ne peut s'y substituer aujourd'hui* »[550]. De plus, au niveau des prix, les placages produits au Gabon sont très bien placés pour concurrencer ceux de la Guinée équatoriale ou encore du Congo. Outre les éléments précédents, l'okoumé est transformé en panneaux lattés ou agglomérés ainsi qu'en placages ; il est de même largement utilisé dans la construction navale pour fabriquer des panneaux de décoration intérieure et pour des applications extérieures. Ce bois convient également pour l'aménagement intérieur léger, la menuiserie, les meubles, les équipements sportifs, les boîtes à cigares et les caisses d'emballage. En usages locaux, les grumes servent traditionnellement à fabriquer des pirogues. Le bois peut de même être utilisé comme combustible et convient pour la production de pâte à papier. Enfin, la résine de l'écorce est utilisée pour faire des torches ainsi que pour alimenter des lampes à huile au Gabon et en Guinée équatoriale ; il entre de même dans la composition dans des produits cosmétiques pour la peau et en vernis à ongles. En fin de compte, c'est donc une essence prisée en occident, notamment en Europe (France, Espagne, Italie, Grèce, Pays-Bas).

2.2.3 le bois gabonais dans l'économie européenne : une histoire ancienne aux retombées contemporaines

Les richesses de l'Afrique et particulièrement du Gabon sont sujettes à des convoitises étrangères. Certaines puissances occidentales, à l'exemple de l'ancienne puissance coloniale, ont toujours eu une place de choix dans la filière bois gabonaise (*cf. chapitre 2*). En effet, aujourd'hui encore, l'Europe est à la fois le 1er producteur de contreplaqué okoumé (75% de la production mondiale, la France à elle seule y contribue à 60%) et le premier consommateur de ce produit haut de gamme. La France exporte plus de 50 % de sa production de contreplaqué[551].

Rappelons le cas du groupe Leroy-plysorol dont la base est l'okoumé du Gabon. L'usine de Lisieux a été l'une des premières au monde à

---

[550] Aubin Gildas Kombila, Enquête de terrain 2016.

[551] Enquête de terrain auprès du président honoraire de l'ATIBT, Paris, Avril 2019.

produire du contreplaqué ; c'était vers 1912. L'entreprise s'est agrandie au fil du temps et a commencé à produire des panneaux de particules en 1954 à Azay-le-Rideau[552]. Pour directeur de Plysorol à Lisieux de 1986 à 1991, « [...] *de 1987 à fin 1999, cette usine a gagné de l'argent et même beaucoup d'argent. En 1999, cette usine était même la plus productive de France, avec les meilleurs produits. Elle a été la première usine de panneaux de France à être certifiée en assurance qualité par l'armée et la SNCF. La gamme des produits s'était élargie et nous produisions 50 % de nos panneaux pour le marché hollandais, pour l'armée française, pour la SNCF et la RATP...* »[553]. Jusqu'en 2008, le groupe Leroy, propriétaire de Plysorol, était le leader européen des panneaux de contreplaqué à base d'okoumé exploité au Gabon. Il détenait le capital des filiales de droit gabonais à savoir *Leroy Gabon S.A.* qui fait dans l'exploitation forestière et l'usine de placages d'okoumé *Pogab*, assurant ainsi à *Plysorol* une source d'approvisionnement pour ses usines de France[554].

En 2012, l'entreprise était la plus ancienne usine de contreplaqué au monde en activité (100 ans), fonctionnant grâce au bois gabonais. Ce groupe était d'une grande importance pour les différentes villes dans lesquelles ses entreprises étaient implantées ; c'était le cas à Lisieux où elle a représenté le fleuron de l'industrie locale pendant un siècle (création d'emplois, source de revenus, matériaux, etc.). Toutefois, après avoir connu des dysfonctionnements depuis quelques années le groupe Leroy fermait en juillet 2012 les deux tiers de ces entreprises situées en France. Ainsi, en 2013, assistait-on à la fermeture de sa dernière entreprise emblématique, Plysorol[555] ; les raisons évoquées furent alors la dénonciation d'une mauvaise gestion de l'entreprise, ce notamment après sa reprise en 2009[556] (avec un management déficient des actionnaires successifs), mais aussi, et surtout, l'embargo sur les exportations des grumes gabonaises exercé depuis 2010 (frappant donc

[552] « Plysorol a été le fleuron de l'industrie française », Ouest-France.fr, http://www.ouest-france.fr/normandie/lisieux-14100/plysorol-ete-le-fleuron-de-lindustrie-francaise-1202659 [consulté le 10 mai septembre 2019].
[553] *Ibid.,*
[554] « Bataille juridique autour de la société POGAB : À qui profite la situation ? », *op. cit.*,
[555] Plysorol a été le fleuron de l'industrie française, *op.cit.*.
[556] Suite à des difficultés financières, la direction française de Plysorol s'est vue obligée le 31 mars 2009, de céder une partie de ses actions au groupe chinois Shandong Longshen import et export corporation et Honest Timber Gabon devenant par la suite Plysorol Europe S.A.

les près 600 000 hectares de forêt riche en okoumé, composant clé du contreplaqué). Ce constat nous fut notamment confirmé lors de nos investigations de terrain. Ainsi, les usines de Fontenay-le-compte, de Damazan, de Lisieux ont été complètement démantelées ; seule l'usine d'Epernay a donné lieu à une reprise par un repreneur français en 2014 ; ce dernier vient par ailleurs de la louer au groupement *Allin-Toubois*, groupe auquel appartient la structure *Placage Bois du Gabon* rencontrée lors de nos investigations de terrain au Gabon.

Pour la partie gabonaise du groupe, l'usine *Pogab* (filiale *Plysorol* au Gabon)[557] avait été fermée en 2015 suite à une bataille juridique entre deux groupes qui se réclamaient être les propriétaires. Comme mentionné précédemment, ce litige s'est soldé par la victoire de la partie franco-libanaise en fin 2016 comme l'affirme un article de *Gabonreview* : « *Sur la base d'une décision de justice rendue le 30 juin 2016, maître Robert Ntchoreret, huissier de justice, a procédé à l'ouverture de l'entrée principale du site, sis à Owendo. Permettant ainsi aux investisseurs libanais, en conflit avec des hommes d'affaires chinois, et au personnel de l'entreprise d'y accéder à nouveau* »[558].

Toutefois, suite à cette fermeture, l'usine a été complètement pillée et le coût de la reconstruction pourrait être estimé à plusieurs milliards de FCFA. Or, aucun investissement n'a été fait à ce jour ; de même, ses permis ne sont pas exploitables en l'état, car les taxes de superficies n'ont pas été réglées depuis des années et les processus d'inventaire, d'aménagement, d'ouverture de routes et le plan annuel d'opération doivent être renouvelés.

La fermeture de Plysorol et le redressement judiciaire de Rougier Gabon, sont le signe du recul des investissements français en Afrique et particulièrement au Gabon depuis quelques années. Pour le cas Plysorol, déjà en 2012, la reprise par le groupe libanais Bitar entraina

---

[557] Un repreneur chinois s'est manifesté et a repris uniquement les structures qui les intéressaient, surtout l'usine Pogab d'Owendo et les 600 000 hectares de permis forestiers qui appartiennent à Pogab. Il faut comprendre que les investisseurs chinois au Gabon spéculent énormément sur la valeur des permis forestiers. La politique du logement en Chine est fortement subventionnée par l'État. Il faut du bois, durable et pas cher pour construire à bon prix. Cela donne lieu à un fort engouement de « placement » (ainsi un permis proche de Lastourville s'est vendu le double du prix de marché à un investisseur chinois qui ne souhaite même pas l'exploiter pour le moment). [Enquête de terrain Aubin Gildas Kombila, juin 2016].

[558] « Industrie du bois : Victoire de John Bitar et réouverture prochaine de l'usine Pogab| Actualité du Gabon », *op. cit.*,

la perte de 151 emplois[559]. À cela s'ajoutèrent les emplois perdus lors de la fermeture définitive du groupe en 2013, malgré la résistance des travailleurs du site de Fontenay-le-Comte comme le montrent les propos de Nadège Malare, une déléguée syndicale : « *Nous allons nous battre pour obtenir un plan social, on ne va pas se laisser faire comme ça* [précisant] *que d'ores et déjà des palettes brulaient devant l'usine, qui était bloquée* »[560]. Pour le président horaire de l'Association Technique Internationale des Bois Tropicaux que nous avons rencontré lors de nos enquêtes de terrain à Paris, « *la mesure aurait occasionné la perte d'environ 2500 emplois en France* »[561]. Ce qui parait faible si l'on tient compte des 450 000 emplois que compte la filière française (0,56%)[562]. La fermeture d'une usine de cette envergure a un impact important non seulement sur une partie de l'économie locale, mais aussi sur le train de vie et la situation des employés. Aussi la crise de Plysorol a-t-elle laissé les salariés léxoviens dans le désarroi avec l'organisation de sitting et grèves de la faim à l'usine de Lisieux : « *Alors que les travailleurs et travailleuses léxoviens de l'usine Plysorol entament leur trentième nuit d'occupation du site, Gisèle, gréviste de la faim, a été ce soir emmenée par les secours au centre hospitalier de Lisieux* » ou encore « *Les salariés malgré les épreuves, poursuivront la lutte jusqu'à gain de cause* »[563].

La fermeture du groupe français suite entre autres à l'arrêt de l'exportation des grumes au Gabon a eu des répercussions graves sur le quotidien des ex-employés. « *On est râpé. À la fin du mois, il ne reste que des craquouilles. La paie aujourd'hui, c'est 920 €, la moitié de ce*

---

[559] « Plysorol (contreplaqué) veut fermer deux sites de production », *L'Humanité*, 20 juillet 2012, https://www.humanite.fr/plysorol-contreplaque-veut-fermer-deux-sites-de-production [consulté le 10 mai 2019]. [Le fabricant de contreplaqué Plysorol, reprit par le groupe franco-libanais Bitar en 2010 moyennant la perte de 151 emplois en France, a annoncé vendredi son intention de fermer deux sites sur trois, à Fontenay-le-Comte (Vendée) et Lisieux (Calvados) et de concentrer l'activité à Epernay (Marne)]

[560] « Plysorol (contreplaqué) veut fermer deux sites de production », *op. cit.,*

[561] Enquête de terrain Aubin Gildas Kombila, Paris, Avril 2019.

[562] « La filière forêt-bois française : une filière d'avenir », France Bois Régions : le réseau forêt-bois des régions, https://www.franceboisregions.fr/ [consulté le 13 mai 2019].

[563] « Plysorol : va-t-on nous laisser crever ? », L'Humanité, 24 novembre 2010, https://www.humanite.fr/24_11_2010-plysorol-va-t-nous-laisser-crever-458428 [consulté le 10 mai 2019].

qu'on gagnait à Plysorol »[564] analyse, une ancienne aide-comptable qui accumule les contrats de remplacement sans, pour l'instant, avoir décroché un CDI. Plysorol, comme nous l'avons déjà souligné, c'était plusieurs sites en France et donc, outre ceux du site de Lisieux, de nombreux employés licenciés. Pour chacun d'entre eux, le bilan est contrasté : s'il y a bien eu quelques reconversions réussies, dans la grande majorité des cas, le quotidien nous est présenté comme fait de CDD et de contrats aidés, accompagnés malheureusement aussi, de décès et du développement de la précarité. Ainsi, pour un ancien employé de Lisieux, le vrai soulagement est arrivé en novembre 2015 avec la retraite : « *Jusqu'à mes 60 ans, je n'ai rien retrouvé, rien de rien. Sauf qu'on ne vit pas de rien* »,[565] expliquait-il. Après 39 ans chez Plysorol, ce cariste a passé trois ans en vain à écumer les annonces trouvées sur Leboncoin, envoyer des CV, enchaîner les rendez-vous à Pôle emploi. Il rajoute : « *C'est quoi ça de ne pas trouver mieux qu'un Contrat d'accompagnement dans l'emploi (CAE) à 680 € par mois ? Quatre ans après, ce n'est pas normal de continuer de retrouver ses collègues en larmes* »[566]. L'implantation d'une entreprise de la dimension de Plysorol a dégagé de nombreux avantages pour l'État français (en termes d'impôts, d'emplois pour les populations, de rayonnement du pays, etc.). Ainsi, la diversification des partenaires couplée à l'arrêt de l'exportation des grumes, mais surtout son maintien et les répercussions qu'elle a entrainés, ne sont-ils pas source de relations mitigées entre le Gabon et l'hexagone ? N'assiste-t-on pas à la naissance de nouvelles rivalités dont le point d'ancrage est l'accès voire le contrôle de la forêt gabonaise ?

Bien que le bois gabonais (particulièrement l'okoumé) soit reconnu mondialement pour ses capacités de déroulage, il convient de dire que l'arrêt de l'exportation des grumes n'a pas eu de réelles répercussions dans l'économie de l'hexagone, du fait que celui-ci (bois du Gabon) ne représente qu'une infime partie de la filière bois française. Au niveau de du contreplaqué par exemple, bien que le Gabon représente 96,86% des importations africaines de la France en 2018, celles-ci ne constituent que 0,70% des importations totales de l'hexagone. Comme déjà mentionné, cette situation montre que malgré l'importance de

[564] « Quatre ans après, que sont devenus les Plysorol de Lisieux ? », Ouest-France.fr, http://www.ouest-france.fr/normandie/lisieux-14100/quatre-ans-apres-que-sont-devenus-les-plysorol-de-lisieux-4470514 [consulté le 12 septembre 2018].
[565] *Ibid.*,
[566] *Ibid.*,

l'okoumé, la France a recours à plusieurs autres pays pour pallier le déficit. L'arrêt de l'exportation des grumes du Gabon n'impacte donc pas fortement la filière bois française et par extension son économie. La *planche* ci-dessous, nous donnent la part du bois du Gabon dans les importations de la France.

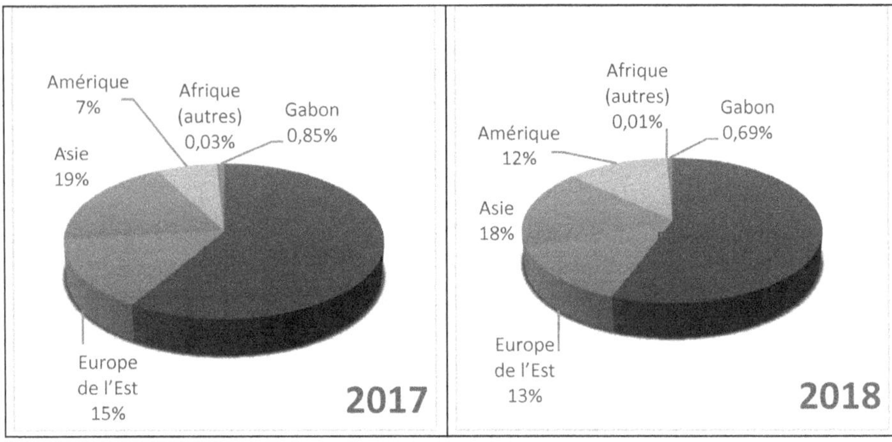

Planche 17 : part du bois dans les importations françaises (contreplaqué)
Source : service des Douanes et Commerce du Bois, 2018

La situation précédemment décrite au niveau du contreplaqué est également observée dans le segment sciage (tropicaux). Déjà, en termes de pays, en 2017 la France importe du bois de plusieurs endroits différents et sur différents continents. Ainsi, outre le Gabon, nous pouvons citer, le Congo, la République Démocratique du Congo (RDC), le Cameroun, la République centrafricaine (RCA), le Ghana et la Côte d'Ivoire en ce qui concerne l'Afrique. Il y a ensuite, la Belgique et le Luxembourg pour l'Europe ; le Brésil pour le continent américain et enfin, la Chine, la Malaisie, l'Indonésie puis le Myanmar pour le continent asiatique. De plus, au niveau de l'Afrique, malgré un recul de 6% sur l'année précédente, le Cameroun[567] reste en 2017, le premier fournisseur de la France avec un volume exporté de 31 000 m^3. La Côte d'Ivoire est le second fournisseur avec 13 000 m^3 (une baisse de 35% par rapport en 2016). Le Gabon occupe le troisième rang avec 10 000

[567] Selon le Commerce du Bois, si le pays affiche une volonté d'orienter sa politique forestière vers plus de transformation industrielle de sa ressource forestière, les faits ne suivent pas vraiment.

m³, suivi du Congo (7 100m³) et la RDC (700 m³). En 2018, le Gabon représente 8,26% des importations françaises des sciages tropicaux.

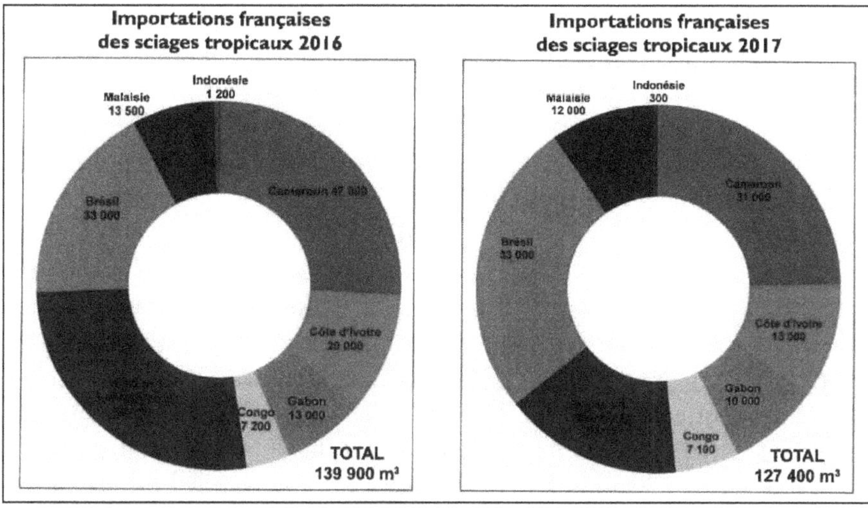

Planche 18 : importations françaises des sciages tropicaux en 2016 et 2017

Source : Commerce International du Bois, 2017

Outre les éléments mentionnés précédemment, le volume de la récolte en bois annuelle du Gabon (transformé localement ou pas), ne représente que 1,6 million de mètres cubes en 2015 quand celui de la France est estimé selon France Bois Régions, à 36 millions de mètres cubes[568]. Un autre élément qui là encore, montre la faible part que pourrait représenter le bois du Gabon dans la filière bois de l'hexagone.

Il est souvent admis que les opérateurs étrangers sont la cause de l'échec du secteur industriel en Afrique et particulièrement au Gabon. Une affirmation qui nous pousse à interroger le rôle des dirigeants du Gabon dans l'échec de sa politique industrielle et ce d'autant plus que Patrice Lombumaba soulignait : « *Je sais et je sens du fond de moi-même que tôt ou tard mon peuple se débarrassera de tous ses ennemis intérieurs et extérieurs...* »[569].

---

[568] « La filière forêt-bois française : une filière d'avenir », https://www.franceboisregions.fr/ [consulté le 13 mai 2019].

[569] Pierre Péan, Carnages, *Les guerres secrètes des grandes puissances en Afrique*, *op. cit.*, p. 21.

2.2.4 la défaillance de l'État dans le processus d'industrialisation de la filière bois au Gabon

Selon Abdelhak Bassou[570], plus que la disponibilité des ressources, c'est la gouvernance qui fait la différence de positionnement des pays africains parmi leurs pairs du monde. Ce qui veut dire que les puissances occidentales ont certainement une part de responsabilité, mais les dirigeants africains eux aussi par une mauvaise redistribution des profits, contribuent à l'échec des différents secteurs, et par extension au déclin des pays dont ils ont la charge. À l'évidence, l'exemple du Nigéria est édifiant et symptomatique des difficultés rencontrées par de nombreux pays africains : l'exploitation des colossales ressources énergétiques marquée par une répartition inégale des richesses[571]. La corruption, les jeux de clientélisme minent toujours et encore les efforts en faveur d'une meilleure transparence des activités économiques. Il est encore fréquent que les chargés d'affaires de multinationales pétrolières dans le cadre de négociation ou tractation pour l'obtention de marché, versent des « dessous de table » à leurs interlocuteurs responsables du dossier dans les pays visés.

Au Gabon, au regard des bénéfices engrangés (boom pétrolier) [572], ce sont toujours de groupes minoritaires qui profitent des intérêts financiers et commerciaux. Le pays, pourvu d'un sous-sol riche en pétrole en minerais (manganèse, uranium, fer, talc, etc.), or, diamant et ressources forestières, est ainsi un pays miné par la corruption, où seule une infime partie de la population jouit des avantages de l'État ; ainsi, 60% de la population vit en dessous du seuil de pauvreté[573]. Selon une étude de McKinsey réalisée en 2013, indique qu'environ 30 % de la population sont vulnérables, avec un revenu mensuel inférieur à 80 000 FCFA (soit environ 150 dollars)[574]. Le bilan dressé par la

---

[570] Inc, « Ressources naturelles et réalités géopolitiques de l'Afrique », *op. cit.*,

[571] « Géopolitique de l'Afrique : entre défis et succès potentiels », *op. cit.*,

[572] Le cycle pétrolier et minier, contemporain d'indépendance l'a propulsé dans l'ère d'une croissance économique exceptionnelle : depuis les années 1970, le Gabon, nouvel eldorado africain, fait figure de pays riche, du moins dans le contexte africain. Durant les cinq dernières années, le secteur bois représente en moyenne 80% des exportation, 45% du PIB et 60% des recettes budgétaires (BM, 2018).

[573] Bilan CEA cité par Marc-Louis Ropivia, « Perspectives de développement » in *Atlas de l'Afrique : Gabon*, Les Éditions J.A, 2004, p. 56.

[574] « Gabon - Vue d'ensemble », Text/HTML, World Bank, http://www.banquemondiale.org/fr/country/gabon/overview [consulté le 13 mai 2019].

Banque Mondiale, dans son rapport de 2018, montre l'ampleur du défi à relever : une dette extérieure représentant 59,1 % du PIB (hors paiement des arriérés), 109e rang sur 188 pays dans l'indice du développement humain du Programme des Nations Unies pour le développement en 2016[575].

La baisse de la rente pétrolière depuis quelques années a accentué les maux dont souffre actuellement un pays pourtant très richement doté en matières premières, mais dont les dirigeants n'ont pas su tirer tous les bénéfices des années fastes. En effet, la période 1974-1985 dite des « douze glorieuses » a correspondu au « choc pétrolier » déclenché par les pays de l'OPEP. Malheureusement, l'État n'en a pas profité, ayant privilégié la consommation aux investissements dans les secteurs productifs[576] (Pourtier, 2004). Ainsi au Gabon, lorsque le « contre-choc » pétrolier a asséché sa trésorerie, le pays fut contraint de recourir à l'emprunt, entrant alors dans le cycle dangereux de l'endettement. C'est une situation qui nous emmène à dire qu'incontestablement les ressources naturelles du Gabon, comme celles de bien d'autres pays d'Afrique, sont la proie de véritables politiques de captations voire de détournements. Jean-Bernard Mombo rappelle d'ailleurs que « *l'extraction de la ressource forestière est guidée par la recherche rapide du gain d'abord et surtout pour les opérateurs forestiers et pour l'État, une prospérité relative en vue de faire face pour chaque budget aux dépenses du moment (dette)* »[577].

Outre les éléments précités, nous pouvons également mentionner le manque de vision et de volonté politique des autorités gabonaises comme facteur explicatif du chaos industriel du pays. En effet, obnubilées par l'accumulation des intérêts mercantiles au détriment de l'intérêt national et régional, les élites gouvernantes sont devenues des fervents défenseurs du *statu quo ante*, c'est-à-dire du modèle économique fondé sur l'exportation des matières premières brutes, sans valeur ajoutée sur le sol gabonais et ce, en dépit « des torrents de larmes » versés sur la place publique contre le colonialisme et le néocolonialisme chaque fois que la moindre crise se profile à l'horizon. Pire que le célèbre « *État politique du ventre* »[578] découvert par Jean-

---

[575] *Ibid.*,

[576] Roland Pourtier, *Introduction, op. cit.*, p. 6.

[577] Jean-Bernard Mombo, *la ressource forestière au Gabon : une économie de rente en quête d'industrialisation et de gestion durable, op.cit.*, p. 127.

[578] Jean-François Bayart, *l'État en Afrique. La politique du ventre*, Paris, Fayard, 1989, p. 45.

François Bayard, « *les élites gouvernantes du Gabon ignoraient que le pays dont ils avaient la charge avait des intérêts et ces intérêts méritaient d'être identifiés et protégés, à l'instar des politiques des États étrangers qui défendent avec pugnacité, leurs intérêts légitimes* »[579]. Ces mêmes raisons font que les États africains sont souvent pris à la légère malgré les grands protocoles officiels qui précèdent les signatures de conventions et de bien d'autres accords bilatéraux.

Le contexte décrit ci-dessus renvoie à une réalité de l'Afrique qui contribue aussi à paralyser son envolée économique et sociale. Car le continent souffre toujours et encore (certes de façon moins étendue qu'il y a encore quelques décennies dans le cas du Gabon particulièrement) de la confiscation du pouvoir par des groupes claniques ou des minorités ethniques. Ces pratiques pèsent sur le plus grand nombre et se traduisent par l'appropriation des richesses, des moyens de production nationaux, avec des collusions et partenariats internationaux, via des circuits financiers et bancaires des plus nébuleux. Comme l'expliquent les économistes de la Banque Mondiale, la recherche de la rente[580] par les dirigeants (à savoir des revenus issus de la vente de matières premières) est largement responsable du déclenchement et/ou de la poursuite des guerres internes pour les ressources. Elle implique, pour ces économistes, un mauvais fonctionnement des marchés, une mauvaise gouvernance, et finalement, un refus d'agir selon les règles de la mondialisation.

Les gouvernements comptent sur des « ressources non gagnées » et ne cherchent donc pas à développer un cadre contractuel d'obligations réciproques sur lequel ils pourraient développer un système fiscal démocratique. En somme, ils sont enclins à pratiquer une gouvernance de mauvaise qualité.

En marge de cette situation malheureusement loin d'être exceptionnelle, il faut tout de même signaler depuis quelques années, un effort du Gabon en matière de diversification économique suite à la

---

[579] *Ibid.*, p. 45.

[580] La rente est une rémunération liée à un droit de propriété sur une ressource dont la quantité disponible ne dépend pas de la rémunération associée à ce droit (Guerrien, 1996). Cette définition reprend les travaux des économistes classiques anglais sur la rente foncière. En 1776, Adam Smith définissait la rente comme un surplus différentiel qui reflétait les différences de fertilité et de situation des terres.

transformation locale du bois. Dès lors, quelle place occupe la filière bois gabonaise sur la scène nationale, régionale, voire internationale ?

3. le bois gabonais dans le commerce régional et international

Le Gabon par l'exécution des activités de sa filière bois veut atteindre l'objectif fixé dans le Plan Stratégique Gabon émergent, celui de s'imposer comme leader régional, voire mondial, du bois tropical certifié d'ici 2020, comme l'avait souligné en 2012 un ancien ministre des Eaux et Forêts : « *La volonté des plus hautes autorités du pays, réaffirmée dans le plan stratégique Gabon émergent, vise à positionner le Gabon d'ici 2020, comme le leader mondial du bois tropical certifié, avec une position forte et distinctive sur les segments de marché à savoir : une meilleure connaissance de la forêt gabonaise ; la mise à disposition des produits semi-finis et finis résultant d'une transformation plus poussée de nos bois...* »[581]. Cela est d'autant plus évident au niveau sous-régional (Afrique centrale) dans la mesure où l'ensemble des pays constitutifs connait un retard dans le domaine de la transformation du bois. Néanmoins, ceux qui ont entrepris une industrialisation à l'instar du Cameroun ont vu leur entreprise se solder par un échec.

« *Votre pays est depuis un an, premier d'Afrique centrale ayant décidé d'interdire totalement l'exportation des grumes* », avait indiqué le coordonnateur sous-régional de l'Organisation des Nations Unies pour l'alimentation et l'agriculture (FAO) pour l'Afrique centrale. Le Gabon a certes connu des avancées depuis 2010, mais il lui reste encore du chemin à faire comme le montrent les chiffres du bois certifié, avec seuls 21% des concessions sous aménagement durable pour 14,3% de la surface totale concédée, alors que l'objectif est d'être en 2020 le leader du bois tropical certifié (*cf. chapitre 5*). Toutefois, l'emprise que pourrait avoir le pays dans le secteur bois (moyen et long terme) lui confierait une place de choix dans le commerce mondial et sortir ainsi selon les propos d'Alain Karsenty de la modeste place occupée par l'Afrique dans ce domaine : « *L'Afrique occupe une part modeste dans le commerce international du bois d'œuvre. Ses exportations ne représentent que 1% (panneaux, sciages) à 5% (grumes) des volumes mondiaux. La valeur des exportations africaines ne représente que 30% de celle de la région Asie-Pacifique. Quant au bois à usage*

---

[581] L'Agence d'Exécution des Activités de la Filière Forêt – Bois lance ses activités, *Gabon vert, le pilier du Gabon Industriel*, Libreville, 2012, p. 4.

industriel, récolté (forêts naturelles) ou produit (plantations), il ne représente que 11% de la production du continent...»[582]. Mais la réalisation de ces objectifs passe par une politique de moyens devant stimuler la compétitivité de la filière bois.

- **la zone économique spéciale de Nkok, symbole de la stratégie de l'État**

La zone économique spéciale de Nkok installée à 27km de Libreville favorable à l'implantation des usines de transformation du bois est un élément illustratif des efforts du Gabon pour devenir une plateforme centrale de la filière bois. C'est un espace physique et géographique à l'intérieur duquel s'exercent des activités d'industrie forestière avec des conditions fiscales et douanières particulières (DGF, 2010). Accessible aux étrangers et aux nationaux, ce point franc s'applique dans le cadre des zones spécialement aménagées par l'État (zones franches) destinées à accueillir plusieurs entreprises. Cette nouvelle ZES joue un rôle important dans les efforts du gouvernement pour encourager l'industrie du bois au Gabon à se tourner vers le secteur de la transformation et les industries dérivées. Selon l'administrateur de ladite zone, « *le volume d'activités a pris de l'ampleur au sein de la zone. En avril 2017, nous étions à 33 entreprises en production, aujourd'hui nous sommes à 58 en production et 20 en construction* »[583]. La majorité des entreprises qui continue de s'installer opère essentiellement dans le secteur de la transformation du bois. Cette initiative offre ainsi au Gabon une connexion aux réseaux et donc une place de choix sur la scène internationale de la filière. Un état de fait que nous retrouvons dans les propos de l'administrateur général de la ZES de Nkok, qui rappelait en 2018 « [qu'] *actuellement, la production de placages au sein de la ZES de Nkok supplante celle de l'ensemble des pays du bassin du Congo, hissant ainsi le Gabon à la première place des pays exportateurs de déroulage en Afrique* »[584].

---

582 Karsenty, « Enjeux méconnus de l'économie du bois », *op. cit.*,

583 horacio@gabonews.com, « LA ZERP / Encore plus d'entreprises en activité et plus d'emplois créés - GABONEWS », consulté le 19 octobre 2018, http://gabonews.com/fr/actus/societe/article/la-zerp-encore-plus-d-entreprises-en-activite-et, http://gabonews.com/fr/actus/societe/article/la-zerp-encore-plus-d-entreprises-en-activite-et. [consulté le 10 mai 2019].

584 « La ZES de Nkok : Moteur de la diversification de l'économie gabonaise », *Gabonreview.com | Actualité du Gabon |* (blog), https://www.gabonreview.com/blog/la-zes-de-nkok-moteur-de-la-diversification-de-leconomie-gabonaise/ [consulté 27 mai 2018].

Inauguré en 2010, cet espace propose des mesures d'incitation, telles qu'une exonération fiscale de la taxe sur les bénéfices pendant dix ans, des transferts financiers libres ainsi qu'une législation du travail et des coûts de transport réduits. Tous ces éléments sont essentiels pour attirer de nombreux investisseurs nationaux et étrangers dans le domaine de l'industrie du bois. Nkok offre également aux industries un grand nombre d'infrastructures dont elles ont besoin pour pouvoir mener à bien leurs activités, notamment l'électricité et de l'eau « en abondance », le traitement des eaux usées et des déchets, et 1 311 689 d'hectares de forêt sous aménagement durable dont les industriels du bois ont accès lorsqu'ils s'installent sur cette zone. Des contrats sont également passés avec les opérateurs externes pour pouvoir fournir les multiples industries qui ont besoin de quantités importantes de grumes ; c'est le cas du contrat entre le groupe français Rougier et la GSEZ, entité cogérée par l'État gabonais et Olam.

Outre les éléments précités, le gouvernement gabonais met en place depuis 2011 des forums et autres plateformes sur l'industrie afin de procéder d'une part à un état des lieux de cette branche et d'autre part, réfléchir sur les mesures incitatives pouvant pallier les déficits enregistrés et favoriser une industrie plus poussée. C'est le cas du Forum National de l'Industrie qui s'est tenu les 26, 27 et 28 avril 2013, avec pour thème « Quelles stratégies industrielles pour un Gabon Emergent ? ». Ces différents événements permettent d'autre part d'attirer le regard extérieur et promouvoir la destination « Gabon » dans le domaine du bois. De même, du 20 au 22 juin 2018, le pays a organisé la première édition du Salon international du bois, à savoir *le Gabon Wood Show*[585]. Ce dernier a regroupé 75 exposants venus de 30 pays. L'objectif principal était d'encourager la transformation locale de bois, d'attirer des investisseurs et de trouver des débouchés pour les produits finis du bois tropical made in Gabon. Ces initiatives montrent le désir du Gabon de devenir une plateforme centrale dans la transformation du bois régionale, mais aussi internationale, car des acteurs autres que ceux de la sous-région voire du continent y ont afflué. Invité par les autorités gabonaises, le ministre centrafricain des Eaux et Forêts se déclarait « fasciné » par l'expérience gabonaise : « *La République centrafricaine*

[585] La deuxième édition aura lieu en juin 2019. L'ambition du Gabon est d'attirer plus d'investissements directs étrangers dans la deuxième et troisième phase de transformation du bois. La première édition a démontré que les Chinois et les Indiens dominent le secteur, les Français sont en perte de vitesse.

voulait s'inspirer de l'expérience du Gabon qui a pris une décision courageuse d'interdire l'exploitation des bois en grume que désormais on pourrait appliquer en République centrafricaine »,[586] affirma-t-il. C'est un sentiment partagé également par les dirigeants congolais, signe que l'exemple du Gabon fait école et inspire d'autres pays (bien que connaissant encore certaines limites). Lors de cet événement (Gabon Wood Show), des négociants s'arrêtaient quasiment devant tous les stands, s'informaient, posaient des questions et collectaient des cartes de visite. C'est le cas de ce saoudien qui confiait : « *Je représente un groupe saoudien qui cherche à investir dans le secteur du bois au Gabon* »[587], marque que le pays commence à être une vitrine de la filière bois en Afrique centrale et par extension, en Afrique.

Le cas de l'Indonésie est un exemple dont devrait s'inspirer le Gabon pour atteindre son objectif tout en évitant les erreurs que celle-ci a commises (épuisement des ressources). En effet, l'Indonésie est passée en quelques années du statut d'exportateur de grumes à celui de premier exportateur mondial de contreplaqués tropicaux en se dotant d'une puissante industrie de transformation, grâce à la mise en place d'une politique l'ayant aidée à se doter de moyens ayant favorisé la compétitivité de sa filière bois[588]. Le développement du secteur forestier indonésien, amorcé dès la fin des années 1960, a d'abord été orienté vers la production de grumes, tendance qui s'est prolongée pendant la décennie 1980. L'Indonésie est progressivement devenue le plus gros exportateur de grumes de feuillus tropicaux : ses volumes prélevés, destinés à l'époque principalement à l'exportation, s'élevaient à 25,3 millions de mètres cubes en 1979, le pays assurant 41 % des exportations mondiales. Résultat des stratégies économiques mises en place dès 1975, le pays est maintenant au premier rang mondial des exportations de contreplaqués tropicaux : en 1989, la part de l'Indonésie dans le commerce d'exportation des contreplaqués tropicaux représentait environ 50 % du volume mondial. Cette industrie constituait déjà à l'époque la plus grosse entreprise de transformation des bois tropicaux dans le monde avec un peu plus d'une centaine d'usines et une production annuelle de contreplaqués approchant 10 millions de mètres cubes[589]. Cela montre bien la place de choix que

[586] « Afrique Économie - Gabon ».
[587] *Ibid.*,
[588] Alain Karsenty, Marie-Gabrielle Piketty, *Stratégies d'industrialisation fondée sur la ressource forestière : les limites de l'expérience indonésienne, op. cit.*, p. 434.
[589] *Ibid.*, p. 441.

pourrait avoir le Gabon dans quelques années si l'ensemble des conditions étaient réunies, car, comme nous l'avons bien précisé, c'est un pays qui possède d'énormes potentialités forestières. Contrairement à l'Indonésie, le Gabon devrait veiller à ses ressources afin d'éviter un épuisement de ces dernières.

In fine, nous dirons que depuis 2010, le Gabon a mis en place un certain nombre d'actions afin de booster son industrie et devenir un leader de la filière bois tropicale, ce particulièrement au niveau régional. La diversification des partenaires ainsi que les multiples forums mentionnés dans notre corpus en sont de parfaites illustrations. Ce regard tourné vers l'Asie (Inde et Chine, Malaisie, etc.), dans un contexte de raréfaction des ressources et de mondialisation, n'a pas fait que des heureux, notamment certaines grandes puissances qui ont vu leur part d'investissement reculée. La fermeture du groupe Leroy-Plysorol n'est-elle pas un exemple éclairant ? Toutefois, le désir d'indépendance et de diversification de l'économie basée sur la filière bois voulu par le Gabon ne sera effectif que par la mise en place de préalables.

Conclusion partielle

La deuxième partie nous a permis d'apprécier l'impact de l'industrie du bois près de dix ans après l'interdiction d'exporter les grumes au Gabon. On a pu remarquer que la dynamique de ce secteur a permis par les emplois créés d'améliorer les conditions de vie des populations vivant notamment dans les zones d'installation des industries et d'accroître la valeur ajoutée du secteur bois à l'économie du pays. La création de la ZES de Nkok, les différents forums et de nombreuses autres actions mises en place, ont permis au Gabon de jouer les premiers rôles dans la sous-région. L'arrivée de nouveaux partenaires, asiatiques principalement, est un exemple éclairant. Les politiques d'aménagement et de certification mises en place ont permis aux opérateurs d'avoir une gestion plus rationnelle des ressources forestières, bien que des efforts demeurent encore à faire.

Aujourd'hui, l'industrie du bois connait une certaine progression, mais nécessite encore un nombre d'efforts pour pouvoir atteindre un niveau d'industrialisation et une contribution de la filière comparables à ceux des pays développés ou émergents (cas des dragons asiatiques). Ainsi, dans la troisième partie qui suit (chapitres **VII**, **VIII** et **VIX**), nous parlerons des défis d'une industrie durable et compétitive et des différents types d'industries possibles.

IIIème PARTIE :
LEVER LES OBSTACLES À UNE INDUSTRIE DURABLE ET COMPÉTITIVE

Introduction partielle

La transformation locale des matières premières et particulièrement du bois est un élément essentiel pour un pays comme le Gabon qui aspire à être « émergent »[590] à l'horizon 2025, dans la mesure où elle est source de valeur ajoutée et de création d'emplois. Mais force est de reconnaître qu'au-delà des intentions juridiques et politiques, l'industrialisation de la filière bois est un processus délicat, parsemé de défis et de contraintes qui doivent être relevés pour réussir. Aussi, quelles stratégies (voies et moyens) le Gabon devrait-il mettre en place afin d'assurer un développement durable de son industrie du bois et asseoir ses ambitions, tant sur le plan régional qu'international ?

Comme l'affirme Jérôme Mabika, le succès de l'industrialisation de la filière bois passe par la satisfaction de préalables et l'aménagement de conditions idoines. La meilleure façon de promouvoir à long terme l'industrie du bois n'est peut-être pas de tenter d'y parvenir immédiatement, en octroyant des incitations qui s'avéraient inefficaces, mais plutôt de développer, pas à pas, les capacités nationales. Du point de vue des préalables[591], il s'agit d'affirmer la volonté politique et d'atteindre les objectifs souhaités, de développer la formation professionnelle et de mettre en place une stratégie de conquête des parts du marché. Du point de vue des conditions[592], il s'agit de garantir aux éventuels investisseurs un approvisionnement régulier en bois par le développement des infrastructures diverses.

Ce chapitre VII a pour objectif de définir ce que nous appellerons les préalables à réunir afin de pérenniser un tissu industriel durable dédié à la filière bois gabonaise. Pour ce faire, nous nous appuierons sur les éléments suivants : le diagnostic du potentiel forestier (industrie bois) du Gabon se référant principalement aux données de la Banque

---

[590] « Émergence, pays émergent — Géoconfluences », Terme, consulté le 18 mars 2019, http://geoconfluences.ens-lyon.fr/glossaire/emergence. (« Émergence, pays émergent — Géoconfluences », Terme, http://geoconfluences.ens-lyon.fr/glossaire/emergence [consulté le 18 mars 2019])

[591] Préalables : Renvoient à ce qui doit être réalisé avant autre chose pour la mise en place et le bon fonctionnement de l'industrie du bois au Gabon (« au préalable : définition de au préalable et synonymes de au préalable (français) », consulté le 18 mars 2019, http://dictionnaire.sensagent.leparisien.fr/au%20pr%C3%A9alable/fr-fr/.

[592] Conditions : circonstances extérieures, fait, situation, contexte dont l'existence est nécessaire pour que la transformation locale poussée du bois ait lieu, se produise où se fasse (Le petit Larousse illustré, 2015).

mondiale, les écrits de Jérôme Mabika ainsi que les rapports des différents ministères (Eaux et forêts, économie et politique fiscale, etc.), le Livre Blanc sur les stratégies de développement de l'industrie du bois dans les pays du bassin du Congo, et enfin, les résultats de nos enquêtes de terrain. Puis nous aborderons dans le chapitre VIII, les conditions d'une industrie compétitive. Le chapitre IX quant à lui, fera état des types d'industries possibles et leur répartition géographique (actuelle et souhaitée).

CHAPITRE VII
LES PRÉALABLES D'UNE INDUSTRIALISATION DURABLE DE LA FILIÈRE BOIS

L'évaluation du potentiel forestier du Gabon et les leçons tirées de l'expérience internationale montrent que le Gabon fait face à d'importantes contraintes transversales qui, si elles ne sont pas levées, continueront à freiner son processus d'industrialisation. Comme pour toute entreprise industrielle, la matérialisation d'une industrie plus poussée du bois au Gabon passera par la mise en place de certains préalables. Deux principaux points seront abordés dans notre travail. Nous mettrons premièrement l'accent sur la volonté de l'État et la stratégie de conquête des parts de marché ; puis, nous aborderons la question de la formation.

1. Affirmation de la volonté de l'État et stratégie de conquête des parts de marché

Le rôle de l'État est un élément important pour le bon fonctionnement de l'industrie de la filière bois. Celui-ci passe par une véritable volonté et une stratégie de conquête des marchés. Longtemps, l'État gabonais a été « défaillant » en ce qui concerne le secteur industriel du bois, à savoir qu'il n'intervenait pas ou peu ; ainsi, bien qu'ayant montré une détermination à certaines périodes - en 1995, le gouvernement gabonais avait pris des mesures incitatives pour le développement du secteur -, l'État a fait « massivement » preuve de passivité.

1.1 affirmation de la volonté de l'État

Le développement de la filière de la transformation du bois (jusqu'au produit final) au Gabon passe par la reconnaissance par l'État du poids et du rôle de la filière bois dans le développement de son pays. Contrairement à une industrie d'extraction et de commercialisation à l'état brut des matières premières, le développement d'une industrie de transformation implique, de la part de l'État, des investissements importants sur une base continue. L'impulsion donnée à l'industrialisation de la filière bois dépendra de la volonté de l'État à atteindre les objectifs qu'il s'est lui-même fixés. Pour ce faire, bien plus qu'une panoplie législative et réglementaire, le Gabon devra créer un environnement des affaires équitable et transparent, qui passe par un engagement soutenu dans le temps des pouvoirs publics et la mise à disposition de moyens à la hauteur des aspirations.

La mauvaise qualité du climat des affaires du Gabon constitue une contrainte majeure à la diversification de l'économie. Le Gabon occupe le 163ème rang sur 189 pays dans le classement *Doing Business 2014*, derrière la Zambie (93ème), la Tanzanie (145ème) et le Nigéria (147ème) et proche du Cameroun (168ème) et de la Guinée équatoriale (166ème). Un classement dans lequel le payas n'a cessé de reculer au fil des années : 164e en 2017 et 167e en 2018[593]. Ainsi, comme le propose la Banque mondiale - qui prend part aux côtés de *Doing Business* à l'élaboration des différents critères relatifs aux classements -, le gouvernement gabonais devra s'engager dans l'assistance à long terme des entrepreneurs de PME afin d'améliorer les normes comptables et de gestion de façon à ce qu'elles deviennent des porteurs de projets « bancables ».

1.1.1 vers une création d'entreprises souple et rapide

Sur le plan de la création d'entreprises, le Gabon occupe la 153ème place dans du classement *Doing Business* (DB) 2014. En théorie, 50 jours et 7 procédures différentes seraient nécessaires pour créer une SARL (*Société Anonyme à Responsabilité Limitée*), et ce, pour un coût total équivalent à 17,3% du revenu par habitant du pays et un capital minimum obligatoire correspondant à 19,3% du revenu par habitant[594]. Pour y remédier, le gouvernement a créé en juin 2011, le *Centre de Développement des Entreprises* en remplacement de *l'Agence de promotion des investissements*, avec pour objectif de mettre en place un guichet unique dédié à la création d'entreprise. Cette nouvelle structure présenterait néanmoins elle aussi des pesanteurs ; ainsi, un rapport récent de la Banque mondiale (Diéye, 2012) a recommandé de simplifier davantage les procédures, en réduisant le nombre de documents exigés et en promouvant l'adoption d'un statut standard de

---

[593] Agence Ecofin, « Doing Business 2017 et 2018 : le classement des pays africains, les progressions et les meilleurs réformateurs », Agence Ecofin, https://www.agenceecofin.com/gestion-publique/2510-41954-doing-business-2017-le-classement-des-pays-africains-les-progressions-et-les-meilleurs-reformateurs [consulté le 19 novembre 2018].

[594] « Gabon - RNB par habitant (Revenu National Brut - $) - 2016 », https://fr.actualitix.com/pays/gab/gabon-revenu-national-brut-par-habitant.php, consulté le 20 novembre 2018. [RNB par habitant (Revenu National Brut - $) : 8110 $ en 2009 et 9720 $ en 2014. PIB : 8239 $ US en 2009, 11153 $ US en 2012, 8 581 $ US en 2015]. *Avec 7.584 dollars par habitant, le Gabon occupe la deuxième place au classement des pays dans lequel les habitants sont les plus riches en Afrique centrale en 2017 selon le Fonds monétaire international* (Gabonreview, 2018).

société basé sur les règles OHADA. Dans le cadre du projet de promotion de l'investissement et de la compétitivité soutenu par la Banque mondiale, les autorités gabonaises ont mis en place en janvier 2018 *l'Agence nationale de la promotion des investissements* (ANPI). Inauguré le 15 janvier 2018, le guichet de l'investissement de l'ANPI est destiné à la prise en charge des investisseurs nationaux et internationaux, et des entrepreneurs dans la création d'entreprise, la facilitation des procédures d'obtention d'agréments et d'autorisations, l'appui à l'entrepreneuriat et le dialogue public-privé. Toutes les entités impliquées dans le processus de création d'entreprise sont réunies dans un lieu unique, permettant de créer une entreprise en 24/48h désormais, contre près de 20/50 jours auparavant (une situation similaire à celle de la ZES de Nkok). Les coûts liés à création d'entreprise ont également été réduits[595]. Toutefois, en raison de la faiblesse du tissu des PME au Gabon, les politiques de promotions des PME ne vont probablement influer sur la performance des exportations du pays qu'à court et moyen termes, surtout au vu des résultats mitigés observés dans les pays où elles ont déjà été appliquées. Par contre, sur le long terme, le développement du tissu des PME s'avérera essentiel pour reconquérir le marché intérieur, un préalable pour une diversification des exportations génératrice d'emplois.

Aussi, la création d'un tissu de PME-PMI bien gérées est-elle indispensable pour structurer l'artisanat et inciter les entreprises industrielles à travailler avec elles et à investir dans la transformation jusqu'au niveau des produits finis et semi-finis. Cela requiert entre autres de développer chez les petits opérateurs une « culture » d'industrie et de filière, avec des objectifs de performance et de rentabilité. Cela est rendu possible avec notamment l'installation des clusters. Ceux-ci facilitent l'approvisionnement en bois séché, calibré, voire « tracé », et permettent l'accès à une maintenance industrielle, à des facilités de transports ainsi qu'à des services financiers et administratifs. Le Gabon a depuis quelques années initié cette activité au sein de la ZES de Nkok. De nombreux artisans que nous avons rencontrés nous ont confié y avoir recourt pour la fabrication des meubles. De même, la mise en place des clusters a pour corollaire, sur le moyen terme, d'encourager les investissements dans la deuxième et

[595] Thierry Barbaut-Numérique et développement, « ANPI GABON un guichet unique d'affaires à Libreville », *Info Afrique* (blog), https://www.info-afrique.com/anpi-gabon-guichet-affaires/ 17 janvier 2018.

troisième transformation et de permettre la création d'un bassin d'emplois tout en facilitant l'accès à la matière première.

Selon la Banque mondiale, l'accès au foncier constitue une étape clé de la création d'entreprise. Au Gabon, la totalité du territoire national est propriété de l'État. Autrefois, obtenir un titre foncier représentait une procédure interminable qui pouvait prendre jusqu'à une quinzaine d'années ; chaque titre délivré à une personne physique ou à une entreprise devait faire l'objet d'une approbation du bureau du Premier ministre. De plus, l'attribution finale était conditionnée par l'utilisation effective de la parcelle dans un délai de deux ans, ce qui signifiait que pendant ces deux années, l'investisseur n'avait pas un titre définitif susceptible d'être utilisé comme garantie dans le cadre d'une demande de prêt bancaire, limitant ainsi sa capacité à accéder au crédit[596] (BM, 2014). Une importante réforme a été entreprise en 2011 à l'effet d'alléger ces procédures. Le *ministère de l'Habitat, de l'Urbanisme et du Cadastre* a été dissous, son personnel renvoyé et ses pouvoirs transférés à l'*Agence Nationale de l'Urbanisme, de la Topographie et du Cadastre*. De plus, le système d'attribution provisoire de parcelles d'une durée de deux ans a été aboli, les actes d'attribution étant désormais décentralisés vers les trésoreries provinciales[597].

Toutefois, l'accès effectif au foncier n'est pas uniquement une question légale et réglementaire. En effet, les investisseurs ont besoin d'accéder à des terrains viabilisés (électricité, eau, évacuation et routes), en particulier les acteurs les plus modestes qui ne peuvent pas mettre en place leurs services de base. Or ces terrains s'avèrent très rares. Et par exemple, ceux situés dans la zone économique spéciale de Nkok fourniront un accès complet aux réseaux de base, mais à 45 000 FCFA (68 €) le mètre carré ; ils sont donc trop onéreux pour les petites entreprises et risquent d'être accessibles uniquement à celles qui opèrent dans des secteurs à forte rentabilité,[598] une situation dont nous ont fait part certains industriels rencontrés lors de nos enquêtes de terrain en 2016. L'accès à la terre est certes un élément important, mais les différents opérateurs devront également bénéficier d'aide financière afin de mener à bien leurs activités.

---

[596] Rick Emery et al., *Rapport sur République gabonaise. La Diversification et la Compétitivité des Exportations en République gabonaise. Améliorer le climat d'investissement pour diversifier l'économie*, *op. cit.*, p. 79.
[597] IFC, 2012, cité par *Ibid.*, p. 79.
[598] *Ibid.*, p. 79.

1.1.2 l'accès au crédit

L'accès au crédit est cité comme une contrainte majeure par 30% des entreprises gabonaises de l'enquête sur les entreprises réalisée par la Banque mondiale. Les politiques et mécanismes de financement sont inadéquats et pénalisent l'activité à forte intensité capitalistique. Les conditions d'emprunt sont si rédhibitoires (durée, taux) que les grandes entreprises n'y ont pas ou guère recours, et que l'artisan considère l'accès au crédit comme un handicap majeur. L'enquête souligne d'ailleurs qu'à peine 9% des entreprises du pays ont accès à un crédit bancaire, une proportion inférieure à la moyenne de l'Afrique subsaharienne (22%) - qui n'est déjà pas très élevée elle-même - et également inférieure aux comparateurs régionaux (30% au Cameroun et 16% en Tanzanie et en Zambie). Cette situation (absence de fonds de roulement) ne permet pas à l'artisan de s'approvisionner en bois de qualité pour répondre à une commande. Outre les pesanteurs observées, un accès inégal au crédit contribue à pénaliser les investisseurs nationaux par rapport aux investisseurs étrangers qui bénéficient d'un accès aux marchés internationaux du crédit, accentuant ainsi l'effet de la discrimination à rebours du système fiscal.

Les autorités gabonaises avaient montré leur détermination en prévoyant en 2010 d'allouer un montant de 20 milliards de francs CFA pour les PME gabonaises soit 30 534 351,15 euros[599]. Il était question, dans le cadre des mesures d'accompagnement à l'industrialisation de la filière bois, d'inciter les opérateurs économiques installés au Gabon. Surtout ceux d'entre eux qui se conforment à la loi en matière d'exploitation forestière, disposant notamment d'un plan d'aménagement. Aussi, marqueront-elles, par cette mesure, leur volonté d'accompagner les nationaux qui évoluent dans cette filière forêt-bois. Huit ans après l'annonce de cette mesure, aucune application n'est observable sur le terrain. Créé en 2012 pour accompagner financièrement les opérateurs dans le processus d'industrialisation de la filière bois, le Fonds Forestier National ne dispose pas de moyens

---

[599] Direction Générale de l'Économie et de la Politique Fiscale, Évaluation de la réforme sur l'arrêt des exportations des grumes, op. cit., p .9 (En vue d'accompagner sur le plan financier les investisseurs désireux de créer des unités de transformation du bois, le Gouvernement a initié la mise en place du Fonds Forestier National. La Loi n° 41/2009 du 09 février 2010 portant création, organisation et fonctionnement du Fonds Forestier National assigne à cette structure la mission d'appuyer financièrement les opérateurs économiques œuvrant dans la transformation du bois au Gabon, afin d'améliorer leur processus industriel et leur compétitivité).

suffisants. Les 20 milliards de FCFA initialement prévus n'ont pas été mobilisés. Ceci oblige les entreprises à compter sur les maisons mères ou à s'endetter pour investir (DGEPF, 2014). Les autorités gabonaises se doivent de prendre les choses en main[600], de mener une réflexion afin d'aboutir à des actions concrètes, car les contraintes du moment constituent un handicap, avec pour corollaires les risques à court terme de la persistance de l'exploitation illégale de la forêt, à moyen et long termes la disparition des nationaux dans la filière bois. Une chose qui semble être faite, puisque le 12 novembre 2018 au Caire (Égypte), la Caisse des dépôts et de consignations du Gabon (CDC) a obtenu un accord de crédit (30 millions d'euros)[601] auprès de Afreximbank, dans le but de lancer le Fonds Dette pour le développement de l'industrie du bois. Cet organisme (fonds dette) pour le développement de l'industrie du bois encore appelé Wood Industry Loan Fund (WILF) sera chargé de développer les entreprises de bois de la zone économique spéciale de Nkok. En effet, le WILF va accorder à ces sociétés des crédits[602] renouvelables afin de financer leur cycle d'exploitation. Ce qui devrait booster la production de la ZES et favoriser l'accroissement du nombre d'emplois. Les prêts disponibles sous forme de crédits renouvelables à court terme seront destinés à une cinquantaine d'entreprises locales opérant dans le secteur du bois. Toutefois, après les différentes tentatives avortées[603] de mettre en place des financements pour les PME, ne doit-on pas se poser des questions ?

Outre les éléments précités, il faut dire que le Gabon est un pays avec un marché financier caractérisé par une surliquidité, mais où l'accès au financement bancaire, que cela soit à court terme pour des avances en espèces ou à long terme pour l'investissement (pour pénétrer de

[600] Les autorités gabonaises ont depuis 2012, mis en place une agence de régulation du bois au niveau national et international (le Bureau Industrie Bois), avec pour mission de contribuera à la stabilité des prix. Toutefois, nos enquêtes de terrain ont relevé qu'il existe encore une illégalité dans les prix, notamment à l'intérieur du pays.

[601] « Filière bois au Gabon : 30 millions d'euros pour l'industrialisation », *Corbeau News Centrafrique* (blog), 1 http://www.corbeaunews.ca/filiere-bois-au-gabon-30-millions-deuros-pour-lindustrialisation/ [consulté le 4 novembre 2018].

[602] Compris entre 450.000 et 1 500 000 euros soit 300 millions à 1 milliard FCFA, ces financements s'étendent sur des périodes de trois mois renouvelables pour une durée totale de deux ans. Ils seront couverts par la garantie à première demande de la GSEZ SA à hauteur de 20% du montant prêté.

[603] Le Fonds d'Aide et de Garantie Gabonais (FAGA) et le Fonds de Développement et d'Expansion (FODEX) ont été dissous en mars 2010 et leurs portefeuilles ont été repris par la Banque gabonaise de Développement (BGD).

nouveaux marchés ou concevoir de nouveaux produits), est quasiment inexistant pour les entreprises locales. En outre, pour les très rares qui disposent de garanties suffisantes pour obtenir des prêts bancaires, les taux d'intérêt s'avèrent élevés (8 à 12% pour un crédit de 3 ans, et parfois davantage). Plusieurs raisons restreignent les prêts aux PME et aux entreprises unipersonnelles au Gabon. Parmi les principales, il y a le fait que le risque d'un projet est souvent associé au propriétaire ; aussi, l'absence d'assurance vie, la maladie ou encore un accident peuvent facilement transformer un « bon risque » en un « mauvais risque »[604]. En outre, les PME n'ont souvent pas de comptes audités et de bilans fiables, ce qui rend toute évaluation financière impossible. Les états financiers ne sont pas disponibles auprès des tribunaux et le Gabon n'a pas de registre central des comptes des sociétés. Certaines banques tentent de le mettre en place en imposant des dispositions telles que les paiements anticipés à la demande ou l'engagement de l'emprunteur de ne pas hypothéquer ses avoirs. Certains bailleurs de fonds tels que l'AFD proposent des fonds de garantie ; cependant, leur utilisation est difficile et chronophage. De même, d'autres fonds de garantie (nationaux) ont souffert d'aléas moraux et d'ingérence politique. D'une manière générale, les financements doivent être clairement identifiés, identifiables et accessibles.

Le Gabon pourrait s'inspirer de la République démocratique du Congo où les bailleurs, à l'exemple de l'Agence française de développement, ont mis en place des produits de garantie qui permettent aux banques de partager le risque, d'allonger la durée de maturité, de baisser les garanties obligatoires, etc. Des lignes de crédit peuvent être créées en refinancement sur l'aménagement forestier ou encore en préfinancement sur la transformation.

Sans la prise en compte du contexte décrit, il sera difficile pour les entreprises gabonaises (hors zone économique de Nkok) de soutenir la concurrence sur les marchés internationaux. Bien que l'accès aux financements soit important, nous allons dans les lignes qui suivent, discuter des instruments (actions) à concevoir pour faciliter l'accès du bois « made in Gabon » au marché national, régional, voire international.

---

[604] Rick Emery et al., *Rapport sur République gabonaise. La Diversification et la Compétitivité des Exportations en République gabonaise. Améliorer le climat d'investissement pour diversifier l'économie*, *op. cit.*, p. 79.

1.2 stratégie de conquête des parts du marché

L'affirmation du rôle de l'État dans l'industrialisation de la filière bois passe également par la mise en place de stratégies de conquête du marché tant au niveau local qu'extérieur. L'État devrait donner les moyens aux opérateurs locaux de valoriser et de commercialiser sur le marché national, régional et continental des produits semi-finis et finis. Cela impose la prise de mesures d'accompagnement et de soutien incluant, entre autres : l'accès aux marchés publics ou encore l'introduction du bois dans les projets de logements sociaux, entre autres. Dans son rapport de 2015, la Banque mondiale a recommandé de soutenir le développement d'une industrie de transformation des sous-produits du bois pour améliorer l'efficacité du marché interne du bois. L'harmonisation des politiques douanières entre les pays pour développer les marchés régionaux est également un facteur important.

1.2.1 le marché local

Il existe une relation causale entre le niveau de développement des industries de la filière bois et l'importance du marché intérieur. Le nombre d'industries et le taux de transformation locale évoluent le plus souvent en relation directe avec l'importance du marché intérieur pour les produits visés. En 2008, la production des industries du bois (sciages, placages, contreplaqué, sciages rabotés), confondu, se situait à 580 533 $m^{3,}$ dont 442 337 m^3 exportés, le marché local n'absorbant que 66 311 m^3 soit 11.4% de la production[605]. Or, les besoins domestiques connaissent une tendance à la baisse. Ainsi, en 2014 par exemple, la production industrielle représentait 609 657 $m^{3,}$ dont seulement 36 007 m^3 (soit 9.1%) destinés au marché local. Cette décroissance s'est fait sentir de même en 2016 : les ventes locales ne représentaient que 4.9% des 797 187 m^3 des bois produits[606]. Aussi l'étroitesse du marché domestique pose-t-elle un problème majeur à la politique d'industrialisation de la filière bois.

---

605 Okapa, *La contribution de la filière et du secteur bois à l'économie nationale : bilan et perspective*s, Rapport, Libreville, 2010, p. 12.

606 Direction générale de l'Économie et de la Politique Fiscale, Situation 2016, perspectives 2017-2018, *Tableau de bord de l'économie gabonaise*, n°47, 2016, p. 43.

En mètres cubes	2008	2014	2015	2016	16/15
Production	580 533	609 657	676 049	797 187	17,9%
Ventes locales	66 311	36 007	45 536	39 302	-13,7%
Exportations	442 337	554 194	610 515	677 621	11,0%

Tableau 18 : évolution de l'activité industrielle
Source : Enquête TBE, 2016[607]

Pour dynamiser la consommation locale de bois usiné et permettre aux entreprises d'écouler une bonne partie de leur production, l'État devra mettre en place un certain nombre d'actions dont les plus importantes sont :

✓ ***L'accès au marché public de l'État***

Des dispositions devraient être prises par la Direction Générale des Marchés Publics en vue d'imposer l'équipement en mobilier des administrations et autres institutions publiques et parapubliques en produits de menuiserie et d'ébénisterie[608] fabriqués au Gabon dans le cadre des appels d'offres publics. L'utilisation des bois tropicaux pour construire des édifices, reste insignifiante au Gabon, seuls quelques bâtiments comme le complexe de la jeunesse et de la culture de Ntoum (dans l'Estuaire), ou encore l'une des annexes de l'hôpital Jeanne-Ebori (aujourd'hui refait) à Libreville, sont construits à base de bois. L'État devrait promouvoir les produits finis gabonais, d'autant plus qu'il dispose en son sein, des entreprises spécialisées dans la construction en bois de qualité. C'est le cas de Ecowood que nous avons rencontré en 2016, lors de notre première enquête de terrain.

✓ ***Introduction forte du bois dans les projets de logements sociaux***

Le volet des maisons semi-en bois ou totalement en bois traité mérite d'être développé pour alimenter le marché domestique souvent déficitaire en logements sociaux ce qui devrait permettre de garantir des

[607] *Ibid.*, p. 43.

[608] La décision prise en 2009 (d'interdire l'exportation des grumes) et d'accélérer l'industrialisation de la filière bois, a relancé le Gabon sur la voie de la transformation avec pour objectif d'atteindre la troisième transformation, qui est le niveau le plus élaboré de la transformation bois et dans lequel, on place la construction des maisons en bois.

débouchés locaux aux usines à bois du pays. Pour ce faire, des études devront être menées par le *ministère de l'Habitat et celui des Eaux et Forêts* sur la forte utilisation de bois pour la concrétisation et la pérennisation de tels projets. Bien qu'insuffisant, le Gabon a déjà fait un pas dans ce sens avec la création de la société *Ecowood*, spécialisée dans la construction des maisons en bois avec diverses essences. Pour le responsable de ladite structure, « *Ecowood a la capacité de faire 100 à 500 logements en bois au Gabon par année, mais pour cela il faut la mise en place d'un fournisseur : cas des banques (exemple de la banque africaine). Les banques devraient intervenir pour donner des crédits immobiliers pour financer les projets* »[609]. L'échec connu lors du lancement de la construction de l'école de Booué a fait en sorte qu'ils soient plus prudents vis-à-vis de l'État gabonais. Il faut dire que suite à l'arrêt de l'exportation des grumes, les autorités gabonaises avaient annoncé le 30 mars 2011 la décision de créer une école des métiers du bois à Booué dans la province de l'Ogooué-Ivindo[610]. Cet établissement public à caractère professionnel avait pour mission la formation aux technologies et aux métiers de l'industrie du bois (former des ingénieurs qui devraient s'occuper de toutes les étapes de la transformation du bois). D'un coût global de 17 milliards de FCFA soit 25 954 198 euros, la construction de l'école qui s'étend sur 8 hectares, avait démarré en 2012 par l'entreprise Ecowood, avec un préfinancement de celle-ci. Lors de l'entretien réalisé en 2016 auprès du responsable de ladite structure, il s'avérait que les engagements pris par l'État n'avaient pas été respectés (remboursement + paiement). Cette situation a conduit Ecowood à mettre un terme au chantier. Une situation qui fait qu'aujourd'hui, l'école des métiers du bois dont l'ouverture était prévue en 2014 n'ait jamais vu le jour.

Le bois (notamment ceux dits divers : *sapeli*, *moabi*, *Kévazingo* etc.) présente de nombreuses qualités, parmi lesquelles sa résistance au temps. L'église Saint-Paul de Dongila, inaugurée dans la province de l'estuaire il y a 146 ans, en constitue un probant exemple, puisque construite entièrement en bois du bas jusqu'au plafond. Le bois ne traverse pas seulement le temps ; il résiste à la chaleur, aux intempéries et aux insectes s'il subit un traitement industriel adéquat (lui assurant une garantie de 20 ans). Au Gabon, plusieurs bois peuvent être utilisés

---

[609] Enquête de terrain, Aubin Gildas Kombila, 2016.

[610] « Gabon : Construction de l'Ecole Supérieure des Métiers du Bois à Booué », KOACI http://koaci.com/articles-88513 [consulté le 18 mars 2019].

dans la construction : l'okoumé, le padouk, le béli, etc. Avec plus de 400 essences dont une quarantaine seulement est exploitée de nos jours, le pays dispose de suffisamment de ressources pour construire des maisons, des logements sociaux ou encore des bâtiments publics.

Située au sud de Libreville dans la zone industrielle des Acaés, la société *Ecowood* fait dans la construction en bois. L'utilisation du bois lui permet de contribuer au développement durable du secteur du bâtiment au Gabon. Le pays pourrait se baser sur ce qui est fait par cette entreprise (et bien d'autres) pour lancer une politique de construction nationale basée sur le bois. Pour que ces produits soient accessibles à tous (particuliers notamment), il faudra toutefois revoir les prix. À titre d'exemple, le contreplaqué fabriqué localement revient à près de 30% plus cher que le même produit réalisé en France[611]. Les raisons principales de ce handicap face à la concurrence étrangère, sont les suivantes :

- le Gabon est l'un des rares pays africains à avoir instauré un salaire minimum de 150 milles FCFA (environ 229 euros), ce qui constitue un progrès considérable ;
- à cela il convient d'ajouter la cherté sans cesse croissante des équipements ultramodernes devenus indispensables,
- enfin, comme dans d'autres domaines, l'étroitesse du marché national ne favorise pas les investissements nouveaux, bien que le code forestier à travers le plan industriel ait suggéré la modernisation de l'industrie du bois.

La baisse des prix qui rendra le bois accessible aux gabonais, passera par l'amélioration des infrastructures (routes, énergie, etc.) dont nous ferons mention ultérieurement, mais aussi par la baisse des taxes d'entrées du matériel de fabrication. Le Gabon a mis en place après 2010, une exonération des intrants principalement pour la ZES de Nkok. Nous en parlons dans le *chapitre 4* de cette thèse.

1.2.2 le marché extérieur

L'étroitesse du marché national, que ce soit pour des raisons démographiques ou de pouvoir d'achat, représente un frein au développement d'une filière bois, d'où la nécessité pour le gouvernement gabonais de formuler une stratégie régionale, voire

---

611 Marc Aicardi de Saint-Paul, *Le Gabon : Du roi Denis à Omar Bongo*, Paris, Albatros, 1987, p. 206.

continentale et internationale. L'un des principaux défis à relever pour promouvoir les produits transformés demeure l'identification et le développement de créneaux pour leurs débouchés. Le Gabon pourrait s'appuyer sur le marché de l'ensemble de l'Afrique, qui représente en valeur celui du Brésil ou de la Fédération de Russie[612]. Sur le plan régional, les autorités gabonaises devraient, de connivence avec les autres pays de la sous-région (CEMAC)[613], réduire les barrières juridiques, institutionnelles et commerciales entre pays et régions, afin de fluidifier les flux commerciaux, lutter contre le commerce illégal et améliorer la compétitivité de la production africaine. Il faut dire que la question de la libre circulation au sein de cet espace est peu développée du fait des politiques et pratiques frontalières particulièrement discriminatoires. On constate que certaines règles, notamment en matière de liberté de circulation des personnes et des biens, ne sont pas appliquées et que la parafiscalité pénalise les échanges.

Selon le rapport de la FAO sur le développement de l'industrie de la transformation du bois dans les pays du bassin du Congo, les protections non tarifaires constituent les principales entraves au commerce du bois dans la sous-région : procédures administratives très longues, barrages routiers fréquents, corruption des opérateurs économiques, etc. Toutefois, depuis quelques années, nous assistons à certains progrès ; on peut citer le cas du sommet de N'Djamena le 31 octobre 2017, qui a vu la libre circulation des personnes et des biens être entérinée après plusieurs années d'âpres et périlleuses négociations.

Actuellement, l'Asie et l'Europe restent les plus importants clients du bois gabonais, avec la prédominance de la Chine, de la France et de l'Italie, qui importent respectivement en moyenne 27,1%, 20% et 10,4% entre 2010 et 2013[614]. Il faut néanmoins mentionner que la décision gouvernementale d'interdire l'exportation des grumes a

---

612 M Vandenhaute, « Vers une stratégie de développement de l'industrie de transformation du bois dans les pays du bassin du Congo », s. d., 32, http://www.fao.org/3/a-ax957f.pdf [consulté le 10 avril 2019].

613 « Frontières : la libre circulation des personnes et des biens, entérinée en Afrique centrale », TV5MONDE, https://information.tv5monde.com/afrique/frontieres-la-libre-circulation-des-personnes-et-des-biens-enterinee-en-afrique-centrale [consulté le 1 novembre 2017] (Aujourd'hui, les six pays de la CEMAC (Cameroun, Centrafrique, Congo-Brazzaville, Gabon, Guinée Equatoriale, Tchad), semblent tous prêts à franchir le cap. Ils ont en commun le franc CFA et le marché visé concerne 30 millions de consommateurs).

614 Direction générale des Douanes et Droits Indirects, 2013.

quelque peu changé les grandes destinations du bois gabonais. En effet, certains pays, à l'instar de la Chine et de l'Inde, sont de plus en plus présents (notamment au sein de la ZES) ; alors que d'autres, comme le Portugal, n'importent plus de bois en provenance du Gabon. La domination de la Chine et de la France, et par extension de l'Asie et de l'Europe, peut s'expliquer par le fait que la plupart des unités de transformation est détenue par les ressortissants de ces continents, ce qui facilite la commercialisation et donc, la future importation des produits transformés.

Pour ce qui est des débouchés à l'international, il convient pour le Gabon de cibler les pays susceptibles d'absorber les surplus de production provenant des stocks non vendus sur le marché local. Deux indicateurs peuvent être pris en compte pour le choix de ces pays :

- ✓ ***Le taux de croissance*** : il serait judicieux de mettre l'accent sur les pays à fort taux de croissance, comme certains pays du Moyen-Orient et d'Asie ;
- ✓ ***Le dynamisme de la population*** avec une population jeune et dynamique, à fort pouvoir d'achat.

Selon la direction générale de l'Économie, certaines entreprises rencontrent d'importantes difficultés pour placer leurs produits sur le marché international lorsqu'elles ne font pas partie d'un grand groupe avec des partenaires extérieurs. Pour y remédier, l'État gabonais pourrait, entre autres, mettre à la disposition de ces opérateurs économiques les informations susceptibles de permettre une meilleure connaissance des futurs marchés cibles. Plusieurs canaux peuvent être utilisés pour avoir accès aux informations notamment celui des représentations diplomatiques du Gabon dans les potentiels pays cibles. La possibilité de mettre en place une structure de négoce, comme ce fut le cas de la SNBG avant la mesure, est également une éventualité. En effet, depuis l'ordonnance du 4 octobre 1975 jusqu'en 2009, la SNBG qui prit la succession de l'Office des Bois de l'AEF[615], obtenu le monopole de la commercialisation des bois coupés par les producteurs implantés au Gabon. Au départ, celui-ci s'étendait à toutes les espèces, mais depuis 1979 comme le souligne l'article 235 du code forestier, il a été limité à l'okoumé et l'ozigo : « *La commercialisation des produits forestiers est libre sur toute l'étendue du territoire national, à l'exception de celle de l'okoumé et de l'ozigo qui relève du monopole*

[615] AEF : Afrique Équatoriale Française. OBAE :

de l'État »[616]. Les missions de la SNBG à cette période étaient multiples :

- commercialiser au marché intérieur et à l'exportation les bois gabonais ;
- favoriser la création et le développement d'entreprises nationales,
- promouvoir le marché et favoriser son expansion.

En 2018, le Gabon comptait 153 unités de transformations, avec un effectif en hausse année après année. Pour que ces dernières soient compétitives, il faudra prévoir des crédits avantageux pour la prospection des marchés et la réalisation des contrats d'exportation. La demande extérieure des produits « made in Gabon » ne sera garantie qu'avec des opérations markétings préalables et par le respect des normes en vigueur dans les pays importateurs, aussi bien au niveau de la fabrication qu'au niveau phytosanitaire *(cf. chapitre 5).* Les entreprises qui vont donc se lancer dans l'industrialisation devront absolument fabriquer leurs produits aux normes internationales. Bien qu'étant encore relativement déficient, le Gabon a déjà mis en place une grille d'exportation à laquelle les différents opérateurs sont tenus se conformer ; on peut citer par exemple le système en cours de codage du bois dans les usines de première et deuxième transformation. C'est le cas à *Rougier Gabon*, *Xiang transformation* ou encore à la scierie *Somivab* d'Essassa. Mais si les opportunités sont diverses sur le marché international, la compétition demeure « rude ». Aussi les autorités gabonaises devront-elles mettre en place une politique d'exportation des produits « made in Gabon » en Afrique et ailleurs, en veillant au préalable à mener des études pour analyser la compétitivité de ces derniers. Pour le responsable de *Ecowood*, « *Le Gabon devrait d'abord conquérir la sous-région pour être plus compétitif et avoir une notoriété* »[617].

Bien que développement de l'industrie de la filière bois au Gabon passe par une implication manifeste de l'État à travers les actions susmentionnées, une autre des principales difficultés relevées à plusieurs reprises par les différents opérateurs est le manque de main-

[616] Ministère des Eaux et Forêts, *Recueil des textes législatifs et réglementation en matière des Eaux et Forêts*, Libreville, 2011, p. 35 (L'État gabonais détenait 51% des parts de la SNBG. Il convient de rappeler que l'activité de négociant constitue un métier à part entière au même titre que l'exploitation forestière ou l'industrie du bois).
[617] Enquête de terrain, Aubin Gildas Kombila, 2016.

d'œuvre qualifiée. La formation constitue ainsi un axe prioritaire, nécessitant une politique nationale, car localement, il n'existe quasiment pas de structures de formation adaptées.

2. Améliorer la qualité du capital humain par la formation professionnelle et commerciale

Comme mentionnée dans le chapitre 4, la formation représente un élément important pour tout pays qui aspire à un développement harmonieux. Contrairement à l'exploitation forestière, la formation professionnelle est un des défis à relever dans l'industrie de transformation du bois, du fait que celle-ci exige une main-d'œuvre spécialisée. Une des principales entraves relevées par les employeurs du secteur privé et particulièrement le domaine bois dont nous faisons mention, est la difficulté de recruter du personnel qualifié sur certains métiers propres à la filière. Ainsi, les entreprises manquent de personnel qualifié dans les domaines suivant : affûteurs, opérateurs d'équipement de scierie, ébénistes, menuisiers, opérateurs de production et de finition, créateurs, designeurs, ingénieurs du bois, etc. Ce manque de personnel qualifié constitue un frein important à l'expansion de la filière et une source de désavantage concurrentiel par rapport aux entreprises des autres pays de la région[618].

Par ailleurs, une enquête de la Banque mondiale sur le climat d'investissement (réalisée en 2009 sur un échantillon représentatif d'entreprises gabonaises) montre que la main-d'œuvre vient en troisième position dans la liste des freins à l'exportation, après les infrastructures de transport et les prix de l'électricité dont nous ferons état un peu plus loin. Cette tendance nous a été confirmée par nos enquêtes de terrain, les 2/3 des opérateurs rencontrés évoquant le problème de la qualité de la main-d'œuvre gabonaise.

Dans le secteur bois au Gabon, la formation s'est développée sous deux pôles. Nous avons d'une part les formations dans la foresterie données par l'école nationale des eaux et forêts, destinées à former le personnel administratif (eaux et forêts) plus pour le contrôle qu'autre chose ; et d'autre part, les formations assurées par le ministère de l'Enseignement technique et de la Formation professionnelle avec son réseau de lycées professionnels, lycées technologiques et centres de formation (Cas à Libreville et dans la plupart des capitales provinciales). Des analyses qui en ressortent, dans l'ensemble, l'offre

618 *Ibid.*,

de formation dans ces établissements a été plus axée sur la troisième transformation (menuiserie, ébénisterie) alors que les entreprises de transformation du bois ont besoin d'électriciens, d'affuteurs, d'informaticiens, de machinistes, de conducteurs d'engins et de camions, de soudeurs, comptables, etc. Au regard du diagnostic fait, il existe donc une inadéquation[619] entre les compétences des diplômés et les postes à pourvoir. Selon un rapport récent[620], les formations techniques et professionnelles au Gabon ne parviennent pas offrir les compétences recherchées par les employeurs, puisqu'un diplômé seulement sur trois trouve un emploi ; d'où le recours aux ressortissants étrangers[621] pour pallier le déficit de plusieurs métiers liés à la première transformation voire la deuxième, qui ne sont pas encore pris en charge.

Nous avons observé cette situation dans certaines entreprises à l'instar de la *Somivab* où le métier d'affuteur demeure l'apanage de ressortissants européens (Italiens). La société *Placages déroulés du Gabon*, quant à elle, a dû recruter un dérouleur indonésien[622] formé en Chine, ainsi que deux mécaniciens et un affuteur ouest-africains, entre autres. Pour le responsable de ladite entreprise, « *la compétence déroulage n'en serait que grandie si les lycées techniques proposaient une spécialité "déroulage" ou un cursus-école du bois plus complet* »[623]. Le cas est similaire pour les entreprises de la ZES de Nkok.

Les différents opérateurs implantés au Gabon ont besoin de compétences spécialisées qui leur permettraient d'accéder à des marchés plus exigeants tels ceux du Maghreb ou de la France par exemple. Pour faire face à cette situation, quelques initiatives ont été lancées dans le secteur du bois. Il était prévu d'ouvrir deux instituts de formation dédiés aux métiers du bois ; l'un spécialisé dans le secteur

---

[619] Le marché de l'emploi a besoin d'ouvriers qualifiés titulaires ayant le baccalauréat. Cependant, 68% des personnes accédant au marché de l'emploi n'ont pas ce niveau. Pourtant, 12% d'entre eux ont des diplômes universitaires alors que les postes de cadres ne représentent que 5% des offres d'emploi (République gabonaise 2012).

[620] *Ibid.,*

[621] L'expérience internationale rappelle qu'un recours massif à l'immigration pour des raisons économiques peut entrainer des frictions politiques et sociales à l'avenir. Cette possibilité est strictement réglementée par le *Code du Travail* gabonais. (Banque mondiale, 2014).

[622] Il est resté 1 an et demi et en a profité pour former un jeune gabonais. Aujourd'hui, le dérouleur gabonais est pleinement autonome et les responsables de l'entreprise sont satisfaits de son dynamisme et de l'enseignement qu'il a reçu.

[623] Enquête de terrain, Aubin Gildas Kombila, 2016.

forestier comme l'ENEF à Libreville et l'autre, à Booué, se concentrant sur la formation du bois en partenariat avec l'école technique ES Bois de Bienne, en Suisse. Ces projets annoncés et commencés depuis 2012 (notamment Booué) ont été toutefois stoppés par les pouvoirs publics du fait de problèmes de financement, comme l'expliquait le directeur général de l'entreprise *Ecowood* ; cette dernière avait commencé la construction de l'école des métiers de Booué[624] à ses frais... Les remboursements n'étant pas effectifs, l'entreprise a préféré mettre un terme au marché. Pour y remédier, le gouvernement gabonais devra introduire des réformes au sein de *l'École nationale des Eaux et Forêts* ainsi que finaliser les travaux de construction de *l'École des métiers du bois* de Booué. L'objectif poursuivi est de pouvoir proposer au marché national une main-d'œuvre de qualité à horizon 2025.

Tout en créant les structures nécessaires à l'investissement dans les compétences nationales à moyen terme, l'État doit mettre en place une stratégie séquentielle visant à réduire l'absence de ces dernières à court terme en prenant, des mesures transitoires. Le pays devrait ainsi opter rapidement pour un système de partenariat à la formation avec les opérateurs économiques. Dans l'état actuel des choses, il est impératif d'associer ces partenaires à toutes les étapes de la formation. De manière concrète, les autorités gabonaises pourraient envisager de suspendre les autorisations (quota des travailleurs étrangers)[625] pendant deux-trois ans, tout en imposant en contrepartie que l'embauche de techniciens étrangers soit accompagnée de celle de stagiaires locaux, à parts égales, sinon au moins selon un taux « raisonnable » pour le secteur privé.

Il faut souligner que nous assistons déjà au Gabon, dans certaines unités de transformation, à un recyclage (formation) du personnel

---

[624] Chantier d'un montant de 17 milliards de francs CFA et financé intégralement par l'État gabonais, la construction de l'école de Booué avait été attribuée à la société *Ecowood* implantée au Gabon depuis 2005 et qui opère dans la construction des maisons en bois. L'école se voulait « écologique », puisque construite entièrement avec les bois du Gabon certifié FSC, achetés dans les scieries voisines de Boué. De même, par les essences utilisées, il s'agissait de faire de l'école un showroom des plus beaux bois de notre pays.

[625] Au Gabon, la main-d'œuvre étrangère ne doit pas dépasser 10% des effectifs globaux de l'entreprise. Dans les faits, la loi n'est pas appliquée strictement et il n'est pas rare que les entreprises s'abstiennent simplement de déclarer la main-d'œuvre étrangère (Banque mondiale, 2014) ou aient recours à des agences de recrutement. La proportion d'étrangers dans l'emploi formel et informel est en fait estimée à 25,6% (République gabonaise, 2012).

existant (cas du complexe industriel d'Owendo avant sa fermeture ou d'autres enseignes avec le projet « un jeune, un métier » mentionné dans le chapitre 4) et à la formation des étudiants et enseignants (cas des étudiants et enseignants envoyés à Bienne en 2013 pour, en théorie, intégrer l'école de Booué une fois ouverte). Les fonds nécessaires pour la mise en place de systèmes de formation professionnelle adaptés étant importants, cette action pourra être un point de focalisation des financements internationaux ainsi que, surtout, une destination privilégiée dans l'utilisation des redevances et des taxes forestières. La participation de la puissance publique apparaît nécessaire dans un cadre d'étroit partenariat avec l'industrie ; et les frais de formation correspondants, qui constituent un investissement, pourraient être partagés entre les entreprises et l'État[626].

En outre, la zone économique spéciale de Nkok devrait abriter un centre de formation technique[627] géré par les entreprises de la zone, avec un partenariat public-privé (en associant éventuellement, les bailleurs de fonds) pour la conception des programmes[628]. Le centre pourrait fournir des compétences dans des domaines couvrant la comptabilité et la gestion ainsi qu'une sélection de compétences techniques. L'implication du secteur privé dans la gestion du centre devrait s'accompagner d'un engagement à prendre des stagiaires ou même à recruter une partie des diplômés du centre, ce qui garantirait que les programmes, normes et conditions d'étude soient bien adaptés. Le centre se positionnerait au niveau lycée (après le BEPC et avant le baccalauréat) et pourrait pratiquer une discrimination positive en direction des filles qui sont particulièrement exposées au chômage. Il offrirait un logement aux apprenants et aux enseignants, en prenant appui sur les infrastructures de la zone.

Les domaines de formation, selon les experts, peuvent être classés en trois catégories : la connaissance et la préparation du matériau bois - les métiers spécifiques à la 2e transformation du bois - et les métiers

[626] Aubin Gildas Kombila-Mouloungui, *Les enjeux de l'arrêt de l'exportation des grumes au Gabon, op. cit.,* p. 92-93.

[627] Le ministère de la Formation professionnelle et de l'Enseignement technique prévoyait en même temps que l'école de Boué l'ouverture d'un centre de formation à Nkok.

[628] Rick Emery Tsouck Ibounde, Akiko Suwa-Eisenmann, Olivier Cadot, *Rapport sur République gabonaise la Diversification et la Compétitivité des Exportations en République gabonaise, Améliorer le climat d'investissement pour diversifier l'économie*, op. cit., p. 74.

génériques des industries. Parmi ces métiers, figurent entre autres, les opérateurs spécialisés conduisant les machines, les agents utiles à la conception et au développement des produits, ainsi que les agents spécialisés dans le réglage et la maintenance des équipements ou outils de production. Outre ceux mentionnés, il existe aussi des métiers nouveaux liés à l'environnement, à la traçabilité, à la légalité, à la qualité, à l'entretien de l'équipement, ou encore à l'informatique, au management et à la comptabilité. Par ailleurs, s'implanter sur des marchés locaux, régionaux ou continentaux signifie dispenser une formation à des métiers précis et techniques pour répondre à des besoins existants ou à créer. Le Gabon devra alors mettre l'accent sur l'ameublement, le design, l'architecture d'intérieur, la construction de maisons en bois, de planchers de maisons, d'intérieur de navires, de production de placages et autres mobilier moderne de bureau, etc.

Le problème de la formation s'avère particulièrement crucial dans le processus d'industrialisation de cette filière : 90% des agents rencontrés dans les industries ne sont pas formés, ce qui constitue un véritable handicap en cette ère de compétitivité économique[629]. Au-delà de la formation, la filière doit être capable d'attirer les jeunes et de garder son personnel compétent en lui offrant un salaire adéquat et des conditions de travail satisfaisantes, voire une reconnaissance sociale à travailler un matériau « noble ».

Outre les éléments précités, la rotation de la main-d'œuvre constitue un autre problème. La croissance des activités industrielles attire et devrait attirer une main-d'œuvre essentiellement urbaine (82 à 88% de la population du Gabon vit dans des agglomérations urbaines) vers des sites de production qui sont souvent situés au sein de zones rurales. Or, la durée moyenne du contrat d'un ouvrier dans les usines de transformation du bois établies en zones rurales est d'environ trois ans, soit une rotation annuelle d'environ un tiers du personnel (cas à Makokou, dans la province de l'Ogooué-Ivindo). Le descriptif fait plus haut couplé à une situation géographique peu attrayante, aggravée par des conditions de travail physiquement difficiles, constituent ainsi des facteurs limitants. Et d'autres facteurs viennent encore s'ajouter, comme l'absence d'infrastructures (routes, ports, chemins de fer...), fragilisant la concurrence des opérateurs exerçant dans d'autres pays de la sous-région, à l'instar du Congo et du Cameroun où ces dernières sont parfois plus compétitives que les entreprises gabonaises.

[629] Direction générale des Forêts, 2012.

CHAPITRE VIII

LES CONDITIONS D'UNE INDUSTRIE COMPÉTITIVE À DIFFÉRENTES ÉCHELLES

Comme nous l'avons déjà souligné, l'industrie du bois est sujette à une énorme compétition sur la scène internationale, notamment entre les pays d'Asie (Indonésie, Thaïlande) et sud-américains (Brésil). Aussi le Gabon doit-il « s'armer » afin d'être plus compétitif et avoir un rôle à jouer. Cette compétitivité passera, entre autres, par un approvisionnement régulier des unités de transformation, mais aussi par une meilleure qualité des infrastructures, autant d'éléments qui seront abordés dans ce chapitre.

1. Améliorer la qualité et réduire le coût des services d'infrastructures

Les infrastructures, notamment les transports et l'électricité, jouent un rôle de premier plan dans le développement des marchés nationaux et régionaux. L'industrialisation de la filière bois doit alors s'accompagner d'un renforcement substantiel de ces infrastructures. Ce fait revient à questionner la nécessité pour le gouvernement gabonais de mettre en place des mesures incitatives pour réduire les coûts des infrastructures économiques, que ce soit dans le transport ou l'énergie, deux contraintes majeures auxquelles est confrontée la filière bois au bois Gabon.

1.1 les infrastructures de transport

L'analyse de la chaîne de valeur de l'industrie du bois réalisée par la banque mondiale sur le Gabon a montré que les infrastructures de transport constituent l'un des principaux facteurs (2e selon le rapport) qui affaiblissent la compétitivité des produits de ce secteur, en ce sens que leur insuffisance élève les coûts de transport. De ce fait, l'amélioration de transformation locale du bois au Gabon passera par l'intervention de l'État sur les coûts associés au transport des bois. Les coûts de transport pratiqués alourdissent considérablement le coût de revient du bois. Les tarifs préconisés par le chemin de fer sont lourds. Le réseau routier actuel ne donne pas l'accès à l'ensemble du territoire forestier et son niveau d'entretien ne permet pas d'envisager d'augmenter de manière importante le trafic lourd. La mise en place d'un réseau routier, fluvial et ferroviaire viable sur l'ensemble du territoire national sera essentielle pour assurer un ravitaillement régulier des industries de transformation, accroître le volume d'exploitation et réduire sensiblement les coûts de roulage.

1.1.1 Le réseau routier

Le développement des infrastructures routières constitue un appui indispensable à l'industrialisation de la filière bois ainsi qu'à la diversification de l'économie. Leur état conditionne le niveau des coûts de production et de compétitivité des industries. Ces mêmes infrastructures sont par ailleurs un élément primordial pour attirer les investissements étrangers, dans la mesure où elles favorisent l'acheminement et donc le ravitaillement des unités de transformation en grumes[630].

La classification du réseau routier national gabonais présente plusieurs catégories de voies, avec les routes dites « nationales » (RN) et celles dites « régionales » (RR). Ces deux types de réseaux de voies jouent un rôle important sur la double échelle (nationale et régionale) de l'organisation du territoire[631]. Les RN desservent ainsi l'ensemble du territoire national, décrivant, par endroits, des mailles larges ou serrées et se déployant sur de très longues distances en reliant les grandes unités urbaines ou ensembles administratifs du pays (provinces). Elles constituent l'armature principale qui structure l'espace national et sur laquelle viennent se greffer des routes de moindre importance[632]. Malgré les importants investissements consentis de longue date, l'ampleur du réseau de pistes et de routes en latérite est le trait marquant du réseau routier gabonais. Avec 9 170 km de routes dont 90%[633] de voies non bitumées[634], le domaine routier connait plusieurs décennies après l'accès à la souveraineté, un retard criard annihilant la transformation locale du bois. Le tableau ci-dessous nous donne un meilleur état des lieux du patrimoine routier gabonais en

630 Jérôme Mabika, *Enjeux et défis de l'industrialisation de la filière bois, op. cit.*, p. 343.

631 Le Gabon possède 6 routes nationales : RN1, RN2, RN3, RN4, RN5, RN6. Formant la superstructure du réseau national, celles-ci empruntent 3 grandes directions : Nord-Sud, Ouest-Est et Sud-Est. [Réné-Casimir Zoo Eyindanga, « Le réseau routier national. Quelles perspectives d'évolution ? », in *Les enjeux et défis du Gabon au XXIe siècle* (Réflexions critiques et prospectives des géographes, Préface de Marc-Louis Ropivia), Paris, Éditions Connaissances et Savoirs, p. 234].

632 *Ibid.*, p. 238.

633 94 % de voies non bitumées en 2004 (Dieu-Donné Madébé, « Transports », In *Atlas du Gabon*, Paris, Les éditions J. A., 2004, p. 42).

634 *Le financier*, n°27, 2010.

2010 et sa position au sein de la communauté économique et monétaire de l'Afrique centrale.

Pays	Réseau routier national (Km)	Routes bitumées (Km)	% routes bitumées
Cameroun	51 000	5 350	10.5
Tchad	40 000	1 300	3.25
Congo	18 000	1 300	7.22
Gabon	9 170	924	10.06
RCA	24 000	702	2.93
Guinée équatoriale	4 000	700	17.5
Total	146 170	10 176	100

Tableau 19 : patrimoine routier des pays de la CEMAC (en km)
Source : *Le Financier*, n° 27, 2010

Bien qu'elle ait progressé de façon significative au cours de ces trois dernières décennies, la construction des routes au Gabon laisse subsister un écart considérable avec les États voisins[635]. En effet, avec seulement un peu plus de 9 000 km de routes, le Gabon occupe la cinquième place sous-régionale, derrière le Cameroun (51 000 km), le Tchad (40 000 km), la Centrafrique (24 000 km) et le Congo-Brazzaville (18 000 km), devançant la Guinée équatoriale (4 000 km)[636]. Si on prend pour référence 16,6%, qui est la moyenne du réseau routier bitumé en Afrique subsaharienne, on conclut que le Gabon a un réseau routier faiblement bitumé et qu'il accuse un retard d'environ 6%[637]. La lecture des cartes ci-dessous, révèle un réseau routier national en nette évolution, de 1985 à 2018, tant sur le plan du linéaire que sur celui de sa qualité. Cependant, en dépit de ces évolutions, la route gabonaise demeure de faible longueur.

L'évolution du réseau routier décrit ci-dessus est le signe d'une prise de conscience des autorités gabonaises du défi de désenclavement de

[635] Cette comparaison est à nuancer, en ce sens que ces pays ont des superficies différentes et des performances économiques qui varient d'un État à l'autre. L'intérêt de cette comparaison réside dans le fait qu'elle permet de situer le Gabon dans la zone CEMAC. Cette démarche a toute sa valeur dans la mesure où, pendant longtemps, l'économie gabonaise, grâce à la production pétrolière, a permis de dégager des plus-values énormes. On pourrait se poser la question de savoir à quoi a servi cette manne pétrolière. (Réné-Casimir Zoo Eyindanga, *Le réseau routier national. Quelles perspectives d'évolution ? op. cit.*, p. 238).
[636]*Le financier*, n°27, 2010.
[637] Marchés tropicaux, 1996 ; *Le financier*, n°27, 2010.

l'arrière-pays, afin de parvenir à une valorisation plus complète du territoire national (nécessités d'un développement moderne et global). Toutefois, en dépit de celle-ci, on peut encore constater que le réseau routier gabonais est fait faible et de mauvaise qualité.

De nombreuses raisons peuvent expliquer cet état de fait. Outre l'extrême faiblesse des densités démographiques, en particulier de l'arrière-pays évoquée par Léandre Edgard Ndjambou[638] comme éléments explicatifs de l'état du réseau routier, nous aborderons la question de la déficience de l'action de l'État couplée à des facteurs naturels « contraignants » (l'instabilité des sols d'altérite, l'ampleur du manteau forestier et l'intensité des précipitations, entre autres).

a) la défaillance de l'État

La dernière décennie du siècle passé a été marquée par l'intérêt sans précédent que l'État gabonais accorda au développement de son réseau routier[639]. Après avoir été longtemps reléguée au second plan, au profit de l'avion et du rail, la route connaît, depuis le début des années 1990, une attention particulière des pouvoirs publics. Ainsi, pour tenter de combler le retard constaté dans l'effort d'équipement des régions intérieures, les autorités gabonaises ont-elles été amenées à faire appel à l'aide extérieure. L'ampleur de cette nouvelle politique a permis de mobiliser d'importants moyens financiers[640]. Par ailleurs, l'implication des organismes internationaux et la mise en place successive d'organismes nationaux d'entretien et d'aménagement routier (PTER, PARR, PER, FER I et II, COFER, PAPSUT)[641] constituent des soutiens

---

[638] Léandre Edgard Ndjambou, « Les réseaux de transport terrestres au Gabon. Bilan et perspectives », *Les Cahiers d'Outre-Mer. Revue de géographie de Bordeaux*, n° 241-242, 2008, p. 211.

[639] Dieu-Donné Madébé, *Transports*, *op. cit.*, p. 42.

[640] En 1996, la dotation budgétaire consacrée ou effectuée à la construction et à l'entretien routier était de 96,5 millions de dollars américains. Les financements suivants ont été apportés par la Banque africaine de développement (26,1 milliards de francs CFA), l'Union européenne et l'Agence française de développement (27 milliards de francs CFA), l'Espagne (41 milliards de francs CFA) et l'État gabonais (environ 44 milliards de francs CFA). (PNUD-Rapport, 1995 et 1996 ; Marchés tropicaux, 1996, cités par Réné-Casimir Zoo Eyindanga, *Le réseau routier national. Quelles perspectives d'évolution ? op. cit.,* p. 233-234.

[641] PTER : Programme Triennal d'Entretien Routier. PARR : Programme d'Aménagement du Réseau Routier, visant à doter le pays d'un réseau bitumé dense/PER : Programme d'Entretien Routier, couvrant la période 1991-1994 pour un montant de 50 milliards de FCFA, ce qui a notamment permis de rééquiper la régie en matériel neuf/ FER : Fonds d'Entretien Routier/ COFER : Comité d'Orientation du

forts à ce nouvel engagement. Le 29 juin 2017, *dans le cadre de la mise en œuvre du Plan de relance économique (PRE)*, le Gabon a signé un « partenariat public-privé » avec la société chinoise China Road and Bridge Corporation (CRBC), devant aboutir à l'aménagement du réseau routier national[642].

Cependant, en dépit de ces efforts pour le moins colossaux, d'importantes limites subsistent : faiblesse du linéaire, routes étroites et en mauvais état faute d'un entretien conséquent, sont autant de griefs que cumule le réseau routier national gabonais[643]. Sur ce point, l'État concède volontiers « [que] *les politiques mises en place depuis lors demeurent insuffisantes pour construire, réhabiliter les routes* »[644].

De manière concrète, cette défaillance se justifie déjà d'une part, par le choix de la structure de la route. En effet, actuellement, il ressort que très peu de routes gabonaises sont bitumées, la quasi-totalité des routes régionales et locales étant en latérite. De même, il apparaît que certaines provinces (telles Nyanga ou encore Ogooué-Ivindo) ne sont pas accessibles par routes bitumées et que les voies bitumées existantes sont faites en bicouche, c'est-à-dire en structure légère donc incapable d'assurer leur protection contre les eaux à l'exemple d'un enrobé bitumineux. Le fait pour l'État d'avoir misé, comme le montrent les chiffres[645], sur la latérite (protection dérisoire) en tant que revêtement principal, mais aussi sur des bitumes inadaptés accroît la vulnérabilité des routes[646]. Ainsi, la structure des routes participe à sa dégradation, en ce sens que les routes ne sont pas faites pour résister au trafic régulier

---

Fonds d'Entretien Routier/ PAPSUT : Plan d'Ajustement et de Planification des Secteurs Urbains et de Transports.

642 Iruanintchango Dit, « Aménagement routier : Le Gabon s'accorde avec le chinois CRBC », *Gabonreview.com | Actualité du Gabon |* (blog), https://www.gabonreview.com/blog/amenagement-routier-gabon-saccorde-chinois-crbc/ [consulté le 29 juin 2017].

643 Réné-Casimir Zoo Eyindanga, *Le réseau routier national. Quelles perspectives d'évolution ? op. cit.,* p. 233-234.

644 Document de stratégie de Croissance et de Réduction de la pauvreté, 2015, cité par *Ibid.,* p. 234.

645 Le Gabon avait 9 170 km de routes dont 935 étaient bitumées et le reste en latérite. Ce qui signifie qu'elles étaient souvent impraticables pendant la saison des pluies (Bechtel 2012). Notons également que Port-Gentil, la capitale économique, n'est pas accessible depuis Libreville par la route. Beaucoup de ponts présentent des problèmes techniques ou une capacité insuffisante. Cela entraine des embouteillages sur les axes majeurs (Banque Mondiale, 2014).

646 Réné-Casimir Zoo Eyindanga, *Le réseau routier national. Quelles perspectives d'évolution ? op. cit.,* p. 243.

des camions-remorques de grand tonnage qui transportent les grumes de l'intérieur du pays vers le port d'Owendo (sud de Libreville). On aboutit inéluctablement à « [des] *conditions de circulation très difficiles, avec de fréquentes coupures en saison des pluies qui grèvent fortement les coûts de circulation et de distribution des produits, restreignant les échanges, et conduisant souvent à l'isolement de certaines zones du territoire national, toutes choses qui ont fortement restreint le potentiel de développement et limité les échanges interprovinciaux et transfrontaliers* »[647].

Un autre exemple de structure inadaptée consiste en l'existence de routes (RN) très étroites avec, pour certains secteurs, une « incessante » présence de virages et ravins de part et d'autre, créant ainsi une situation favorable aux accidents. C'est le cas de la route Kango-Bifoun où l'étroitesse de cette dernière, combinée surtout à une extrême proximité avec des ravins sans aucune protection, nous poussèrent à nous interroger sur la viabilité de la route : le but était-ce juste de mettre du bitume ou y avait-il véritablement eu une étude avant la réalisation de ce tronçon[648] ? Mais comment peut-on réaliser une route aussi étroite avec autant de virages et sans garde-fous ?

D'autre part, la défaillance de l'État peut être expliquée par l'absence d'entretien des routes (bitumées comme en latérite)[649]. Ainsi le réseau routier national gabonais est-il connu pour son mauvais état permanent[650]. Cette situation touche aussi bien les routes bitumées, les routes en latérite que celles en terre, nonobstant leur hiérarchie (RR, RN). Si les efforts ont permis de moderniser une partie de ce réseau routier, le problème de l'entretien fait que celui-ci demeure fragile et en mauvais état. Quelles que soient la saison et la province, on peut en effet relever sur les routes un état de dégradation permanente. Cette situation se manifeste par des ravinements, des affaissements suivis par

---

[647] Réné-Casimir Zoo Eyindanga, *Le réseau routier national. Quelles perspectives d'évolution ? op. cit.*, p. 242.

[648] Il est quasi impossible de voir correctement le véhicule qui vient en face et il demeure assez difficile pour deux grumiers de se croiser dans une zone où le transport de bois joue un rôle important.

[649] L'entretien du réseau a longtemps été financé par le budget de l'État, mais les difficultés financières des années 1980 ont vite montré les limites de la situation. Jusqu'en 1993, le programme d'aménagement n'avait, pour cette raison, concerné que 468 kms effectivement bitumés, dont seulement 109 en structure « lourde » (béton bitumineux) et le reste en structure légère (bicouche).

[650] Il est rare de trouver un document, national ou international, qui traite de la route gabonaise sans souligner son mauvais état permanent ainsi que son déficit d'entretien.

la formation de grands trous sur la chaussée qui se remplissent d'eau en saison de pluies, et enfin, par le décapage du bitume[651]. Tel est le cas de la RN1, au sortir de Libreville et sur environ 100 kms. L'irrégularité des travaux d'entretien ne permet pas de résorber rapidement les dégradations ; ce qui, au départ, n'est que de petits trous dans la chaussée finit par prendre, au fil des jours, des formes imposantes. Ces crevasses gênent la circulation pendant des mois, voire des années, avant que des travaux de simple colmatage aient lieu. C'est une situation que nous avons observée lors de notre périple en 2016 (enquête de terrain), avec l'existence de nombreux nids de poule entre Ntoum et Lambaréné ou encore entre Djolé et Makokou, l'un des principaux bastions du bois au Gabon. Ceci ne facilite pas le transport des grumes par voie terrestre et donc le ravitaillement des entreprises. « *Il nous était rare de faire 100 mètres sans tomber sur des nids de poule. La poussière ne permettant pas une bonne visibilité du chauffeur et donc augmente le risque de potentiel accident. Il était d'ailleurs quasi impossible pour moi de rédiger la moindre phrase dans le bus sans que mes doigts ne partent sur des touches du clavier non souhaitées* »[652]. Ainsi, le trajet Makokou-Okondja (environ 300 kms) que nous avons emprunté pour nous rendre à Franceville (base de Rougier) le 7 juillet 2016 est non desservi. Il faut attendre des semaines voire des mois pour pouvoir emprunter un véhicule ; il nous fut d'ailleurs difficile de nous y rendre (départ à 7h45 arrivée 23h, soit 15h15 de trajet).

Le descriptif que nous venons de faire est vérifiable dans les propos de certains responsables d'usines chinoises qui évoquent, aux souhaits émis par des autorités pour transformation des bois plus poussée, le manque d'infrastructures et le non-développement des secteurs auxiliaires pour y répondre. « *Les petites branches des arbres servent de matière pour la fabrication des papiers, il suffit de les ramasser dans les forêts et les transporter à l'usine. Mais le mauvais*

---

[651] Au mois d'avril 2010, au village Alembé, à 70 km de Libreville, sur la RN1, il y a eu un effondrement de la chaussée et le trafic fut interrompu. Le tronçon Kougoukeu-Kango est envahi par de nombreux trous qui empêchent une circulation normale. Le tronçon Ndjolé-Medoumane, soit environ 40 km sur la RN2, est un cauchemar pour les passagers qui l'empruntent. En saison pluvieuse, à la sortie de la ville de Ndjolé, sur 10 km, ce tronçon se transforme en bourbier et le trafic est considérablement ralenti ou, parfois, arrêté (Réné-Casimir Zoo Eyindanga, *Le réseau routier national. Quelles perspectives d'évolution ? op. cit.*, p. 242).

[652] Enquête de terrain, Aubin Gildas Kombila, 2016.

état des routes rend cette exploitation non viable au Gabon » regrette le directeur de la société Along Sarl[653]. Pour le responsable du personnel de WCTS, « [...] *le fait de ne pas avoir de routes joue beaucoup sur l'acheminement des produits. Les voitures sont cassées notamment entre Makokou et Ovan* »[654]. Autant d'arguments qui rappellent l'handicap que constitue encore le mauvais été du réseau routier dans le développement de l'industrie du bois en terre gabonaise. Il s'avère alors nécessaire de procéder à un renforcement des infrastructures existantes et à la mise en place d'infrastructures nouvelles.

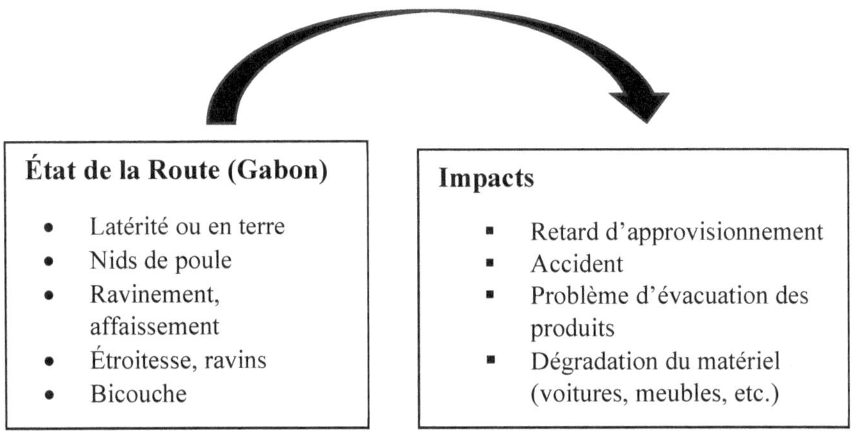

Figure 38 : les conséquences liées à la qualité du réseau routier sur les unités de transformation

Source : Enquête de terrain Aubin Gildas Kombila, 2016

Le Gabon connait de même un déficit de routes régionales[655] de qualité, une situation qui fait que les routes nationales sont très sollicitées (les communications interprovinciales sont à plus de 95% assurées par les routes nationales). En guise d'exemple, dans la Ngounié, pour rejoindre Mimongo à partir de Fougamou, il faut emprunter la RN1 et la RN6 par Ndéndé, Lébamba[656]. La faiblesse du

[653] Aubin Gildas Kombila-Mouloungui, *Les enjeux de l'arrêt de l'exportation des grumes au Gabon*, mémoire de master, spécialité Géosciences politiques du monde contemporain, UOB, 2013, p. 85.

[654] Aubin Gildas Kombila, enquête de terrain, Gabon 2016.

[655] On note une très faible extension du réseau routier interprovincial, d'où la restriction des échanges à l'intérieur des provinces.

[656] Réné-Casimir Zoo Eyindanga, *Le réseau routier national. Quelles perspectives d'évolution ? op. cit.*, p. 245.

réseau routier régional fait que la route nationale soit de tous les usages accentuant ainsi sa fragilité. La circulation excessive en période de fragilité, couplée à la surcharge des véhicules, contribuent à la dégradation rapide de tronçons entiers, compliquant gravement la desserte saisonnière des hinterlands. Toutefois, bien que les éléments mentionnés précédemment nous montrent le rôle important de l'État dans le déficit de routes de qualité, cette situation est également le fait de facteurs naturels comme l'importance des précipitations, un relief prononcé, une végétation envahissante, etc.

b) l'impact des facteurs naturels sur la qualité du réseau routier

Le Gabon présente un cadre physique contraignant qui rend le réseau routier fragile et son aménagement difficile. Il y pleut abondamment pendant 9 mois, de septembre à mai, avec deux périodes de pointe (octobre-novembre et mars-avril). La grande saison sèche, qui intervient de juin à août, est la seule période favorable à la circulation. Le relief[657], par endroits, a induit la présence de nombreux cours d'eau dont la traversée nécessite la construction d'ouvrages d'art[658]. On trouve des sols d'altérite, argileux et d'une grande épaisseur. Quant à la couverture végétale, elle est dense et couvre plus de 80% de la superficie du territoire national (*Cf. chapitre 2*). L'ensemble de ces éléments fait dire à certains auteurs que l'environnement biophysique « [...] *fait peser une menace sur les infrastructures au sol. Érosion par les eaux de ruissellement, instabilité des chaussées établies sur altérites, agressivité de la végétation se liguent pour détruire à une vitesse impressionnante ce que les hommes construisent* »[659]. Ainsi donc, l'instabilité des sols d'altérite, l'ampleur du manteau forestier et l'intensité des précipitations générées par un climat de type équatorial rendent particulièrement onéreux l'aménagement des pistes et surtout leur entretien saison après saison.[660]

[657] Le relief provoque un regain de pluviosité. Ce qui explique que certaines stations de l'intérieur soient plus arrosées que celles du littoral, situées à la même latitude (*Ibid.*, p. 12).

[658] De nombreux ouvrages d'art sont encore en bois, ils n'opposent aucune résistance face aux pluies et au trafic régulier de camions au grand tonnage (transport des hydrocarbures, transport de grumes). Dans un tel contexte, leur durée de vie est courte. (Zoo Eyindanga, 2014).

[659] Roland Pourtier, *Le Gabon, État et développement*, *op. cit.*, p. 219.

[660] Léandre Edgard Ndjambou, *Les réseaux de transport terrestres au Gabon. Bilan et perspectives, op. cit.*, p. 213.

L'intensité des précipitations : dans un pays où 90% du réseau routier hors voirie urbaine sont en terre, le cadre physique ainsi décrit est loin d'être un allié. Soit un état de fait qui conduit Eyindanga, spécialiste des communications terrestres, à se poser cette question : quelle est la résistance que peut opposer une route latéritée au matraquage des pluies équatoriales ? Les précipitations couplées à un trafic routier important accélèrent la dégradation du réseau routier en créant des « nids de poule » qui se transforment en mares qui, à leur tour, deviennent de véritables bourbiers pour les véhicules. Roland Pourtier rappelle d'ailleurs « [qu'il] *suffit d'une saison des pluies pour rendre impraticable une route en terre non entretenue qui, au bout de deux ou trois ans, n'est plus qu'un méchant sentier* »[661].

Le relief et la structure des sols : le Gabon présente une grande variété de modelés topographiques. Accidenté, fait de collines et de vallées, le relief gabonais constitue un obstacle à l'aménagement des routes, en ce sens qu'il rend difficile leur construction, allonge les délais et engendre des coûts de transport élevés. De même, l'instabilité des sols favorise les éboulements qui affectent le réseau routier.

Le manteau forestier (végétation) : la végétation joue également un rôle dans la dégradation du réseau routier, en ce sens que les grands arbres font écran entre la chaussée et les rayons de soleil, les privant ainsi d'un ensoleillement et d'un assèchement rapide après une averse.

Bien que son réseau routier soit encore déficitaire, comparé à celui de ses voisins, il convient de constater que le territoire gabonais a connu quelques progrès dans ce domaine. Les autorités gabonaises, avec l'aide de la BAD, se sont lancées dans une politique de développement de son réseau routier, avec pour grands objectifs la construction d'une route nord-sud et la réhabilitation de l'axe est-ouest[662]. Cette politique se décline autour de cinq actions principales, à savoir entretenir le réseau routier, achever les projets en cours, continuer le bitumage du réseau, protéger les routes existantes, et enfin, créer une banque de données routières informatisées (BDR). Selon *le ministre de l'Équipement, des Infrastructures et des Mines*, « [...] *il y a deux principales préoccupations. La première, à Libreville, est le chantier sur la route*

[661] Roland Pourtier, *Le Gabon, État et développement*, *op. cit.*, p. 219.

[662] L'objectif du gouvernement est de réhabiliter l'ensemble de la RN1, relier toutes les provinces. Et, réaliser l'ensemble des corridors de développement devant permettre le déploiement des commerces et des marchandises, le déplacement des populations (Gabonactu.com, 2018).

nationale 1 (RN1) avec l'axe PK5-PK12, actuellement en cours d'exécution. La seconde priorité concerne l'axe PK12-PK105, jusqu'à Kango »[663]. Le pays s'est ainsi doté de certains aménagements, notamment dans le sud du pays (cas de la nationale : axe Lambaréné-Mouila)[664]. D'autres secteurs, à l'exemple du tronçon Pk.5-Pk.12, sont en cours de réhabilitation et d'élargissement. Le ministre de l'Équipement, des Infrastructures et des Mines, qui avait visité ce chantier le 14 juin 2017, affirmait « [que] *le taux de réalisation dépasse les 80%, tout en assurant que le chantier sera livré dans les délais, soit fin août 2018 au plus tard en septembre 2018* »[665]. La route gabonaise serait-elle promise à un bel avenir ? En tout cas, de nombreux projets et réalisations en cours attestent de la volonté des pouvoirs publics de doter le pays d'un réseau routier viable.

Toutefois, pour remédier au problème d'infrastructures routières, le gouvernement gabonais devra prendre un certain nombre de mesures en s'appuyant sur les récentes études réalisées sur le domaine. C'est le cas de l'étude sur les transports et la logistique, réalisée dans le cadre de l'accord de service remboursable[666]. Cela devrait permettre d'améliorer la qualité du réseau, mais aussi de réduire les coûts des services qui y sont liés. Quelques-unes des recommandations de la Banque mondiale comprennent ce qui suit :

- Refonder la stratégie de l'entretien routier et l'usage des fonds d'entretien sur une base triennale privilégiant l'entretien préventif pour mieux sauvegarder le patrimoine routier ;
- Créer des équipes de cantonniers d'intervention d'urgence pour boucher les nids de poule et réparer les autres obstacles à la circulation ;

[663] « L'axe PK5-PK12 sera livré d'ici septembre (Ministre) - GABONACTU.COM », http://www.gabonactu.com/laxe-pk5-pk12-sera-livre-dici-septembre-ministre/ [consulté le 19 novembre 2018].

[664] Le Gabon a lancé des travaux de réaménagement d'un tronçon clé du principal axe routier nord-sud (Ministère des travaux publics).

[665] « Route PK5-PK12 : « Les travaux réalisés à plus de 80% » », *Gabonreview.com | Actualité du Gabon |* (blog), http://gabonreview.com/blog/route-pk5-pk12-les-travaux-realises-a-plus-de-80/ [consulté le 14 juin 2018]. [Des travaux qui ont pris du retard puisqu'au moment où nous écrivons ce chapitre (novembre 2018), aucune livraison n'a été effectuée].

[666] Banque Mondiale, *Rapport sur la diversité et la Compétitivité des Exportations en République gabonaise, Améliorer le climat d'investissement pour diversifier l'économie*, op. cit., p. 68.

- Autoriser les camions à livrer en ville au-delà des heures d'ouvertures des magasins et entrepôts,
- renforcer les capacités opérationnelles de la Direction des transports routiers, l'OPRAG et l'ANAC, pour mieux administrer et développer leur secteur d'attribution.

1.1.2 la voie ferroviaire

Le Gabon étant un pays tourné vers la mer pour son commerce extérieur, c'est naturellement vers la côte qu'est dirigé l'essentiel des productions (minières et forestières) de l'hinterland grâce à une voie ferrée de création récente[667]. Achevé en 1987, le Transgabonais, chemin de fer à voie unique et écartement standard (1,435 m), relie sur 658 kms le port d'Owendo à Franceville[668]. Le trafic ferroviaire n'a pas manqué de stimuler, depuis sa création, l'exploitation forestière dans sa zone d'influence[669] ; en permettant en effet de drainer vers le port d'Owendo une part importante des bois exportés par ce port (706 000 m^3 en 2002)[670], le chemin de fer est apparu comme le corridor d'évacuation le plus sûr et le plus fiable puisque, en une seule rotation, un même convoi est capable d'emporter, à chaque fois, plusieurs milliers de mètres cubes de bois stockés dans les gares successives. Desservant 23 gares dont Lastourville, Booué, Ndjolé, Oyane, Moandae, Moanda, etc., ce réseau ferroviaire allège d'autant la charge imposée à la route.

Dans le domaine de la filière bois, le train est utilisé au Gabon pour deux raisons principales :

- l'approvisionnement en grumes, des unités situées à la capitale ou dans d'autres zones desservies, c'est le cas de Placages et Déroulés du Gabon, les entreprises de Nkok, la Somivab, la SNBG (quand elle était fonctionnelle), etc.
- L'acheminement des produits transformés vers les zones d'exportation, dans la plupart des cas, le port d'Owendo. Tel est le cas des unités situées dans les provinces du Haut-Ogooué et l'Ogooué-Lolo.

---

[667] Léandre Edgard Ndjambou, *Les réseaux de transport terrestres au Gabon. Bilan et perspectives*, *op. cit.*, p. 220.

[668] Dieu-Donné Madébé, *Transports*, *op. cit.*, p. 42.

[669] GABON. Ministère de la Planification et de l'Aménagement du Territoire, 1985, p. 143.

[670] Léandre Edgard Ndjambou, *Les réseaux de transport terrestres au Gabon. Bilan et perspectives*, *op. cit.*, p. 220.

Cependant, depuis quelques années, l'exploitation de la voie souffre du fait de nombreux handicaps. Premièrement, du fait des capacités de transport somme toute sous-utilisées : en effet, au lieu des 20 millions de tonnes de capacité espérées par an, seuls 3 millions en 2008 et 4 661 114[671] en 2015 auront été réellement transportées par voie ferroviaire, soit un déficit de 16 millions de tonnes.

Deuxièmement, les problèmes connus par le Transgabonais émanent du fait que, moins de deux décennies après sa création décidée en 1972, *l'Office du Chemin de fer Transgabonais* (OCTRA), d'abord propriété de l'État, a dû être concédé en 1999 en raison de ses graves difficultés de trésorerie. Accablée par le poids de la charge salariale[672], l'entreprise publique n'était plus capable de faire face aux exigences du trafic, ne parvenant même plus à renouveler son matériel. Mais plutôt que de confier la gestion de la voie à la COMILOG[673], la concession a été attribuée à la société du « Transgabonais », un consortium dans lequel la *Société Nationale des Bois du Gabon* (SNBG) était majoritaire, alors qu'elle était elle-même en proie à de graves problèmes. Le résultat fut que le 15 mai 2003, on dut lui en retirer finalement la concession, sans indemnité, pour la transférer à la *Compagnie Minière de l'Ogooué*, filiale du groupe français ERAMET[674]. Mais après des conflits avec les dirigeants gabonais qui dénonçaient le « dénigrement systématique » de l'État par les responsables du Transgabonais auprès des organismes internationaux, la gestion de l'entreprise fut confiée fin 2003 à une nouvelle entité, la SETRAG (*Société d'Exploitation du Transgabonais*), elle-même dépendante de la COMILOG. Après vingt-six mois d'essai, l'État gabonais, après avoir finalement apprécié

---

671 « Les infrastructures ferroviaires au Gabon », Economies Africaines, http://www.economiesafricaines.com/les-territoires/gabon/les-infrastructures/les-infrastructures-ferroviaires, [consulté le 3 décembre 2018].

672 Avant 1999, la société apparaissait comme une entreprise sinistrée, vu que plus de 51 % des recettes totales (soit 11,5 milliards de FCFA) étaient absorbés par les salaires.

673 La COMILOG (Compagnie Minière de l'Ogooué) est une multinationale gabonaise basée à Moanda dans le sud-est du Gabon. Elle est une filiale du groupe métallurgique français Eramet. Active depuis plus de 50 ans[1], en 2013, « la COMILOG est le 1er producteur mondial de produits à base de manganèse pour l'industrie chimique et 2e producteur mondial de manganèse à haute teneur
« 1ere edition - bulletin complet », http://www.gabonmining.com/fr/1ere-edition-bulletin-complet [consulté le 29 mars 2019].

674 Léandre Edgard Ndjambou, *Les réseaux de transport terrestres au Gabon. Bilan et perspectives*, *op. cit.*, p. 223.

l'amélioration des performances obtenues par la SETRAG (dont une meilleure régularité du trafic), décida en mai 2005 d'accorder la concession de son chemin de fer à la COMILOG pour une durée de 30 ans[675].

Au final, on peut souligner que ce réseau ferroviaire est de bonne qualité, mais encore insuffisant pour répondre aux besoins du pays. L'exploitation optimale des ressources forestières nécessiterait, en regard du contexte routier mentionné plus haut, une extension du réseau ferroviaire pour permettre une évacuation efficiente de la production.

Un nouveau projet est ainsi en cours pour mettre en place une seconde ligne ferroviaire à destination du port de Mayumba. Entre 2009 et 2014, le transport ferroviaire des marchandises a connu une forte hausse. Cette dynamique a permis à l'activité de se développer durant la période (+31,3 % de CA en 2014), au prix d'importants investissements. En 2015, les investissements consentis ont porté leur fruit en améliorant les performances des équipements (wagons et rails) avec une hausse du trafic des marchandises (+ 7,9 %) et du chiffre d'affaires du secteur (+ 15.9 %)[676].

1.1.3 les ports et le transport maritime

Le transport maritime constitue un élément important pour des pays qui, comme le Gabon, ont opté pour l'industrialisation de la filière bois, en ce sens qu'il permet l'évacuation des produits fabriqués, mais aussi l'entrée du matériel destiné à l'amélioration des process industriels. Le Gabon, qui bénéficie d'une façade maritime importante (un littoral de près de 800 km), est doté de deux ports principaux[677] : Port-Gentil qui assure la quasi-totalité des embarquements des produits pétroliers (exportations) et le complexe portuaire Libreville-Owendo où se concentre l'accueil des importations de marchandises et exportations de produits, notamment le bois dont nous faisons mention. Le port à bois (Owendo), mis en service en 1980, permet la réception ferroviaire des grumes trop lourdes pour flotter ainsi que la mise à l'eau des bois légers

---

[675] *Ibid.*, p. 223.

[676] « Les infrastructures ferroviaires au Gabon », *op. cit.*,

[677] Quelques autres sites existent ou ont été utilisés, selon les périodes, pour l'exportation : Gamba (pétrole), Mayumba, Cocobeach (bois) [Dieu-Donné Madébé, *Transports*, *op. cit.*, p. 43].

tels que l'okoumé et l'ozigo lorsqu'ils étaient exportés sous forme de grume.

Bien qu'actif (le port), de nombreux facteurs constituent une entrave à l'activité portuaire au Gabon :

Les coûts et problèmes d'efficacité : l'accès au Gabon à la mer est pénalisé premièrement, par le coût et le manque d'efficacité du port de Libreville-Owendo. Cette situation est le résultat de plusieurs facteurs. Les opérateurs du secteur se plaignent des frais élevés et des retards prolongés, en particulier pour les bateaux attendant à quai. Les données fournies à la mission par l'autorité du port montrent que le temps moyen d'attente et le délai de service s'élèvent respectivement à 3,81 et 2,55 jours, soit un total de 6,29 jours, ce qui constitue un temps d'attente assez important. La distribution est relativement disparate avec un maximum de plus de 20 jours[678]. Le quai principal est souvent pleinement occupé ce qui entraine des retards d'accostage. La rotation devrait être améliorée avec l'addition de deux grues et des améliorations apportées à la gestion des zones de stockage des conteneurs. Aussi, la capacité du port à gérer les exportations de bois traités est à ce jour insuffisante, avec des zones de stockages non sèches et des frais de gestion très élevés, d'environ 5% de la valeur franco bord des bois en partance.

L'envasement : Owendo pâtit d'un certain nombre de contraintes physiques qui devraient être résolues. Structurellement, ce port est en prise à l'envasement dont l'entretien coûte cher. Le fait que le port soit construit sur un estuaire fait que ce dernier est impacté par les mouvements de marée. À basse marée, les bateaux ne peuvent accoster et ceux déjà au quai sont contraints de rester sur place jusqu'à l'inversion de la marée (soit une perte de temps payé par ceux qui font venir la marchandise). Ce phénomène - mouvement de marée qui s'accompagne de dépôts sédimentaires - fait en sorte que le port doit être dragué tous les deux mois pour éviter l'envasement[679]. Enfin, le port possède un canal d'accès d'une profondeur maximale de 12 m, ce qui peut être un problème pour de très grands porte-conteneurs ou des cargos à fort tirage d'eau.

Un port aux dimensions réduites : l'analyse quantitative des transactions réalisées par la Banque Mondiale à partir des données des

[678] Banque Mondiale, 2014.

[679] Un dragueur est utilisé 1 fois en moyenne tous les 2/3 mois, en raison de 1,5 million FCFA (soit environ 2 290 euros) par campagne de dragage.

douanes révèle qu'en raison de la taille et la capacité réduites du Port d'Owendo[680], le principal port du pays, les importations et exportations des entreprises gabonaises s'en trouvent négativement impactées, ne pouvant pas, par exemple, bénéficier d'économies d'échelle. Selon un officier du port rencontré en 2016, « [...] *si le Gabon avait construit un port aux normes internationales, il allait du fait de sa portée stratégique (une zone de transition) recevoir de nombreux bateaux. Aujourd'hui, les bateaux venant au Gabon transitent par l'Afrique de l'Ouest (Lomé, Abidjan, etc.) qui ont des ports de plus grande taille. Les bateaux accostent dans ces ports et envoient ceux de petite taille au Gabon. Ceci engendre des coûts de transport élevés et par conséquent, une hausse des prix des produits importés* »[681].

Au port d'Owendo, seuls les bateaux de catégorie B (2e génération) peuvent accoster. Le triple E (bateau de dernière génération, moins polluant utilisant des biocarburants, meilleure gestion des déchets)[682], pouvant transporter jusqu'à 18 000 conteneurs, ne peut accoster au pays. Il faut dire, comme le rappelait l'officier du port et comme bien constaté sur le terrain, le port d'Owendo est moins organisé, moins long et moins aménagé que les autres. Le manque de place occasionne souvent l'attente de certains bateaux en haute mer jusqu'à ce que leur tour arrive. Les conséquences sont alors une perte de temps et une moindre rentabilité pour les différents opérateurs.

Le descriptif fait précédemment constitue autant d'éléments qui ne favorisent pas les activités effectives d'exportation du Gabon, à plusieurs échelles. Pour y remédier, les autorités gabonaises devraient mettre en place un certain nombre d'actions[683], à savoir :

---

680 Comparé aux ports de la sous-région (Kribi, pointe noire, etc.) et ceux de l'Afrique, le Gabon possède des ports relativement petits. Le Port Owendo a 455 m de long et 70 m le large alors que celui de Dakar au Sénégal a 10 km de quai linéaire. Il n'existe au Port d'Owendo que de 3 grues mobiles, ce qui est rare aujourd'hui dans les grandes villes (les grues présentes ne déchargent que 8 conteneurs/h alors que ceux de dernière génération vont jusqu'à 50 conteneurs/h/grue. De plus, le port d'Owendo est construit sous pilotis ; aussi ne peut-il pas supporter des charges importantes. Le nouveau projet apporte une amélioration.

681 Enquêtes de terrain, Aubin Gildas Kombila, 2016.

682 La classe Maersk triple E est une famille de porte-conteneurs géants d'une capacité de 18 340 TEU (unité approximative de mesure de conteneur). Les navires de cette classe sont présentés comme parmi les plus grands porte-conteneurs en circulation. « Triple-E : le plus grand port-containers du monde », Maison Container, 15 avril 2016, https://www.ma-maison-container.fr/blog/triple-e-porte-containers/.

683 Banque Mondiale 2014, office du port d'Owendo 2016

Premièrement, réduire le coût de passage au port d'Owendo à travers les mesures suivantes :

- Réduction du temps de passage à moins de 11 jours ;
- Ouverture de la concurrence pour la livraison de conteneurs dans le Grand Libreville ;
- Amélioration du fonctionnement de la concession du terminal conteneurs, en alignant sa tarification sur les tarifs d'aconage des ports voisins ;

Deuxièmement, augmenter la fluidité du trafic au port d'Owendo en :

- Installant un guichet unique électronique qui, en réduisant l'interface entre les opérateurs et les administrations, permettrait de regrouper toutes les formalités, simplifier les procédures avec le numérique et non des documents « papier », opérer en temps réel et relier toutes les administrations et fournir une banque de données pour tous les opérateurs économiques, les transitaires, et commissionnaires en douane ;
- Augmentant les heures de service des administrations contrôlant les importations au port afin de permettre la sortie des conteneurs du terminal bien après 18h.
- Modifiant les procédures de dédouanement en mettant fin au dépôt du dossier de dédouanement « papier » accompagnant la déclaration en douane électronique ;
- Construction d'un port répondant aux normes internationales, implanté sur un meilleur site, à savoir, face à la mer et non dans un estuaire.

Il convient toutefois de mentionner que le Gabon a engagé des initiatives depuis quelques années afin d'améliorer son activité économique et particulièrement encourager la transformation du bois prônée. Cela part de la promulgation de la loi n°22/2011 portant ratification de l'ordonnance n°0011/PR/2011 relative au développement des activités maritimes et portuaires en République gabonaise, aux travaux d'extension du port d'Owendo (projet d'extension par l'ajout d'un nouveau terminal portuaire). Opérationnel depuis juin 2017, le New Owendo International Port (NOIP) a été inauguré le 14 octobre. « *Le Gabon dispose d'une porte maritime capable d'améliorer la compétitivité économique du pays et d'abaisser le coût des biens importés* »,[684] a insisté le président gabonais lors de son discours inaugural. Situé à 18 kilomètres au sud de Libreville, le nouveau port a été entièrement gagné sur la baie, à quelques encablures seulement des quais historiques d'Owendo et du terminal minéralier inauguré en 2016 par GSEZ. Construit en 18 mois, le NOIP[685] dispose d'un linéaire de quai de 420 mètres, équipé de deux portiques et de deux grues mobiles, avec deux postes à quais, dragués à une profondeur de 13 m, pour recevoir des navires de classe Panamax. Avec ce nouveau port, le Gabon espère se replacer sur la carte marine du golfe de Guinée, où règne une sévère concurrence ces dernières années. Pour cela, le NOIP veut proposer des temps d'escale raccourcis de 25%, pour des tarifs portuaires inférieurs de 30 à 40 % à ce qu'ils étaient jusqu'alors. Toutefois, certains spécialistes auraient préféré une délocalisation vers une autre zone du pays (cas de Mayumba dans le Sud-Ouest), pour éviter les problèmes mentionnés plus haut (envasement, problème de profondeur, etc.).

Bien qu'il faille reconnaitre l'avancée engendrée par la rénovation de cet édifice, la compétitivité du port passera par la prise en compte de l'ensemble des actions que nous avons fait mention antérieurement, mais aussi par l'accès à l'électricité qui a une influence sur les coûts.

a. l'énergie (électricité) : un problème récurrent

La mauvaise qualité du climat des affaires du Gabon représente une contrainte majeure à la diversification de l'économie. L'enquête auprès des entreprises conduite par la Banque mondiale en 2009 a démontré que l'électricité, au coût élevé et dont l'accès est limité, est la première contrainte à laquelle est confronté le secteur privé au Gabon. Malgré la privatisation, en 1997, de la société publique *Société d'Énergie et d'Eau du Gabon* (SEEG), vendue à la société française *Veolia*[686], sa disponibilité demeure un casse-tête permanent pour ce pays disposant pourtant des conditions idoines (cours d'eau, ensoleillement, vent, etc., le tout sur une superficie relativement faible). Actuellement, force est

---

[684] « Gabon : le nouveau port d'Owendo, outil de relance de l'économie gabonaise ? », JeuneAfrique.com, https://www.jeuneafrique.com/483533/economie/gabon-le-nouveau-port-dowendo-outil-de-relance-de-leconomie-gabonaise/ [consulté le 16 octobre 2017].

[685] Ses 18 hectares de terre-pleins permettent de stocker chaque année 150 000 conteneurs ainsi que 3 millions de tonnes de vrac solide.

[686] La *Société d'Énergie et d'Eau du Gabon* (SEEG) est détenue à 51% par *Veolia Water Inde et Afrique*. VWIA est détenu par Veolia Eau (80,5%), IFC (13,9%) et Proparco (5,6%) et possède des actifs au Gabon, au Niger et en Inde.

de constater, du fait du réseau vétuste et saturé, que la production et la distribution d'électricité au Gabon demeurent insuffisantes pour satisfaire les énormes besoins liés au développement des outils industriels[687]. Ceci est observable par la récurrence des délestages sur l'ensemble du territoire, notamment dans les centres urbains où se localisent la plupart des industries du bois.

Au Gabon, l'électricité était principalement le fait de centrales hydroélectriques ; mais au cours des dernières années, en raison de la rapide croissance de la demande et de l'absence d'anticipation/planification, la proportion de production thermique utilisant des carburants liquides a considérablement augmenté. Cette dernière représente aujourd'hui plus de 60% de la production d'électricité nationale[688]. Cette tendance a entrainé une augmentation du coût de l'électricité ainsi qu'une remise en question de la viabilité financière du secteur. Par conséquent, l'électricité est chère…

L'opérateur reporte ces prix élevés plus que proportionnellement sur les tarifs appliqués aux utilisateurs[689]. À titre d'exemple, le Gabon occupait en 2009, comme le montre le *Tableau 20* la première place des pays de la région les plus chers en matière d'électricité[690].

---

[687] Dans le but de réduire l'impact environnemental du processus d'industrialisation des entreprises, la cogénération (production simultanée d'énergie mécanique et d'énergie thermique dans une même installation) pourrait constituer une alternative énergétique intéressante.

[688] Banque Mondiale, 2014.

[689] Deloitte, 2011.

[690] « Électricité : pourquoi les Africains paient-ils si cher ? », JeuneAfrique.com, https://www.jeuneafrique.com/239461/economie/electricite-pourquoi-les-africains-paient-ils-si-cher/ [consulté le 31 mai 2015]. Le consommateur africain paie en moyenne 14 cents de dollar (13 centimes d'euro) son kilowattheure, quand celui d'Asie du Sud paie seulement 4 cents. Si l'Europe de l'Ouest affiche un prix un peu supérieur, 18 cents, le pouvoir d'achat des ménages y est beaucoup plus élevé. Conséquence : une famille résidant dans une grande ville d'Afrique consacre environ 30%de ses revenus à l'énergie et, notamment, au paiement de son électricité].

Pays	Prix électricité
Gabon	16,17
Cameroun	13,17
RDC	9,80
Congo	7,60
Nigéria	7,95
Tanzanie	9,91
Zambie	4,72

Tableau 20 : prix de l'électricité au Gabon et dans les autres pays (moyenne tension, cents de dollars US/kWh)
Source : UPDEA[691], 2009

Le tableau ci-dessus montre les difficultés auxquelles sont confrontés les opérateurs implantés au Gabon. Alors que les entreprises opérant sur le marché intérieur s'opposent à des concurrents confrontés aux mêmes obstacles, celles qui vendent à l'extérieur font face à des concurrents qui ne sont pas soumis aux mêmes contraintes et autres coûts excessifs, ce dont le gouvernement devrait tenir compte. Cette situation pousse les gros consommateurs d'électricité dans les secteurs du pétrole, du bois et des plantations, à produire pour la plupart leur propre électricité, quoiqu'à un coût très élevé également.

Par ailleurs, il est utile de rappeler les efforts consentis par les pouvoirs publics dans le domaine de l'électricité depuis quelques années, pour pallier le déficit décrit et juguler la filière bois ; on peut citer la création de nouvelles centrales hydroélectriques avec le *Barrage de l'Impératrice*, le *Barrage FE II* et le *Barrage du Grand Poubara*, ainsi qu'une production accrue de gaz. Ces initiatives permettront à long terme l'augmentation de l'énergie et la réduction des prix de l'électricité à des niveaux compétitifs à l'international. Aussi, les conditions spéciales accordées aux entreprises s'installant dans la zone spéciale de Nkok[692] pourraient-elles aider à résoudre ce problème, bien que cela contribue à créer des conditions inégales et une discrimination « positive » entre les entreprises sous contrôle étranger installées dans la zone et les PME locales situées en dehors de la zone. Notons enfin que les autorités gabonaises avaient en février 2018 retiré la gestion de l'eau et de l'électricité au groupe français Veolia à cause entre autres de

[691] Union des Producteurs, Transporteurs et Distributeurs d'Énergie Électrique d'Afrique.
[692] La zone économique spéciale de Nkok offre déjà l'électricité et l'eau aux industries installées sur son sol (Enquête de terrain, Aubin Gildas Kombila, 2016).

la dégradation de la qualité du service aux usagers[693]. Mais la situation est-elle bien meilleure aujourd'hui ?

2. approvisionnements réguliers des unités de transformation

L'approvisionnement des unités de transformation est une condition *sine qua non* pour tout pays qui aspire au développement de son industrie. Cependant, celui-ci doit également tenir du contexte et des réalités locales. Pour de nombreux auteurs à l'instar de Jérôme Mabika, les investisseurs potentiels dans le secteur de la transformation du bois ont comme motivation et souci essentiels l'approvisionnement en bois. Si l'on tient compte des chiffres, les ressources forestières du Gabon paraissent suffisantes pour approvisionner plusieurs unités de transformation. Pourtant, nombreuses sont les industries qui se trouvaient dépourvues de grumes utiles au développement de l'industrie du bois (cas des PME gabonaises). Certaines usines comme la *SNBG* (avant sa fermeture) et *Rougier Gabon* sont parvenues à se reconvertir ou à accélérer leur processus d'industrialisation depuis la mesure visant l'interdiction de l'arrêt de l'exportation des grumes, en changeant avec succès de métier. Il faut savoir qu'avant cela, certaines entreprises avaient déjà intégré le fait qu'elles devaient transformer le bois au Gabon ; mais elles étaient pour la plupart confrontées à une difficulté d'approvisionnement en grumes, c'est-à-dire en bois brut[694]. C'est une situation qui peut paraitre incroyable vu que le Gabon est un pays qui regorge de nombreuses essences commercialisables et dont le territoire est couvert à plus de 80% par la forêt…

La décision d'interdire l'exportation des grumes, en dépit de la question de la variation du prix qui se pose, a quelque peu réglé le problème de ces sociétés. D'ailleurs, en juillet 2018, des ateliers s'organisaient autour de la bourse du bois au ministère des Eaux et Forêts. Les entreprises se portent mieux aujourd'hui ; c'est le cas de la *SOMIVAB* (située à 22km de Libreville), filière de la *COMILOG* qui,

---

[693] « Le Gabon retire la gestion de l'eau et de l'électricité au groupe français Veolia - Apanews.net », consulté le, http://mobile.apanews.net/index.php/news/le-gabon-retire-la-gestion-de-leau-et-de-lelectricite-au-groupe-francais-veolia-2 [consulté le 6 décembre 2018]. Durant cette période transitoire, un organe ah doc aura pour mission de gérer l'entreprise, de mener les audits et après études nécessaires au développement du secteur dans un nouveau mode gestion et finaliser la rupture contractuelle dans les règles de l'art avec Veolia.

[694] Pierre Eric Mbog Batassi, « Gabon : les difficultés des industries de transformation du bois », http://www.afrik.com/gabon-les-difficultes-des-industries-de-transformation-du-bois [consulté le 27 octobre 2012].

grâce à un renforcement de capacité de production, a pu renforcer son développement. La *SOMIVAB* a même ouvert une deuxième scierie en 2016 et travaille également dans la transformation des déchets. Toutefois, comme nous l'avons déjà dit, certaines d'entre elles connaissent encore des retards d'approvisionnement dus au réseau routier.

Outre le fait que le Gabon dispose d'une grande forêt (élément attractif), tout promoteur devra, avant d'investir, s'assurer d'un approvisionnement régulier des essences correspondant aux besoins de sa clientèle. La bourse du bois en projet est pensée pour pallier ce problème en facilitant les échanges d'essences entre opérateurs. Le potentiel des différentes zones forestières du pays étant mal connu, il faut donc réaliser un programme systématique d'inventaire détaillé. La quasi-totalité de la forêt gabonaise a été divisée en lots constituant des permis forestiers attribués à des entreprises. Certains permis ayant été attribués par contrat prévoyant, notamment, une industrialisation, il pourrait être envisagé la restitution effective en cas de non-respect de cette clause. Dans tous les cas, des dispositions doivent être prises pour assurer un approvisionnement régulier en quantité et en qualité des industries de transformation du bois. De même, un large marché intérieur des grumes est nécessaire pour que le développement d'un tissu d'industries de transformation du bois se forme suivant une logique d'avantages comparatifs, pour une meilleure spécialisation d'unités, dans certaines essences et pour certains produits.

Aussi, la garantie d'approvisionnement en quantité et en qualité ne peut-elle suffire à développer la transformation si les prix ne sont pas adaptés aux exigences de cette transformation[695]. La part du bois dans

[695] En général, le bois au Gabon revient à un prix relativement élevé si on le compare aux prix obtenus dans d'autres pays de la sous-région (Cameroun, Congo). Selon Alain Karsenty, contrairement aux autres matières premières, le prix du bois ne peut être comparé, car plusieurs facteurs entrent en compte et font que celui-ci varie d'un pays à un autre. Il y a principalement : la grande diversité des essences et leurs dimensions différentes, les types de contrats (d'un contrat à un autre, les prix peuvent changer), la certification (les produits certifiés peuvent être vendus plus cher), la qualité du bois (*cf. chapitre 5*), etc. Pour ce dernier, dans le cas du Gabon, « *ce sont les marges qui changent avec les coûts de production et la fiscalité* ». En d'autres termes, le coût de production au sens large (incluant transformation et transport du bois), est souvent un peu plus élevé au Gabon, car la main-d'œuvre est plus chère (qu'au Cameroun) et les infrastructures de transport (route notamment) de moins bonne qualité. Cependant, les taxes sont nettement moins élevées au Gabon qu'au Cameroun par exemple, ce qui fait que la différence est faible au bout du compte.

les coûts d'exploitation des industries est très importante et le prix du bois est déterminant dans leur rentabilité. Il faut amener les prix des bois à un niveau compatible avec la compétitivité des activités de transformation. Il est primordial de réduire les prix d'achat des bois en grume destinés à la transformation. Pour cela, il faut agir : sur le prix de revient des bois en jouant sur les coûts d'exploitation, les taxes forestières, les coûts de transport et sur les droits de sortie des produits.

Enfin, les autorités devraient créer des zones économiques intégrées, de préférence à proximité de zones portuaires et des voies ferroviaires. L'approvisionnement régulier des unités de transformation passera également par la mise en place de zones portuaires spécialisées au secteur forestier. Au Gabon, comme nous l'avons déjà signalé, seuls les ports d'Owendo et de Port-Gentil[696] sont spécialisés dans le domaine du bois, ce qui peut paraitre assez faible pour un pays dont le territoire est couvert à 85% par la forêt…

En fin de compte, bien que les éléments cités précédemment restent indispensables à une meilleure industrialisation de la filière bois, le Gabon se doit également de procéder à une meilleure répartition de ces unités de transformation. Ainsi, dans le chapitre qui suit, nous parlerons des types d'industries possibles ainsi que de leur répartition géographique souhaitable.

Concernant les essences ou les produits similaires aux pays voisins, les prix sont assez proches (Entretien Aubin Gildas Kombila réalisé auprès d'Alain Karsenty en Avril 2019).

[696] Parc à bois de Port-Gentil, qui reçoit des billes provenant de Ndjolé.

CHAPITRE IX

LES TYPES D'INDUSTRIE ENVISAGEABLES AU GABON ET LEUR RÉPARTITION GÉOGRAPHIQUE

Une industrialisation plus développée de la filière bois passera par une meilleure répartition des unités de transformation qui tient compte de plusieurs facteurs : l'accès à la ressource, les moyens de transport, etc. Mais avant d'aborder cet aspect, nous montrerons d'abord les différents types d'industries possibles dont doit se doter le Gabon, ainsi que leurs potentialités.

1. Les industries envisageables

La transformation locale du bois, en d'autres termes, l'industrialisation de la filière bois, se compose essentiellement des industries dites de première, deuxième et troisième transformation. Il peut s'avérer difficile de déterminer les segments des différents niveaux de transformation (notamment la 2e et la 3e, voire la 1ère), car ceux-ci peuvent varier en fonction des acteurs (ONF, OIBT, FAO, DGICBVPF)[697].

1.1 le premier niveau de transformation

La première transformation[698] du bois regroupe quatre principaux segments qui déterminent fortement le développement des industries en aval : le sciage, le séchage, le déroulage et le tranchage. Le développement de ces industries de base s'avère important dans la mesure où ce segment a une incidence importante sur l'évolution de la deuxième et troisième transformation. L'analyse stratégique de ces segments doit permettre d'apprécier les potentialités de développement de ces industries de base dans le contexte du Gabon[699].

1.1.1 le sciage et le séchage

Le développement de l'industrie du sciage et du séchage nécessite une proximité de la matière première. Les opportunités de développement d'une industrie au sein de ces segments (sciage et de

[697] ONF : Office Nationale des Forêts ; OIBT : Organisation internationale des bois tropicaux ; FAO : Organisation des Nations Unies pour l'alimentation et l'agriculture ; DGICBVPF : Direction Générale des Industries, du Commerce du Bois et de la Valorisation des Produits Forestiers.

[698] La première transformation demeure l'activité prépondérante dans le bassin du Congo. Le Gabon, qui a interdit l'exportation des grumes en 2010, disposerait du plus grand nombre d'installations industrielles (Livre Blanc, 2013).

[699] Aubin Gildas Kombila-Mouloungui, *Les enjeux de l'arrêt de l'exportation des grumes au Gabon*, *op. cit.*, p. 98.

séchage) existent au Gabon du fait entre autres de la diversification des essences sciables. Le marché local présente de même un potentiel de développement pour des produits bon marché. Cependant, le potentiel de développement pour le marché export s'avère faible. Le coût d'accès est assez élevé et exige des intermédiaires commerciaux ; d'où la nécessité d'initier des actions de promotion à l'exportation pour l'acquisition d'une culture « qualité export ». Les produits obtenus favorisent de larges applications en menuiserie industrielle et en produits plaqués. Ces produits font déjà partie de la deuxième transformation et nécessitent le séchage[700].

1.1.2 le déroulage et le tranchage

En ameublement ou pour la décoration, on peut avoir besoin de bois façonné en couches de très fines épaisseurs, appelées à être par la suite collées sur d'autres supports, tels des panneaux par exemple. L'opération de première transformation du bois consiste alors à découper la grume en tronçons de 1,50 à 2,50 m, puis à la débiter soit en feuilles (c'est le tranchage), soit en bandes (c'est le déroulage)[701]. Le déroulage est composé essentiellement de deux (2) activités : le placage et le contreplaqué, ce dernier étant toutefois classé dans la 2n[de] transformation par la DGEF. En ce qui concerne le placage, les opportunités de développement des industries dédiées à ce type de produit existent bien localement, grâce surtout à l'okoumé qui s'y prête particulièrement bien (cas de l'entreprise PDG ou encore d'autres de la ZES de Nkok que nous avons visitées).

Toutefois, la formation est indispensable dans ce domaine au Gabon, car la main-d'œuvre qui y travaille est peu qualifiée[702]. Les coûts de production, par ailleurs très élevés, sont de même à revoir. Le marché est acheteur pour un produit de qualité et moins concurrentiel que celui du contreplaqué, ce qui laisse au pays une place de choix. Celui-ci devra donc mettre l'accent sur une branche encore peu développée et dont les marges de réussite sont favorables. Le recours aux intermédiaires pour la commercialisation est obligatoire, et le développement des activités artisanales en aval possible.

---

700 Synfoga, *Livre Blanc : industries du bois au Gabon*, 1995, p. 21.

701 « ONF - La première transformation du bois », http://www.onf.fr/gestion_durable/sommaire/ressources/materiau_bois/filiere_bois/20080410-162037-22840/@@index.html [consulté le 10 décembre 2018].

702 Jérôme Mabika, *Enjeux et défis de l'industrialisation de la filière bois*, *op. cit.*, p. 349.

Le tranchage, qui consiste à transformer une pièce cylindrique, préalablement écorcée, en une surface plane, donne du placage export de haute qualité, essentiellement pour l'exportation. La matière première existe, mais la main-d'œuvre locale reste à former. Comme pour le contreplaqué et l'ensemble de la filière, les coûts actuels de production s'avèrent trop élevés et sont donc à revoir ; en effet, ce marché, à forte valeur ajoutée, est difficile à pénétrer (intermédiaires commerciaux obligatoires). Des opportunités existent pour le Gabon ; mais les effets sont très limités sur le développement de la filière. C'est une industrie qui s'inscrit davantage en complémentarité d'autres activités, tel en particulier le sciage[703].

Le développement des industries de première transformation est une opération coûteuse, car elle requiert des sommes colossales notamment pour la création des usines[704]. Il faudrait donc un réel partenariat entre l'État et les acteurs du secteur de l'industrie du bois, au niveau du soutien financier des investissements. Les mesures prises récemment par les autorités gabonaises (telles les exonérations des droits de douane sur l'importation du matériel industriel et sur l'exportation des produits issus de la transformation) devraient favoriser le développement de ces industries de première transformation.

1.2 les industries de deuxième et troisième transformation

La frontière entre la deuxième et la troisième transformation peut s'avérer difficile à cerner ; d'où le fait qu'ils sont souvent regroupés dans les différents écrits consultés. Les industries de deuxième et troisième transformation se situent en aval du placage, tranchage et principalement du sciage. Les principales activités de transformation sont les moulures, les parquets, produits laminés et reconstitués, la menuiserie et l'ébénisterie. La DGICBVPF, quant à elle, distingue les deux segments avec d'une part la deuxième transformation qui regroupe les panneaux et les contreplaqués, et d'autre part la troisième

---

[703] Synfoga, *Livre Blanc : industries du bois au Gabon*, *op. cit*, p. 12.

[704] La construction d'une usine de déroulage coûte en moyenne entre 20 et 25 milliards de francs CFA (30 à 38 millions d'euros) tandis que celle d'une usine de sciage varie entre 4 à 10 milliards de francs CFA (6 à 15 millions d'euros) en fonction du niveau de modernité de l'usine et de sa taille. Le montant de 20 milliards de francs CFA proposé au Fonds de soutien à l'accélération de l'industrialisation de la filière bois demeure donc insuffisant. (Viviane Magnagna Nguema, *Étude de cas des impacts des politiques et pratiques en matière d'investissement dans les forêts : le cas du Gabon*, OIBT, 2007, p. 16)

transformation qui renvoie aux produits finis. La figure ci-dessous nous donne les composantes de la deuxième et troisième transformation.

La deuxième et la troisième transformation du bois requièrent l'existence d'une industrie du sciage en amont, de préférence du sciage séché pour une meilleure qualité des produits obtenus. Elles apportent de la valeur ajoutée aux produits issus de la première transformation et les mettent à disposition tant de la grande distribution que du consommateur pour un usage « direct ». Pour obtenir un rendement supérieur, il faudrait qu'il y ait un bon marché local (utilisation du bois par les populations : construction, mobilier, etc.).

Ces industries nécessitent une main-d'œuvre qualifiée (et même hautement qualifiée) plus importante que dans les industries situées en amont (première transformation). Dans le cas du Gabon, comme mentionné dans le *chapitre 8*, une formation de qualité est à prévoir et les coûts de production, à revoir ; la compétitivité sur les prix nécessite en effet une approche marketing du marché. Notons toutefois que les essences tropicales traditionnelles se prêtent mal à la fabrication en grandes séries de produits préfabriqués et standardisés pour la grande distribution (bricolage, mobilier en kit, abris de jardin, etc.). Les essences abondantes au Gabon (okoumé, ozigo, etc.) sont très fortement marquées par le déroulage qui n'offre que peu de débouchés pour la deuxième et troisième transformation. Il faudrait alors mettre l'accent (via le lancement de recherches dédiées) sur d'autres essences.

Par ailleurs, les industries de deuxième et de troisième transformation sont favorables à l'artisanat ainsi qu'aux petites et moyennes entreprises (généralement détenues par les nationaux) fortement créatrices d'emplois qualifiés et de valeur ajoutée. Des opportunités de développement existent bien au Gabon ; mais celles-ci sont conditionnées par le développement préalable d'une industrie du sciage et du séchage, et l'accès aux marchés d'exportation qui nécessite une réelle compétitivité[705].

2. vers une répartition harmonieuse des unités de transformation

La localisation géographique des industries représente un élément important, car d'elle dépend en grande partie le rendement des usines. Selon Max Webber, celle-ci doit être tributaire de nombreux facteurs, dont la disponibilité de la matière première, le marché, la qualité de la

[705] Synfoga, *Livre Blanc : industries du bois au Gabon*, *op. cit*, p. 33.

main-d'œuvre, etc. Dans certaines régions du monde, ce sont des facteurs qui peuvent être dépassés du fait de la mise en œuvre de différentes améliorations connues (développement des infrastructures, avancées technologiques, etc.)[706]. Or, dans le cas gabonais, nous remarquons une certaine inégalité dans la répartition de ces dernières, déséquilibre auquel nous nous proposons d'apporter des éléments de solution. Ainsi, dans le paragraphe suivant, nous ferons un état des lieux de leur disposition géographique actuelle (2017-2018) avant de proposer des pistes pour une meilleure répartition des industries sur le sol gabonais.

2.1 localisation des industries du bois gabonaise – état 2017/2018

Au Gabon, il ressort des analyses faites un fait marquant, celui de l'inégale répartition géographique des unités de transformation du bois sur le territoire national (de manière globale, mais aussi par segment d'activité)[707]. En 2012, plus de la moitié de ces unités est implantée dans la province de l'Estuaire soit 52%, principalement à Libreville et Owendo (49%). En 2018, cet état de fait a peu évolué, avec toutefois l'apparition d'une nouvelle localité majeure : la zone économique de Nkok, avec 28% des usines, suivie de Libreville-Owendo pour 18%, toutes dans la province de l'Estuaire.

---

[706] Les facteurs matériels de localisation des activités motrices ont souvent été, dans le passé, associés à l'existence de sources proches de matières premières. Aujourd'hui cependant, on ne peut plus reconnaitre à l'élément « matières premières » une importance décisive dans le développement économique. Même s'il continue à être déterminant pour certains types d'activités, son importance, en ce qui les concerne, doit être pondérée par l'intervention d'autres facteurs rattachés à l'infrastructure et aux axes de développement (Davin Louis).

[707] Direction Générale des Industries, du Commerce du Bois et de la Valorisation des Produits Forestiers, Rapport d'activités (Année 2017- 1er semestre 2018), Libreville, 2018, p. 5.

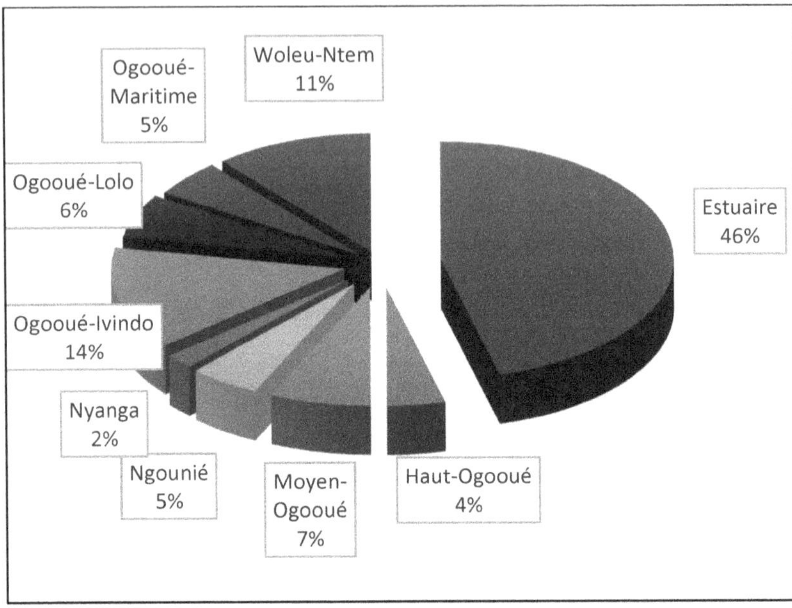

Figure 39 : la répartition par province des unités de transformation du bois en 2018.
Source : MEF- DGICBVPF/DCIB, 2012 et 2018

L'inégale répartition des unités de transformation du bois peut être expliquée par deux facteurs. Premièrement, la situation géographique[708] de Libreville sur la frange côtière du continent et son ouverture à la façade atlantique font de cette localité une ville maritime. Sa position stratégique à l'embouchure du fleuve Komo lui confère un certain nombre d'avantages : les grumes transportées depuis la première et la deuxième zone (*cf. chapitre 1*) sont acheminées par flottage et par grumier (pour la première zone), et surtout par le Transgabonais (pour la seconde, notamment, la zone d'attraction du chemin de fer). De plus, le débouché que constitue la capitale gabonaise offre d'énormes possibilités d'échanges avec la présence du grand port d'Owendo. La ZES de Nkok, en plus de ces éléments, offre comme mentionné dans les chapitres précédents divers avantages aux différents opérateurs (exonération, disponibilité de la matière première, etc.). En outre, la capitale Libreville concentre près de la moitié de la population du

[708] C'est un facteur qui peut varier dans le temps, en fonction des progrès de la technique, des infrastructures et superstructures disponibles ou de la conclusion de conventions et d'accords internationaux. Toutes les situations ne sont guère équivalentes.

Gabon, un élément indispensable au développement d'une ville-carrefour et industrielle. C'est un avantage dont peut jouir la ZES de Nkok, puisque située à la périphérie de Libreville (27km).

Deuxièmement, les facteurs économiques sont en rapport avec les moyens de transport. Ainsi, les industries du bois à Libreville recherchent le voisinage des cours d'eau parce que ces lieux d'implantation permettent de faire minorer les coûts de transports moindres. Il apparaît alors préférable d'implanter une industrie près du lieu d'approvisionnement des matières premières - la plupart des bois utilisés surtout en sciage de basse qualité proviennent essentiellement de la première zone - ou près celui du marché de vente. En résumé, nous dirons que cette forte concentration des usines obéit à des critères tels que la facilité d'écoulement des produits sur le marché (surtout exportation), l'environnement urbain (administration centrale, guichet unique pour la ZES, recrutement du personnel, l'électricité et les communications), ou encore les délais de livraison courts pour divers équipements.

La répartition inégale des unités de transformation du bois par province est observable non seulement au niveau global (ensemble des activités du bois), mais aussi par segment d'activité. En dehors de l'Estuaire, qui comporte tous les segments, les autres provinces ont soit un segment, soit deux ; c'est le cas de l'Ogooué Ivindo, l'Ogooué-Lolo et l'Ogooué-Maritime qui renferment toutes deux segments. Les provinces de la Ngounié, de la Nyanga, du Moyen-Ogooué, du Haut-Ogooué et du Woleu Ntem, quant à elles, ne comportent qu'un seul segment d'activité. Le sciage (et par extension la 1ère transformation), comparativement aux autres segments, constitue l'activité la plus importante dans l'industrie du bois ; et l'on note que celle-ci est représentée dans toutes les provinces. En effet, l'activité sciage présente une plus grande flexibilité sur le plan technique et financier que le déroulage par exemple. Ainsi, l'acquisition et le montage d'une scie mobile (*Lucas Mill*, *Forestor*, etc.) y compris la construction d'un hangar peuvent être réalisés à des coûts moins élevés. Il faut souligner enfin que près de la moitié des usines de sciage en activité sur le territoire national sont de petites tailles (production moyenne mensuelle inférieure à 500 m3). Les *figures* ci-dessous, nous donnent la répartition des unités de première et troisième transformation du bois au Gabon en 2018.

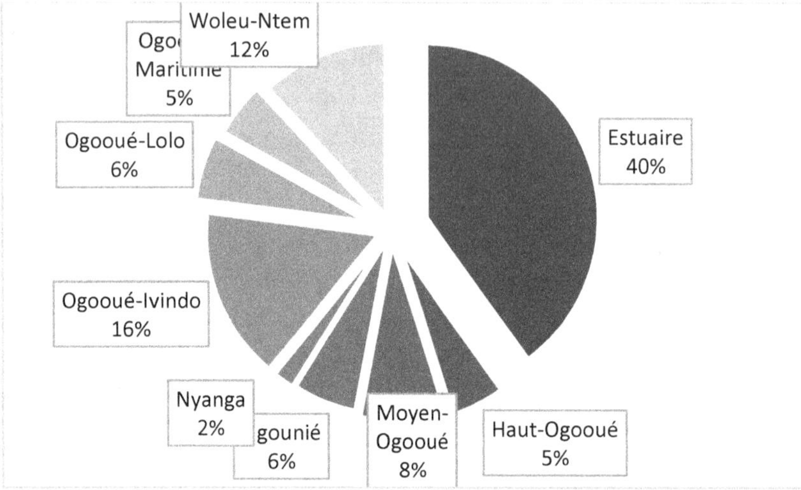

Figure 40 : répartition par province des unités de 1ère transformation (Sciage, déroulage et tranchage)
Source : MEF- DGICBVPF/DCIB, 2018

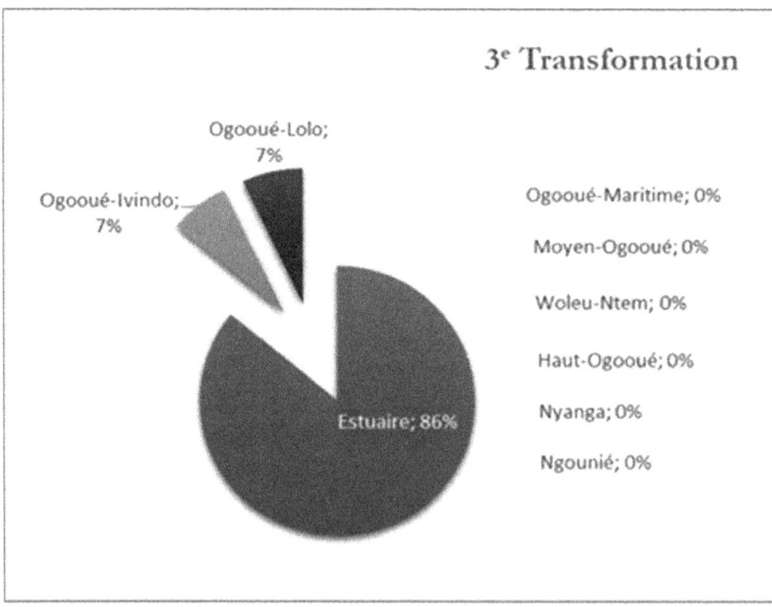

Figure 41: répartition par province des unités de 3e transformation
Source : MEF- DGICBVPF/DCIB, 2018

Ces graphiques nous montrent l'inégale répartition des unités de transformation dans le 2ème et le 3ème niveau. Dans la 2ème transformation, seules deux provinces sur neuf sont représentées. Dans la 3ème, trois provinces. Dans les deux cas, on relève une prédominance de l'Estuaire.

2.2 pour une nouvelle répartition géographique des Industries

Comme nous l'avons observé précédemment, le Gabon connait des déséquilibres dans la répartition des industries du bois sur son territoire. Pour y pallier et dans la perspective d'un développement régional permettant de lutter contre l'exode rural et la pauvreté, les autorités gabonaises devront mettre en place un certain nombre d'actions. Il faut dire qu'une meilleure distribution spatiale des activités économiques est susceptible de constituer un facteur de développement durable et harmonieux. En effet, comme le dit Coudel-Koumba, la prise en compte du potentiel économique des neuf provinces représente assurément un enjeu important pour ce « riche » pays d'Afrique centrale. Le Gabon devra :

Premièrement, implanter des unités industrielles sur l'ensemble du territoire national, en distinguant les niveaux d'élaboration du produit (première, deuxième, troisième transformation). Les unités de première transformation, notamment la transformation primaire (les scieries) devront être implantées proches des lieux d'approvisionnement des matières premières, afin d'optimiser le rendement[709]. En revanche, pour les autres unités de première transformation (sciage-séchage, tranchage, placage) et les industries de deuxième et troisième transformation, on recherchera la proximité des marchés de consommation[710] et les sites d'exportation.

Deuxièmement, les entrepreneurs locaux et internationaux du secteur formel doivent pouvoir travailler sur des marchés solvables et rentables, faire face à une concurrence loyale et transparente, ou encore avoir une perspective claire des profits futurs qu'ils pourront dégager.

---

[709] Jérôme Mabika, *Enjeux et défis de l'industrialisation de la filière bois*, *op. cit.*, p. 353.

[710] Les centres urbains : grande métropole (Libreville), métropoles régionales (Port-Gentil, Franceville-Moanda, Oyem, Mouila, Lambaréné, Tchibanga, Koula-Moutou, Makokou), villes moyennes (Ntoum, Lastourville, Okondja, Mounana, Bitam, Gamba), et petites agglomérations (Léconie, Lébamba, Ndendé, Moabi, Fougamou, Ndjolé, Boué, Mékambo). Le nombre et les types d'industries à implanter dans chaque localité seront en fonction de la taille du marché local c'est-à-dire du nombre d'habitants que compte la localité. (Dieu Donné Madébé, *Hétérogénéités spatiales, réorganisation du territoire et développement du Gabon*, Libreville, CENAREST, 2009, p. 75).

Ainsi, pour une meilleure rentabilisation des opérateurs, il faudra revoir les coûts de transport (*cf. chapitre 8*). Ceux actuellement pratiqués alourdissent (du fait du mauvais état de la route notamment) considérablement le coût de revient du bois. Ainsi, les tarifs préconisés par le chemin de fer sont « lourds ».

La tarification est telle que l'installation d'activités de transformation du bois à l'intérieur du pays ne présente pas d'intérêt du point de vue de la rentabilité pour un opérateur. Une modification de la tarification s'impose donc, afin de réduire le coût du transport, en distinguant les bois bruts (grumes) et les produits débités (sciage, tranchage, placage, contreplaqué) et en faisant bénéficier les premiers d'un tarif moins fort et les seconds, d'un tarif préférentiel. Ceci devrait permettre de réduire le transport des volumes trop importants des bois bruts de l'intérieur vers le littoral, et surtout de favoriser le développement de quelques activités industrielles à l'intérieur du pays[711].

Ce redéploiement industriel cherchera à impulser un développement régional. Il est bien connu qu'un des facteurs essentiels au développement régional est la décentralisation de l'industrie. Aussi l'implantation d'industries du bois en région devrait-elle attirer d'autres investissements dans les industries connexes et les services.

Conclusion partielle

Bien qu'ayant connu une progression, l'industrie de la filière bois présente encore des limites auxquelles il faudrait trouver des solutions. Ainsi dans cette troisième partie, nous avons énuméré un certain nombre de perspectives qui inciteront à une transformation « efficiente » du bois au Gabon. Dans les chapitres VII et VIII, nous avons abordé les préalables et les conditions d'une industrialisation durable, telles entre autres, l'affirmation forte de la volonté d'intervention de l'État gabonais, la définition et défense d'une stratégie de conquête des parts du marché, le développement de la formation professionnelle ou encore la recherche d'approvisionnements réguliers pour les unités de transformation. Enfin, dans le chapitre IX, nous avons mis l'accent sur la nécessité de promouvoir une meilleure organisation spatiale (répartition) des unités de transformation sur le territoire national, afin de mieux rentabiliser la filière.

---

[711] Jérôme Mabika, *Enjeux et défis de l'industrialisation de la filière bois*, *op. cit.*, p. 354.

CONCLUSION GÉNÉRALE

Quel est l'impact réel de la transformation locale du bois au Gabon sur les plans socio-économique, environnemental et géostratégique ?

Notre thématique de recherche sur l'arrêt de l'exportation des grumes au Gabon nous a permis d'examiner les fondements de la transformation du bois dans cette partie de l'Afrique. Il apparaît ainsi que les raisons de cette mesure gouvernementale s'avéraient multiples, à savoir un souci de développer et de diversifier lu tissu industriel gabonais, une volonté de créer plus d'emplois au sein du secteur secondaire et enfin, un désir de préservation et de gestion se voulant plus rationnelle des ressources forestières. Toutefois, le point focal de notre recherche était de mesurer l'impact de l'industrialisation de ce secteur, dix ans après la décision des autorités gabonaises d'interdire la sortie du bois et neuf ans après l'ordonnance n°8/2010 portant modification et abrogation de certaines dispositions de la loi n°16/2001.

L'approche géographique a été retenue comme fil conducteur pour cette recherche. Elle a facilité la mobilisation d'un certain nombre de concepts, d'outils théoriques et de méthodes pour « décrypter » les formes de recomposition et les mutations territoriales en rapport avec la transformation du bois (industrialisation) tout en restant « ouvert », en raison de la complexité des faits étudiés, à d'autres disciplines.

À partir d'enquêtes de terrain (réalisées durant les étés 2016 et 2018) et d'une recherche documentaire pluridisciplinaire, cette étude s'est donc déployée dans les trois parties qui structurent cette thèse.

Dans la première partie, nous avons étudié, d'un point de vue géographique, les caractéristiques de la forêt gabonaise. Cela nous a conduits à présenter sa richesse, sa diversité et son potentiel, caractéristiques nous permettant d'apporter des pistes quant à sa capacité à répondre aux besoins de l'industrialisation de la filière bois du pays. En effet, l'anthropisation, bien que réelle et s'enracinant profondément dans le temps avec d'évidentes signatures, n'a eu jusqu'à une époque récente que peu d'impacts sur l'évolution générale du massif forestier, du moins en ce qui concerne sa superficie. Bien que connaissant un certain déboisement, ce n'est pas cette dernière qui doit être remise en cause, mais plutôt la physionomie et la composition de celle-ci. En effet, l'exploitation forestière (notamment avec l'arrivée de nouveaux acteurs) fait que la forêt gabonaise ne présente pas sa composition floristique initiale (la forêt dite « primaire ») à certains endroits. Ainsi, avec un potentiel forestier commercial estimé aujourd'hui à 400/500 millions de m^3 et une diversification couplée à la qualité de ses essences (et leur capacité de régénération), le Gabon dispose d'énormes potentialités favorables au développement de son industrie, et susceptibles de faire jouer au pays les tout premiers rôles dans ce secteur à diverses échelles.

L'état des lieux de l'industrie du bois gabonaise réalisé dans le chapitre 2 permet de comprendre les raisons qui ont conduit les autorités à adopter en 2010 la mesure prônant l'arrêt de l'exportation des grumes. En revanche, plusieurs problèmes restent encore à régler. En effet, malgré des conditions favorables, de nouvelles réglementations et orientations, le pays connait un retard criant en ce qui concerne l'industrialisation de la filière (15 à 30% du bois transformé en 2009 au lieu des 50% souhaités en 2000 et loin des 75% prévus en 2012 par le code forestier…) ; ce fait a amené les pouvoirs publics à décider de l'arrêt total de l'exportation des grumes en 2009, obligeant par conséquent les industriels à transformer davantage le bois sur le territoire. Cette transformation locale visait principalement la diversification de l'économie en vue de renforcer les recettes de l'État et de lutter contre la pauvreté pour soutenir le développement. Aussi la modification de la loi 16/01 (art 227) portant sur le code forestier en République gabonaise illustre-t-elle bien la volonté du gouvernement à faire du secteur bois un maillon fort de l'économie nationale.

La deuxième partie, quant à elle, nous a permis de mesurer l'impact de la transformation locale du bois, dix ans après la mesure de l'arrêt de l'exportation des grumes. Ainsi les enjeux socio-économique, environnemental et géostratégique ont constitué la trame de notre analyse. Il en ressort que l'activité des unités de transformation participe bien à l'essor économique du pays par les richesses et emplois créés. Elle œuvre ainsi à la réduction du chômage. Contrairement aux filiales des firmes multinationales dont tout ou une partie des dividendes dégagés quitte le pays - compte tenu de l'origine extérieure des investisseurs -, la transformation locale contribue à une redistribution locale de tout ou une partie des revenus générés par l'activité. L'État tire profit des activités de ces opérateurs par le biais des impôts (sur les sociétés) ou des taxes (sur la valeur ajoutée). Dans le cas du Gabon, on peut dire que techniquement, socialement, économiquement et sur le plan géostratégique, l'application du décret de 2010 a donné toutefois des résultats mitigés.

D'un point de vue « technique/technologique », certes la mesure porte ses fruits. On relève ainsi une multiplication du nombre d'unités de transformation (on est passé de 82 usines en 2009 à 153 usines en 2018, soit une augmentation de 86,6%) suite notamment à la création d'une zone économique spéciale - dite ZERP - de Nkok (sur les 153 unités de transformation enregistrées en 2018, 42 sont implantées au sein de la ZES, soit 27% des unités) ; ainsi relève-t-on plus de menuiseries industrielles ou de scieries aujourd'hui par rapport à 2009. Néanmoins, pour assurer leur pérennité, il sera nécessaire de mettre l'accent sur la qualité des équipements de certaines structures et de veiller au respect du schéma industriel exigé lors de leur implantation. En effet, bien que la mesure visant la transformation locale du bois ait permis à certaines usines, longtemps orientées vers l'exportation des grumes, de se doter d'un équipement plus adéquat à la transformation, le renouvellement des équipements constitue encore l'un des nombreux défis que la filière bois gabonaise doit surmonter. D'ailleurs, l'arrêt des activités de la *Société Nationale des Bois du Gabon* (SNBG), symbole local de l'industrie du bois, souligne bien les efforts que doit encore faire le pays dans ce domaine. Les unités nouvellement créées sont encore majoritairement basées sur des équipements « anciens », à faible productivité. Leur modernisation (transfert de technologie) est ainsi une action importante dans un pays comme le Gabon où une grande partie des industries date de plus d'une vingtaine d'années, voire de l'époque coloniale, et dont le matériel n'est pas souvent renouvelé.

En outre, bien qu'ayant entrainé une réelle acquisition de compétences par les nationaux, notamment par l'envoi d'étudiants à Bienne (Suisse) et par le projet « un jeune, un métier », les unités de transformation demeurent pour la majorité, détenues par des investisseurs étrangers (près 80% en 2012 et 2016) et sont dominées par l'activité du sciage. La situation de la deuxième et la troisième transformation, malgré une augmentation, ne nous apparaît pas maîtrisée, ce qui démontre encore (comme en 2009) une faible implication des « nationaux » dans la filière bois et une forte présence de la première transformation ; cette dernière concentre en effet 88% des structures de la branche en 2018 (135 unités sur les 153 implantées).

Socialement, le secteur enregistre des progrès avec notamment l'augmentation du nombre d'emplois concernés (de 4 380 employés en 2009 à 13 308 en 2015, exploitation forestière et industries comprises, 10 148 emplois en 2017 uniquement pour le volet industrie). Mais la précarité est encore présente avec l'effet pervers de la distorsion d'employabilité entre Libreville et les zones rurales d'où provient, en grande partie, le bois. Les inégalités sociales ainsi créées ternissent quelque peu ce choix politique fort qui aurait dû « grandir » et renforcer l'image du secteur forestier gabonais aux yeux de la filière internationale. D'un autre côté, la création de nouveaux métiers du bois (affuteurs, maintenance industrielle, etc.) et l'émergence d'activités connexes (commerce, art, etc.) au sein des localités où se sont implantées les différentes unités permettent à la filière bois d'augmenter le pouvoir d'achat des populations « rurales » et donc, dans une certaine mesure, d'améliorer leurs conditions de vie.

Outre la création directe d'emplois mentionnée, la transformation locale du bois a favorisé depuis quelques années la mise en place d'infrastructures de diverses natures : scolaires, hôtelières, sanitaires, adduction d'eau, électricité, etc. Des installations qui sont l'œuvre soit de l'État, du fait de la concentration des populations dans les zones où se sont implantées les différentes usines de transformation ou pour faciliter le transport des grumes vers les industries du bois (routes) ; soit des entreprises elles-mêmes (contribution à l'égard des populations environnantes comme le mentionne le code forestier dans son article 251) ou des populations bénéficiaires d'avantages issus de la transformation locale du bois (employés). Toutefois, il faut noter l'existence de certains conflits entre les populations et les entreprises du fait du non-respect du cahier de charges établi entre les deux partis devant les autorités locales. Cette situation s'explique souvent par la proximité qu'ont certains opérateurs « tout puissants » avec les autorités locales ou le personnel chargé du contrôle.

Sur le plan économique, de nombreux paramètres (mesures incitatives, manque de préalables, défaillance de l'État) ont eu des répercussions encore faibles, comparé à la période de l'exportation des grumes. La baisse des recettes fiscales en constitue une illustration éclatante (on reste très loin de celles perçues par l'État lorsque les droits et taxes de sortie – DTS - sur les grumes étaient en vigueur). La somme de celles-ci (recettes fiscales) est passée de 25,46 milliards de FCFA (38,87 millions d'euros) en 2009 à 7,05 milliards de FCFA (10,76 millions d'euros) en 2014, soit une baisse de 72,3%...

Toutefois, la progression du poids relatif joué par les industries du bois dans les recettes globales de la filière permet d'apprécier l'impact positif de la mesure. En effet, les recettes fiscales de ces industries ont représenté en moyenne 19,7% du total entre 2010 et 2013, soit un gain de 5,3 points. Désormais, ce n'est plus l'exploitation forestière primaire qui représente la « tête de gondole » de l'économie, mais bien l'industrie du bois. Cependant, il faudrait encore que des efforts soient consentis à ce niveau pour que l'impact soit plus important.

De plus, l'activité étant plus intense que lors de la mise en place de la mesure, la contribution du secteur forestier au produit intérieur brut (PIB) s'avère en nette croissance et retrouve son niveau d'avant la crise internationale 2009-2010. En effet, en 2017, le PIB de la filière bois s'est établi à 266,7 milliards de FCFA (407,8 millions d'euros), en hausse de 119,14% par rapport à 2009. La décision des autorités visant à favoriser la transformation locale a donc dynamisé la filière bois, avec une augmentation sensible de la part du secteur bois au sein de l'économie du pays en termes de valeur ajoutée. Cependant, celle-ci demeure encore en dessous de l'objectif des 10% fixé par les autorités (2,94% du PIB national en 2017 contre 2 ,14% en 2009). Ainsi, pour garantir une « nette » contribution de la filière, il faudrait entre autres s'orienter vers de véritables productions à forte valeur ajoutée (tels les produits finis) en déplaçant son axe de spécialisation vers l'aval de la filière, à l'instar de ce que pratiquent la Thaïlande et les Philippines.

D'un point de vue environnemental, la mesure permet au pays de répondre à la logique de durabilité de la ressource comme le montrent les niveaux de production situés en dessous de ce qui se faisait avant 2010 (la production moyenne de grumes est passée d'environ 2,7 millions de m^3 en 2009 à 1,6 million en 2015). Ce constat conforte notre seconde hypothèse. De plus, les politiques d'aménagement et de certification mises en place ont engendré d'autres aspects très positifs ; ainsi, elle a obligé les opérateurs à mettre en œuvre une gestion plus rationnelle de la ressource bois, favorable à la pérennisation de son exploitation pour les années à venir. En effet, le recours à la concession forestière sous aménagement durable permet au gouvernement de répondre aux exigences de l'industrialisation de la filière bois, tout en minimisant a priori la dégradation de la forêt et la déforestation. Depuis la mise en place de cette mesure, une amélioration en matière d'aménagement a été enregistrée au sein de la filière bois. La superficie des permis aménagés est ainsi passée de 10,5 millions d'hectares en 2009 à 15,9 millions d'hectares en 2017, confirmant de la sorte l'engagement des opérateurs économiques dans le processus d'aménagement.

Si l'aménagement forestier participe à la gestion durable de la ressource bois, la certification, de par la traçabilité qu'elle permet, n'est pas en reste. Aujourd'hui, pour s'assurer que toutes les étapes de la filière (de la coupe à la transformation du bois) soient respectées dans le pays, plusieurs garanties doivent être prises en compte afin de certifier d'une exploitation « fiable » et « respectueuse ». Il y a entre autres l'adhésion aux différents labels (FSC, OLB, PAFC), la mise en place d'une grille de légalité qui permet de savoir si la fabrication des produits est conforme à la réglementation en vigueur ; de même, le code forestier permet de fixer les modalités de gestion durable (mise en place d'une feuille de route, détention du permis, respect du diamètre de coupe, etc.) en vue d'accroître sa contribution au développement économique, social, culturel et scientifique du pays. Cependant, bien que de nombreuses entreprises au Gabon manifestent aujourd'hui la volonté d'obtenir cette écocertification par l'obtention officielle d'un « label vert », on n'est encore loin des 100% souhaités par les autorités à l'horizon 2025 dans le *Plan Stratégique Gabon Emergent*. En 2017, seuls 14,3% des 16 millions d'hectares des concessions concédées (forêts domaniales productives) sont certifiés, soit 2 287 453 ha. Cette situation est imputable, entre autres, au fait que la certification n'est pas obligatoire sur le territoire gabonais, mais aussi du fait que certains marchés (asiatiques notamment) ne l'exigent pas.

Au Gabon, la généralisation du processus d'aménagement forestier et la prise en compte de l'enjeu de la légalité des bois à travers la traçabilité des produits (ligneux et non ligneux) issus des forêts constituent un pan de la concrétisation du pilier « Gabon Vert ». Toutefois, si le secteur a connu des progrès sensibles, il existe encore des pesanteurs « sévères » auxquelles le pays devrait faire face pour assurer le futur de cette activité ; ainsi, l'exploitation illégale, ces dernières années, des essences interdites (cas du « keva-gate » avec la disparition de 353 conteneurs au port d'Owendo en avril 2019), ou encore les déchets brulés par des opérateurs à l'intérieur du pays comme près de la capitale en constituent des exemples pertinents. En outre, malgré les progrès observés, le rendement matière moyen de l'ensemble des niveaux de transformation demeure relativement faible comparativement à celui de certains pays dits développés (il varie entre 40 et 50%, en fonction du segment d'activité).

Sur le plan géostratégique, le Gabon a trouvé le moyen de faire entendre sa voix à l'international et de prendre une longueur d'avance sur les autres pays du bassin du Congo en devenant le site majeur de transformation du bois dans la sous-région. Situé au cœur du second plus important massif forestier de la planète, le territoire attire de nombreux acteurs (industriels des pays occidentaux et émergents, les ONG environnementales, etc.) ; ces derniers souhaitent maintenir ou développer dans le futur une présence dans une zone au potentiel naturel important, et qui pourrait constituer un des points stratégiques pour la planète sur le marché des ressources naturelles. La forte représentativité d'entreprises aux capitaux étrangers au sein de la zone économique spéciale de Nkok (chinois, indiens, malaisiens, etc.) ou encore l'organisation depuis 2018 *du Gabon Wood Show* à Libreville, démontrent bien l'attrait que suscite le pays aujourd'hui dans ce secteur. Ici se confirme notre piste de recherche qui a consisté à voir un rapport entre industrialisation de la filière et émergence du Gabon dans les relations commerciales internationales.

Cette relation traduirait non pas une domination, mais un renouvellement du mouvement d'attraction « centre-périphérie » tel que nous le connaissons de nos jours, avec un centre correspondant aux « vieux » pays développés). Ainsi, s'il est souvent admis que les États forestiers du Sud sont sous l'emprise de puissances internationales, symboles d'une gouvernance prescrite et d'une ingérence, la présence de ces nouveaux acteurs peut témoigner d'une stratégie des gouvernements du sud (Gabon) visant à la reconquête de leurs ressources et de leurs territoires.

Concernant les rapports avec l'ancienne puissance coloniale, la mesure de 2009 a entrainé une perte d'emplois dans certaines régions françaises (cas de Lisieux dans la Normandie avec la fermeture de *Plysorol*), et le recul des intérêts de ce pays au Gabon au profit des opérateurs asiatiques, principalement la Chine, l'Inde, la Malaisie ou encore l'Indonésie. Bien qu'encore présents en Afrique et particulièrement sur le marché gabonais, l'Europe, et singulièrement la France, a clairement perdu son statut d'acheteur de référence, au point que certains auteurs évoquent une « fin de cycle ». Par ailleurs, cette diversification des partenaires, couplée au recul de la présence européenne, suscite quelques fois des conflits d'intérêts entre différents opérateurs (avec une course à l'appropriation de la ressource bois). Ce fut le cas de la bataille juridique qui opposa en 2015 l'investisseur franco-libanais au groupe chinois *Shandong Longshen import et export corporation* : tous deux revendiquaient la propriété de *Pogab*, filiale gabonaise de l'entreprise française de contreplaqué *Plysorol*.

On aurait pu s'imaginer que cette nouvelle politique du Gabon (regard tourné vers l'Asie dans un contexte de raréfaction des ressources et de mondialisation) aurait occasionné des litiges avec son partenaire historique (la France) ; toutefois, bien que le bois gabonais (okoumé) soit reconnu mondialement pour ses capacités de déroulage et qu'il ait joué un rôle important dans le fonctionnement de certaines entreprises implantées en France, l'arrêt de l'exportation des grumes n'a pas eu de réelles répercussions sur l'économie de l'hexagone. Ce pays, en plus de posséder d'importantes ressources forestières sur son territoire pouvant pallier le déficit, a recouru à des pays autres que le Gabon pour son approvisionnement en bois tropicaux (Brésil, Cameroun, Congo-Brazzaville, Côte d'Ivoire, Malaisie, etc.). Ainsi, le bois gabonais ne représente qu'une infime partie de la filière bois française : 0,70% des importations totales du contreplaqué en 2018 par exemple. Outre les importations de contreplaqué, le volume de la récolte en bois annuelle du Gabon (transformé localement ou pas), ne représente que 1,6 million de mètres cubes en 2015 quand celui de la France est estimé selon *France Bois Régions*, à 36 millions de mètres cubes ; un autre élément qui, là encore, montre la place qu'occupe le bois de ce pays dans la filière hexagonale.

La transformation locale des matières premières, et particulièrement du bois, représente un élément essentiel pour un pays comme le Gabon qui aspire à une « (réelle) émergence économique ». Mais force est de constater qu'au-delà des intentions juridiques et politiques, l'industrialisation de la filière bois est sujette à quelques entraves. Le constat fait par nous montre que certaines entreprises, principalement les PME gabonaises, connaissent encore des problèmes d'accès au financement, ce qui ne facilite pas - entre autres - l'implication des nationaux dans la filière bois. Preuve en est les 20 milliards (30,5 millions d'euros) du Fonds Forestier National prévus par les autorités gabonaises qui n'ont jamais été accordés. Aussi, l'accès inégal au crédit contribue-t-il à pénaliser les investisseurs nationaux par rapport aux investisseurs étrangers qui bénéficient d'un accès aux marchés internationaux du crédit.

Une autre des principales difficultés relevées par les différents opérateurs est le manque de main-d'œuvre qualifiée. Localement, il n'existe quasiment pas de structures de formation adaptées. Cette situation a pour corollaire de ralentir un domaine (industriel) qui exige bien plus que la simple exploitation, une main-d'œuvre spécialisée sur certains métiers propres à la filière. Certes, la compétence dans certains segments, tels que le déroulage, est certes bien plus représentée actuellement dans la main-d'œuvre gabonaise qu'avant 2009 ; toutefois, celle-ci n'en serait que grandie si les lycées techniques proposaient une spécialité « déroulage » ou un cursus « école du bois » plus complet. Dans ces domaines, rares sont les Gabonais ayant eu une formation, professionnelle ou universitaire, se formant généralement « sur le tas ».

Soulignons qu'outre l'accès au crédit et le manque de main-d'œuvre qualifiée, nos enquêtes de terrain ont révélé d'autres entraves à la transformation poussée de la filière bois. Ainsi, de nombreuses unités de transformation sont contraintes à des difficultés d'approvisionnement régulier dues à la défaillance des infrastructures et de la logistique (routes, port, infrastructures ferroviaires, etc.,) qui alourdissent les coûts de transport et affaiblissent la compétitivité des produits du secteur. De même, l'accès à l'énergie constitue également un problème important.

Enfin, à la suite de ce diagnostic avons-nous proposé dans la troisième partie de ce travail quelques pistes visant à améliorer le « process » de transformation du bois au Gabon. Ces préconisations sont au nombre de quatre :

- l'amélioration de l'environnement des affaires du pays, ce qui passerait par les facilitations d'accès aux crédits et l'accès à l'énergie (électricité) ;
- le développement de la formation aux métiers et à la technologie industrielle du bois ;
- l'entretien et la construction d'infrastructures de transport au plan national ;
- la promotion d'une meilleure organisation spatiale (répartition) des unités de transformation sur le territoire national, afin de mieux rentabiliser la filière.

Toutefois, la prise en compte de ces défis à l'échelle sous-régionale (CEMAC) serait une des voies possibles, notamment en harmonisant les politiques régissant la filière bois pour une industrialisation poussée (arrêt de l'exportation pour l'ensemble des pays) et en mutualisant les investissements dans les domaines des infrastructures de transport et énergétiques. L'intégration régionale, tant appelée de leurs vœux par les gouvernements de la région lors des sommets internationaux, repose en partie sur le développement de ces infrastructures de transport qui sont des supports de l'intégration « physique » des territoires.

Par ailleurs, si cette recherche a été construite sur la base de ressources diverses, de quelques données statistiques macros (production du bois au Gabon, recettes fiscales de la filière, PIB, etc.)

et de collectes de données de tous types grâce aux enquêtes de terrain, elle ne s'est pas faite sans embûches. Premièrement, nous pouvons relever les difficultés liées au manque criant des données statistiques portant sur les retombées économiques de la filière bois. C'est le cas de celles liées aux recettes fiscales, à la production globale du bois et même au marché du bois gabonais. Et quand elles existent, ces données doivent être prises avec beaucoup de « prudence », déjà parfois à cause de leur « ancienneté » (cas des recettes fiscales qui ont plus de cinq ans) ; d'où la nécessité d'effectuer un croisement de données avec d'autres sources ou des enquêtes de terrain (T.B.E, rapports Eaux et Forêts, DGEPF, BM, etc.).

Deuxièmement, les échantillons que nous avons retenus lors de nos enquêtes de terrain peuvent constituer aussi une limite de notre travail dans la mesure où des localités ou régions du pays n'ont pu être étudiées en détail en raison de l'étendue de notre zone d'étude (l'ensemble du Gabon), du temps qui nous était imparti, mais aussi suite à des moyens matériels limités. En effet, la sélection de quelques terrains d'études constitue sans aucun doute une autre limite du travail et, par conséquent, une précaution à prendre lors de la généralisation de nos analyses ou des résultats à l'échelle nationale.

Si les limites susmentionnées ont parfois été comblées par des entretiens ciblés, nos voyages sur le terrain n'ont pu se faire que dans la limite de trois mois maximum chacun, alors qu'un séjour d'au moins six mois aurait pu permettre d'avoir une meilleure appréciation de la « réalité » du terrain.

Ainsi, malgré notre bonne volonté, de nombreuses questions restent en suspens. C'est autant de perspectives de recherches qui incitent à un prolongement de cette analyse. Pour approfondir ce travail de recherche, nous proposons quelques pistes de réflexion à explorer dans nos travaux à venir :

Si jusqu'à maintenant nous avons privilégié l'échelle nationale (Gabon) comme cadre d'analyse, nous souhaiterions étendre « spatialement » la problématique de la transformation du bois en menant des études sur une échelle plus grande. Le Ghana étant considéré comme un modèle d'industrialisation dans la filière bois en Afrique subsaharienne, une étude comparative avec ce qui se fait dans ce pays et par extension en Afrique de l'Ouest nous permettra de mieux apprécier cette dynamique industrielle.

Ensuite, l'arrêt de l'exportation des grumes a entrainé l'arrivée de nouveaux acteurs notamment la grande puissance asiatique qu'est la

Chine. Il convient alors de s'interroger sur ses véritables intentions. Le Gabon (et par extension l'Afrique), après avoir connu la domination des puissances occidentales, devrait-il veiller à ne pas tomber dans une nouvelle forme de colonisation que Marc-Louis Ropivia appelait déjà en 1986 « *l'impérialisme tropical gondwanien* », c'est-à-dire à une perception (domination) géopolitique horizontale venant des puissances émergentes. Car il faut dire que la démarche de cette dernière (Chine), aussi « soft » soit-elle, vise en premier ses intérêts à savoir une course aux matières premières nécessaire pour un pays présentant une population très importante, dans un contexte de raréfaction des ressources. Ne pourrait-on pas là assister à une prédation de la forêt gabonaise ?

Enfin, nous nous proposons d'approfondir une question déjà abordée dans cette thèse, celle de la place du bois gabonais dans le commerce international et le rapport entre ledit pays et son partenaire historique la France. Ce serait l'occasion d'apprécier les paramètres qui concourent au bon fonctionnement de l'industrie de la filière bois hexagonale et ainsi tirer des leçons qui pourront servir à la filière africaine.

BIBLIOGRAPHIE

A

ABDELATIF K., *Entreprises, développement et développement durable : le cas de l'Algérie*, in *marché et organisations*, l'harmattan, n° 8, 2009, p. 61-77.

ANGERS M., *Initiation pratique à la méthodologie des sciences humaines*, 2e éd., Montréal, Cec, 1996, 381 p.

ANGO S., « Les parcs nationaux au Gabon : mécanismes et enjeux de la valorisation », in *Parcs nationaux et diplomatie environnementale au Gabon*, P. KIALO, G. C. ESSABE et S. ANGO (dirs.), Paris, l'Harmattan, 2011, p. 11-56.

ARBORIO A-M., FOURNIER P., *L'enquête et ses méthodes : l'observation directe*, Paris, Armand Colin, 2010, 127 p.

AUBRÉVILLE A., « Études sur les forêts de l'Afrique-Équatoriale française et du Cameroun » in *Bulletin Scientifique de la Direction de l'Agriculture, de l'Élevage et des Forêts,* Nogent-sur-Marne, n° 2, 1948, 131p.

AUBREVILLE A., « La mort des forêts de l'Afrique tropicale », in *Unasylva, Revue internationale des forêts et des industries forestières*, vol. 1, n°1, 1947, p. 20. *Idem.*, vol. 37, n° 148, 1985, p. 18-27.

AUBRÉVILLE A., « Savanisation tropicale et glaciations quaternaires », in *Adansonia,* Paris II, fasc. 1, 1962, p. 16-84.

B

BAILLY A et al., *Les concepts de la géographie humaine*, 4ème édition, Paris, Armand colin, 1998, 333 p.

BANQUE MONDIALE, *Rapport sur la diversité et la Compétitivité des Exportations en République gabonaise, Améliorer le climat d'investissement pour diversifier l'économie*, R. E. TSOUCK IBOUNDE, A. SUWA-EISENMANN, O. CADOT (dirs.), Groupe la Banque Mondiale, 2014, 106 p.

BARDOT C., FAVRE J., JEGOU B., PARIS Frank, TOUITOU A., *L'Afrique : Histoire, géographie et géopolitique*, Paris, Pearson Éducation, 2009, 176 p.

BAYART J-F, l'État en Afrique. La politique du ventre, Paris, Fayard, 1989, 439 p.

BAYOL N. et al., « La gestion des forêts et la filière bois en Afrique centrale », in *Les forêts du bassin du Congo : État des forêts*, C. WASSEIGE, P. DE MARCKEN, N. BAYOL, F. HIOL, P. MAYAUX, B. DESCLEE, A. BILLAND et R. NASI (dirs.), Luxembourg, Office des publications de l'Union européenne, 2012, p. 43-62.

BEFFA J-L., *Pour une nouvelle politique industrielle*, Paris, La Documentation française, 2005, 71 p.

BILLARD E., « Gestion durable et multifonctionnalité des forêts : le difficile itinéraire du Gabon », in *À l'ombre des forêts, Usages, images et imaginaires de la forêt*, C. HARPET, P. BILLET, J-P PIERRON (dirs.), Paris, l'Harmattan, p.71-99.

BLANCHET A., GOTMAN A., *L'entretien*, Paris, Armand Colin, 2010, 126 p.

BRICQUET J.-P., BAMBA F., MAHE G., TOURE M., et OLIVRY J. C., « Évolution récente des ressources en eau de l'Afrique atlantique », in *Revue des sciences de l'eau /Journal of Water Science*, Paris, vol. 10, n° 3, 1997, p. 321-337.

BRUNER R. et al., *Les mots de la Géographie*, Paris, Reclus-La Documentation Française, 1993, 518 p.

BRYANT D. et al., *Les dernières forêts-frontière : écosystème et économies à la limite*, Washington, DC, Institut des Ressources Mondiales, 1997.

BUTTOUD G., *Les politiques forestières*, Paris, PUF, 1998, 127 p

C

CABALLÉ G., « Essai phytogéographique sur les forêts denses du Gabon », in *Annales de l'Université Omar Bongo*, Libreville, n° 2, 1978, p. 87-101.

CABALLÉ G., FONTES J., « Les inventaires forestiers au Gabon, application à la phytogéographie », in *Bois et Forêts des tropiques*, Nogent-sur-Marne, n° 177, 1978, p.15-33.

CHAVRET J. P, et al., *Géographie humaine : Questions et enjeux du monde contemporain*, Paris, Armand Colin, 2002, 345 p.

CHRISTY P., JAFFRE R., NTOUGOU O., WILKS C.H., *La forêt et la filière bois au Gabon. La forêt du Gabon au début du troisième millénaire*, Libreville, Multipress-Gabon, 2003, 389 p.

COTTEREAU C., *Négociations, adaptations et résistances des indiens guarani du littoral de santa catarina-Brésil*, Thèse de doctorat, Géographie-Aménagement, Université de Pau et des Pays de l'Adour, 2013, 469 p.

COUDEL-KOUMBA, « La gestion et l'exploitation des ressources naturelles au Gabon : vers une réorganisation spatiale des activités productives », *Les Cahiers d'Outre-Mer*, n°256, 2011, p.507-521.

COUTROT D., *Le bois et ses industries*, Paris, Presses Universitaires, 1997, 127 p.

D

DE BANDT J., *Les politiques industrielles*, Paris, Economica, 1985, 174 p.

DESANTI R., CARDON P., *L'enquête qualitative en sociologie*, Ed. ASH, 2007, 99p.

DESCARTES R., *Discours de la méthode*, Paris, Garnier Flammarion, 1996, p.

DIDZAMBOU R., « Entreprises françaises au Gabon et développement économique et social 1960-2010 », *Les cahiers d'Outre-mer*, Cinquante ans d'indépendances africaines, Tome 97, 2010, p. 195-216.

DIRECTION GÉNÉRALE DE L'ÉCONOMIE ET DE LE POLITIQUE FISCALE, *Tableau de bord de l'économie gabonaise, Situation 2016, perspectives 2017-2018*, n°47, 2016, 175 p.

DIRECTION GÉNÉRALE DE L'ÉCONOMIE ET DE LE POLITIQUE FISCALE, *Tableau de bord de l'économie gabonaise, Situation 2017, perspectives 2017-2019*, 2017, 139 p.

DIRECTION GÉNÉRALE DES INDUSTRIES DU COMMERCE DU BOIS ET DE LA VALORISATION DES PRODUITS FORESTIERS, *État des lieux de l'industrie du bois au Gabon*, Rapport, 2012, 21 p.

DIRECTION GÉNÉRALE DES INDUSTRIES, DU COMMERCE DU BOIS ET DE LA VALORISATION DES PRODUITS FORESTIERS, *Rapport d'activités (Année 2017- 1er semestre 2018)*, Libreville, 2018, 14 p.

DOLLFUS O., *L'analyse géographique*, Paris, PUF, 1971, 128 p.

DOUZET F., « Cyberguerres et cyberconflits », in *Nouvelles guerres, Comprendre les conflits du XXIe siècle*, Bertrand BADIE et Dominique VIDAL (dirs), Paris, éditions La Découverte, 2016, p. 143-151.

DURAND F., PIRARD R., « Quarante ans de politiques forestières en Indonésie, 1967-2007 : la tentation de la capture par les élites », *Les Cahiers d'outre-mer*, n°224, 2008, p. 407-431.

F

FLEURY M-F., « L'exploitation du bois et la déforestation : exemple du Brésil », *L'information géographique*, volume 64, 2000. p. 58-70.

FUHR M., NASI R., MINKOUE J.-M., « Les peuplements d'okoumé au Gabon. Effet de l'éclaircie sur la croissance et la production des peuplements purs de la zone côtière », *Bois et Forêts des Tropiques*, vol. 256 (2), 1998, p. 5-20.

G

GAMBOTTI C., « Gabon, pays émergent. Les ambitions du Plan stratégique Gabon émergent 2025 », *Géoéconomie*, 2014/1 n° 68, p. 159-170.

GRANT MOUBECKA J.B., *La manutention des grumes par la SEPBG au port d'Owendo*, mémoire de Maîtrise, Université Omar Bongo, 2006, 802 p.

GRAWITZ M., *Méthodes des sciences sociales*, Paris, Daloz, 11ème édition, 2011, 1019 p.

GUIBERT J., JUMEL G., *Méthodologie des pratiques de terrain en sciences humaines et sociales*, Paris, Armand Colin, 1997, 207 p.

GUMUCHIAN H., MAROIS C., FEVRE V., *Initiation à la recherche en géographie*, Paris, Economica, 2000, 434 p.

H

HAMMOUDA H. B., « Préface », in *Économie du développement, une perspective historique*, Grenoble, l'Harmattan, 2012, p. 9-14.

HERMET G., BADIE B., BIRNBAUM P., *Dictionnaire de la science politique et des institutions politiques*, Paris, Armand Colin, 2010, 384 p.

HULME M., « West African Monsoon. Work of the Climate Research Unit, East Anglia University », in *Letter of the International Program PIGB-PMRC*, n° 11, 2000.

I

ITTO, « criteria for the measurement of sustainable tropical forest management », in *Policy Development*, series N°3, 1992, 5 p.

J

JONCHERAY M., *Vivre la guerre, construire la paix, conflit et recompositions territoriales post-conflit en République du Congo (Pays du Nairi)*, Thèse de doctorat, Géographie, Université d'Aix-Marseille, LPED, 2013, 577 p.

K

KARSENTY A., *les instruments économiques de la forêt tropicale : le cas de l'Afrique centrale*, Paris, Maisonneuve et Larose, 1999, 125 p.

KARSENTY A et al., « L'aménagement forestier au Congo engendre-t-il plus de déforestation ? », http://dpfac.cirad.fr/amenagement-et-deforestation [consulté le 22 mars 2018].

KARSENTY A., « L'Afrique et ses matières premières, Enjeux méconnus de l'économie du bois », Le Monde diplomatique, 1 juillet 2006, https://www.monde-diplomatique.fr/2006/07/KARSENTY/13658 [consulté le 23 janvier 2018].

KARSENTY A., PIKETTY M-G., « Stratégies d'industrialisation fondée sur la ressource forestière et irréversibilités : les limites de l'expérience indonésienne », *Revue Tiers-Monde*, n°146, 1996, p. 431-451.

KARSENTY A., PIKETTY M-G., « L'exploitation et l'industrie forestière en Indonésie : Retour sur un débat » *Revue Tiers Monde*, n°167, 2001, p. 689-702.

KARSENTY A., « Le Cameroun et l'exportation des grumes », *Bois et Forêts des Tropiques*, n°262, 1999, p. 94-95.

KEUCHEYAN R., « Climat, nature, ressources naturelles : les nouveaux champs de bataille ? », in *Nouvelles guerres, Comprendre les conflits du XXIe siècle*, Bertrand BADIE et Dominique VIDAL (dirs), Paris, éditions La Découverte, 2016, p. 85-98.

KIALO P. ESSABE G.C., ANGO S., *Parcs nationaux et diplomatie environnementale au Gabon*, Paris, l'Harmattan, 2011, 118 p.

KOMBILA-MOULOUNGUI A. G., *Les enjeux de l'arrêt de l'exportation des grumes au Gabon : de 2009 à 2012*, Mémoire de Master, Géosciences Politiques, Université Omar Bongo, 2013, 124 p.

L

LABROUSSE A., VERSCHAVE F-X., « Les pillards de la forêt (Exploitations criminelles en Afrique) », in *Dossiers Noirs*, Marseille, Ed Agone, 2002, 187 p.

LACOSTE Y., *De la géopolitique aux paysages : Dictionnaire de la géographie*, Paris, éd. Armand Colin, 2003, 413 p.

LASSERRE F., GONON E., MOTTET E., *Manuel de Géopolitique, Enjeux de pouvoir sur des territoires*, Paris, Armand Colin, 2016, 359 p.

LEROY-DEVAL J., *Biologie et sylviculture de l'okoumé*, Thèse de doctorat., Université Paris VI, 1973, 125 p.

LEVY J., LUSSAULT M., *Dictionnaire de la géographie et de l'espace des sociétés*, Paris, Belin, 2013, 1127 p.

M

MABIKA J., « Enjeux et défis de l'industrialisation de la filière bois », in *Les enjeux et défis du Gabon au XXIe siècle, Réflexions critiques et prospectives des géographes*, S. LOUNGOU (dir.), Paris, Connaissances et Savoir, 2014, p. 331-357.

MABIKA J., *Exploitation et gestion durable de la forêt gabonaise : analyse géographique et problèmes de gestion et d'aménagement forestier*, Thèse de doctorat, géographie-aménagement, Université de Montpellier III, 3 tomes, 2003, 902 p.

MADEBE D. D., *Hétérogénéités spatiales, réorganisation du territoire et développement du Gabon*, Libreville, Cenarest, 2009, 141 p.

MADEBE D. D., « Transports », in *Atlas du Gabon*, R. POURTIER (dir.), Paris, éditions Jeune Afrique, 2004, p. 42-43.

MAGNAGNA NGUEMA V., *Étude de cas des impacts des politiques et pratiques en matière d'investissement dans les forêts : le cas du Gabon*, OIBT, 2007, 27 p.

MAGNAGNA-NGUEMA. V., *Vision de l'observatoire économique de la filière bois du ministère des Eaux et Forêts, de l'Environnement et du Développement durable*, Rapport forum sur l'exploitation forestière, 2010, 10 p.

MAGRIN G., et al., « Les ressources, enjeux géographiques d'un objet pluriel », in *Ressources mondialisées, Essais de géographie politique*, M. REDON, E. CHAUVIN, L. PERRIER BRUSCLE et E. LAVIE (dirs.), Paris, Collection Territoires en mouvements, 2015, 336 p.

MALOBA MAKANGA J-D., « Mosaïque forêt-savane et exploitation des ressources forestières du Gabon », *Geo-Eco-Trop*, n°35, 2011, p. 41-50.

MALOBA MAKANGA J-D., « Climat », in *Atlas du Gabon*, R. POURTIER (dir.), Paris, éditions Jeune Afrique, 2004, p. 12-13.

MBOUTSOU C., « Hypofécondité gabonaise en question : problème résolu ou mis en jachère d'une préoccupation majeur pour le développement du Gabon », *Gabonica* n°5, 2011, p. 178-192.

MBOUTSOU C., « Population et démographie », in *Atlas du Gabon*, R. POURTIER (dir.), Paris, éditions Jeune Afrique, 2004, p. 24-27.

MECIT, *Bilan de la gestion forestière au Gabon et perspectives pour la valorisation des produits forestiers, Gestion forestière versus industrie du bois au Gabon : fondements de la mesure d'interdiction d'exportation de grumes et mesure d'accompagnement*, Rapport forum sur la gestion forestière, 2010, 15 p.

MEDZEGUE M'AKUÈ J-J., *La méthodologie documentaire comme base d'un travail scientifique : recherche d'informations, rédaction scientifique, présentation du travail final*, préface de Marc Louis ROPIVIA, Paris, L'Harmattan, 2009, 150 p.

MEIER G., SEERS D., *Les pionniers du développement*, Paris, Economica, 1988, 441 p.

MERAD-BOUDIA A., *Économie du développement, une perspective historique*, Grenoble, l'Harmattan, 2012, 159 p.

MINISTÈRE DE L'ÉCONOMIE ET DE LA PROSPECTIVE, DIRECTION GÉNÉRALE DE L'ÉCONOMIE ET

DE LA POLITIQUE FISCALE, *Évaluation de la réforme de l'arrêt des exportations des grumes*, Libreville, 2014, 48 p.

MINISTÈRE DE LA FORÊT, DE L'ENVIRONNEMENT ET DE LA PROTECTION DES RESSOURCES NATURELLES, *Rapport sur l'évaluation du secteur de la forêt et de l'environnement*, Libreville, 2014, 24 p.

MINISTÈRE DE LA FORÊT, DE L'ENVIRONNEMENT ET DE LA PROTECTION DES RESSOURCES NATURELLES, *Analyse de la mesure du Gouvernement relative à l'interdiction de l'exportation des grumes dès 2010*, rapport, Libreville, 2010, 27 p.

MINISTÈRE DE LA FORÊT, DE L'ENVIRONNEMENT ET DE LA PROTECTION DES RESSOURCES NATURELLES, *Synthèse des travaux de la commission des experts chargés d'examiner l'impact de la mesure d'interdiction des exportations de grumes de 2010*, 2010, rapport, 18 p.

MINISTÈRE DES EAUX ET FORÊTS, *Recueil des textes législatifs et réglementation en matière des Eaux et Forêts*, Libreville, 2011, 271 p.

MOMBO J-B., « la ressource forestière au Gabon : une économie de rente en quête d'industrialisation et de gestion durable », in *Enjeux Géopolitiques en Afrique Centrale*, Paris, l'Harmattan, 2009, p. 125-142.

MOMO NGUEMA A., *Le processus de commercialisation des bois divers au Gabon*, mémoire de Maîtrise, Université Omar Bongo, 1988, 72 p.

MOUKEGNI-SIKA.C., *Problématique de la gestion durable des ressources forestières au Gabon : enjeux des représentations sociales*, mémoire, Université Omar Bongo, 2012, 64 p.

MOULOUNGUI A., *Gouvernance des ressources forestières au Gabon : acteurs et enjeux*, Thèse de doctorat, Géographie-Aménagement Environnement, Université d'Orléans, 2014, 510 p.

N

N'SITOU MABIALA, *l'évolution du processus d'industrialisation de la filière-bois au Gabon : atouts, contraintes et perspectives*, Mémoire, 1999, 78 p.

N'SITOU MABIALA, *Valorisation des produits ligneux : bilan et perspectives*, Rapport forum sur la gestion forestière, 2010, 8 p.

NASI R., « Les peuplements d'okoumé au Gabon. Leur dynamique et croissance en zone côtière », *Bois et Forêts des Tropiques*, vol. 251, 1997, p. 5-27.

NDJAMBOU L. E., « Les réseaux de transport terrestres au Gabon. Bilan et perspectives », *Les Cahiers d'Outre-Mer*, n°241-242, 2008, p. 209-231.

NDOMBI BOUNDZANGA B. D., *Rapports de qualification en milieux ouvriers : du primat des qualifications attribuées au contrôle des rapports salariaux dans les usines gabonaises du bois*, Thèse de doctorat, Université Nancy2, 2011, 480 p.

NGUYEN V. H., *Stratégie d'industrialisation et compétitivité de l'économie vietnamienne*, Thèse de doctorat, Économies et finances, Université d'Orleans, 2011, 259 p.

NICOLAS P., *Contribution à l'étude phytogéographique de la forêt du Gabon*, Thèse de doctorat, Paris 1, EHESS, 1977, 383 p.

NTSONO N.F., *Le pôle industriel du Haut-Ogooué*, Mémoire de maîtrise, Université Omar Bongo, 2000, 96 p.

NZE NGUEMA. S., *Gestion forestière et industrie du bois au Gabon : fondements de la mesure d'interdiction d'exportation des grumes et mesures d'accompagnement*, Rapport forum sur la gestion forestière, 2010, 9 p.

NZENGUE. C., *Marché national et international du bois : bilan et perspectives*, Rapport forum sur la gestion forestière au Gabon, 2010, 12 p.

O

OBAME ONDO A. P., OBAME NGUEMA, NDOGOU A., BIRIMBI J. C., OKOTA A., *État de la filière bois au Gabon : Contraintes et opportunités*, Rapport, Libreville, 2010, 23 p.

OKAPA. H., *La contribution de la filière et du secteur bois à l'économie nationale : bilan et perspectives*, Rapport MEF, 2010, 16 p.

OMBIGATH P., « La crise économique de 1930 et ses répercussions sur l'industrie forestière du Gabon, 1930-1939 », in *Le Gabon : approche pluridisciplinaire*, Paris, L'Harmattan, Coll. Études africaines, 2006, p. 143-171.

ONDAMA OMBANDA F., « Urbanisation », in *Atlas du Gabon*, R. POURTIER (dir.), Paris, éditions Jeune Afrique, 2004, p. 28-29.

ONDO OSSA A., *Le paradoxe du Gabon, un pays riche, mais sous-développé*, Thèse de doctorat d'État en sciences économiques, Université de Nancy 2, 1984, 674 p.

OVONO EDZANG N., « Agriculture », in *Atlas du Gabon*, R. POURTIER (dir.), Paris, éditions Jeune Afrique, 2004, p.30-31.

P

PARTANT F., *La fin du développement, Naissance d'une alternative*, Paris, cahiers libres, 1982, 187 p.

PEYROT B., « Le Transgabonais, vecteur économique stratégique du développement du Gabon », in *Le chemin de fer en Afrique*, J.-L., CHALEARD, Ch. CHANSON-JABEUR et Ch. BERANGER (dirs), Paris, Karthala-prodigsedet, 2006, p. 307-322.

PEYROT B., « Paléoécologie du Gabon à 15. 000 ans BP : situation théorique et implications sur la paléoécologie de la fin du Pléistocène », *Nsi, revue du CICIBA*, n° 6, 1989, p.115-125.

PEYROT B., « Incidences écologiques, anthropiques, et paléoécologiques sur l'évolution des forêts du Gabon », *Les Cahiers d'Outre-Mer*, n° 241-242, 2008, p. 111-144.

PEYROT B., *Dynamiques environnementales en Afrique centrale. Indicateurs géomorphologiques, écologiques et anthropogènes des dynamiques présentes et passées. Congo, Gabon, Rwanda, Burundi*, Thèse HDR, Université Michel de Montaigne, Bordeaux III, 2001, 203 p.

POURTIER R, *Le Gabon : État et développement*, Paris, L'Harmattan, Tome 2, 1989, 344 p.

POURTIER R. (dir.), « Le pétrole », in *Atlas du Gabon*, Paris, éditions Jeune Afrique, 2004, p. 54-55.

POURTIER R., « Introduction », in *Atlas du Gabon*, R. POURTIER (dir.), Paris, éditions Jeune Afrique, 2004, p. 6-7.

POURTIER R., *Le Gabon Tome 1 : espace, histoire, société*, Paris, l'harmattan, 1995, 254 p.

POURTIER, R., « Ressources naturelles et fragilités de l'État : quelques réflexions à propos de l'Afrique centrale », in *États et sociétés fragiles : entre conflits, reconstruction et développement*, J.-M. CHATAIGNER, H. MAGRO (dirs.), Paris, Karthala, 2007, p. 91-105.

PREBISCH R., « cinq étapes dans ma réflexion sur le développement », in *Les pionniers du développement*, G. MEIER, D. SEERS (dirs.), Paris, Economica, p. 187-222.

PUYO J-Y, « de la théorie à la pratique: Les forestiers français face au défi colonial (1880-1940), chapitre XI », in *Milieu, colonisation et développement durable, perspectives géographiques sur l'aménagement*, V. BERDOULAY et O. SOUBEYRAN (dirs.), 2000, p. 154-171.

PUYO J-Y, « Sur le mythe colonial de l'inépuisabilité des ressources forestières (Afrique occidentale française / Afrique équatoriale française, 1900-1940) », *Cahiers de géographie du Québec*, vol. 45, n° 126, 2001, p. 479-496.

PUYO J-Y, *Mémo pour la rédaction d'un mémoire de maîtrise*, Pau, AUF bureau Asie-Pacifique- Pôle « géographie et tourisme », 11 p.

Q

QUIVY R. et VAN CAMPENHAUDT L., *Manuel de recherche en science sociales*, Paris Dunod, 2006, 256 p.

R

RABENKOGO N., « Patrimoine naturel », in *Atlas de l'Afrique-Gabon*, R. POURTIER (dir.), Paris, les éditions J.A, p. 14-15.

RAFFESTIN C., *Pour une géographie du pouvoir, Préface de R. Brunet*, Paris, Libraires techniques, 1980, 246 p.

RAYMOND A., *Paix et guerre entre les nations*, Paris, Calmann-Levy, 1962, 794 p.

REGNIER P., « Histoire de l'industrialisation et succès asiatiques de développement : une rétrospective de la littérature scientifique francophone », *Mondes en développement*, n° 139, 2007, p. 73-96.

REITSMA J.M., « Végétation forestière du Gabon », in *Tropenbos*, 1989.

REITSMA J.M., LOUIS A., FLORET J.-J., « Inselbergs et dalles rocheuses, flore et végétation. Première étude au Gabon », in *Adansonia*, Paris, section B, n° 14, 1991.

RÉPUBLIQUE GABONAISE, *Loi 16/2001 du 31 décembre 2001 portant code forestier en République gabonaise*, Libreville, 2001, 49 p.

ROPIVIA M-L., « perspective de développement », in *Atlas du Gabon* » R. POURTIER (dir.), éditions Jeune Afrique, 2004, p. 56-57.

ROPIVIA M-L., « Géopolitique et géostratégie : L'Afrique noire et l'avènement de l'impérialisme tropical gondwanien », *Cahiers de géographie du Québec*, 30(79), 1986, p. 5-19.

ROPIVIA M-L., *Manuel d'épistémologie de la géographie : écocide et déterminisme anthropique*, Paris, L'Harmattan, 2007, 138p.

ROSIÈRE, S., *Géographie politique et géopolitique : une grammaire de l'espace politique*, Paris, Ellipses, Coll. Universités-Géographie, 2e édition revue et augmentée, 2007, 420 p.

ROSTOW Walt W., *Les étapes de la croissance économique*, Paris, Le Seuil, 1963, 305 p.

S

SAVARESSE E., *Méthodes des sciences sociales*, Paris, Ellipses, 2006, 186 p.

SILEM A., ALBERTINI J-M., *Comprendre les théories économiques*, Paris, Seuils, 2006, 768 p.

SYNFOGA, *Livre-Blanc : industries du bois au Gabon*, Libreville, 1995, 42 p.

T

TCHOBA Charles, *Culture, Développement durable et démocratie participative : l'exemple des ONG environnementales gabonaises*, Thèse de doctorat, Géographie-Aménagement, UPPA, 2005, 383 p.

THUAL F, *Méthodes de la géopolitique*, Paris, Ellipses, Paris, 1996, 127 p.

TSAYEM DEMAZE M., « Quand le développement prime sur l'environnement : la déforestation en Amazonie brésilienne », *Mondes en développement*, n° 143, 2008, p. 107-108.

TSHIYEMBE M., « Préface », in *Enjeux Géopolitiques en Afrique centrale*, Paris, l'Harmattan, 2009, p. 9-13.

TUTIN C., FERNANDEZ M., « Gabon : À Fragile Sanctuary », in *Primate Conservation*, 1987, p.160-161.

W

WACKERMANN G., « Variation sur le terme et son contenu », in *Le développement durable*, Gabriel WACKERMANN (dir.), Paris, Ellipses, 2008, p. 17-34.

Z

ZIEGLE H., « L'Afrique-Équatoriale Française », *Les Cahiers d'Outre-mer*, N° 22, 1953, p. 195-196.

ZOO EYINDANGA R-C., « Le réseau routier national. Quelles perspectives d'évolution ? », in *Les enjeux et défis du Gabon au XXIe siècle (Réflexions critiques et prospectives des géographes, Préface de Marc-Louis Ropivia)*, S. LOUNGOU (dir.), Paris, éditions Connaissances et Savoirs, 2014, p. 233-251.

SITOGRAPHIE

A

AA AFRIQUE, « Guinée équatoriale : Ce riche pays d'Afrique sauvera-t-il sa population de la pauvreté ? », https://www.aa.com.tr/fr/afrique/guinée-equatoriale-ce-riche-pays-dafrique-sauvera-t-il-sa-population-de-la-pauvreté/843040 [consulté le 18 octobre 2018].

AGENCE ECOFIN., « Doing Business 2017 et 2018 : le classement des pays africains, les progressions et les meilleurs réformateurs », https://www.agenceecofin.com/gestion-publique/2510-41954-doing-business-2017-le-classement-des-pays-africains-les-progressions-et-les-meilleurs-reformateurs [consulté le 19 novembre 2018].

AICARDI M., « Le Gabon : Du roi Denis à Omar Bongo », Albatros. Paris : FeniXX, 1987, https://gallica.bnf.fr/ark:/12148/bpt6k33395331.texteImage [consulté le 23 mars 2019].

ALIBREVILLE.COM, « Gabriel Ntougou : « 73 entreprises sont déjà installées dans la zone économique de Nkok » », http://news.alibreville.com/h/77463.html [consulté le 13 octobre 2018].

ASSOCONNECT, « La France n'a pas d'amis ; elle n'a que des intérêts | Association Arri », https://www.arri.fr/articles/21063-la-france-n-a-pas-d-amis-elle-n-a-que-des-interets [consulté le 17 octobre 2018].

Aquaportail.com, « Phytogéographie : définition et explications », https://www.aquaportail.com/definition-9156-phytogeographie.html [consulté le 14 février 2019].

AUDREY A., Claude SERFATI C., « Guerres pour les ressources, rente et mondialisation ». Mondes en développement 143, no 3 (2008) : 27. https://doi.org/10.3917/med.143.0027 [consulté le 22 septembre 2017].

ATIBT, « La forêt gabonaise désormais sous couvert forestier avec AGEOS », https://www.atibt.org/fr/foret-gabonaise-desormais-couvert-forestier-ageos/ [consulté le 7 octobre 2016].

B

BACHELARD G., « L'esprit scientifique : La science s'oppose à l'opinion- Commentaire corrigé », https://www.20aubac.fr/philo/commentaire-5795-bachelard-esprit-scientifique-science-oppose-a-opinion-r32102.html [consulté le 31 janvier 2019].

BANQUE MONDIALE, « Gabon - RNB par habitant (Revenu National brut - $) - 2016 », https://donnees.banquemondiale.org/indicateur/NY.GNP.PCAP.CD, [consulté le 20 novembre 2018].

BARBAUT T., Numérique et développement, « ANPI GABON un guichet unique d'affaires à Libreville », Info Afrique (blog), https://www.info-afrique.com/anpi-gabon-guichet-affaires/ [consulté le 17 janvier 2018].

BAYOL N., DEMARQUEZ B., DE WASSEIGE C., EBA'A ATYI R., FISHER J-F., NASI R., PASQUIER A., ROSSI X., STEIL M., VIVIEN C., « La gestion des forêts et la filière bois en Afrique Centrale », Chapitre d'ouvrage. Les forêts du bassin du Congo : État des forêts 2010, 2012, http://agritrop.cirad.fr/564105/ [consulté le 23 mai 2018].

BLANCHARD-LAIZÉ A., « Plysorol a été le fleuron de l'industrie française », Ouest-France.fr, http://www.ouest-france.fr/normandie/lisieux-14100/plysorol-ete-le-fleuron-de-lindustrie-francaise-1202659 [consulté le 4 septembre 2012].

BUREAU VERITAS FRANCE, « Certification Origine et Légalité des Bois (OLB) », https://www.bureauveritas.fr/services+sheet/certification-olb [consulté le 8 juillet 2018].

C

« Cadre juridique et institutionnel actuel », http://bch-cbd.naturalsciences.be/gabon/gabondef/contribution/documentsnat/strategienat/part1chapd.htm [consulté le 4 avril 2019].

CHAUVET C., « Au Gabon, les villageois revendiquent leurs droits face aux forestiers ». Orange Actualités, https://actu.orange.fr/societe/environnement/au-gabon-les-villageois-revendiquent-leurs-droits-face-aux-forestiers CNT0000017JUHE.html [consulté le 24 octobre 2018].

CORBEAU NEWS CENTRAFRIQUE, « Filière bois au Gabon : 30 millions d'euros pour l'industrialisation », http://www.corbeaunews.ca/filiere-bois-au-gabon-30-millions-deuros-pour-lindustrialisation/ [consulté le 14 novembre 2018].

CORBUCCI T., FREGONESE P-W., « Soft power, hard power et smart power : le pouvoir selon Joseph Nye », Nonfiction.fr, https://www.nonfiction.fr/article-7095-soft-power-hard-power-et-smart-power-le-pouvoir-selon-joseph-nye.htm [consulté le 1 octobre 2018].

D

DAILYMOTION, « Complément D'enquête : La famille Bongo, une histoire française» du 6 juillet 2017 - Vidéo dailymotion », https://www.dailymotion.com/video/x5t490n [consulté le 31 août 2018].

DIRECTION GÉNÉRALE DE LA STATISTIQUE. « Résultats globaux du Recensement Général de la Population et des Logements de 2013 du Gabon (RGPL2013) », https://www.mays-mouissi.com/wp-content/uploads/2016/07/Recensement-general-de-la-population-et-des-logements-de-2013-RGPL.pdf [consulté le 23 janvier 2019].

E

ÉCONOMIES AFRICAINES, « Les infrastructures ferroviaires au Gabon », http://www.economiesafricaines.com/les-territoires/gabon/les-infrastructures/les-infrastructures-ferroviaires [consulté le 3 décembre 2018].

ÉCONOMIE MAGAZINE, « Que représente l'industrie en France : tendance et chiffres », https://www.economie-magazine.com/dossier-22-industrie-france-chiffres.html [consulté le 27 mai 2019].

EUFLEGT « Qu'est-ce qu'un APV ? | FLEGT », http://www.euflegt.efi.int/web/apv-a-z/qu-est-ce-un-apv [consulté le 8 juillet 2018].

F

FRANCE BOIS RÉGIONS, « La filière forêt-bois française : une filière d'avenir », le réseau forêt-bois des régions, https://www.franceboisregions.fr/ [consulté le 13 mai 2019].

FERRY J., « Histoire - Grands moments d'éloquence - Assemblée nationale », http://www2.assemblee-nationale.fr/decouvrir-l-assemblee/histoire/grands-moments-d-eloquence/jules-ferry-28-juillet-1885 [consulté le 15 février 2019].

G

GABONECO, « Industrie du bois : Le Gabon veut sa Bourse Nationale du Bois (...) », http://www.gaboneco.com/industrie-du-bois-le-gabon-veut-sa-bourse-nationale-du-bois.html [consulté le 31 janvier 2018].

GEOCONFLUENCES « Émergence, pays émergent », http://geoconfluences.ens-lyon.fr/glossaire/emergence [consulté le 18 mars 2019].

GEOCONFLUENCES, « Déprise », Terme, http://geoconfluences.ens-lyon.fr/glossaire/deprise [consulté le 7 mars 2019].

GOURDIN P., « Manuel de géopolitique, Les ressources naturelles », https://www.diploweb.com/6-Les-ressources-naturelles.html [consulté le 31 juillet 2018].

GUERRERO D., « Relire Raffestin vingt-cinq ans après », http://cafe-geo.net/wp-content/uploads/relire-raffestin.pdf [consulté le 30 juillet 2018].

H

HOU S., « Réseaux énergétiques, ressources et pouvoir », Ressources, https://ressources.hypotheses.org/137 [consulté le 30 juillet 2018].

I

IRUANINTCHANGO D., « Aménagement routier : Le Gabon s'accorde avec le chinois CRBC », https://www.gabonreview.com/blog/amenagement-routier-gabon-saccorde-chinois-crbc/ [consulté le 29 juin 2017].

J

JEUNE AFRIQUE, « Électricité : pourquoi les Africains paient-ils si cher ? », https://www.jeuneafrique.com/239461/economie/electricite-pourquoi-les-africains-paient-ils-si-cher/ [consulté le 31 mai 2015].

JEUNE AFRIQUE, « Gabon : le nouveau port d'Owendo, outil de relance de l'économie gabonaise ? », https://www.jeuneafrique.com/483533/economie/gabon-le-nouveau-port-dowendo-outil-de-relance-de-leconomie-gabonaise/ [consulté le 16 octobre 2017].

JODELET D., Formes et figures de l'altérité. Chicoutimi : J.-M. Tremblay, 2008. https://doi.org/10.1522/030135397 [consulté le 25 février 2019].

K

KARSENTY A., CERUTTI P., DOUARD F., CLAEYS F., DESBUREAUX S., EZZINE D., GOND V., « L'aménagement forestier au Congo engendre-t-il plus de déforestation ? », http://dpfac.cirad.fr/amenagement-et-deforestation [consulté le 22 mars 2018].

KARSENTY A., « Enjeux méconnus de l'économie du bois ». Le Monde diplomatique, https://www.monde-diplomatique.fr/2006/07/KARSENTY/13658 [consulté le 1 juillet 2006].

KARSENTY A., « Non, les plans d'aménagement forestiers n'aggravent pas la déforestation » - CIRAD », https://www.cirad.fr/actualites/toutes-les-actualites/articles/2016/questions-a/plans-d-amenagement-forestiers-et-deforestation [consulté le 22 mars 2018].

KARSENTY A., « Pour vendre du bois en Europe du Nord, la certification est obligatoire » ». JeuneAfrique.com, 6 juillet 2016. http://www.jeuneafrique.com/mag/336750/economie/alain-karsenty-vendre-bois-europe-nord-certification-obligatoire/ [consulté le 26 janvier 2018].

KOACI, « Gabon : Construction de l'École Supérieure des Métiers du Bois à Booué », http://koaci.com/articles-88513 [consulté le 18 mars 2019].

L

LA REVUE GÉOPOLITIQUE, « Géopolitique de l'Afrique : entre défis et succès potentiels », https://www.diploweb.com/L-Afrique-entre-defis-et-succes.html [consulté le 31 juillet 2018].

L'ENCYCLOPÉDIE ÉLECTRONIQUE UNIVERSALIS, « Bronislaw Malinowski », http://www.universalis.fr/encyclopedie/bronislaw-malinowski/ [consulté le 14 mars 2019].

L'ENCYCLOPÉDIE ÉLECTRONIQUE UNIVERSALIS, « Crise des subprimes, en bref », http://www.universalis.fr/encyclopedie/crise-des-subprimes-en-bref/ [consulté le 17 avril 2019].

L'ENCYCLOPÉDIE ÉLECTRONIQUE UNIVERSALIS, « Définition d'environnementaliste », https://www.universalis.fr/dictionnaire/environnementaliste/ [consulté le 27 mai 2019].

LAROUSSE, « Définitions : écrémage - Dictionnaire de français Larousse » https://www.larousse.fr/dictionnaires/francais/%C3%A9cr%C3%A9mage/27723 [consulté le 4 avril 2019].

LE BLOG WILLAGRI, « Forêts : l'institutionnalisation légale de la certification FSC au Gabon », http://www.willagri.com/2018/10/04/forets-linstitutionnalisation-legale-de-la-certification-fsc-au-gabon/ [consulté le 4 octobre 2018].

LEMBET H., « En faillite la SNBG va licencier tout son personnel », Gabon Media Time, https://www.gabonmediatime.com/en-faillite-la-snbg-va-licencier-tout-son-personnel/ [consulté le 11 avril 2019].

LES CAHIERS DE L'ÉMERGENCE LA FILIÈRE DU BOIS AU GABON « L'activité de la filière bois au Gabon depuis 2009 et l'accession au pouvoir d'Ali Bongo Ondimba, la filière bois est en plein essor », https://docplayer.fr/14953127-Les-cahiers-de-l-emergence-la-filiere-du-bois-au-gabon.html [consulté le 11 mars 2019].

M

MAISON CONTAINER, « Triple-E : le plus grand port-containers du monde », https://www.ma-maison-container.fr/blog/triple-e-porte-containers/ [consulté le 15 avril 2016].

MATIN D'AFRIQUE, « Gabon : Olam sur le point de reprendre la SNBG », http://matindafrique.com/olam-va-reprendre-la-snbg/ [consulté le 6 août 2017].

MATHO, « Trafic de Kévazingo : De grosses têtes tombent à Makokou », http://gabonreview.com/blog/trafic-de-kevazingo-de-grosses-tetes-tombent-a-makokou/ [consulté le 6 novembre 2015].

MINISTÈRE DE L'EUROPE ET DES AFFAIRES ÉTRANGÈRES. « Présentation de la Guinée équatoriale », France Diplomatie, https://www.diplomatie.gouv.fr/fr/dossiers-pays/guinee-equatoriale/presentation-de-la-guinee-equatoriale/ [consulté le 25 septembre 2018].

MOINE A., « Le territoire comme un système complexe. Des outils pour l'aménagement et la géographie », in Septièmes Rencontres de Théo Quant, http://thema.univ-fcomte.fr/theoq/pdf/2005/TQ2005%20ARTICLE%2017.pdf. Besançon, France, 2005. https://hal.archives-ouvertes.fr/hal-00867363 [consulté le 23 février 2019].

N

NOUVEAU GABON, « La Banque mondiale fait le bilan de la filière bois au Gabon six ans après l'interdiction d'exportation des grumes », http://www.lenouveaugabon.com/bois/2403-11635-la-banque-mondiale-fait-le-bilan-de-la-filiere-bois-au-gabon-six-ans-apres-l-interdiction-d-exportation-des-grumes [consulté le 27 avril 2019].

NOUVEAU GABON, « Le pétrole a représenté plus de 76% des exportations totales du Gabon », http://www.lenouveaugabon.com/hydrocarbures/0211-14179-le-petrole-a-represente-plus-de-76-des-exportations-totales-du-gabon [consulté le 24 mai 2019].

O

OCDE, « Étude économique de la Suisse 2017 », http://www.oecd.org/fr/eco/etudes/etude-economique-suisse.htm [consulté le 26 avril 2019].

OCP POLICY CENTER, « Ressources naturelles et réalités géopolitiques de l'Afrique », http://www.ocppc.ma/publications/ressources-naturelles-et-r%C3%A9alit%C3%A9s-g%C3%A9opolitiques-de-l%E2%80%99afrique [consulté le 25 mai 2017].

ONDO A., « Exportation illégale de kévazingo : le Gabon applique la tolérance zéro », https://lalibreville.com/exportation-illegale-de-kevazingo-gabon-applique-tolerance-zero/ [consulté le 6 mars 2019].

ONF « La première transformation du bois », http://www.onf.fr/gestion_durable/sommaire/ressources/materiau_bois/filiere_bois/20080410-162037-22840/@@index.html [consulté le 10 décembre 2018].

P

PARIS COMPRAS, « L'industrie du bois au Brésil », http://bernard107.chez-alice.fr/bresil_bois.htm [consulté le 27 février 2019].

PCA, « Filière Bois : Bientôt Une Nouvelle Usine de Transformation a Ndjole », http://www.gaboneconomie.net/ge/index.php/business/item/1680-filiere-bois-bientot-une-nouvelle-usine-de-transformation-a-ndjole [consulté le 10 avril 2019].

PERSPECTIVE.USHERBROOKE.CA, « Gabon - Population urbaine (% de la population totale) Statistiques », http://perspective.usherbrooke.ca/bilan/tend/GAB/fr/SP.URB.TOTL.IN.ZS.html [consulté le 7 mars 2019].

PHILIPPE S., JEAN-FRANÇOIS K., CHRISTIAN C., « Vers une nouvelle politique forestière en Amazonie brésilienne ? Des expériences innovantes dans le Para et l'Amazonas », https://www.gret.org/static/cdrom/floresta_viva_amazonas/Files/2_0803_artigogecorev.pdf [consulté le 17 avril 2019].

PRÉFÉREZ LE BOIS FRANÇAIS, « Les essences », http://preferez-le-bois-francais.fr/les-essences/ [consulté le 25 septembre 2018].

R

RFI, « Afrique Économie - Gabon : recul des investissements français dans le secteur du bois », http://www.rfi.fr/emission/20180719-gabon-recul-investissements-francais-le-secteur-bois [consulté le 20 juillet 2018].

S

SCHMINCKE K. H., « Les industries forestières : un secteur capital pour l'ensemble du développement socio-économique », http://www.fao.org/3/v6585f/V6585f08.htm [consulté le 27 avril 2019].

SOURNIA R., « PAFC / PEFC Une alternative pour la certification forestière », https://pfbc-cbfp.org/docs/news/avril-mai-13/RDP12-Mars-2013/RDP-Sideevent3PAFC_PEFC_presentation_CBFP.pdf [consulté le 8 juillet 2018].

T

TOZZI P., « Enjeux politiques et régulation du commerce du bois tropical : le cas du Liberia, The politics of tropical lumber : a Liberian case study », Politique africaine, no 97 (2005) : 160-71, https://doi.org/10.3917/polaf.097.0160 [consulté le 31 juillet 2019].

TV5MONDE « Frontières : la libre circulation des personnes et des biens, entérinée en Afrique centrale ».,
https://information.tv5monde.com/afrique/frontieres-la-libre-circulation-des-personnes-et-des-biens-enterinee-en-afrique-centrale [consulté le 1 novembre 2017].

V

VALCESCHINI E., « Traçabilité agroalimentaire ». Encyclopædia Universalis, http://www.universalis-edu.com/encyclopedie/tracabilite-agroalimentaire/ [consulté le 24 mai 2018].

VANDENHAUTE M., « Vers une stratégie de développement de l'industrie de transformation du bois dans les pays du bassin du Congo », http://www.fao.org/3/a-ax957f.pdf [consulté le décembre 2018].

W

WORLD BANK, « Gabon Vue d'ensemble », http://www.banquemondiale.org/fr/country/gabon/overview [consulté le 13 mai 2019].

ANNEXES

Annexe n°1 : programme d'entretien au ministère des Eaux et Forêts

MINISTERE DES EAUX ET FORETS CHARGE DE
L'ENVIRONNEMENT ET DU DEVELOPPEMENT DURABLE

SECRETARIAT GENERAL

N° 0485 /MEFEDD/SG
WF/ 03-07-2018

NOTE POUR
Madame et Messieurs :

- le Directeur Général des Forêts ;
- le Directeur Général des Industries, du Commerce du Bois et de la Valorisation des Produits Forestiers ;
- le Directeur Général de l'Environnement et de la Protection de la Nature.

Monsieur **Aubin Gildas KOMBILA**, doctorant à l'Université de Pau et des Pays de l'Adour (France) fait actuellement des recherches pour sa thèse sur le thème : **« l'arrêt de l'exportation des grumes au Gabon : enjeux et perspectives »**. A cet effet, il vous est demandé de prendre toutes les dispositions nécessaires à l'effet de le recevoir pour des entretiens selon le programme ci-après :

Dates	Horaires	Entités administratives
Lundi 09/07/2018	10H00-11H30	Direction Générale des Forêts
Mardi 10/07/2018	10H00-11H30	Direction Générale des Industries, du Commerce du Bois et de la Valorisation des Produits Forestiers
Mercredi 11/07/2018	10H00-11H30	Direction Générale de l'Environnement et de la Protection de la Nature

Fait à Libreville, le 03 JUIL. 2018

Le Secrétaire Général

Athanase NTHANGA OYOUGOU

Immeuble-siège des Eaux et Forêts, Boulevard Triomphal Omar BONGO
BP : 199 Libreville Tel : 09 03 06 06 Site web : www.eaux-forets.gouv.ga

Annexe n°2 : évolution de la politique du bois au Gabon

• **1945,** début de l'industrialisation de la filière bois, par l'installation des sociétés Consortium Forestier Maritime (CFM) e la Compagnie Forestière du Gabon (CFG) dans le sciage et le contreplaqué.
• **1968,** signature du premier permis industriel (PI) pour encourager le développement de l'industrialisation de la filière bois au Gabon. (Ordonnance 21/68 de 1968).
• **15 mai 1996,** par décision du conseil des ministres, le Gabon modifie sa politique forestière pour se conformer aux différents engagements dont les grandes orientations reposaient sur l'aménagement durable des forêts et l'industrialisation de la filière bois.
• **1997,** le Gabon établit son schéma Directeur d'Aménagement Durable des Forêts.
• **1998,** le Plan Directeur en matière d'industrialisation de la filière bois est développé.
• **2001,** promulgation de la loi 016/01 du 31 décembre 2001 portant Code Forestier en République gabonaise. Elle met entre autres un accent particulier sur l'industrialisation de la filière bois.
• **2004,** fixation des quotas de vente libre à l'export aux opérateurs économiques inscrits dans la gestion durable et l'industrialisation par décret n°00166/PR/MEFEPPN du 24 janvier 2004.
• **5 novembre 2009,** par décision du Conseil des ministres, interdiction dès 2010 de l'exportation des grumes au profit de la transformation locale de toutes les essences forestières au Gabon.
• **25 février 2010,** modification et abrogation de certaines dispositions de la loi n°16/2001 = ordonnance n°8/2010 • **15 mai 2010,** arrêt de l'exportation des grumes
• **10 juin 2010,** mise en place d'un comité de suivi des mesures d'accompagnement à l'industrialisation de la filière bois au Gabon par arrêt n°453/PM/MEFEDD.
• **18 février 2011,** signature du décret 291/PR/MEF portant attribution et organisation du ministère des Eaux et Forêts.
• **22 février 2012,** signature de l'arrêté n°15/MEF/SG/DGICBVPF fixant les normes et classification des produits transformés autorisés à l'exportation.

Source : DGEF, 2012.

GLOSSAIRE

Contreplaqué : c'est la superposition de plaques de bois déroulées. L'épaisseur peut varier selon l'utilisation, généralement de 1 mm à 50 mm

Défoliation : phénomène de pertes de tout ou partie des feuilles d'un arbre ou buisson, ou de plantes de la strate herbacée. Elle est due à des maladies, parasites ou insectes dits « défoliateurs » et autrefois parfois dite « défeuillants ».

Déforestation : l'élimination d'au moins 90% de la couverture arborée. L'agriculture semble être la cause principale de la déforestation dans l'ensemble des forêts tropicales du monde. (P. Christy et al, p. 27).

Déroulage : il consiste à trancher une feuille assez fine de bois, sur un tronc d'arbre qui tourne sur un tour spécial.

Forêt (FAO) **:** végétation avec au moins 10% de couverture arborée[712]

Forêt dense : (Projet TREES) : Forêt avec au moins 70% de couverture arborée[713]

Forêt fragmentée : (Projet TREES) : Forêt 10-70% de couverture arborée[714]

Forêt halophile : ce sont des forêts qui vivent au bord de la mer et se sont adaptées à la présence de grandes quantités de sel (mangrove).

Forêt secondaire : forêt qui repousse après un défrichement ou un autre événement qui détruit la canopée. La canopée qui repousse contient une grande proportion d'espèces de lumière (P. Christy et al, p. 23).

Forêts secondaires : elles sont beaucoup mieux connues que les forêts de terres humides. On peut les voir le long des routes à travers tout le Gabon. En fait, en voiture, on a une impression exagérée de l'étendue de ce type de forêt. Si l'on marche à partir de la route, en ligne droite à travers la forêt, on en voit beaucoup moins (P. Christy et al, p. 45).

Géopolitique : elle désigne tout ce qui concerne les rivalités de pouvoirs ou d'influence sur des territoires et les populations qui y vivent, c'est-à-dire l'étude des rapports de forces entre divers acteurs sur un espace plus ou moins défini. La géopolitique repose alors sur l'analyse des objectifs visés par les acteurs et leurs moyens mis en œuvre pour y arriver. Selon S. Rosière, la géopolitique est l'étude de l'espace envisagé en tant qu'enjeu. Considérer l'espace comme enjeu sous-entend que celui-ci est convoité par des acteurs qui s'affrontent pour le contrôle (ou la domination) des territoires. Ainsi, l'analyse géopolitique s'intéresse-t-elle aux acteurs, aux enjeux qui motivent

---

[712] FAO, 1993, Forest ressources assessment 1990 : tropical countries, FAO Forestry paper 112, 1993.

[713] Margaux P., Achard F., Malingreau J.P., 1998, Global tropical forest area measurements from coarse resolution satellite imagery : a comparison with other methodologies. (TREES project), Environmental Conservation 25 :3.

[714] *Ibid.*,

leur confrontation et aux dynamiques territoriales qui découlent de leur rivalité.

Grume : terme technique à usage régional ou spécialisé qui possède au moins trois sens communs en français. Dans le cadre de notre étude, et conformément au dictionnaire de Furetière, nous la définissons comme étant, une pièce de bois formée d'un tronc ou d'une portion de tronc non équarrie, couverte de son écorce. Les arbres, abattus, simplement ébranchés et laissés avec leurs écorces, deviennent des grumes.

Le tranchage : tout comme le déroulage du bois, c'est un procédé de découpage du bois nécessitant des troncs de très bonne qualité. L'industrie du *tranchage* consiste à transformer les grumes en feuilles minces destinées à être collées sur des panneaux de bois massif.

Moulures : dans le domaine des beaux-arts et de la décoration est un élément d'ornementation allongé en saillie et en creux placé sur le nu d'une surface. Elle a un rôle à la fois fonctionnel et décoratif.

Owendo : ville du Gabon, proche de la capitale Libreville, située dans le département du komo-Mondah dans la province de l'Estuaire. Owendo est le premier port du pays. C'est un port de commerce, à grumes et de minerais. Elle abrite également une gare ferroviaire, point de départ pour le sud du Gabon jusqu'à Franceville ; c'est l'extrémité ouest du Transgabonais. En plus de ses 19 quartiers (2 autres ajoutés en 2013), Owendo est une zone industrielle très importante. C'est une ville dynamique en plein essor.

Taux d'endémisme : proportion des espèces qui sont purement locales et n'existent pas ailleurs, des espèces propres à une région donnée.

Traverses (bois) : en menuiserie, une traverse est une pièce de bois qu'on met en travers de certains ouvrages pour les assembler, pour les affermir. Exemple : les traverses d'une porte, d'une fenêtre.

Vieille forêt : forêt âgée qui n'a pas subi un défrichement ou un autre événement qui détruit la canopée forestière, dans un passé discernable si l'on regarde sa structure et sa composition. La canopée contient une grande proportion d'espèces qui toléraient l'ombre quand elles étaient plus jeunes (P. Christy et al, p. 23).

TABLE DES ILLUSTRATIONS

Liste des figures

Liste des tableaux

Liste des planches

Liste des encadrés

Structures éditoriales du groupe L'Harmattan

L'Harmattan Italie
Via degli Artisti, 15
10124 Torino
harmattan.italia@gmail.com

L'Harmattan Hongrie
Kossuth l. u. 14-16.
1053 Budapest
harmattan@harmattan.hu

L'Harmattan Sénégal
10 VDN en face Mermoz
BP 45034 Dakar-Fann
senharmattan@gmail.com

L'Harmattan Cameroun
TSINGA/FECAFOOT
BP 11486 Yaoundé
inkoukam@gmail.com

L'Harmattan Burkina Faso
Achille Somé – tengnule@hotmail.fr

L'Harmattan Guinée
Almamya, rue KA 028 OKB Agency
BP 3470 Conakry
harmattanguinee@yahoo.fr

L'Harmattan RDC
185, avenue Nyangwe
Commune de Lingwala – Kinshasa
matangilamusadila@yahoo.fr

L'Harmattan Congo
67, boulevard Denis-Sassou-N'Guesso
BP 2874 Brazzaville
harmattan.congo@yahoo.fr

L'Harmattan Mali
ACI 2000 - Immeuble Mgr Jean Marie Cisse
Bureau 10
BP 145 Bamako-Mali
mali@harmattan.fr

L'Harmattan Togo
Djidjole – Lomé
Maison Amela
face EPP BATOME
ddamela@aol.com

L'Harmattan Côte d'Ivoire
Résidence Karl – Cité des Arts
Abidjan-Cocody
03 BP 1588 Abidjan
espace_harmattan.ci@hotmail.fr

Nos librairies en France

Librairie internationale
16, rue des Écoles
75005 Paris
librairie.internationale@harmattan.fr
01 40 46 79 11
www.librairieharmattan.com

Librairie des savoirs
21, rue des Écoles
75005 Paris
librairie.sh@harmattan.fr
01 46 34 13 71
www.librairieharmattansh.com

Librairie Le Lucernaire
53, rue Notre-Dame-des-Champs
75006 Paris
librairie@lucernaire.fr
01 42 22 67 13

www.ingramcontent.com/pod-product-compliance
Lightning Source LLC
LaVergne TN
LVHW050054061026
849532LV00001BA/171
* 9 7 8 2 3 4 3 2 3 7 2 2 0 *